权力的面孔

张宏杰

著

浙江教育出版社·杭州

图书在版编目（CIP）数据

权力的面孔 / 张宏杰著. -- 杭州：浙江教育出版
社，2023.2（2025.9重印）
ISBN 978-7-5722-4354-7

Ⅰ. ①权… Ⅱ. ①张… Ⅲ. ①皇帝—列传—中国
Ⅳ. ①K827=2

中国版本图书馆CIP数据核字（2022）第237976号

权力的面孔
QUANLI DE MIANKONG

张宏杰　著

出 品 人：一　航
选题策划：航一文化
出版统筹：康天毅
责任编辑：赵露丹
美术编辑：韩　波
责任校对：马立改
责任印务：时小娟
特约编辑：康天毅
封面设计：吴思龙＠4666啊
出版发行：浙江教育出版社
　　　　　（杭州市环城北路177号　　电话：0571-88900883）
印　　刷：三河市中晟雅豪印务有限公司
开　　本：700mm x 980mm　1/16
成品尺寸：166mm x 235mm
印　　张：29.75
字　　数：503000
版　　次：2023 年 2 月第 1 版
印　　次：2025 年 9 月第 7 次印刷
标准书号：ISBN 978-7-5722-4354-7
定　　价：78.00 元

如发现印装质量问题，影响阅读，请联系010-82069336。

序 章
皇帝：权力的囚徒

———— •●• ————

　　皇帝是天下最自由的人，因为他的权力没有任何限制。皇帝又是天下最不自由的人，同样因为他的权力没有边界。为了保持自己的至高尊荣，皇帝必须牢牢把握住权力，一丝一毫也不能放手。为了让天下人成为自己的奴隶，皇帝自己成了权力的奴隶。

一

古往今来，没有比中国皇帝更巨大、更崇高、更煊赫的存在了。这种"动物"也不过一人来高，百十来斤，但是他却比其他千百万人的总和还要有分量。他稍稍动一动手指头，整个国家就地动山摇。

在中华帝国的中央，人们穷尽物力，建筑了由九千九百九十九间半的房屋组成的宫殿供他居住。

最迷人的数千名处女，被精心挑选出来，囚禁在帝王之城中，供他一个人享用。

数万名健康男人被割去生殖器，成为不男不女的怪物，以服侍他的吃喝拉撒睡。

他吞噬的财富，抵得上半个帝国的产出。从日本到帕米尔高原，从东南亚到东北亚，数十个国家的国王每年恭恭敬敬地向他进贡本国最珍贵的物产。在帝国之内，设有数百处工场，几十万人专门为他一家生产瓷器、丝织品和唾壶。《红楼梦》中那个奢华到极致的大观园的主人身份不过是皇帝的一个家奴，是皇帝派驻一个皇家衣料工场的监工，由此我们就可以想象皇帝的日常享受了。

中国皇帝制度设计中的每一个细节都贯穿着这样一个核心理念：把每一种享受都推向极端，竭尽一切想象力去繁复、夸张和浪费，直至无以复加、毫无必要、令人厌倦。

以吃饭为例，皇帝的味蕾牵动着天下各省封疆大吏的神经。皇帝饭碗中的主食是来自各省的贡品：东北的黏高粱米粉子、散高粱米粉子、稗子米、铃铛麦，山西的飞罗白面，陕西的薏米、紫麦、玉麦，山东的恩面、薄粉，广西的葛仙米，河南的玉麦面，兰州、西安的挂面……这些粮食都是水土最佳之处出产的，比如，在北京一地仅选用玉泉山、丰泽园、汤泉三处的黄、白、紫三色老米。

凡是天下最好的美味，都由皇帝垄断。鲥鱼春季溯江而上，每年的第一网鲥鱼只有皇帝有权力品尝。鱼被打捞上来后，用冰船和快马由水、陆两路运往北京。镇江到北京约三千里路，内务府限定二十二个时辰（44小时）送到。为争取时间，送鱼专使在途中不许休息，马死人亡之事时有发生。

这种食不厌精的做法尚基于普通的人性。除此之外，更多的是刻意的浪费。众所周知，皇帝身上只有一个胃，并且通常并不比普通人大。但是，皇帝一个人每餐的饭菜要数十上百样，摆满六张桌子。清代在中国历史上是最简朴的朝代，宫中规定，皇帝一人每天消耗食品原料的定额是六百斤：盘肉二十二斤，汤肉五斤，猪肉十斤，羊两只，鸡五只（其中当年鸡三只），鸭三只，白菜、菠菜、芹菜、韭菜等蔬菜十九斤，萝卜（各种）六十个，葱六斤，玉泉酒四两，青酱三斤，醋二斤，以及米、面、香油、奶酒、酥油、蜂蜜、白糖、芝麻、核桃仁、黑枣等数量不等。此外，还要每天专门给皇帝一个人提供牛奶一百二十斤，茶叶十五斤……

为了给皇家生产衣料，清代专门在三座城市设立了规模巨大的工场。为储存皇帝的衣服，专门建有数间殿宇作为御用衣服库。为管理这些服装，专门成立了拥有数十名办事人员的尚衣监。末代皇帝溥仪在回忆他那实际上已经是大大没落了的帝王生活时说："衣服则是大量地做而不穿。""一年到头都在做衣服，做了些什么，我也不知道，反正总是穿新的。"他后来翻检档案，发现仅仅一个月内，内务府就为他做了四十九件衣服。这些衣服，当然绝大部分都永远白白地贮存库内，从来没有机会上皇帝的身。

说到行，一旦皇帝要巡视他的国土，那么整个国家都要为之翻天覆地：隋炀帝江南之旅的奢华不是帝王的常例，那么，我们就还是以素称简朴的清代帝王为例吧。虽然古时交通极为落后，臣民出行极为困难，但是皇帝的手指每一次在地图上指出一个新的目的地，那么在最短的时间，帝国版图上就会出现一条数百或者数千公里的崭新大道。这条大道宽达十米，尽量笔直，碾压得"如同打谷场一般光滑"。这条道路仅为皇帝一个人通行，不准任何人经过。皇帝出行时，这条道被洒上净水，一尘不染。

乾隆皇帝的一次出巡中，内务府官员记载，为了供应皇帝路上的饮食，他们提前把一千只选好的羊、三百头特选的牛，以及七十五头专用的奶牛带上车，沿途供皇帝御用。在数千里的出巡路上，皇帝只喝四眼泉里汲出来的水：北京的玉泉山泉、济南的珍珠泉、镇江的金山泉、杭州的虎跑泉。为了给皇帝运送泉水，专门成立了一支庞大的车队。在炎热的夏季，几十万公斤冰块被从北京提前运送到路上，以备皇帝口渴时能吃上冰镇的西瓜……

　　为了避免皇帝在回去的路上因为重复的风景而感到厌烦，归途还必须另修一条道路……

▲ 清代画家徐扬所绘《乾隆南巡图》局部

二

这种毫无必要的铺张和浪费通过以下事实体现得更为明显：因为排场浩大，规矩太多，这些享受对皇帝来讲已经演变成一种无法忍受的折磨，因而被皇帝弃而不用，相当程度上成为摆设。大部分清代皇帝无法忍受九千九百九十九间半的房屋组成的浩大紫禁城过于压抑、沉重的气氛，他们一年中大部分时间选择住在更自然的圆明园和更朴素的避暑山庄，只有到了冬天才无可奈何地回到这里。

至于每顿饭摆在皇帝面前的数十道菜，它们的口味和形式更是让皇帝厌烦。溥仪说："御膳房做的都远远地摆在一边，不过做个样子而已。"多数皇帝都在御膳房外设有小食堂，外请名厨做更适合自己口味的饭菜，那六张桌子四十八品饭菜，只不过像是神前的供品一样，摆过了就扔掉。这种形式主义时间既久，于是摆在皇帝面前的饭菜真的变成了供品，因为它们被端上来时，多数已经凉得不能食用了。

然而，如此劳民伤财、浪费巨大的形式主义，却绝对不能省略，因为这是关系到"社会稳定""天下之本"的大事。

旧时中国，本身就是一个形式主义的社会。形式主义正是当时精神的精髓。

中国的体积实在是过于庞大了。这样巨大的国家出现得如此之早，人类还来不及发明有效统治它的"建立在数目字基础上的"复杂的近代管理手段。因此，中国历代帝王统治这个国家的办法是删繁就简、举重若轻。他对社会实行一元化管理，所有事情都一刀切，使社会整齐划一、简单明了，高高在上的皇帝一目了然，神清气爽。正像黄仁宇先生所说："如《周礼》所谓'惟王建国，辨方正位，体国经野，设官分职，以为民极'。先造一个完善的理想的几何图案或数学公式，向真人实地上笼罩过去，尽量使原始的与自然的参差不齐，勉强符合此理想之完美。如实际上不能贯彻，则通融将就，纵容在下端打折扣，总不放弃原有理想上之方案。"从这个意义上说，整个旧时中国，就是一个大的行为艺术。

旧时中国处理千头万绪的社会关系，只用十二个字，即所谓的"三纲"："君为臣纲，父为子纲，夫为妻纲。"所谓的"三纲"，其实是"一纲"，即"人生而不平等，每个人都要安分守己"。在旧时中国，每一个人生下来，身上都系着一个无形的标签，叫作"名分"。遵守名分，是人生守则中的第一款。用李斯的那个著名寓言来打比方，生在仓里的老鼠注定会一生吃白米，而生在厕所里的老鼠注定一生吃手纸。教育并强制老鼠们各安其位，使厕所里的老鼠不敢动搬到仓里住的念头的，就是"三纲"。

在"三纲"精神的指导下，旧社会建立起了严格的等级制度，使每一个社会成员都处于不平等的状态，每一阶层人的权力都是单向的，对上绝对顺从，对下绝对权威，或者说向上是奴才主义，向下是专制主义。正如戴震所说："尊者以理责卑，长者以理责幼，贵者以理责贱，虽失，谓之顺。卑者、幼者、贱者以理争之，虽得，谓之逆。"即上级、长者批评下级和后辈，即使批评失当，也是对的。下级、后辈如果反驳，即使有理，也是错的。通过这种单向的环环相扣，每个人都被等级秩序牢牢锁定，动弹不得。正像鲁迅所说："'天有十日，人有十等。下所以事上，上所以共（供）神也。故王臣公，公臣大夫，大夫臣士……僚臣仆，仆臣台。'但是'台'没有臣，不是太苦了吗？无须担心的，有比他更卑的妻、更弱的子在。而且其子也很有希望，他日长大，升而为'台'，便有更卑更弱的妻子，供他驱使了。"这样，才能把社会牢牢捆缚在天生的血缘秩序上，限制人们的自由发展欲望，以确保天下的稳定。

为了强化等级原则，皇帝们制定了一整套异常严格烦琐的"礼制"，各个级别的人，所穿衣服的料子、出行工具的规格、住房的面积以及装修风格都有严格的规定，丝毫不得僭越。比如，明太祖朱元璋时就明文规定：公侯级别的人，宅第主宅可以七间、九架；一品、二品，即现部长级，可以五间、九架；三品至五品，即现司长级，五间、七架；六品至九品，即现处长和科长级，三间、七架；普通百姓的房子，不过三间、五架，不许用斗拱、饰彩色。这种礼制的规定无所不包，甚至生活细节也必须遵守皇帝的明确规定。洪武二十六年（1393）皇帝规定：公侯以及一品、二品的官员，喝酒时可以用金子做的酒壶；三品至五品的官员，只能用银子做的酒壶；没有品级的普通百姓，只能用锡酒壶。

与此相配套的，是各阶层的人相互交往以及举行各种仪式的礼仪。《大明礼制》中，对不同品级之间官员见面时的礼仪做了具体详尽的规定：穿戴什么样的服装，在哪里下轿，双方行什么礼，几跪几叩，答不答礼，坐在哪里，座位朝向什么方位，何时上茶，何时饮茶，都规定得清清楚楚。那些关于祭祀、朝仪的典礼，规定得更是琐碎周密到无以复加的地步。比如，皇帝出门打个猎，在什么时辰出发、身边带多少护卫、身穿什么服装、乘坐什么

▲ 明代宫廷画《出警图》（上）与《入跸图》（下）中明朝皇帝銮驾

样的车子、打什么样的旗子等，都有一整套历代相沿的规矩。因此，皇帝平时住多大房子，吃多少道菜，娶多少老婆，当然也都是有"规定"或者说有"格"的，不能说自己想怎么办就怎么办。即使讨厌这些规矩，表面上你也得认认真真地走过场。

　　在今人看来，这些规定似乎迂腐琐碎得可笑，但在当时却是关系国家存亡的大事。治身容易治心难，中国帝王绝不满足于刀剑威胁下身体的屈服，他更要对全体臣民进行精神控制。这些礼仪规定，就是为了"治心"。朱元璋说："礼仪明确了，上下之分才定。这样天下才能安定。"礼仪具有强烈的象征意义。旧时社会野蛮、专横的等级专制，通过这些据说是根据自然原则制定的温文尔雅的礼仪，变得更有欺骗性，更容易被人们接受。终身生活在这些礼仪当中，人们潜移默化地接受了不平等的现实，强化了自己的身份意识，屈服、顺从、奴性成为被统治者的基本性格。只有这样，专制秩序才可以得到充分保障。因此，违反这些规定，就是大逆不道的行为。嘉庆帝扳倒了和珅，宣布他的罪状时，郑重其事地把以下一条当成了大罪："所盖楠木房屋，僭侈逾制，其多宝阁及隔段式样，皆仿照宁寿宫制度。"明代大名鼎鼎的清官海瑞就任南直隶巡抚，消息传来，地方震动，"有势家朱丹其门，闻瑞至，黝之。中人监织造者，为减舆从"。那些有钱有势的大户本来用朱红色油漆大门，听说海瑞巡抚来了，吓得把朱红色大门改漆成黑色。管织造的太监，一向坐八抬大轿，这时也吓得改乘二人小轿了。为什么？因为明朝廷规定，只有一定级别以上的国家官员才可以用朱红色油漆大门，非法使用朱红色，在当时是一条重罪。

在等级制度下，强化专制的窍门是扩大等级间的距离，也就是加大不同社会成员政治和社会地位上的落差。等级越多，等级间的差距越大，上一级对下一级的控制就越有力，而皇帝与普通民众的距离就越远，自然就更是高高在上，威不可及，皇帝的地位就更安全。贾谊在《治安策》中，把这个思路说得非常明白："人主之尊譬如堂，群臣如陛，众庶如地。故陛九级上，廉远地，则堂高；陛亡级，廉近地，则堂卑。高者难攀，卑者易陵，理势然也。故古者圣王制为等列，内有公、卿、大夫、士，外有公、侯、伯、子、男，然后有官师、小吏，延及庶人，等级分明，而天子加焉，故其尊不可及也。"就是说，帝王之尊如同高堂，大臣们如同台阶，平民百姓们如同平地。如果台阶数量多而且间距大，那么大堂自然就高高在上。如果没有台阶，那么大堂就低得多。高则难攀，威风凛凛，低则容易触及，不容易保持权威。所以古代圣王制定了等级制度，把人们分成公、侯、伯、子、男、官师、小吏、庶人等不同等级，而天子高居其上，其尊严不可触犯。

历代帝王不断增加台阶的高度，拉大等级间的距离，越是向上，各种享受越夸张奢侈，最终皇帝的礼仪铺张到了无以复加的程度。人们最后只能用数量来填补想象力的空白，结果使这些礼仪变得烦琐、夸张到完全脱离实用的可笑程度。比如，那座金碧辉煌、美轮美奂的宫殿之城，由于无限的夸张和铺陈，已经变成了一座不近人情、了无生趣、内容匮乏的权力纪念碑：九千九百九十九间半的宫殿不过是一间殿宇的一再重复。区别所有宫殿的不过是龙墀的高度、屋顶的重数、殿宇的体量以及屋顶的走兽和斗拱出挑的数目而已。每座宫殿的布置也大同小异：三明两暗，千篇一律的雕花槅子，一几二椅或者二几四椅。最夸张的是，乾清宫西暖阁为皇帝的寝宫，屋内九间，上下共置二十七张寝床。

<h2 style="text-align:center">三</h2>

当然，这些形式上的奢华，不过是用来装饰权力的花边。皇帝的实际权力比这些形式展示出来的更为巨大。

旧时的皇权大到什么程度呢？简而言之，大于人的想象力。据说，唯一可以令中国皇帝俯首的是上天，然而上天是虚幻的，所以中国皇帝的权力实际上没有任何限制和禁忌。整个天下是皇帝一个人的私产，万众都是他的奴仆。正如黑格尔所说，这是一种"普遍奴隶制，只有皇帝一个人是自由的，其他的人，包括宰相，都是他的奴隶"。

这种统治制度的根本特征是，皇帝不是为国家而存在，相反，国家是为皇帝而存在。皇帝一个人的意志大于所有臣民意志的总和。整个国家，就是给皇帝提供服务的庄园，全体臣民，其生存的意义都在于为皇帝奔走。一切制度安排，都以皇帝一人的利益为核心。所以，我们看到，在皇帝制度下，皇帝支配一切，主宰一切，所有的权力都为皇帝一个人垄断，社会的方方面面都为皇帝一个人所牢牢控制。皇帝与他的臣民，不是人与人的关系，而是神与人的关系，是人与他饲喂的家禽的关系。皇帝就像一个高高在上的神灵一样，天下臣民以何种手段谋生，如何穿衣戴帽，按何种样式建造自己的房屋，甚至如何思考，都得由他来决定。在他的疆域之内，不允许有任何可以自由呼吸的空气。曾经有许多人因为日记中的一句不满而被斩首，也有人因为精神分裂胡言乱语而被千刀万剐。最伟大的汉族皇帝之一的朱元璋在开国之初曾屠杀了几名读书人，理由是他们遁入山林，想做自力更生、自由自在的隐士，而不愿做官。在杀掉他们之后，朱元璋向全体中国人宣布，所有的中国人都是他的财产，必须听从于他的绝对意志。他说："率土之滨，莫非王臣。在我的统治下的读书人不愿为我服务，就是与我作对。诛其身而没其家，不为之过！"

在这样的制度下，只要是能想到的事情，皇帝就可以做到。一位美国学者这样形容："在皇帝的命令之下，一个国都突然在意料不到的地方出现。边疆和海港今日开放与外人互市，明日全部封闭。在皇帝可否之间，有些经济部门或者被全力支持，或者被通盘禁断。庞大的军队进出于蒙古及越南，糜艨的舰队游弋到非洲东岸。这样的事情，好像以手揿动自来水龙头。在这水管上一揿则开，向反方向一扭则闭。"全天下人民的命运，完全在于皇帝一个人的"明"或者"昏"：皇帝性格平和安定，天下按部就班；皇帝好大喜功，天下则动荡不安；皇帝万一是一个精神病或者变态狂，天下就会变成尸山血海……

四

毫无疑义，中国皇帝的权势达到了人类所能达到的顶峰。不论是东方小国、非洲酋邦或者西方王国，其君主的声威都远远不能望中国皇帝之项背。

与中国很多皇帝比起来，世界上其他君主都显得小气寒酸。要知道，欧洲最有权势的皇帝——法国的路易十四，令他的臣民羡慕的不过是可以"毫无节制地吃青豌豆"。路易十四出行时，身边带着"瑞士百人警卫队"，就以为排场大到了极点，殊不知隋炀帝杨广每次出门，身边盛装的武士最少三万人。与中国大内的禁严相比，法兰西的宫廷秩序简直是玩笑。"应当说，什么人都可以进凡尔赛宫，可以任意在各大套房之间游玩，只是不允许乞丐和僧侣进去。想观看国王用膳的过往平民百姓，只要佩带一把宝剑，臂弯里放一顶帽子就可以进宫，这些道具在王宫看守那里能够租到。"所以才闹出了一个厨师化装成贵族与法兰西公主在宫廷舞会上跳舞的笑话。

世界上其他统治者的权力都没有中国皇帝这样绝对、彻底、无所不及。与中国皇帝比起来，西方君主们的荣耀其实十分可疑。中国的皇帝头上只有一个虚幻的"天"，其他的一切都在他的脚下。而西方的君主头上顶着三座大山：第一座大山是教皇。教皇格里高利七世曾在 11 世纪命令道："所有的君主都必须亲吻教皇的脚。"欧洲的君主登基之时，要向教皇行效忠之礼，然后由后者为他戴上王冠。在中国，皇帝既是"万民之君"，又是"伟大导师"；既是凡人，又是"天子"；既管理政务，又垄断意识形态，拥有"教化"百姓的天然权力。在欧洲，国王和皇帝只能掌握有限的世俗权力，却无权染指臣民的精神世界，意识形态和教育是教士们的领地。第二座大山是法律。在中国，皇帝的话就是法律，而欧洲人明确宣布："国王在万人之上而在上帝和法律之下"，"国家本身并不能创造或制定法律，当然也不能够废除法律或违反法律"。因为法律的保护，一个穷人可以得意扬扬地宣布，他不欢迎国王进入他的房屋："风能进，雨能进，国王不能进。"第三座大山是贵族的约束。

在中国，"君"与"臣"一个是天一个是地，而英语里的"king"，除了"国王"之意外，还表示"大的""主要的"。事实上，英国的贵族一直认为国王是自己队伍中的一员、"贵族中的第一人"。国王本身不过是最大的贵族而已，从一定程度上来讲，他与其他贵族主要是朋友关系。他的那些哥们儿一不高兴，就可以联合起来，把他颠覆，拉下王位，所以他不得不处处讨好他们，尽量考虑他们的利益。

欧洲的国王权力的深度和广度都远不如中国皇帝，他们自然也远不如中国皇帝那样威风。1199年，理查德一世听说他的一个贵族在自己的城堡里挖出一批古代金器，财政紧张的国王要求获得这份宝藏。然而，在英国，国王却遭到了毫不留情的拒绝。国王恼羞成怒，和这个贵族兵戎相见，不料却命丧敌手。

英国贵族就是这样经常拒绝国王的命令的。"无地王"约翰对欧洲大陆垂涎三尺，打算出征法国，然而英格兰骑士却对大陆战争不感兴趣，拒绝从命，约翰也无计可施。

五

不过，"祸兮福之所倚，福兮祸之所伏"。表面上中国皇帝权力巨大，荣耀无比，实际上他们是中国历史上最不幸的一群人。有以下事实为证：

第一，在中国社会中，皇帝的平均寿命最短，健康状态最差。有人做过一个统计，历代皇帝有确切生卒年月可考者共有二百零九人。这二百零九人，平均寿命仅为三十九点二岁。

有人指出，中国古代人口的平均寿命不过三十五岁，因此，皇帝的平均寿命并不低。可是，三十五岁的平均寿命中包括大量的夭折人口，事实上，古代人均寿命之低主要是由于极高的初生儿死亡率。如果去除这个因素，人口学家推算，中国古代人口的平均寿命可达五十七岁。众所周知，生下来就死掉的人不可能成为皇帝。因此，五十七减去三十九点二，中国皇帝的平均寿命比普通人要低近十八岁。

除去非正常死亡因素，皇帝的健康水平低是皇帝整体寿命短的重要原因。宋、明两代统治秩序较好，皇帝大都是善终，然而平均寿命仍低于社会平均水平。两宋十八位皇帝，平均寿命四十六点七岁。明代十六位皇帝，平均寿命不到四十二岁。在明代十六位皇帝中，只有五个皇帝寿命高过均龄，其余十一帝皆低于均龄：从宣德帝到正德帝这祖孙五代竟然都在而立之年左右撒手人寰，其中的成化帝也仅仅是刚过了四十岁。而明光宗登上皇位仅一个月，因为多幸了几个女人，就撒手人寰，其身体的虚弱程度可想而知。

第二，皇帝群体中非正常死亡率高。陈志武和林展对中国自秦朝以来（包括江山一统的大王朝和偏安一隅的小王朝）的 658 位皇帝的死因进行了系统研究，发现其中不得善终的，也就是非正常死亡的高达 38%。这一概率远高于其他社会群体。死于非命的帝王当中，又有 71% 是死于亲戚或宫廷大臣之手。陈志武和林展说："在中国朝代历史中，每年皇帝死于非命的概率大约是十万分之三千一百左右，比普通人死于非命的概率高一千多倍。按照剑桥大学对现代战场的定义，每年死亡概率超过十万分之五百的地方就是'战场'（battlefield），那么，中国历代皇宫里死于非命的概率是现代战场标准的六倍！"

虽然权力与人性的规律古今中外无大变化，但是如果将这一数字与西方历史进行对比，你会发现还是有所不同。虽然在中国普通读者心目中，西方中世纪的历史是小国林立、不停地动荡和战争的历史，但是统治者的非正常死亡率明显低于中国。艾斯纳（Eisner）对 600 至 1800 年间欧洲 1513 个国王的死亡经历进行研究，发现有 22% 的欧洲国王死于非命。每年国王死于非命的概率大约为十万分之一千，是中国历朝皇帝面对的非正常死亡率的三分之一。

这一数字对比出现在这样的背景之下，因此显得反差更大：中国人的性格更为温和克制，中国古代历史上整个暴力死亡率远低于同时期的西方。陈志武、彭凯翔和朱礼军的研究说明，在清代命案率最高的 1820 年左右，每年每十万人中有 1.6 个死于一般暴力，而西欧同时期每年每十万人中有 4 到 8 个死于一般暴力。

中西历史的另一个不同是，900 至 1500 年间，西方国王的平均统治时间从 15 年一直稳步上升到 23 年，而中国皇帝平均统治时间从隋唐以来一直在上下波动，没有达到一个稳定均衡的状态。

第三，皇帝这个群体的整体生命质量较差，生存压力巨大，因此出现人格异常、心理变态甚至精神分裂的概率较常人高许多。翻开二十四史的本纪部分，那些一开始使我们惊愕、恶心，后来使我们麻木、厌烦的发疯变态行为实在是数不胜数。近四分之一的帝王传记中，记录有人格异常、心理变态甚至精神分裂的表现：

南北朝时期宋朝的第六位皇帝，前废帝刘子业，极为荒淫残暴。他讨厌功臣刘义恭，就"砍掉刘义恭肢体，剖开他的肚子，挑取他的眼睛，用蜜腌渍，谓之'鬼目粽'"。他创办了独家的皇宫妓院，召集众多王妃、公主，令左右幸臣与她们当场淫乱。这些女子都是他的长辈或姐妹，稍有不从，前废帝就会把她们杀掉，毫不手软。这个游戏玩腻了，他又叫宫女与猴、羊、马欢好，他在一旁观察。他把叔父湘东王刘彧裸体养于坑中，要

▲ 明朝王圻、王思义所编《三才图会》中南朝宋前废帝刘子业画像

他从木槽里取食，并称呼他为"猪王"。"尝以木槽盛饭，并杂食搅之，掘地为坑，实以泥水，裸彧内坑中，使以口就槽食之，用以欢矣。"

前废帝如此，后废帝有过之而无不及。后废帝刘昱凶暴异常，外出游玩，遇到挡路者，无论是人是畜，都命侍从格杀勿论，这使得都城建康，白天户户大门紧闭，道路绝迹。他命令身边侍卫随时手执针、锤、凿、锯等刑具，臣下稍有忤逆，就施以击脑袋、捶阴囊、剖腹心等酷刑，每天受刑者常有几十人，他以此为乐，一天不见有人流血就闷闷不乐。

这些行为无疑不能用"纨绔"定义，这两个人所患的是精神分裂症。

北魏道武帝拓跋珪患的是躁郁症。"或者数日不食，或者达旦不寐，追计平生成败得失，独语不止。疑群臣左右皆不可信，每百官奏事至前，追记其旧恶，辄杀之；其余或颜色变动，或鼻息不调，或步趋失节，或言辞差缪，皆以为怀恶在心，发形于外，往往以手击杀之，死者皆陈天安殿前。"（《资治通鉴·晋纪三十七》）或者数日不食，或者数夜不睡，精神忧闷不安，有时一晚上自言自语，好像对身旁别人看不见的鬼物说话。他上朝时喜怒无常，追思朝臣旧恶前怨，大加杀害。见到大臣脸色有异，或呼吸不调，或言辞失当，就大叫而起，亲自殴打击死在大殿之上，尸体都一字排开摆放于天安

殿前。

还有人食欲异常。前面提到的"猪王"刘彧，后来侥幸活了下来并当了皇帝，史称宋明帝。此人习惯用暴饮暴食来缓解精神紧张。他吃用蜂蜜腌渍的鳢鲗，一次可以吃几升；吃烤猪肉，一次能吃两百块。(《宋书》)

北齐文宣帝高洋的病状则是病理性激情。他怀疑其宠妃薛氏与大臣私通，于是亲自砍下薛氏的头，将之藏在怀中赴宴。酒席中，他拿出薛氏的头放在盘子里，在座众人大惊失色。他叫人取来薛氏的遗体，当众肢解，取出薛氏的髀骨，制成一把琵琶，边弹奏，边饮酒，边哭泣，叹息"佳人难再得"，伤痛不已。最后，他披头散发，哭着将薛氏下葬，用的是隆重的嫔妃之礼。

……

与这些变态行为相比，北齐后主高纬爱当乞丐，南齐废帝东昏侯萧宝卷捕老鼠、睡懒觉、驱百姓，明代万历皇帝二十年不上朝，洪武皇帝滥杀功臣，嘉靖皇帝偏执，天启皇帝沉迷于木匠活儿，都算不上骇人听闻了。

第四，历代皇帝中，事业成功者，也就是说较好地履行了自己职责的只占一小部分，基本符合儒家道德规范的"圣君"更是凤毛麟角。为后世所纪念和景仰的历代成功帝王加起来不过十数名，而庸主、昏君、暴君则比比皆是，占到百分之九十还多。由于皇帝这个职业挑战性过大，这个阶层中的人，在工作中要体会成功感最难，体会到的挫折感却最多。大部分皇帝在这个职位上是"混"过一生的，因为他们的才能、精力、学识不足以统治如此复杂而辽阔的帝国。

六

权力过于巨大，是中国皇帝不幸的根本原因。皇帝是天下最自由的人，因为他的权力没有任何限制。皇帝又是天下最不自由的人，同样因为他的权力没有边界。

皇帝十分清楚他的一切都是来源于自己的权力。为了保持自己的至高尊荣，皇帝必须牢牢把握住权力，一丝一毫也不能放手。利益的焦点必然是力量的焦点。普天之下不知有多少精英人物在日夜垂涎、掂量、窥探、谋划着大位。为了让天下人成为自己的奴隶，皇帝自己成了权力的奴隶。他必须像爱护眼睛一样地爱护自己的权力，一分一秒也不能松懈。被剥夺权力的恐惧使皇帝常年神经高度紧张，甚至风声鹤唳、草木皆兵，呈现某种精神病态。朱元璋在写给自己继承人的《皇明祖训》中，就鲜明地表现了这种过度戒备心理。他说："凡帝王居安之时，应该常怀警备之心，日夜时刻不可松懈，这样才不至于被人所窥测，国必不失……每天都要当成是在战场上一样，白天注意观察周围人的言语举动，晚上要严密巡查，搞好宫内安全保障。即使是朝夕相见的心腹之人，也要提高警惕，所谓有备无患也。如果有机密之事要与亲信商量，需要屏退旁人，但是也不能令护卫们退得过远，最多十丈，不可再远……兵器、甲胄，不离左右，更要选择数匹良马，置于宫门及各处城门，鞍辔俱全，以防意外……"

为了保证自己的意志绝对畅通，为了保证自己对权力的独占，皇帝们一再地粉碎对皇权的任何威胁和挑战，同时也不得不把自己变成牛马，担负起沉重的工作负荷。在皇帝体制下，"天下之事无小大皆决于上"，那些雄才大略的皇帝，每一个都不得不成为工作狂。秦始皇规定自己每天必须看完一百二十斤竹简文件才能休息。朱元璋说自己"每旦星存而出，日入而休，虑患防危，如履渊冰，苟非有疾，不敢怠惰，以此自持，犹恐不及"。据史书记载，洪武十八年（1385）九月的八天之内，朱元璋阅读奏折一千六百六十件，处理国事三千三百九十一件，平均每天要阅读奏折两百多件，处理国事四百多件！雍正皇帝在位期间，自诩"以勤先天下"，不巡幸，不游猎，日理政事，终年不息，在位十三年，写出了一千多万字的朱批。

康熙皇帝对历代帝王短寿有自己的解释，他在遗诏中曾深有感触地说："自古帝王多享年不永，书生们每每因此多有讥评。他们怎么知道，皇帝面对的政务之烦，使人不胜其劳。做大臣的，想做官就做官，不想做就不做，回家抱抱孙子，优游度日。皇帝就没有这样幸福。皇帝的重任不可以托付给旁人，所以舜帝直到死在苍梧时，禹帝直到死于会稽那一天，都没有享受过安宁的生活。当了皇帝，就没有退路，怎么敢奢想安逸？"

除了劳累之外，皇帝的生活还有一个突出的特点：刻板。

本来，世俗权力的巨大，已经令皇帝精疲力竭，可是旧文化对皇帝的要求还不止于此。为了给权力的暴力内核穿上一层华贵的外衣，皇帝无不把自己的地位与上天联系起来，编造种种传说，声嘶力竭地宣扬和渲染自己的与众不同。开国皇帝通常都宣称自己是神龙或怪兽与人的私生子，因此他和他的子孙生来具有神性。他们不仅要占领权力的最高点，还要占领道德的最高点，所以他们自称为"圣"。他们说："德合天地者称帝，仁义合者称王。"按照"天理"，皇帝是上天在人世间的代表，据说"天生民性，有善质而未能善，于是为之立王以善之，此天意也"。中国是一个礼治社会，既然皇帝是天生圣人，是万民的老师，那么一举一动更应该体察天道，遵守礼仪，有章有法，完美无瑕，以为天下众人之表率，以达到"一人正而天下正"的大好局面。因此，历代相积，建立了一套基于"礼法"的完整的帝王守则，使帝王的生活，无时无刻不处于被规定之中。

我们以清代为例，观察一下皇帝是生活在一个什么样的套子当中的。清代祖制，每天早上五点左右，皇帝就必须起床。起床之后，第一件事是着衣。皇帝穿衣戴帽是不能由着自己喜好来的，在不同的季节、不同的月份、不同的日子，甚至同一天的不同时辰，皮、棉、夹、单、纱各种质地以及式样、颜色、纹饰都有严格规定。

梳洗已毕，首先要做的事是"读《实录》一卷"，也就是说要学习祖先的

▲ 康熙皇帝夏朝冠画像

光辉事迹，背诵祖先的教导。

早上七点到九点半是皇帝吃早饭的时间。御膳的食谱每天由内务府大臣划定，每月集成一册。在做御膳时，内务府大臣还要负责监督，每道菜的配料都有规定，不许任意增减更换。皇帝就座后，传膳太监一声呼喊，端饭菜的人鱼贯而入。试膳太监先查看每道饭菜中的试毒牌变色不变色，再亲口尝尝，然后皇帝才开始吃。每道菜最多只能吃三口。

然后是处理政务，即御门听政，皇帝端坐于乾清门。整个听政过程有着严格的礼仪规范要求：文武百官从景运门入，在门下广场排班。奏事开始，大臣从东阶上门，列跪，尚书居前，侍郎位其后，陪奏的官属又在其后。尚书一人手捧折匣折旋而进，至本案前垫上北面跪，将疏折匣恭放于本案上，然后起立，趋至东楹，入班首跪，口奏某事几件。每奏一事，皇帝即降旨，宣布处理意见，大学士、学士承旨。事毕，大学士、学士起立，从东阶下，记注官从西阶下，皇帝起驾还宫。

每天上午十一点到下午两点半，是皇帝休息吃午饭时间。根据《国朝宫史》记载，每天皇帝一般在下午一两点时吃午饭，然后批阅各部和地方大员的奏章，接着就开始学习。

在下午两点半到五点这段时间里面，皇帝除了办公以外，还要看书学习。

晚上七点到九点，皇帝要祀拜神灵，到各殿神佛前拈香，然后上床睡觉。按照规矩平时皇帝不能到妃嫔宫里过夜，皇帝如果想要哪位妃嫔来陪他睡觉，只能把她们召到皇帝的寝宫里来，叫作"召幸"。被选中的妃子有幸陪皇帝一起吃晚饭，但是被皇帝"幸"过之后，她们没有资格陪皇帝过夜，就要退到厢房，留皇帝一条真龙盘踞在自己的寝宫之中。

因此，中国的皇帝，要说容易，任何昏庸白痴之人都可以凭血统登上帝位；要说难，则旧文化中对帝王的要求至难至险。智者千虑，必有一失。对于秦皇汉武唐宗宋祖之类精力过人、意志超群的超级皇帝来说，权力都令他们不堪重负，更何况那些远不如他们坚强的后代。那些精明巧诈的定制之君没有想到，他们制定的帝王标准，给自己那些平庸的后代带来了多少痛苦和折磨。

中国王朝存在着一条铁律：那些艰难创业的开国帝王往往性格坚毅，精力旺盛，而继他之后登上皇位的人往往是一蟹不如一蟹。这是由中国皇族特殊的成长环境造成的。

在旧时中国，人们往往把物质享受作为衡量幸福的重要标准，把无条件地顺从、宠爱、谄媚作为对待皇子的不变态度。一生下来，皇子就处于太监奴仆的包围之下，众星捧月之中，每有所需就立即被满足，缺乏等待延后满足的能力。这极容易导致皇子人格的不成熟。而"捧在手里怕掉了、含在嘴里怕化了"的过度关照，又往往使皇子身体过于孱弱。与此同时，由于特殊的身份和地位，国家对皇子的期望值很高，对他们的教育看得很重，历代宫廷都制定了严格的学习制度。一方面是后宫的为所欲为、骄纵无度；另一方面是书房的规矩严厉、任务沉重，这就很容易造成皇子厌学逃学和人格分裂，形成种种心理隐患。明代中后期诸帝，不学无术者极多，甚至有的皇帝就是半文盲。清代的同治皇帝，也是厌学的典型。咸丰和慈禧只有这一个儿子，宠爱过度，导致其上了十多年学，到了十七八岁的时候，"折奏未能读"，连"在内背《大学》皆不能熟"。人格分裂的典型则是那个因为"日表英奇、天资粹美"而两岁时就被康熙立为太子的胤礽。他本来是一个聪明伶俐的孩子，智力超群，仪表不凡，可是，由于长期处于一人之下、万人之上的地位，他的性格严重畸形。在皇帝面前，他表现得举止大方，处事有法。皇帝一转身，他就露出完全不同的另一副面孔：他赋性奢侈，大手大脚，索求无度；他骄横暴虐，为所欲为，甚至任意殴打郡王、贝勒、公爵；他胆大包天又缺乏自制力，竟然派人拦截外藩进贡的使臣，夺取进贡给皇帝的马匹。终于，康熙忍无可忍，不得不将其废掉。

在这种特殊环境下成长起来的皇位继承人很容易出现种种心理和性格问题，最常见的是意志软弱、自制力差。另外，处在深宫之中，被养育于妇人之手，皇子难有接触社会、了解民生的机会，也积累不起实际的执政经验。因此，大部分继位的君主，缺乏治国所需的能力。

一方面是能力低下，另一方面是要求极高。一方面是如此森严的规矩，另一方面又是皇帝手中实际上无所不能的权力。因此，历代皇帝中能够严格要求自己执行皇帝守则的自然是凤毛麟角。权力这副铠甲本来是为了保障皇帝的享受的，可是在大多数时候，皇帝使出全力，也担负不住这副厚厚的铠甲，他们的生存因此就变成了权力重压下的挣扎，显得十分可怜。

在阅读中国历史的时候，一个令人不解的现象是：为什么沉溺于酒色的皇帝那么多？人生的乐趣那么多，特别是皇帝富有四海，可以做的事那么多，可以经历的人生那么丰富，为什么那么多皇帝都像乍富的大款一样不开眼，一门心思赖在酒桌和床上？这两样事物确实很有吸引力，但也不至于有吸引力到让人丧命的程度。道理其实很简单，这是一种逃避。权力的沉重和规矩的森严使他们无力承受，而祖先的期望、臣民的指责、自己体内的超我使他们荒嬉政务、尽求享乐时，不能不产生深深的负罪感、无能感、自卑感，不能不自暴自弃。酒和色不过是他们的逃身之所罢了。准确地说，沉溺于酒色的昏君实际上都是酒精或者性的依赖症患者。

相比之下，西方国王的政务则相当轻松，因为国土面积小，事务少，更重要的是，权力的广度和深度远不能和中国皇帝相比。

七

虽然皇帝生涯如此险恶，可是几乎每个中国人都做过皇帝梦。孙中山曾言"四万万人都想当皇帝"，"中国向来没有为平等自由起过战争，几千年来历史上的战争，都是大家要争皇帝"。

确实，中国的皇位对没当过皇帝的人来讲太诱人了。它有两种神奇的品质：一是法力无边，一瞬间就可以使人成为神明，可以满足人这种生物的一切生理欲望和尘世梦想；二是流动性强，可以用武力去夺。由此导致世界上从来没有哪个国家对皇位的争夺如同中国这样频繁、惨烈、代价巨大。几千年来，中国社会精英的全部焦虑都集中在两点：如何保住皇位与如何夺取皇位。这两种努力都使中国社会付出了巨大的代价，并造成了皇帝非正常死亡率居高不下。

改朝换代这一历史现象鲜明地表现出中国人源远流长的"自由、平等、竞争"意识。中国式的皇位竞争不分贵贱，不论种族，完全是开放式的、费尔泼赖的。"王侯将相，宁有种乎""皇帝轮流做，明年到我家"的民谚深入人心，乞丐、流民、士兵、权臣、异族，皇位面前人人平等，人人都有机会成为"太祖高皇帝"。由于这个"家业"实在过于具有诱惑力，也由于竞争门槛很低，所以几千年来无数男人投入到这种竞争中，因此，中国皇位就具有了某种彩票性质。这张彩票，价值与国民生产总值相当，中奖率为一比全国总人数的一半（因为除了武则天，尚没有第二个女人对开国之君的称号感兴趣过）。这是一场多么惊险、刺激、诱人的博彩活动啊！自从秦始皇发明这张彩票以来，无数中国人就如痴如狂地投入到这场巨大的赌博中来，自秦始皇到溥仪，两千年间，如果按粗略的直线数下来，中国历史上经历了二十六次改朝换代，平均每个朝代的统治都不足百年。为了这个皇位，中国大地上无数次烽烟四起，血流漂杵，白骨成堆。那些顶级男人，提着头颅，以全族人的身家性命为赌注，进行着一次又一次声势浩大的赌博。

中国的皇位虽然对所有的人开放，但是角斗场却是封闭的。所谓天无二日，国无二主，卧榻之侧不容他人酣睡。在东亚这块相对封闭的大陆上，失败者无路可逃，每一个走进角斗场的人只有两条路可走：不是鱼死，就是网破；不是成功，就是成仁。因此，中国政治家在斗争中显得分外残酷、彻底，他们的信条是政治斗争必须心狠手辣，斩尽杀绝，对对手不抱任何幻想，绝不给对手一点翻盘的机会。因此，与每个王朝辉煌的开始相对照的，都是腥风血雨的结束。每一代新的统治者上台，第一件事就是把前代王朝的后代斩尽杀绝，斩草除根。中国历朝末代皇帝的命运都无比悲惨。有的逃到天涯海角甚至海外仍不免一死，如南宋末帝和南明永历帝。有的老老实实交出权力仍不免被以各种借口暗杀，如东晋末帝司马德文、刘宋末帝刘準、萧齐逊帝萧宝融、萧梁末帝萧方智、南唐后主李煜……死到临头，这些不幸的人一再悲叹："愿生生世世，再不生帝王家！"

环顾全球，像古代中国人这样热衷于皇位赌博的似乎不多。以我们的近邻韩国和日本为例，日本是所谓万年一系，自从有天皇以来，就没有他人染指；而自唐亡之后，中国历经了后梁、后唐、后晋、后汉、后周、北宋、南宋、辽、金、元、明、清十多个王朝，而邻国朝鲜只经历了高丽和李氏两个王朝。

亚欧大陆另一端，人们的观念则要保守落后得多。欧洲人认为，王位必须由有国王血统的人继承。欧洲的几十顶王冠，一直是在天潢贵胄间传来传去，还从没有出现过哪个泥腿子揭竿而起、开朝立基的壮举。在英国历史上，虽然为了王位也曾多次展开过连绵的战争，但是战争的双方都是法律意义上的有权继承王位者。另外，西方王位的产生，除了战争和继承以外，还有非常重要的一种途径，那就是选举。在议会出现前，英国存在着由贵族、教士和高官组成的"贤人会议"（Witan）。这个会议的明确职责之一就是选举或者罢黜国王。当国王的继承出现争议时，这个会议便会从候选人中选出他们认为最合适的一个。英国从899年到1016年间的十位国王中，仅有三位是仅凭血缘关系即位的，其他七位都是由贤人会议推荐的与国王血缘关系较近的贵族，由绝嗣的在任国王赐予王位继承权。一位大主教曾经说过，正如人们普遍认为的那样，英国的君主实际上不是世袭的，而是选出来的。

西罗马立国近千年，拜占庭帝国享国近千年。再看英国，自1028年威廉一世诺曼征服后至今，一共出现了四十一位国王，都是威廉一世的后人。从不严格的意义上说，英国王位，也可以说是千年一系了。只不过英国的王位继承不是中国式的严格的父死子继，而是掺杂了父女关系、兄弟关系、祖孙关系，以及堂兄弟关系。这期间，英国共经历了九个王朝，然而，王朝更替多是由于上一个王朝的末代国王绝嗣，由亲戚入继大统，从而改朝换代。欧洲其他国家的王朝更替，也都属此种情况。

在中国，即使在同一个王朝内部，围绕着皇位，也没有一天停止过阴谋、叛变和杀戮。没有哪一个国家的王位像中国的龙椅这样染了这么多的鲜血。旧时中国人围绕权力所表现出来的非人性程度达到了人类史上的极限。父子相残、母子相残、兄弟相残、夫妻相残，凡是人类所能想象的最残酷的、最反人性的场景在皇宫之中都发生过了。秦始皇的儿子胡亥篡夺了皇位之后，为了消除其他继承人对自己的威胁，将自己的十八个兄弟和堂兄弟斩首，并且把十位心怀不满的姊妹统统处以车裂之刑，另外还迫令十五人自杀。雄才大略的汉武帝去世前，因为担心人主年小而母亲年壮干预朝政，杀掉了自己心爱的妃子。这一举动被后世政治家认为是高瞻远瞩的大手笔，以至于北魏时期，后宫明文规定："子为储君，母当赐死。"后宫嫔妃因此祈祷上苍，万万别生儿子。这一制度性的规定，比起那些纯粹基于兽性而制造的骨肉相残，尚属仁慈。建武十四年（348），后赵皇帝石虎将试图篡位的儿子石宣捉住后，用铁环穿起他的下巴，拴在柱子上，然后命人抬来喂猪的槽子，倒入残渣剩饭，让他像牲口那样去舔着吃。这样折磨一段时间之后，又一根根拔光他的头发，割断他的舌头，砍断他的手脚，挖出他的眼睛，剖开他的肚子，最后把他吊到柴堆上，烧成灰烬。虽然石宣五岁的幼子颇得石虎疼爱，平时祖孙朝夕不离，此时也被石虎命令拉出去砍了。当刽子手来行刑时，小孙子拉住石虎的衣服不肯放手，最后把衣带子都拉断了。李世民玄武门之变后，一边来到李渊面前承认错误，"跪而吮上乳，号恸久之"，一边命人立刻去杀掉他的十个侄子。"建成子安陆王承道、河东王承德、武安王承训、汝南王承明、钜鹿王承义，元吉子梁郡王承业、渔阳王承鸾、普安王承奖、江夏王承裕、义阳王承度，皆坐诛。"这样的自相残杀，无朝无代无之。

相比之下，西方的统治者在王位之争中却表现出了让中国政治家瞧不起的软弱性、糊涂性和不彻底性，他们根本不懂"量小非君子，无毒不丈夫"的真理。

1135 年，亨利一世去世，他的外孙亨利二世和外甥斯蒂芬都认为自己有权继承英国王位，斯蒂芬抢先一步登上了王位，亨利二世不服，因此领兵前来争夺王位。在第一次王位争夺战中，年仅十四岁的亨利二世经验不足，准备不充分，还没开战军队就没有粮饷了，陷入饥饿、困窘之中，他居然向敌人斯蒂芬请求支援。而斯蒂芬呢，居然也就慷慨解囊，借钱让亨利二世把饥饿的雇佣军打发回家，第一次战争就这样可笑地不了了之。

数年之后，亨利二世羽翼已丰，卷土重来，双方再次展开大战，这次亨利二世很快取得了胜利，斯蒂芬俯首投降。然而，双方谈判后达成的结果却让人大跌眼镜：双方约定，斯蒂芬继续做英国国王，不过宣布亨利二世为他的继承人，一旦百年之后，由亨利二世登基。

另一场王位争夺的结局更富于戏剧性。英国爱德华三世的两个儿子兰开斯特公爵和约克公爵的后代都对英国王位产生了兴趣，两个家族各拉一批贵族，发动了内战。因为兰开斯特家族的族徽是红玫瑰，约克家族的族徽是白玫瑰，所以这场战争被称为玫瑰战争。战争的结局是不打不成交，两大家族在战争中打出了感情，兰开斯特家族的亨利七世娶了约克家族的伊丽莎白，宣布约克和兰开斯特两大家族合并，结束了玫瑰战争，也结束了兰开斯特和约克王朝，开创了都铎王朝。

虽然西方的权力争夺中也不乏残忍和血腥，但较之古时中国式的残酷，究竟不可相提并论。毕竟，在西方，得到了王位并不意味着得到了一切，丢掉了王位也并不一定就意味着失去了一切，人们不会像东方人一样不顾一切，偏执而疯狂。欧洲政治中有一个传统，那就是做过国王的人即使被从王位上推下来，也会受到必要的礼遇。这是骑士精神的表现之一：同情弱者，对失败者宽宏大量。因此，欧洲权力斗争中的失败者鲜有被处死的例子。在那个时代，人们无法容忍一个国王杀掉另一个国王。他们不是不知道养虎为患的道理，却宁肯承受失败者卷土重来的后果，也不愿破坏自己的骑士风度。1688年，威廉三世征讨英国，从自己岳父詹姆斯二世手中夺取了王位。之后他网开一面，故意在囚禁岳父的城堡前的大海上不设防备，让他顺利乘船逃到法国。第二年，他的岳父就组织了一支精良的雇佣军在爱尔兰登陆。威廉三世不得不从英法战争中腾出手来对付卷土重来的岳父，虽然最后将詹姆斯赶回了法国，却因此在英法战争中失利。不过，似乎没有人因此而批评威廉的不智。

腥风血雨的政治斗争，不但造成了皇帝的大量非正常死亡，而且导致了许多皇帝疯狂变态。中国南北朝时期及五代时期帝王患精神病和心理异常的概率分外高，与这两个时代异常激烈和残酷的皇位竞争密切相关。这个时代的皇帝所处多是势力交集之地，各方势力把他如同五马分尸一般拉向各个方向，在他的生命中有着太多的矛盾、取舍、焦虑和不如意。

金朝第三代皇帝熙宗完颜亶就是一个典型的例子。他早年是一个聪明善良、胸怀大志的人，很重亲情，对宗室亲王十分优待。他"颇读《尚书》《论语》及《五代》《辽史》诸书，或以夜继焉"，追慕唐太宗之政，曾立志成为治世明君。然而，在做了几年皇帝之后，他却变成了一个终日酗酒、动辄杀人的暴君，"屡杀宗室""屡杀大臣""迭兴大狱"，皇统九年（1149）仅一个月之内，就杀了皇后裴满氏与妃乌古论氏、夹古氏、张氏、裴满氏等一后四妃，显得异常残酷。"纵酒酗怒，手刃杀人"更是常事，喝醉之后，他命令大臣跪在身边，亲手举刀将其头砍下来。群臣震恐，皇统九年十二月，数名宗室重臣合谋将熙宗刺死。

帝王生涯中遇到的太多挫折、打击、不如意是熙宗精神变态的主要原因。他十七岁继位是贵族拥立的结果，在帝王生涯的前数年内，朝中重臣专权，他处处受权臣掣肘，无法实现自己的政治抱负。在朝中连绵数年的残酷政治斗争中，他的众多亲族都在相互仇杀中惨死，这使他十分苦闷。特别让他无法承受的是，那些诛杀他的亲叔、堂叔、叔祖的诏书，都是在权臣的胁迫下由他亲自签署的，这对他产生了巨大的刺激，使他开始酗酒。压断他神经的最后一根稻草是他未能保护自己十分信任的大臣宇文虚中，在宇文虚中被处死后十个月，他初次显示出精神异常。其时他宴请大臣，"酌酒赐元，元不能饮，上怒，仗剑逼之，元逃去。命左丞宗宪召元，宗宪与元俱去，上益怒，是时户部尚书宗礼在侧，使之跪，手杀之"。

在此之后，长期酗酒的熙宗更是时常处于神志不清的状态，由原来温文尔雅的书生皇帝一变而为杀人狂，终于在三十一岁的盛年死于非命。可以说，金熙宗是帝王中由政治斗争导致心理变态的典型标本。

八

中国皇帝制度和西方君主制度（以英国为例）的最后一点不同，是中国皇帝制度确立之后，皇帝的权力在历史上呈逐渐扩张之势，而英国国王的权势却随着时间的流逝而日渐减小。换句话说，在帝制下的中国，是统治者日益把民众关进越来越严密的笼子，而在英国，是民众逐步把国王装进了笼子。

自秦始皇建立皇帝制度以后，中国的专制统治方式从粗放简单发展到精密深刻，统治层面从控制人的身体逐步发展到控制人的精神，皇帝与臣民的关系越拉越远，民众奴化的程度越来越深。

自秦朝到西汉，丞相入朝之时，皇帝会起立欢迎；从东汉至宋初，宰相可以在皇帝面前坐而论道；宋朝初年之后，宰臣在皇帝面前不再有座位，但还可以站在皇帝面前说话；而到了明、清两朝，不论哪个大臣，在皇帝面前都必须跪着说话了。宫廷礼仪的这种演变，简洁地反映出皇权日盛、臣权日衰的演变过程。

宋代以前，中国还没有文字狱的说法；明代以前，中国专制统治虽然严密，但是毕竟还有一些权力管不到的地方。士人们不满朝政，可以挂冠而去，隐居山林。而到了明代，不愿当官居然成了被皇帝杀头的理由。及至清代，人们的私人日记和通信都成了被判罪的理由，文字狱使得所有大清臣民噤口不言。

而在英国，虽然国王与贵族的斗争出现多次反复，但总的趋势却是专制王权日益削弱，贵族和民众的权利日益伸张，最终导致了君主立宪制的形成。英国人很早就意识到，不受约束的专制权力必然给国家带来动荡和祸乱，所以贵族总是不失时机地趁国王处于软弱状态时，把一道道绳索套到他的头上。从《大宪章》到《默顿法规》再到《牛津条例》，英国人根据形势的需要，一步步缩小国王的权力范围，直至内阁制度成熟，王权对国家已经没有任何意义时，通过君主立宪制，把国王架空起来。因此，英国国王权力范围的变化史，也就是英国保守主义自由民主的发展史。

第一章
秦始皇：权力怪兽的第一任驭手

————————— • • —————————

　　秦国统一天下的秘诀在于新型权力体系能够高效地集中人力物力。秦朝的失败，也在于这套制度没有约束力量。秦始皇认为他竭尽心力打造的帝国固若金汤可以传之万世。他不会想到，他死后不过三年，这个帝国就灭亡了。不管秦始皇被命运打造成多么适合骑乘权力这匹怪兽，他的遗产仍然逃不脱被这头怪兽反噬。

"祖宗之余烈"：权力怪兽的诞生过程

一

秦始皇虽然是公认的"千古一帝"，但是他在中国历史上的地位其实是被大大夸大了。

秦始皇第一个历史功绩是统一了中国。然而，中国的统一运动既不是出自秦始皇的意志，也不是由他亲手启动。春秋以降的统一运动，是中华民族集体意志的结果，是一个持续了几百年的历史过程。秦始皇只不过是接力赛的最后一棒选手。

秦始皇的另一大"功绩"是建立了全国范围内的皇帝制度，或者叫"大一统郡县制度"。然而这个制度并非秦始皇的原创，而是春秋战国以来大部分思想家共同努力构建的。其实，除了发明了"皇帝"二字，以及规定"命为'制'、令为'诏'、自称曰朕"等文字细节上的贡献外，秦始皇对于"皇帝思想"或者说"皇帝制度"并无思想性的建设。他的所作所为，不过是贯彻了前代思想家和政治家们的政治设计而已。

▲ 商鞅方升

甚至"统一度量衡""书同文""车同轨",也是商鞅时期就开创的先例。商鞅改革的重要措施之一就是统一度量衡,即"平斗桶权衡丈尺"。秦孝公十八年(前344)颁布的"商鞅方升"就是这次改革的实物证据。秦始皇"焚书"之前,商鞅也曾经"燔诗书"。

可以说,秦始皇是一个实践者而非思想者。他的特点是执行力超强,而非创造力出众。他的功业是建立在"祖宗余烈"的基础之上的。

二

秦国是一个铁血之国,它诞生于西周和东周交接的时代。

它在天下主要诸侯国中是最特殊的。

第一,它最年轻。

秦人起源于甘肃天水一带,是周代的一个边缘部族,本属"蛮夷"。周初分封的时候并没它的份儿。西周末年,犬戎进攻周王室,大部分诸侯不管不问,独质朴的秦部族积极勤王,"秦襄公将兵救周,战甚力,有功"(《史记·秦本纪》),在战后又护送周平王东迁,因此被感激涕零的周天子封为诸侯。秦国作为一个国家由此正式出现。

因此秦国是一个边缘型的落后国家。和齐、晋、鲁等老牌诸侯国相比,秦的历史短了整整一个西周的时代,大约迟了三百年。

第二,它最落后。

荒凉的西北高原,物产稀少,人民生活贫困。《汉书·刑法志》这样描述秦国:"其生民也狭厄,其使民也酷烈。"作为一个地处偏僻的后起国家,秦国文化上也非常落后,李斯谓"士不产于秦",荀子说秦国"无儒"。秦国人才都是从外面聘请来的。

第三,它的发展轨迹最特殊。

周代的几乎所有国家,都以礼乐文明为努力方向。即使边缘型的国家,也都全力中原化,努力由"蛮夷"而进为"华夏"。但秦国的发展路线却相反。

秦国立国之初,也曾倾心中原。但是到了第九位君主秦穆公,他对比中原与蛮夷,认为"中原化"或者说"礼乐化"会使一个国家丧失尚武精神,因此果断中止"中原化"进程,向戎狄开拓,"益国十二,开地千里,遂霸西戎",吞并了大量羌戎人口,大力吸收戎狄文化。秦国的文化面貌因此发生了明显变化。考古发现秦文化中的屈肢葬、土洞墓、茧形壶、铲形袋足鬲等一系列独具特色的文化因素，不属于中原国家，而属于西北少数民族。

因此，在战国七雄中，秦国文化是最独特的。秦国和游牧民族一样，百姓停留在"淳朴忠厚"的半野蛮状态。与中原散漫的农业文明比，秦国文化具有纪律严明、上下一致的军事化作风。"秦中士卒，以军中为家，将帅为父母，不约而亲，不谋而信，一心同功，死不旋踵。"与西戎的融合，给秦人的躯体注入了更多粗犷和野蛮，决定了秦人狼一样的性格。

这些特点导致秦国一直被称为蛮夷，受人歧视。"六国卑秦，不与之盟"，"秦僻在雍州，不与中国诸侯之会盟，夷狄遇之"。

但也正是这些特点，决定了秦国在新型权力怪兽诞生的过程中夺得了先机。

三

在皇帝制度诞生之前，中国运行的是一种旧的权力机制，叫"封建制度"。

这种制度以血缘为基础。周天子把天下土地分封给了自己的叔伯兄弟，让他们代代世袭。诸侯在国内，也同样把土地分封给自己的亲人。天子用管理家族的方式，管理天下。

然而，这种旧的权力制度有着严重的问题，导致了春秋战国的混乱局面。第一，血缘作为各级权力间的连接纽带和黏合剂，有其先天的弱点。因为血缘总是随着时间的推移越来越淡。各国诸侯与周天子的血缘关系越来越远，亲情渐渐失去了感召力和约束力。

第二，封建制下，各级权力的控制力不强。封建制是一种自治制度，各个诸侯国自行其是。周天子的权力向下只能到达诸侯，而到达不了诸侯的下一层，也就是卿大夫。同样，诸侯也只管得了卿大夫，而管不了卿大夫的下一层，即士。这就如同欧洲封建时代的一句话："我的附庸的附庸不是我的附庸。"各地百姓，只对自己的直接领主唯命是从。在效忠对象之间出现矛盾时，他们只会选择忠于自己的直接领主，与上级领主对抗。

因此，随着时间的推移，各地诸侯越来越尾大不掉，周天子对地方的控制力越来越弱，中央政权的权威急剧衰落，社会不可避免地出现解体。西周很快变成了东周，中国进入了春秋战国时代，天下一片混乱。不再有共同的标准和原则，不再有有效的协调机制，整个春秋战国时代，各国遵守的都是弱肉强食的森林法则，相互之间你争我夺，大打出手。"争地以战，杀人盈

野；争城以战，杀人盈城。"（《孟子·离娄章句上》）

在现代人看来，春秋战国时期生机勃勃，思想活跃，可是，身处历史当中的人的感受与后世的人往往是完全不同的。我们翻遍春秋战国时代留下的所有文章典籍，很难见到当时的人对那个时代的赞语。相反，触目皆是哀叹、抱怨和诅咒。在老子眼里，春秋时代是一个充斥着"昏乱""杀人""甲兵""盗贼""食税""民饥"的末世。孔子同样为礼崩乐坏而痛心疾首。他认为这是一个"君不君，臣不臣，父不父，子不子"的不可容忍的混乱时代。

漫长的混乱，让所有人都苦不堪言。从西周灭亡那一天起，中国人迫切地呼唤出现一个强有力的中央权威，来恢复天下秩序。

虽然先秦各学派一直在彼此攻讦，甚至视若仇敌，但在"国不堪贰"（《左传》）也就是天下必须有一个统一的权威这一点上却达成了高度共识。他们把视力所及的中国大地视为一个不可分割的整体，一致认为，分裂必然导致天下混乱，战争连绵，民不聊生。"乱莫大于无天子。无天子，则强者胜弱，众者暴寡，以兵相残，不得休息。"（《吕氏春秋》）

孟子征引孔子的说法："天无二日，民无二王。"（《孟子·万章上》）面对"天下恶乎定"（即天下怎么才能实现稳定）这个问题，孟子说"定于一"（《孟子·梁惠王上》），即只有通过统一。荀子也说："权出一者强，权出二者弱。"（《荀子·议兵》）

墨子则主张建立一个绝对君主专制的大一统国家。他的政治梦想是"尚同"，建立一个层级鲜明、纪律严厉、绝对整齐划一、消灭个性和多样性的社会。这样才能"集中力量办大事"，使国家富强安定。（《墨子·尚同》）

老子认为，宇宙的本质是"一"，统一会解决一切问题。他说："天得一以清，地得一以宁，……侯王得一以为天下贞（正）。"（《老子·第三十九章》）

法家则是对大一统政治制度贡献最多的一个思想流派。韩非子认为"一栖两雄""一家两贵""夫妻共政"是祸乱的原因。（《韩非子·扬权》）

因此，中国的大一统政权建立不是哪一个人灵机一动的设想，它是整个中华民族共同意志的结果。翻翻诸子百家的著作，我们就会发现，大一统是春秋战国时代诸派学者一致憧憬的政治目标。

诸派学者达成的另一个共识，是建立大一统不能重复周代的老路，必须树立一个势高权重的中央权威，直接统御天下。因为走老路的结果，必然是不久之后，天下重新分裂。正如后来秦始皇时代讨论"郡县"和"封建"两种制度的优劣时李斯所说：

周文武所封子弟同姓甚众，然后属疏远，相攻击如仇雠，诸侯更相诛伐，周天子弗能禁止。

如果再建一个周朝一样的体制，分封同姓子弟，结果必然是后来血缘疏远，相互攻击，天下大乱。封建制必然会导致战争不断。

因此，新式的权力必须是中央集权，君主把权力集中起来，强力控御天下。

墨家认为，要结束天下混乱无序的状态，就必须竭力推崇君主，树立君主权威，天下有了重心，自然大定。"无从下之政上，必从上之政下。"（《墨子·天志上》）

儒家的荀子学派也认为，君主要成为"参天地"的超人，成为"万物之总，民之父母"，要处于至尊的位置，没有任何人能与他匹敌，以绝对的权力指挥一切："天子者，势位至尊，无敌于天下……南面而听天下，生民之属莫不振动从服，以化顺之。"（《荀子·正论》）

法家更是强调加强君主的权威。《管子》的《明法》开篇就说："所谓治国者，主道明也；所谓乱国者，臣术胜也。夫尊君卑臣，非计亲也，以势胜也。"也就是说，治国之道，是君主大权独掌。乱国之道，是大臣以术胜主。君主位尊而大臣位低，并不是因为大臣忠爱君主，而是因为君主以权势压倒大臣。

韩非子也认为最理想的境界是君主一个人独断："独视者谓明，独听者谓聪，能独断者，故可以为天下主。"（《韩非子·外储说右上》）

因此皇帝制度是秦始皇以前无数哲人智慧的结晶。"皇帝"的诞生虽然是在公元前221年，但是这一制度的伏脉可以往前追溯四五百年。

那么，如何建立君主集权制度呢？各家学派思路不太一样。

墨子的想法是集选举制与统一思想这两种相互矛盾的做法于一体。他说，人的思想不统一，就容易冲突，甚至父子兄弟也常因意见不同而相互怨恨，这是天下混乱的原因。所以首先要由所有人一起来选举一位品德最高尚的人做君主，然后由他自上而下，建立起高度集权、等级分明、绝对服从的行政体系。

即使你没什么政治经验，也能看出这种思路有点自我矛盾，可操作性不高。

儒家当中的荀子一派则主张天子要"隆礼至法"，君师合一，礼制和法制结合，让君主"势至重而形至佚"（《荀子·正论》），达到"亿万之众而抟若一人"（《荀子·儒效》）。君主要好礼义，尚贤能，"块然独坐而天下从之如一体，如四肢之从心"。百姓畏服礼法，君主指使他们就像大脑指使自己的四肢一样。这听起来虽然很美好，却也有些迂阔不着边际。

只有法家的思路明确简便。法家认为，不必改变最高统治者的产生方式，也不必把统治者变成圣人，关键是把贵族制度改造为郡县制度。所谓郡县制度，是指不再把国土分封给国君的血亲，作为他们的封地，而是由国君派出官员直接管理。

这样一来，君主可以保证权力集中。在分封制下，诸侯大夫的权力是世袭的，不是被当朝的天子或者国君赐给的，因此也不能被他们剥夺，这也就意味着他们有恃无恐。但郡县制下，郡守和县令不是世袭的，而是由国君任命的，可以随时更换。这就杜绝了"我附庸的附庸不是我的附庸"的尴尬局面，官员对国君必须唯命是从。所以国君对地方的控制能力大大增强，可以达到如臂使指的境界。至于原来的贵族，可以用钱养起来，正如李斯所说：

> 皆为郡县，诸子功臣以公赋税重赏赐之，甚足易制。天下无异意，则安宁之术也。

郡县制下，可以用收上来的税赋重赏皇子和功臣，即便他们不听话，也很容易制服，这才是长治久安之道。

四

法家的思路得到了各国君主的肯定。在这一思路的指引下，各国争相展开变法。从公元前7世纪到公元前4世纪，改革成了各国政治的主旋律。管仲以富国强兵为目的，在齐国首先举起改革大旗，接着，李悝在魏国，赵烈侯在赵国，吴起在楚国接连兴起改革大潮。

但是，传统的惯性是强大的，改革在各国都遇到了重重阻碍。虽然在很多国家取得了局部成果，但大部分都是半途而废。比如，吴起在楚国的变法，就因为楚悼王的去世而终止，吴起被旧势力射杀，改革措施大多被取消。

只有商鞅变法与众不同。

商鞅变法在各国的变法当中的时间排序是比较靠后的。各国变法的主要内容基本相似，商鞅的"徙木立信"，取消世卿世禄，建立郡县制，奖励军功，鼓励耕战，每一条都是别的国家曾经做过的。

但是，只有秦国的变法取得了最彻底的成功，让秦国脱胎换骨，迅速强大起来。秦国的变法取得成功的主要原因不是商鞅的能力比吴起等改革家更强，而是秦国在春秋诸国当中文化最落后，性格最特殊。

法家是作为周代礼乐文化的反叛者而出现的。周代礼乐文明的基础是"人性善"。因为社会是按血缘方式组织起来的，大家都属同一个家族，或者有亲戚关系，所以相互之间提倡体谅包容，"仁"是处理人际关系的准则。礼乐文化追求的是典雅、宽容、仁爱、稳定。相比之下，法家学派的理论基础，是"人性恶"。法家文化的性格直截、痛快、高效，它是一种赤裸裸的"功利主义文化"，思想完全围绕君主利益这个核心，围绕着提高国家军事能力这个根本目标。因此，法家变法的基本思路，就是通过严刑峻法，把百姓都变成亦兵亦农的斯巴达式战士，把国家改造成一架高效的战争机器。

韩非子认为，人性本恶，百姓自私自利而且愚蠢，所以最高统治者不能相信任何人，只能相信三个东西：法、术、势。"以法刑人，以势压人，以术驭人"。

所谓法，严刑峻法，严酷地对待百姓，运用好赏罚这个利益杠杆，不听话的，狠狠打击，卖命的，就给高官厚禄。所谓术，就是权术。韩非子说："君以计畜臣，臣以计事君，君臣之交，计也。"（《韩非子·饰邪》）皇帝出于算计用大臣；大臣们也是出于算计，才给皇帝服务。君臣之间，"一日百战"，因此皇帝一定要精于权术。所谓势，就是要造成中央权力的强大威势，压服分散的权力。这样就可调动起所有社会资源，达到富国强兵的目的。

这样的理论，与贵族文化的性格反差太大，在有着礼乐文明基础的其他国家特别是中原国家很难彻底推行。这就是法家理论在其他国家都遇到了重重阻碍，变法都进行得很不彻底的主要原因。

但是法家思想在秦国如鱼得水，因为它的文化基础，最适合法家文化的需要。这一点古人即已指明，《淮南子·要略》谓"秦国之俗，贪狼强力，寡义趋利。……故商鞅之法生焉"。秦国的风气是贪婪、狠猛、残暴，所以才出现了商鞅变法。确实，在战国七雄中，秦国文化是最野蛮、最缺乏人道主义精神的。正在中原国家渐渐改变殉人的野蛮风俗的时候，秦国却变本加厉。考古发现，秦武公死时（前678），殉人66，穆公死时（前621），殉死者居然多达 177 人，创了历史之最。

所以秦国的民族性与法家文化一拍即合。在其他国家不可想象的政策，在秦国却能够顺利实施。

春秋战国之时，商业已经获得空前发展，但是商鞅对商人却深恶痛绝。他宣布"废逆旅"，即废除旅馆，使外出经商的人没有住处。商鞅对那些弃农经商的人给予重罚，"不农之征必多，市利之租必重"。商鞅还要求"壹山泽"，由国家垄断山泽之利，实行一定程度的计划经济。（《史记·商君列传》《商君书·垦令篇》）

不能经商，也不能到山中开矿，能做什么呢？只鼓励两件事：耕与战。你或者上战场，为国家献出生命；或者努力种地，把收获的一大半交作军粮。

正如商鞅所说："农耕，是人们视以为辛苦的活。战争，是人们害怕的事。要让人们从事辛苦的农耕，参加危险的战争，必须靠'计算'。必须使老百姓只有种地，才能得到利益，其他的谋生手段一律禁止。使老百姓只有靠勇敢作战才得以获得功名，其他晋升方式一律取消。"

如果你不想耕也不想战，怎么办？进监狱。商鞅制定了极为残酷的法律，基本思路是"轻罪重罚"。人们一举手一投足都可能犯"法"，小小罪过都可能割鼻断脚。《盐铁论》形容秦人的苦况说："商鞅之任秦也，刑人若刈菅茅，用师若弹丸；从军者暴骨长城，戍漕者辇车相望，生而往，死而旋，彼独非人子耶？"商鞅治下的秦国，杀人如斩草，用兵如弹丸，秦国人或者从军，或者运粮，死亡极众。

这样，国家的汲取能力大大提高。商鞅通过变法，把整个秦国变成一家农场和一座军营，所有秦国人都成了战争机器中的零件。

这样一种体制当然会引起民间社会的反弹，为统一思想，控制舆论，商鞅不仅烧了书，还规定，民众"不得议"及国家的政策：

秦民初言令不便者有来言令便者，卫鞅曰："此皆乱化之民也。"尽迁之于边城。其后民莫敢议令。（《史记·商君列传》）

除了"不得议"，商鞅还建立了互相监视的"告奸"制度。商鞅规定："令民为什伍，而相牧司连坐。不告奸者腰斩，告奸者与斩敌首同赏，匿奸者与降敌同罚。"五家为一"伍"，十家为一"什"，相互纠察，保甲连坐制由此开始。商鞅通过"什伍"编户把老百姓组织起来，叫他们互相监视。这样做的结果就是人人自危，"构造怨仇而民相残"。

不光是鼓励邻居之间相互告发，秦国还大力鼓励"告亲"。为了彻底破坏以"亲亲""孝亲""子为父隐"为标志的宗法原则，秦国提倡亲人间相互揭发。妻子告发丈夫，妻子的财产可免遭抄没；丈夫告发妻子，妻子的财产可以用来奖赏他。商鞅说："故至治，夫妻交友不能相为弃恶盖非，而不害于亲，民人不能相为隐。"（《商君书·禁使》）

这一套严酷的制度，在其他国家难以推行，但是在秦国却很快落地生根，良好运转。秦国通过改革，建立起一个由国家来全面垄断、控制和调动社会资源的新系统，很快获得了其他国家无法获得的庞大兵源和巨额的军费。

弗朗西斯·福山的《政治秩序的起源》说：

> 与其他军事化社会相比，周朝的中国异常残暴。有个估计，秦国成功动员了其总人口的8%到20%，而古罗马共和国仅1%，希腊提洛同盟仅5.2%，欧洲早期更低。人员伤亡也是空前未有的，罗马共和国在特拉西梅诺湖和坎尼会战中，总共损失约5万军人，而……中国的数字简直是西方对应国的10倍。

除了压力也有动力。因为秦国的军功是按人头计算的，杀敌一人晋爵一级。前有军功爵位为赏，后有严刑峻法为罚，在没有其他选择的情况下，秦人只好"勇于公战"，"民闻战而相贺也"。整个社会陷入对战争的狂热之中。"民之见战也，如饿狼之见肉，则民用矣。……三军之众，从令如流，死而不旋踵。"（《商君书·画策》）

因此，商鞅建立的这种国家结构，即后世所谓的"秦制"，虽然文化上落后，政治上残酷，但军事上却有效。一头新型的权力猛兽在秦国成长起来，向周围国家亮出了它的利齿。

在商鞅变法以前，秦国是一个无足轻重的国家。许田波研究认为，从公元前656年到公元前357年，在160场有大国卷入的战争（至少有一个大国卷入的战争）中，秦国只发动过11场（约占7%）。由于受阻于黄河而无法进入中原地带，秦国只是影响"诸侯国间战争的一个不起眼的因素"。

而从公元前356年商鞅变法开始，秦国的实力迅速上升。从公元前356年到公元前221年，秦国在96场有大国卷入的战争中发动了52场战争（约占54%），并取得了其中48场的胜利。据文献统计，秦国在统一战争中一共屠杀了超过 150 万名他国士兵。

因此，秦始皇是在"祖宗之余烈"的基础上开展他的事业的。

在秦穆公时代，秦国挥师西向，称霸戎狄，开拓疆土，一跃成为春秋五霸之一。到了秦孝公时代，更是因为任用商鞅变法而使秦国的竞争力大幅提升，一举成为天下第一大国。到了秦昭襄王，也就是秦始皇的曾祖父时代，秦国在争霸战争中屡战屡胜，蚕食邻国，不断扩张，使相邻四国丧失了独力抗秦的实力。在秦始皇登基以前，秦国的统一战争已经取得了非凡的成就，历代秦国君主已经为统一做好了充分的准备。

现在，只差秦始皇的出现，跑好这最后一棒。

天生的统治者

一

一个全新的历史时代由秦始皇开创，并不是偶然。秦始皇是一个巨大阴谋的副产品，铁血是他的胎教，权术是他的课业。

公元前 262 年（秦昭襄王四十五年），大商人吕不韦来到赵国首都邯郸经商，偶然结识了秦国王孙异人。异人之所以生活在异国，是因为他是一个人质。这一事实说明他在秦国王室中的地位无足轻重：在父亲的二十多个儿子当中，他排行居中，母亲又不受宠爱，所以才被送到赵国为质。被送去邯郸之后，秦国王室似乎就把他忘了，所以他在赵国的生活很艰难，"车乘进用不饶，居处困，不得意"。

然而，吕不韦一眼就看到了这个被遗忘的王孙身上的投资价值，不禁脱口而出："此奇货可居！"

虽然他仅是一个普通王孙，但是他的祖父秦昭襄王在位已经四十五年，如果没有习得长生不老之术的话，显然不会再活太久，而他的父亲嬴柱此时是秦国的王太子。更为关键的是，嬴柱最宠爱的华阳夫人还没有儿子。

战国时代，各国政治高层的八卦在国际间流传得很快。吕不韦知道，华阳夫人非常害怕嬴柱的长子、人望很高的公子傒被立为接班人，因为公子傒与华阳夫人相互厌恶，华阳夫人担心公子傒接班的话自己会得不到善终。

因此华阳夫人需要立一个看起来听话、容易控制的人为接班人，吕不韦也需要一个将来能给自己带来荣华富贵的秦国国王。

吕不韦的计划是通过重金游说，让在后宫说一不二的华阳夫人接纳异人为儿子。这样一来，两个人都可以达到目的。

这一计划看起来有点烧脑，然而战国后期，中国大地上不断产生这样异想天开的政治人物。狄更斯的那段名言用来描述这个时代十分合适："这是最好的时代，这是最坏的时代；这是智慧的时代，这是愚蠢的时代；这是信仰的时期，这是怀疑的时期；这是光明的季节，这是黑暗的季节；这是希望之春，这是失望之冬；人们面前有着各种事务，人们面前一无所有；人们正在直登天堂，人们正在直下地狱。"（《双城记》）

国家的边界线每天都在变动，烽火接连出现在各国的天空，处处充满危机和阴谋，每个人的生活都动荡不安。在天下大棋局中，每个国家的统治者都绞尽脑汁，全力以赴，因为一招不慎，就可能亡国灭族；而对每一个人来说，天堂和地狱似乎都近在眼前，如果抓住机会，可以一夜之间直登云霄，当然，也可能因一念之差坠入地狱。这个时代，是阴谋家的天堂。所以吴起、苏秦、张仪、吕不韦这样的纵横家才会在这个时代一个个应运而出。

二

可以说，秦始皇是吕不韦惊天大阴谋的一个副产品。司马迁甚至说，嬴政的出生，本身就是一场骗局。他在《史记·吕不韦列传》中讲了这样一个非常有趣的故事：

> 吕不韦取邯郸诸姬绝好善舞者与居，知有身。子楚从不韦饮，见而说之，因起为寿，请之。吕不韦怒，念业已破家为子楚，欲以钓奇，乃遂献其姬。姬自匿有身，至大期时，生子政。子楚遂立姬为夫人。

吕不韦与邯郸著名的美人赵姬同居，赵姬怀了孕。秦始皇名义上的父亲异人（又名子楚）到吕不韦家做客，见到美艳惊人的赵姬，一见钟情，请求吕不韦把这个美人送给自己。赵姬于是带着已经有孕的秘密嫁给了异人，后来生下了儿子嬴政。

结论不言而喻：秦始皇根本不是秦国人，而是卫国人吕不韦和赵国人赵姬的后代。可怜秦国经营数百年，最后却在即将统一天下之际，被鸠占鹊巢，让一个"野种"篡了位，几十代人的努力付之东流。这样说起来，秦始皇的成功，应该算作是卫国人统一了天下。

当然，司马迁的故事其实讲得并不高明，事实真相并不难揭穿：吕不韦计划的核心，是推动他的投资工具异人成为秦王。异人看上赵姬，并不在他的计划之内。只不过考虑到自己已经为了这一计划孤注一掷，投入了全部家产，为了获得异人的欢心，才不得不把赵姬送给异人。"念业已破家为子楚，欲以钓奇，乃遂献其姬。"

从历史记载来看，异人的智商、情商都不低，并不是一个傻子，生育能力也同样正常。继承人的血脉纯正当然都被视为王族头等大事。吕不韦惊天计划的基础，首先是和异人搞好关系，赢得异人的信任。隐瞒赵姬有孕之事，第一个风险是如果被异人发现，全盘计划就会夭折。第二个风险是在以后的漫长岁月中，如果此事的秘密被揭穿（比如嬴政长得越来越像他而不像异人），他将被灭族，落入万劫不复的深渊。深谋远虑的吕不韦断不会出此下策。

为了让这个故事更加可信，司马迁还加入了一个细节，那就是"至大期时，生子政"。关于"大期"，东晋学者徐广说："期，十二月也。"过了十二个月才生。唐代学者孔颖达认为："十月而产，妇人大期。"不论如何，异人和赵姬共同生活了至少十个月后，嬴政才出生，异人因此不怀疑这个儿子是自己的骨血。《史记》接下来的一句是"遂立姬为夫人"，异人遂毫不犹豫地立赵姬为自己的正室夫人。我们知道，即使以十月为"大期"，也是今天的医学常识无法解释的现象。因为确认一个人有孕，至少要到第二个月。这样的话，秦始皇在母亲子宫里待了至少十二个月。

李开元在《秦谜》一书中分析说，吕不韦献有孕的赵姬给异人的故事，仅见于《史记·吕不韦列传》，在《史记》以前的所有传世文献和出土文献中，都没有记载。秦末各路英雄也从来没有利用此事做过反秦宣传。按理说，六国人大抵皆是秦的仇人，如果真有此事，不可能不在当时就风传天下。

事实上，在司马迁笔下，送有孕之女给统治者以获得权力之事，这并不是第一起。《史记·春申君列传》也记载了春申君献有孕之女给楚考烈王，以使自己的儿子成为楚幽王的故事。这一故事的来源是《战国策·楚策》，但考诸人情物理，显然也是荒唐无稽。因为这个故事的第一句话，"楚考烈王无子"本身就不是事实：考烈王有不止一个儿子。

钱穆说："战国晚年有两事相似而甚奇者，则吕不韦之子为秦始皇政，而

黄歇之子为楚幽王悼是也。然细考之殆均出好事者为之，无足信者。"（《先秦诸子系年》）

事实上，这类故事之所以能产生并且广泛流传，原因很容易理解，就是一种不甘心被征服的集体心理的产物。在后世，这类传说也不一而足。比如，人们传说，清代的乾隆皇帝并不是满族人，而是汉人陈阁老的儿子。这说明清代汉族对被异族统治在心理上难以接受，所以用戏说乾隆出身这种方式，寻求心理上的平衡。不光汉族如此，蒙古族也是这样。在蒙古人被赶出大都后，草原上出现了一个传说，说是明朝的永乐大帝是蒙古血统。因为元大都被攻占后，元顺帝的一名已经有了身孕的妃子被朱元璋收纳，后来生出了朱棣。这同样也是不甘丧失江山的蒙古人一种自我安慰的说法而已：早在大将徐达攻占元大都俘虏元顺帝的妃子之前五年，朱棣就已经出生了。

三

因此，嬴政只是阴谋的副产品，而不是阴谋本身，他的血统应该是无可怀疑的。不过，他的童年是在战火硝烟中度过的，战争、阴谋、背叛和抛弃是他的胎教，这些对他的性格产生了决定性的影响。

就在异人与赵姬生活在一起，赵姬怀了嬴政的这一年，秦昭襄王四十七年（前260），秦国和赵国之间爆发了著名的长平之战。此役是春秋战国时代持续最久、规模最大、最惨烈的一次战争，据历史记载，四十多万赵国降卒被秦将白起活埋。

这场发生在赵姬的孕期中的激烈战争持续了五个月。在两国关系的和平时期，质子在异国首都可以歌舞升平。一旦交恶，质子的头颅就随时成为砝码，被置于政治天平之上。因此我们可以想象，秦始皇在母亲子宫里发育的过程中，他的父母是多么焦虑和担心。

秦昭襄王四十八年（前259）正月，嬴政出生在邯郸。也就是这一年，白起率秦军主力乘胜攻入赵国境内，又过了两年，秦国大军包围了赵国首都。"秦昭王五十年，使王龁围邯郸。"为了表示抗秦的决心，赵王决定，处死秦国人质异人及其全家。

在万分紧急之下，精明多谋的吕不韦用重金成功收买了赵国的看守官吏，与异人一起逃出邯郸城，进入秦军军营，后来被护送回秦国首都咸阳。

急，赵欲杀子楚。子楚与吕不韦谋，行金六百斤予守者吏，得脱，亡赴秦军，遂以得归。

看了这一段记载，很多读者都会认为，嬴政在三岁那年和父亲一起回到了秦国。但事实是，逃跑的只有两个人：子楚和吕不韦。赵姬和年仅三岁的嬴政被抛弃在邯郸城内。

秦国政治，一贯不惮于牺牲弱者。那个时代，亲情对铁血政治家们来说是一个微不足道的累赘，秦昭襄王在做出与赵国开战的决策时也根本没考虑作为人质的孙子的安危，异人当然更顾不上嬴政母子的生命了。

因此虽然贵为天潢贵胄，但嬴政一开始就危在旦夕。幸亏嬴政的外祖父家在社会上有点势力，有能力把他们藏起来：

赵欲杀子楚妻子，子楚夫人赵豪家女也，得匿，以故母子竟得活。

我们可以想见这对被抛弃在敌国首都的母子的命运。小嬴政和母亲数年之中不得不隐姓埋名，在赵国密探的搜索下生活得如同惊弓之鸟，东躲西藏，朝不保夕，担惊受怕，九死一生。好在在赵家的保护下，赵姬和嬴政最终免于一死。司马迁行文中的一个"竟"字，说明了秦始皇能活下来，其实是一件小概率的事。

作为一个襁褓中的婴儿，嬴政还不明白为什么父母如此张皇失措，更不明白父亲为什么在他三岁那年突然从他的生活中消失。秦军对邯郸的大围困，造成了邯郸城的大饥

▲ 明朝王圻、王思义所编《三才图会》中秦始皇画像

荒。由于长期营养不良，嬴政的发育状况不佳，以至于"蜂准，长目，挚鸟膺，豺声"，用郭沫若的话来说，这些都是生理上的缺陷。

更让嬴政难以承受的是，周围的邻居都十分蔑视这个嫁给秦国人而今又被秦国抛弃了的女人，有人甚至把战争带来的灾难归罪于这对母子，投给他们的目光，除了鄙夷，还有仇恨。小嬴政的生活中没有多少玩伴，即使有，他也是经常在游戏中被欺负甚至被凌辱的一个。

几十年之后，秦军终于成功攻占赵国首都。那时候嬴政已经是秦王，他千里奔波，亲自来到了邯郸。不过他此行并不是为了寻访自己当年生活过的故地，探问自己的亲朋好友，而是掘地三尺，搜寻出那些欺负过他母家的人，把他们一一活埋。

秦王之邯郸，诸尝与王生赵时母家有仇怨，皆坑之。

生命早期的这段经历，给了嬴政一生以决定性的影响。身处绝境中的他很小就明白了只有坚强的人才能在这个危机重重的冷酷世界生存下去。

六年之后，在挺过了寒冬般的童年之后，嬴政的命运发生了突然的转变：秦昭襄王五十六年（前251年），嬴政的曾祖父秦昭襄王死去，祖父即位，父亲异人正式做了王太子。赵国为了缓和与秦国的关系，将赵姬和嬴政送回秦国。

小嬴政似乎从阴冷的地狱一步登上了温暖的天堂，前途一片光明。但事实并非如此简单。告别了令人心惊胆战的邯郸，来到咸阳后，他发现，等待他们的也并不全是阳光。在亲政之前，嬴政的成长仍然伴随着大量的阴谋、斗争和鲜血。

他的父亲异人回国后已经再娶了妻室，有了第二个儿子，比嬴政小三岁左右的成蟜。也就是说，九岁的嬴政来到秦国的时候，宫中等着他的，是一个六岁的异母弟。而且，这个弟弟显然比他更受宠爱。因为弟弟从小生活在父亲异人和奶奶夏姬身边，而他和母亲赵姬都操着一口为秦国人所鄙视的赵音，与咸阳的权贵圈关系非常疏远。

因此，李开元推测，虽然嬴政身为嫡长子，但是与弟弟之间还是展开了一番明争暗斗。甚至后来嬴政登上王位后，奶奶夏姬和成蟜的母亲韩夫人也没有放弃希望。

公元前247年，仅仅做了三年秦王的庄襄王异人死去，十三岁的嬴政即位，但是真正的权力并不在他手中。夏姬、韩夫人、赵姬一直在明争暗斗。后来母亲赵姬和嬴政一派通过诱发"成蟜之乱"，促使成蟜出逃，消灭了嬴政的第一个权力隐患。

然而这并不是亲政之前嬴政遇到的最大危机。更大的挑战是母亲赵姬及其情人。

嬴政登上王位后，风流多情而又正当三十多岁的赵姬就成了太后，拥有了自己的"面首"嫪毐，这在战国时代倒也是常事。太后不但为嫪毐接连生下了两个儿子，还封他为长信侯，让他权倾朝野。为了保住大权，在嬴政亲政的日期来临之前，嫪毐联合赵姬发动了武装政变。

好在嬴政反应机敏，临危不乱，平定了叛乱，车裂了嫪毐，杀死了自己的两个异父弟，软禁了母亲。通过这次事件，嬴政才真正掌握了大权。

四

秦始皇的出现，似乎有点不符合当时政治的规律。中国历代王朝的帝王，大抵是一蟹不如一蟹，深宫之中，妇人之手，培养不出真正的男子汉。秦国王位传到嬴政，已经五百余年，数十代过去了。作为锦衣玉食中长大的天潢贵胄，能有如此坚韧强硬的性格，不能不说是历史的一个异数。

可是，从另一个角度来看，这又是历史的一个必然。他以长平之战作为胎教，三岁被抛弃，十岁成为王储，十三岁登上王位，二十二岁亲政。无数大事在这个不爱说话的男孩子的成长过程中发生，秦国宫廷中充满血腥的黑暗气氛培养了他冷静与冷酷的性格。无论你喜不喜欢秦始皇，都应该会同意这样的判断：这是一个坚强的人，骨子里有着超人的强悍。

"时来天地皆同力"，就在秦国积累了数百年，形成了统一天下的强大势能的时候，秦始皇出现了。事实证明，这个人是统一运动最后一棒的最佳选手。

这是一个自制能力极强的人。作为吕不韦阴谋的一个副产品，他天生性格强毅深沉，自律极严，忘我工作，对女色、美食、犬马之类都不痴迷。他的勤政，史上罕见。成为皇帝后"以衡石量书，日夜有呈，不中呈不得休息"，每天不批阅完一百二十斤竹简绝不休息。

他为人行政处处守法，"不别亲疏，不殊贵贱，一断于法"，"事皆决于法"（《史记·秦始皇本纪》）。他坚持有功才能封爵的商鞅原则，就连自己的皇子皇孙也不例外，直到临终时，仍然"无诏封诸子"。与严待自己亲人一样，他也极少任情越法，任意处理臣下。章太炎说："世以秦皇为严，而不妄诛一吏也。"正是因为"庆赏不遗匹夫，诛罚不避权贵"，才能"明断自天启，大略驾群才"。正是因为有了这种强大的自制力、超人的执行力，秦始皇才能把秦国的官僚体系管理得井井有条，把秦国的国力整合到最高效率，高速、高效地完成了统一六国的大业，并且开创了一系列惊人的治绩。

这还是一个敢于决断的人。"秦王扫六合，虎视何雄哉！"秦始皇在统一战争中表现出来的决断力和才华是举世公认的。六国早已不具单独抗秦的力量，不过它们联合到一起，还足以抗秦。嬴政致力连横，破坏合纵，远交近攻，孤立对手。他大量起用间谍，用重金收买敌国大臣，实行反间之计，破坏了各国的联合。他充分利用齐国目光短浅、意在苟安，重点拉拢，使之无心合纵、保持中立，终于造成了"秦日夜攻三晋、燕、楚，五国各自救于秦"的局面，实现了对对手的各个击破。

历史总是过后才看得清楚，今天我们来评论，秦始皇统一六国似乎水到渠成，轻松愉快。事实上，当时做出这样的决策，是冒着巨大的风险的，因为以一敌六，胜负未卜，一切都在未定之天。很多重大战争，都是一旦失败，就给自己带来灭顶之灾。秦始皇灭六国的过程中，一直是有人反对的。无数小心谨慎的臣子劝他勿灭六国，以免盛极而败，几百年之功毁于一旦。但秦始皇怀着气吞海内的气概，抓住机会，当决而决。

亲政之后，经过了七年的准备，嬴政于亲政十七年（前230）挥师东下。十七年，他灭了韩；十九年，他攻克赵国首都邯郸；二十一年，歼灭燕军主力；二十四年，灭亡楚国；二十五年，扫除燕赵残余；二十六年，齐国不战而降。纵观秦灭六国的过程，秦始皇采取了远交近攻、集中兵力、先易后难、中间突破、后扫两翼、最后灭齐的方针。在军事进攻的同时，配合以政治上的分化瓦解，加速了统一的进程。（刘泽华、王连升《论秦始皇的是非功过》）

这是一个敢于放手的人。他用人不疑，只考察结果，不干预过程，给手下的那些将军以极大的自主权。他将二十万大军交予李信，将六十万大军交予王翦，将三十万大军交予蒙恬，并没有设置各种限制他们权力的障碍，也不干预他们的作战过程。李信年轻气盛，率二十万大军攻楚，为楚所败。但秦始皇并没有追究他的责任，而是继续信任他，令他与王贲一起攻燕，让他有机会立下了俘虏燕王的功绩。

东周五百年剪不断理还乱的纷争，秦始皇仅仅用了十年时间就彻底终结。整个过程如同一场干净利落的拳击赛，秦始皇一击猛过一击，没出过一手缓招；秦军横扫千军如卷席，没有给对手以任何喘息机会。

世界上最大的权力

一

公元前221年，三十九岁的嬴政端坐在高大幽深的咸阳宫前殿。他注视着面前竹简上的两个隶体字"泰皇"，思索良久，举起毛笔，圈去"泰"字，在后面加上一个"帝"字，在旁边注道："去'泰'，著'皇'，采上古'帝'位号，号曰'皇帝'。"（《史记·秦始皇本纪》）

这是一个伟大的发明。虽然嬴政后来被以暴君的形象载入史册，然而这一发明却被后来者珍爱不已。从公元前221年至1911年（宣统三年）的两千一百三十二年，数百名中国统治者袭用秦始皇发明的这个称号称呼自己。

秦始皇之所以要改号，《史记》说是因为他自认为其功绩是"自上古以来未尝有，五帝所不及"。他开创的是前无古人的事业，因此"三代之事，何足法也"，历史上的那些事，都不值得效法。他比一切古人包括黄帝都伟大，"以为自古莫及己"。过去的一切称号都配不上他了。所以，如果还像以前那样仍然叫王，不足以"称成功，传后世"，不足以显示自己的功绩，不足以传之于千秋万代。

皇帝这个称号确实与众不同。它的本质特征是"无以复加"。"皇"字，取自"三皇"，即开创宇宙人类的三位神人：伏羲、女娲、神农。"帝"的本义亦是神祇的名称，传说中以黄帝为代表的五位半人半神的领袖合称"五帝"。这两个字本都不属于凡间。除此之外，这两个字的字面意义也是最为盛大、崇高、辉煌的："皇者，大也，言其煌煌盛美。帝者，德象天地，言其能行天道，举措审谛，父天母地，为天下主。"（应劭《汉官仪》）

在秦始皇以前，再狂妄的人间君主也顶多僭用一个"帝"字，从来没有人想到可以把"皇""帝"叠加起来使用。虽然仔细推敲，这种用法稍有同义反复之嫌，但确乎达到了给人以饱餍感、窒息感的极致性效果。不可能在汉字中创造出比它更加尊贵的词汇了。嬴政不愧是"万世帝王之祖"，他随手摘撷的这两个字，严严实实地封住了后世万代所有人从名号上超越他的一切可能。

二

不论秦始皇的动机如何，新称号的出现确实是必要的。因为他所掌握的，是一种史上从来没有过的新型权力，只有非常的名号，才配得上非常的权力。

这种权力是过去的周天子或者任何国君所不能比的。第一，它的控制力惊人。

在周代，天子虽然号称"普天之下，莫非王土"，但是天子实际能控制的土地，只有王室的直辖地。到了东周，周王室的地位就更加尴尬了。各诸侯国也更不把周王放在眼里，许多国家干脆不再进贡。周天子遇到了严重的经济危机，连穿衣吃饭都成了问题。

至于各国诸侯，虽然其国内也形成了不同程度的集权体制，其实力超过了周天子，但是毕竟天下分裂，他们权力能控制的范围只能限于一隅之内。

而现在，秦始皇掌控了超过三百四十万平方公里的土地，以及超过两千万的人口，而且这种控制是直接控制，而不是间接控制。秦代的政治制度是一个自上而下的垂直系统，秦始皇分全国为三十六郡，一千多个县。县下面是乡，乡下面是亭，亭下面是里。里以下，十家为一什，五家为一伍。天下每一个老百姓，都被官僚体系控制起来了。皇帝的意志，可以迅速通达于每一个黔首（秦称民众为黔首），皇帝可以决定天下所有人的祸福甚至生死。秦始皇在全国范围内"一法度衡石丈尺，车同轨，书同文字"。如此广袤的土地上，一切事物整齐划一，中央如臂使指。

不光是以前的周天子和诸侯们没法和秦始皇比，二百年后亚欧大陆另一头出现的罗马帝国皇帝，其权力也无法望秦始皇的项背。长久以来，人们热衷于比较秦汉帝国和罗马帝国。当时世界上唯二的大帝国，两者之间确实有很多相似之处，但是政治性格却完全不同。虽然都号称帝国，但秦汉帝国是皇帝用武力打下来的猎物和私产，罗马帝国的正式名称却是"元老院与罗马人民"。按照罗马法，任何有能力的人都有可能通过选举成为罗马皇帝。虽然在实际运行过程中，罗马帝国越到后期，越演变为一个专制政体，但罗马帝国皇帝传位给自己亲生儿子的情况仍然出现得很少。两个帝国的政治结构也相当不同。秦汉帝国实行郡县制，而罗马帝国大部分地方是自治的。罗马帝国对各地的管理是相当松散的，中央政府主要是一个协调机构。秦汉帝国在文化上、思想上是高度统一的，书同文，车同轨。而罗马帝国书不同文，帝国东部通行希腊文，西部则通行拉丁文。整个罗马帝国甚至没有一部通行于全国的法律。因此，罗马帝国的皇帝的实际权力，当然也远没有秦始皇大。

第二，它的动员力惊人。

这种新型权力体系拥有巨大的汲取能力，能够做成任何大事。

西晋著名学者陆机在论证封建制好还是君主制好时说，封建制时代，"民有定主，诸侯各务其治"，也就是说，民众各自有稳定的统治者，诸侯对民众不会像后来的地方官那样残暴，因为这是他们的世袭领地，他们需要本地民众的效忠，要追求长远利益。在汉代刘邦部分恢复分封之后，很快也出现"郡国诸侯各务自拊循其民"的局面（《汉书·荆燕吴传》），诸侯们都力争获得本地百姓的支持。而相比之下，郡县制下的长官的眼睛只盯着皇帝，不必在乎当地人支持与否。他们的利益只在于升迁，反正三五年就走人，因此急于出成绩，不顾百姓的死活，皇帝下达的任何命令都能够得到贯彻，无论多重的税赋都能征收上来。

秦晖先生说："秦王朝动员资源的能力实足惊人，二千万人口的国家，北筑长城役使四十万人，南戍五岭五十万人，修建始皇陵和阿房宫各用（一说共用）七十余万人，还有那工程浩大的驰道网、规模惊人的徐福船队……"

秦始皇三十五年（前212），秦始皇以为咸阳人多，先王之宫廷小，"乃营作朝宫渭南上林苑中。先作前殿阿房，东西五百步，南北五十丈，上可以坐万人，下可以建五丈旗。周驰为阁道，自殿下直抵南山。表南山之颠以为阙。为复道，自阿房渡渭，属之咸阳，以象天极阁道绝汉抵营室也"。

人们大多只知道秦始皇穷尽天下民力修建阿房宫，岂不知除此之外，他还建了梁山宫、曲台宫、长乐宫、兰池宫、宜春宫、望夷宫、南宫、北宫、兴乐宫、林光宫……据说秦始皇在关中建宫殿计三百座，在关外建宫殿计四百余。还在东海上朐界中立巨石，作为秦帝国的东门。（《史记·秦始皇本纪》）这些离宫别馆都是"弥山跨谷，辇道缅属"，宫中以他"所得诸侯美人钟鼓以充入之"，极尽奢华。

如此手笔，确实为后世大部分君主所不及。秦始皇一举一动，一出行一巡游，耗费金钱如同泥沙，挥霍民力毫不心疼。这是因为他有强大的汲取能力。正是凭借这种汲取能力，他才能在大修宫室之外，还能建陵墓，开驰道，修长城，北击匈奴，南征南越，做成无数大事。

第三，这种新型权力的另一个重要特点，是没有任何约束。

首先，在秦始皇以前，历代最高统治者头上一直压覆着沉重的神权。周代文化的一个重要基石是天命观，周人认为，天是有意志的，统治者的合法性来自上天的委托，因此自称"天子"，小心翼翼，不敢得罪上天和各方神灵。除了上天和神灵之外，死去的祖先也是巨大的约束。直到春秋时代，祭祀和打仗仍然是并列的两件头等大事，所谓"国之大事，在祀与戎"。

其次，世袭贵族对王权有极大的影响力。周代的三公与卿士在政治中举足轻重，他们不仅可以向周王提出意见和建议，而且可以在周王一意孤行时废黜他另立新王。

再次，是族人对王权的制约与影响。周代有"朝国人"的制度，国有大事，可以向族人广泛征求意见。《周礼》记载，"国家发生大事，应该聚集万民于王官之前"，"一则在国家危难之时征求应对之策，二则在迁都之时征询国民意见，三则在国君继承人出现争端时由国民做出决定"。这一记载并不仅仅是官样文章，最明显的事例是，周厉王在位时，专横霸道，不听国人劝谏，于是国人"流王于彘"，毫不客气地废黜周王。

而秦始皇手中的权力则突破了这一切限制。

周王自称"天子"，但是秦始皇从来没有自称过"天子"。秦始皇不接受天命理论，他不受任何人的控制，包括天。

虽然秦始皇是法家人物，但是在天命观上，他受李斯和韩非子的老师荀子的影响更大。当然，荀子在战国思想谱系上是一个融合儒法的人物，甚至有人把他也划入法家。孔子、孟子都视"天"为主宰一切的有意志的绝对力量，因此要"畏天命"。孟子说，上天不通过语言而通过行动来暗示人类。"天不言，以行与事示之而已矣。"（《孟子·万章上》）周代以来，人们形成了天灾是上天示警的观念，各种自然灾异，都是上天不满或者发怒的体现，统治者在异常天象面前无不战战兢兢。荀子却以其雄辩，推翻了天人感应论。他认为上天的规律不受人力控制，也不受人心的影响。"天行有常，不为尧存，不为桀亡。"各种奇怪的现象，只是自然运转的结果，并非上天意志的表达，人类不必感到恐惧。"星坠、木鸣，国人皆恐。曰：是何也？曰：无何也！天地之变，阴阳之化，物之罕至者也。怪之，可也；而畏之，非也。"只要充分发挥人类的主观能动性，人类可以牢牢地将自己的命运掌握在自己的手里，不必害怕上天危害自己。"强本而节用，则天不能贫；养备而动时，则天不能病；循道而不贰，则天不能祸。"（《荀子·天论》）

因此，秦代留下的碑文，很少提到天，也很少提到"天命"。一切都要由皇帝控制。只有皇帝控制其他，不能有什么力量控制皇帝。当然，这并不是说秦始皇是无神论者。相反，秦始皇是相信神灵的存在的，只不过他认为，由于手中掌握了前所未有的权力，他的力量已经大于神灵，可以指挥神灵，操纵神灵，对神灵们发号施令。

这也可以在荀子的思想中找到依据。荀子认为，人类可以通过探索天的规律，来战胜上天，控制上天。"从天而颂之，孰与制天命而用之！望时而待之，孰与应时而使之！"（《荀子·天论》）

统一天下两年之后，秦始皇南巡，渡湘水时，"逢大风，几不得渡"，差点没能渡河。秦始皇对于自然的威力超过自己的权力非常恼怒，"上问博士曰：'湘君何神？'博士对曰：'闻之尧女，舜之妻，而葬此。'于是始皇大怒，使刑徒三千人皆伐湘山树，赭其山"。

始皇帝问随行的博士，湘君是什么神，敢找我的麻烦？博士说，是尧的两个女儿，都嫁给了舜，死在湘水，因此成为湘水之神。秦始皇闻言大发雷霆，命三千名犯人把湘山上的树一伐而光，并涂以囚衣之赭色，以示对水神的惩罚。

《史记·秦始皇本纪》还记载了他跟海神的一场战斗。在惩罚湘水之神九年后，秦始皇在东巡时做了一个奇怪的梦。"始皇梦与海神战。如人状。问占梦，博士曰：'水神不可见，以大鱼蛟龙为候。今上祷祠备谨，而有此恶神，当除去，而善神可致。'乃令入海者赍捕巨鱼具，而自以连弩候大鱼出射之，自琅邪北至荣成山，弗见。至之罘，见巨鱼，射杀一鱼。"

也就是说，始皇帝梦见与海神交战，请博士占梦。博士说，水神不容易见着，以大鱼蛟龙为他的斥候。敢于在梦中与您搏斗，显然是恶神，需要消灭。于是秦始皇命人带着捕大鱼的工具入海寻找，自己也沿海巡视，准备用连弩射杀大鱼。从琅邪一直巡行到芝罘，终于遇到并杀死了一条大鱼。

中国有史以来，从来没有哪位掌权者敢在鬼神面前这么强横。秦始皇相信，神界的权力并不统一，而人间的权力是统一的。因此，以他集中的人间权力，可以制服分散的神权。秦始皇也祭祀皇天后土、山川鬼神，不过他祭祀的目的，只是要求他们按自己的意愿行事。也就是说，秦始皇可以相信鬼神，给他们送上祭品，但前提是神鬼必须为皇权服务，而不能凌皇权而上之。

《史记·秦始皇本纪》说，秦始皇平时蓄养三百名术士，任务是专门"候星气"，也就是观测神秘的"星气"，看看哪些方向上的人会对他构成威胁。

他们经常对秦始皇汇报，说某处出现了"天子气"，可能会有异人，秦始皇总是信以为真，想方设法去破坏此地的"天子气"。

秦始皇帝尝曰："东南有天子气。"于是因东游以厌之。（《史记·高祖本纪》

始皇东巡，济江。望气者云：五百年后，江东有天子气出于吴；而金陵之地有王者之势。于是始皇乃改金陵曰秣陵，凿北山以绝其势。（《宋书·符瑞志》）

秦望气者云：东南有天子气，使赭衣徒凿云阳北岗，改名曲阿。（《艺文类聚》引《地理志》）

晋陵郡丹徒，古朱方。秦时望气者云：其地有天子气。始皇使赭衣三千人凿城，败其势，改曰丹徒。（《晋书·地理》）

始皇朝，望气者云：南海有五色气，遂发卒千人凿之，以断山之岗阜，谓之凿龙。（《太平御览》引《南越志》）

从这些记载看，秦始皇坚定地相信"我命由我不由天"，他确实贯彻了荀子的"人定胜天"理论，通过巡游威慑，改地名，凿断山川更改地貌，试图控制"星气"，改变天候。

所以他看不起前代帝王借助鬼神的软弱做法。臣下深知他的心理，迎合他说："古之五帝三王，知教不同，法度不明，假威鬼神，以欺远方，实不称名。"

巨大的权力甚至使秦始皇相信他就是神。他模仿天官的形象来建造宫殿。始皇二十七年（前220），他在渭南造了座信宫。"已更命信宫为极庙，象天极。自极庙道通郦山，作甘泉前殿。筑甬道，自咸阳属之。"秦始皇造极庙，跟宫殿直接相连，秦始皇自己作为极庙之神，神秘地往来于极庙与甘泉殿之间，似乎试图以此对天地万物形成某种控制力。

这种妄想也有荀子提供的理论依据。在荀子的政治构想中，由于取消了"天命"对君主的制约，君主又集中了人类世界的一切资源，所以自然上升到类似于天神的位置。荀子在《正论》中说，君主应该"居如大神，动如天帝"，"通于神明，参于天地"。荀子说："圣王之用也，上察于天，下错于地，塞备天地之间，加施万物之上；微而明，短而长，狭而广，神明博大以至约。"（《荀子·王制》）君主应该成为参与天地运转的神人，他的作用影响及于万物。

三

不光不敬神，秦始皇也不敬自己的祖先。在秦始皇时代的各地石刻中，臣子们只宣扬皇帝个人的功绩，从来不提此前各位秦国先祖。在秦始皇之前，周王在祭祖时，要自称"孝王某"，对先王的长辈，要自称"予小子"，对族人后辈，自称"寡人"，意即"寡德之人"。而在尊君理论下建立起来的君主专制制度认为这些谦逊的字眼都不利于君主权威的树立，所以秦始皇把这些字眼一扫而光，以没有任何谦意的"朕"自称，并且这个称呼除皇帝以外的任何人不得使用。皇帝的服饰、乘舆、居所，一切都是独特的，远远超越他人的，任何人不得仿效。甚至连皇帝行走的道路都是专用的，未经皇帝许可，任何人不得在上面行走或者穿越。

贵族力量对皇权也失去了约束力。其实自从商鞅变法改革了"世卿世禄制"后，秦国的贵族就失去了对王权的影响力。至于百姓，更是变成了"黔首"，是供皇帝驱使的劳力，谈不上任何权利。

秦始皇不立皇后。显然，他认为，天下没有任何女人能够与自己地位平等。秦始皇又废除了历代都沿用的"谥号制度"。在他之前，中国历史的传统是大臣们在君主死后给他一个盖棺论定的称号，来总结他的一生。比如周平王的"平"字，晋文公的"文"字，都是谥号。但法家理论认为，人主独尊，不可议论，这种"子议父，臣议君"的制度，是大逆不道的。

不用谥号怎么区分不同的皇帝呢？嬴政说："朕为始皇帝。后世以计数，二世三世至于万世，传之无穷。"我是第一个皇帝，所以死后可以称"始皇帝"，我的子孙可以二世三世那样传下去，传上万代也没有问题。

从这件事，我们也可以感觉到秦始皇前无古人后无来者的那种自信：历史从他这里开始，时间从他这里开始，想废除什么就废除什么，想开创什么就开创什么。之所以如此自信，显然还是因为手中握有空前巨大的权力。

四

秦始皇的出现，除了他自身极为强悍、自负的性格之外，更主要的推动因素是春秋战国以来各派思想家不约而同提出的"尊君"理论。

历代以来人们一直指责秦始皇"自奉太厚"，生活过于豪奢，耗费资源太多。事实上，秦始皇的做法是符合尊君理论的。春秋战国的思想家们痛恨当世被各自的权臣把持的君主们不够霸气，都是扶不起的阿斗。他们焦急地给这些君主出主意，告诉他们要挺起腰板，硬起心肠，克服妇人之仁，拿起鞭子和刀剑，重建纪律和秩序，制服自己的臣民，这样才有制服天下的可能。

法家认为，君主要制服臣民，要建立强大的势能，形成君主面对其他力量的绝对威势。"万乘之主、千乘之君，所以制天下而征诸侯者，以其威势也。威势者，人主之筋力也。""得势位则不进而名成。若水之流，若船之浮。……故立尺材于高山之上，下临千仞之溪，材非长也，位高也。"要想统一天下，征服诸侯，必须建立起无人能及的威势。威势如水，只有深水才可以托起君权之舟。威势如山，一棵树不必自己长成万丈，只需要长在高山之巅，自然高出众物。

集中资源，制造排场，是建立"势"的一部分。修建豪华的宫室，是为了形成"势"，一生不断巡游，是为了显示"势"。为了"示疆威，服海内"，秦始皇先后五次巡视全国，每次出巡都要出动大量的车辆和随从人员，浩浩荡荡，目的就是制造声势，威慑反对势力。

墨家和儒家中的荀学一派也是尊君思想的主要倡导者。墨子说，天子必须是人间极贵、极富、极智的人。在人间，他必须成为最高的绝对权威，由"贵且智"的人去治理"贱且愚"的普通百姓，在人群中建立绝对严明的秩序，不得丝毫僭越，这样天下才能大定。

李斯的老师荀子在尊君理论构建中贡献最大，他强调"立君上之势"，"儒者法先王，隆礼义，谨乎臣子而致贵其上者也"。因此要把所有的资源和权势，都赋予最高统治者，保证最高统治者有巨大的威势和与之配套的巨大排场。荀子宣称，做帝王必须在最大限度上满足自己的感官享受。在《王霸》一篇中，他这样渲染君主应该享有的权力："人情之所同欲也，而王者兼而有是者也。重色而衣之，重味而食之，重财物而制之，合天下而君之，饮食甚厚，声乐甚大，台榭甚高，园囿甚广，臣使诸侯，一天下，是又人情之所同欲也，而天子之礼制如是者也。制度以陈，政令以挟，官人失要则死，公侯失礼则幽，四方之国，有侈离之德则必灭，名声若日月，功绩如天地，天下之人应之如景向，是又人情之所同欲也，而王者兼而有是者也。故人之情，口好味，而臭味莫美焉；耳好声，而声乐莫大焉；目好色，而文章致繁，妇女莫众焉；形体好佚，而安重闲静莫愉焉；心好利，而谷禄莫厚焉。合天下之所同愿兼而有之，皋牢天下而制之若制子孙，人苟不狂惑戆陋者，其谁能睹是而不乐也哉！"

意思就是说，贵为天子，富有天下，就是要穿最美的衣服，吃最好的佳肴，拥有最多的金钱，听最动听的音乐，住最好的房屋，娶最多最美的妻妾……一句话，天下最好的东西都归他享受。

为什么要这样呢？荀子说，人的天性是"目好色，耳好声，口好味，心好利，骨体肤理好愉佚"。一句话，人的本性是恶的，欲望是无止境的。如果让每个人都自由释放自己的欲望，天下必然陷于纷争混乱之中。因此，必须用礼仪秩序来规范人们的行为，区分高下贵贱，规定出每人按自己的名分可以获得享受的不同。因为天子居于极端，所以他的欲望必须得到毫无限制的尽情的满足，而其他的社会成员都要根据自己的社会地位，不同程度地抑制自己的欲望。这样，才能把社会成员区分成不同的等级，才能保证社会的安定。

因此，秦始皇一生的行动，不光是他自己主观意志的产物，也是从春秋到战国中国社会演进的必然结果，是诸子百家共同努力的产物。

坚定的郡县主义者

一

天下一统之后，秦始皇面临着政体上的选择：第一个方案是在全天下推行单一的郡县制，第二个方案是至少部分恢复封建制。秦始皇的大臣们向他建议的是第二个方案。

始皇二十六年（前221），天下刚刚一统，丞相王绾马上就提出一个建议，现在秦国版图比原来扩张了数倍，地域太广，无法控制，因此请始皇帝如同周代开国之初那样，分封诸子到各地为王，去镇压各地的反对力量。

> 诸侯初破，燕、齐、荆地远，不为置王，毋以填之。请立诸子，唯上幸许。

诸侯刚被击破，燕、齐、楚等地区距离秦国首都太远，不在那里立王，就无法安定。

这一建议得到了大部分人的响应，"群臣皆以为便"。虽然大家很清楚秦始皇对郡县制度的态度，但是仍然纷纷表态支持王绾，可见传统惯性之强大。

除了传统惯性之外，很多大臣也是出于现实考虑。因为在全国范围内推广"秦制"，成本太高。为了把秦国的体制推行到全天下，秦始皇和他的官僚体系确实付出了极为巨大的努力。六国故地的政治制度和社会风俗与秦国差别很大，为了彻底改造这些地区，秦朝不得不从秦国故地调派大批官吏。竹简资料显示，为了治理人口只有 2000 户左右的楚国迁陵县，秦朝竟然从秦地调来了一百名左右的吏员。"这样的编制无疑是过多的，这显然是秦为了确保有绝对充足的力量推行秦制所做的规划。"秦国严密的编户齐民，森严的什伍连坐制度，由此才得以在楚地推行。但这也让秦国故地的官吏压力极大，苦不堪言。（张梦晗《败亡与重生："亡秦必楚"的历史探究》）

"秦吏"工作量超过负荷，六国百姓则付出了更大的代价。六国故地的社会治理原本大都比较宽松，民众生活散漫，六国人一时接受不了秦国"刑罚深酷，吏行残贼"的管理风格。"秦制在迁陵县或已开始稳定运行的秦始皇二十八年，当地徒隶和居赀赎债者中每六人便有一个'死亡'的统计。"赵化成认为，秦占领江汉地区后，原住民"人口大为减少"。除了秦吏残虐致死之外，还有大量的人口逃亡。竹简资料显示，入秦之后，楚地出现了大量的"亡人"，也就是逃亡之人。"群盗"也频频出现，甚至出现小规模叛乱。六国人对秦政，总结出的只有一个字，"苦"："天下苦秦久矣。"（张梦晗《败亡与重生："亡秦必楚"的历史探究》）

官苦民也苦，这是秦朝大臣普遍主张恢复封建制的主要原因。

对此，秦始皇的态度是非常鲜明的。

刚刚即位，他就致力在秦国彻底实行郡县制，夯实了商鞅变法打下的基础。事实上，商鞅变法之后，郡县制虽然成了秦国政治体制的主体，但分封制也没有完全消亡。正因为此，商鞅本人才能被封为列侯，封地"十五邑"。战国时期，秦国曾有二十多个封君，大多拥有自己的封邑。比如吕不韦后来就被封为文信侯，"食河南，洛阳十万户"，还"养客三千人"。由此可见，嬴政登基之时封君们在地方上势力之大。

嬴政即位后，抓住一切机会，努力让秦国变成一个单纯的郡县制国家。秦王政八年（前 239），他在母亲的帮助下赶走了弟弟成蟜，将他的领地变成了郡县。在平定了嫪毐之乱顺手收拾了吕不韦后，嬴政乘胜将秦国所有的分封地区都变成了郡县。这种纯粹化、彻底化的郡县体制，为秦国统一天下，提供了更为强大的动力。

秦始皇深知他的权力为什么会"自上古以来未尝有，五帝所不及"。他比任何人都清楚，秦国能从落后的边地崛起，他能一统天下、制御万民，关键是一个法宝，那就是商鞅建立起来的这套全新的权力系统，也就是"郡县制"。郡县制是一根神奇的魔术棒，它让天下百官万民都在自己脚下服服帖帖，让九州各地的财富都流向中央，让最高统治者的权力比以前的君主大了百倍千倍。

因此，秦始皇像爱护自己的眼珠那样珍视郡县制。秦始皇的性格决定他总是迎难而上，绝不后退。面对挑战，战胜挑战，是他快乐的来源。因此统一天下后，秦始皇面对巨大的反对声浪，更是坚定地把郡县制度推广到了全国的每一个角落。他表态说：

> 天下共苦战斗不休，以有侯王。赖宗庙，天下初定，又复立国，是树兵也，而求其宁息，岂不难哉！

也就是说，一旦实行分封制，就会为将来的分裂和战乱埋下种子。而大一统郡县制度，是永息战争的最好选择。

因此，秦始皇不但以铁腕强压官僚系统将郡县制度普及天下，取消六国所有封君，分全国为三十六郡，还为这个制度的强化和细化做了很多工作。他遵循法家的"防范权臣"的理论，在中央政府和地方政权都实行"三权分立"。秦始皇在中央设立丞相、太尉、御史大夫"三公"，分别掌握行政、军事、监察大权，让他们相互制约。在地方上则分设郡守、郡尉和郡监。郡守是文官，是地方最高长官。郡尉管军事，直接听中央的命令，不听郡守的指挥。郡监掌管监察，也直属于中央。因此地方上这三个职务同样可以相互牵制，保证君权独大。

为压制潜在的反对势力，秦始皇又没收民间一切兵器，统一运到咸阳，铸成十二个巨大的"金人"。在全国范围内修建"驰道"，以首都咸阳为核心，向东一直抵达河北和山东，向南一直抵达江苏、浙江和湖南、湖北。驰道宽五十步（相当于今天的六十多米），不牢固的地段甚至以铜桩加固基础。建设这样一个交通网络，主要是出于军事目的：一旦天下哪里出现叛乱，中央派出的军队可以迅速抵达。

配合"修驰道"工程，秦始皇还建设了"去险阻"工程，就是把原来六国修建的军事要塞，全都拆除，以防各地凭借这些要塞险阻来抵抗中央。秦始皇竭尽全力，将郡县制度打造得固若金汤。

<h2 style="text-align:center">二</h2>

硬件上虽然建设得非常完备，但是大秦帝国的软件还是存在问题。在思想文化领域，反对郡县制的声音一直没有平息，尤其是那些以"兴灭继绝"为己任的儒生，念念不忘法先王、行旧制。

统一天下之初，秦始皇对儒生本来是采取团结和利用的态度的。在政治上，秦始皇是坚定的法家信徒，但是在文化上，他并不想完全排斥儒家的力量。

从战国后期起，儒家和法家已经出现合流的倾向，最典型的代表就是我们前面屡屡摘引的荀子。正是他身上浓厚的法家因素，使得他的学生韩非子和李斯"青出于蓝"，成为法家代表人物。在秦统一六国之前，吕不韦也编撰过《吕氏春秋》，试图融合法家、儒家和道家，"兼儒墨、合名法"，作为新帝国的文化政策。因此钱穆说："吕不韦著《春秋》，意在荟萃群言，牢笼众说，借政治之势力，定学术于一是。"

秦始皇在统一之后不仅致力于建设法制，而且对于礼教建设也花了不少的心思，因为法律毕竟不能包办一切。而在礼教方面，法家论述不够充分，秦始皇不得不借用儒家观念。

春秋战国时代，男女之大防还没有真正建立，两性关系比较随便，由此导致的社会矛盾也非常普遍，嬴政的母亲与嫪毐作乱就是一个很典型的例子。统一之后不久，秦始皇就开始大力提倡妇女的贞洁观，努力统一全国风俗，试图建立严峻的道德氛围，形成一个整齐划一、尊卑分明、行动有序的社会。

他明确宣布："有子而嫁，倍死不贞；防隔内外，禁止淫佚，男女洁诚；夫为寄豭，杀之无罪，男秉义程；妻为逃嫁，子不得母，咸化廉清；大治濯俗，天下承风，蒙被休经。"新朝代的民众要做到男女有别，内外有别，不得淫佚，有了孩子的寡妇不得改嫁。所谓"寄豭"，即跑到别的猪圈的公猪。因此"夫为寄豭，杀之无罪"，与有夫之妇通奸的男人，人人得而诛之。而"逃嫁"之女，儿子也不得认其为母。这样做，是为了整顿天下的风俗，让整个社会风清气正。

这一点他在各地刻石中反复强调。比如泰山石刻上说："男女礼顺，慎遵职事，昭隔内外，靡不清净。"

秦始皇在巴蜀选了一个名叫"清"的寡妇做典型，在全国进行表彰，还为她修筑了一座"怀清台"，以让后人永远学习她的贞节与事迹。秦始皇死后，后宫大量无子女的嫔妃被送进墓中殉葬，这也是为了贯彻"有子而嫁，倍死不贞"的理念。

"男女有别"的基础是"男尊女卑"，秦始皇对这一点尤其重视。法家和儒家都认为，在社会方方面面分出高低上下，是社会稳定的根本。因此秦始皇在新朝中重点打击一个叫作"赘婿"的群体，即所谓的"倒插门女婿"。秦国是蛮夷之地，本有"出赘"的传统。统一天下后，秦始皇把"赘婿"和逃犯、商人一起打入社会底层，征发天下的赘婿、逃犯和商人去岭南。很显然，这是因为秦始皇认为入赘有违"男尊女卑"的社会秩序，是"违礼义，弃伦理"的悖逆之举。为了"匡饬异俗"，他才要严厉打击"赘婿"，以减少乃至杜绝入赘婚姻的发生。（马媛媛《两周秦汉社会对女性特质的建构过程研究》）

从这些举动看，秦始皇是一个非常重视"以德治国"的皇帝。在这方面，儒家的论证丰富而深入，显然比法家更有优势。所以，秦始皇设立的七十名博士，基本都是齐鲁的儒生。秦朝的意识形态中，也有很多齐鲁儒生的贡献，比如"五德始终说"，就是"齐人奏之"。秦始皇的前后两任丞相王绾和李斯也都学过儒学，所以焦竑说："秦时未尝不用儒生与经学也。"（《焦氏笔乘》卷十一）秦初的思想界实际存在儒家和法家进一步混合的倾向。

三

然而，法家和儒家的内在张力，又让秦始皇和儒生们不可避免地一次次发生冲突。

在王绾请求恢复封建制后的第三年，始皇帝首次巡视东方，封禅泰山。"封禅"就是祭祀天地，这是儒家的专业范围。因此秦始皇来到泰山脚下，召集齐鲁儒生、博士七十多人，认真地和他们商议封禅大典的具体仪式。

然而，儒生们的泥古不化、迂腐可笑也在这个时候表现出来了。皇帝的尊重让这些书呆子忘乎所以，大谈特谈。有的博士主张要盛大其事，提出的建议烦琐至极，也有的博士建议秦始皇模仿物质条件极为贫乏的上古，用蒲草将车轮子包起来，以免损伤山上的一草一木，然后扫地而祭。

"始皇闻此议各乖异，难施用，由此绌儒生。"（《史记·封禅书》）秦始皇听得实在不耐烦，干脆把儒生们通通赶走，自己率领文武群臣上山，礼仪则自行其是，主要参照秦国在雍祭祀天帝的仪式。对于具体的操作过程，秦始皇和群臣则"秘之"，因为他恐怕秦国这套仪式不合中原礼法，会被精通礼仪的儒生们嘲笑。在内心深处，秦始皇还是一个西鄙的"蛮夷之人"，面对东方"文明之地"，他一直存有一种抹不去的自卑。

儒生们当然非常失落。恰好秦始皇在封禅的过程中遭遇恶劣天气，突遭暴风雨，不得不手忙脚乱地跑到一棵树下避雨。儒生们听说此事，大肆发挥，纷纷讥笑始皇帝。《史记·封禅书》记载："始皇之上泰山，中阪遇暴风雨，休于大树下。诸儒生既绌，不得与用于封事之礼，闻始皇遇风雨，则讥之。"

这件事在齐鲁儒生中越传越广，一开始是各种幸灾乐祸，冷嘲热讽，最后干脆传成了"始皇上泰山，为暴风雨所击，不得封禅"。"此其所谓无其德而用事者焉。"连秦王朝的立国合法性也遭到了否定。

这件事深刻反映出东方士人与秦始皇的冲突。儒家是诸子百家中最为保守的一家，这一学派从传统中继承的东西最多，其宗旨一言而蔽之，"法先王"。因此孔子故乡的儒生们是封建制最坚定的支持者。而法家是百家中最激进的一家，其宗旨一言以蔽之，"法后王"。儒生们反感秦始皇最重要的原因是秦始皇不法先王，而秦始皇也对儒生们泥古不化，念念不忘"兴灭继绝"有了更深刻的认识。

另一次冲突发生在几年之后。《史记·秦始皇本纪》记载，始皇帝三十三年（前214），秦始皇在咸阳宫摆下宴席，与群臣欢饮。仆射周青臣在宴会上致辞，颂扬秦始皇的统一定制之功。他说："他时秦地不过千里，赖陛下神灵明圣，平定海内，放逐蛮夷，日月所照，莫不宾服。以诸侯为郡县，人人自安乐，无战争之患，传之万世。自上古不及陛下威德。"

也就是说，一开始秦国的土地不过千里，赖始皇帝的圣明，统一了天下，平定了宇内，把诸侯的土地改为郡县，人人都生活在和平安乐之中，永远不再有战争的威胁。自上古以来，还没有哪个统治者有始皇帝这样的神威和功德。

周青臣的恭维水平很高，这篇讲话很准确地搔到了秦始皇的痒处，将"以诸侯为郡县"的意义表述得很充分，因此"始皇悦"。

然而周青臣话音刚落，齐地的博士淳于越马上站起来，针锋相对地表达了完全相反的观点。他说：

臣闻殷周之王千余岁，封子弟功臣，自为枝辅。今陛下有海内，而子弟为匹夫，卒有田常、六卿之臣，无辅拂，何以相救哉？事不师古而能长久者，非所闻也。

不学习古代传统而能长久统治天下是不可能的。商周之王统治都近千年，就是因为他们采取封建制，分封子弟功臣，做自己的左膀右臂。如今皇帝您富有四海，子弟却没有封国，一旦臣下造反，谁来真心帮助您？

文化精英们到这个时候仍然敢在皇帝面前直接表达出对国家现行体制的不满，重提建立封建制度，可见当时朝中反对郡县制的思潮仍然非常强大。（熊永《封建郡县之争与秦始皇嗣君选择》）

经过这件事，秦始皇更加确信，儒家学派的主流与大一统郡县制的矛盾是不可调和的。"诸生不师今而师古。以非当世，惑乱黔首。"为了统一天下人的思想，杜绝"法先王、行旧制"的思想滋生，秦始皇决定采纳李斯的建议，"非秦记皆烧之"。除了秦国的国史以及一些工具书之外，所有的书都在三十天之内烧光。敢于公开谈论诗书的，斩首。敢于以古非今，否定今天成就的，灭族。这就是所谓的"焚书"事件。从根本上说，这场文化浩劫是秦始皇为维护大一统郡县制度做出的努力。

四

维护郡县制度的坚定态度，也影响了秦始皇对接班人的选择。

按照《史记》的说法，秦始皇是因为疏忽，或者是对自己的健康过于自信，才没有在生前立贤能的长子扶苏为太子。直到巡视的途中病重，才匆匆写了一道诏书，命正在北方监军的扶苏赶回咸阳。"其年七月，始皇帝至沙丘，病甚，令赵高为书赐公子扶苏曰：'以兵属蒙恬，与丧会咸阳而葬。'"然而诏书还没发出去，秦始皇就死了。赵高于是篡改了秦始皇的诏书，令扶苏自杀，将容易控制的糊涂虫胡亥扶上了王位。因此汉朝君臣认为秦朝灭亡的一大原因是没有早立太子。"秦以不早定扶苏，胡亥诈立，自使灭祀。"(《汉书·郦陆朱刘叔孙传》)

事实果真如此简单而富于戏剧性吗？并不见得。越来越多的研究者认为，秦始皇没立扶苏为太子，并不是由于疏忽，而是有意为之。

确实，在秦始皇的二十多个儿子当中，扶苏能力最强，口碑最好。《史记》记载，扶苏"为人仁"，"刚毅而武勇，信人而奋士"。扶苏不仅赢得了政治高层的好感，甚至其在民间也有很高的声望，因此陈胜在起兵反秦之际，曾诈称是"扶苏"起兵。陈胜说："当立者乃公子扶苏。……百姓多闻其贤。"冒称"扶苏"起兵，有号召力。

秦始皇是一个深谋远虑的人。考虑到古人的平均寿命，考虑到他晚年那么焦灼地关注健康问题，他对自己的身后之事不可能没有反复考虑过。之所以不立扶苏，主要是因为扶苏的政治思路与秦始皇不同。

熊永等人认为，扶苏是一个有明显儒家思想倾向的人，他的政治思路是"存抚民心，辑安天下"，推重孔子。焚书事件发生后，扶苏为了保护儒生们，进谏秦始皇说："天下初定，远方黔首未集，诸生皆诵法孔子，今上皆重法绳之，臣恐天下不安。唯上察之。"秦始皇的反应是勃然大怒，"使扶苏北监蒙恬于上郡"，把他打发到北部边疆。

对秦始皇的这一举动，很多人解读为秦始皇想让扶苏增加军事历练，以助其成长。然而陈胜起兵时曾对众人说："扶苏以数谏故不得立，上使外将兵。"

因为"不得立"，所以才被赶出政治中心，"外将兵"，这个逻辑是很清楚的。吕思勉也说："古太子皆不将兵。使将兵，即为有意废立，晋献公之于申生是也。扶苏之不立，盖决于监军上郡之时。"古来太子不出外将兵，如果出外将兵，那就意味着不可能立此人为太子。晋献公对待申生就是这样。

秦始皇担心的是，天下主张恢复封建制的势力如此强大，扶苏的倾向又这么鲜明，如果扶苏即位，很可能放弃大一统郡县制度，天下重归分裂。（熊永《封建郡县之争与秦始皇嗣君选择》）

很多读者读《史记》时惊讶于扶苏收到赵高的"矫诏"之后居然那么听话，安然自裁，事实上，这是因为扶苏早就知道父亲对自己的疏远与反感，对自己的这个下场早有预感和准备。

五

总结秦始皇的一生，所有政治举措都围绕着一个明确的核心，那就是推广、强化、完善大一统郡县制度。

秦始皇对郡县制度的珍视，从他巡游天下留下的多道刻石当中可以看得清清楚楚。

在后世人的心目中，秦始皇大抵是一个缺乏同情心的暴君，百姓在他眼中与动物无异。这有孟姜女哭长城的传说为证。但是秦始皇却绝对想不到百姓会这样评价他。因为他自认为是一个圣主，一个有"德"之君。

秦始皇留下的刻石中，出现最频繁的文字之一就是"德"。"诵功德""诵皇帝功德""称成功圣德""立石刻颂秦德"……仅在琅邪刻石中，"德"字就出现了四次。他到处吹嘘"皇帝之明，临察四方"，"功盖五帝，泽及牛马"，"黎庶无徭，天下咸抚。男乐其畴，女修其业，事各有序"，他说他"夙兴夜寐，建设长利，专隆教诲"，他"忧恤黔首，朝夕不懈"。如此等等，不一而足。

秦始皇的"德"体现在哪里呢？主要就体现在统一了天下，并且通过郡县制让天下永远安定下来，让百姓永远告别战争。秦始皇认为，就凭这一条，他怎么役使民力也不过分。

即位后第三年，秦始皇巡视东方，他在芝罘刻石中回顾统一历程，宣扬他的功德说：

> 六国回辟，贪戾无厌，虐杀不已。皇帝哀众，遂发讨师，奋扬武德。义诛信行，威燀旁达，莫不宾服。烹灭强暴，振救黔首，周定四极。普施明法，经纬天下，永为仪则。大矣哉！

也就是说，六国之君，都奸邪乖僻，贪暴无厌，虐杀不已，给天下万民带来巨大痛苦。皇帝哀怜民众，于是发动义师，奋扬武德。诛除暴乱，无不臣服。消灭强暴之人，拯救百姓于水火。然后明定法律，让天下永远遵守。伟大啊，皇帝的功德！

在其他的刻石当中，秦始皇也反复宣称，他赐给民众最大的恩惠，就是统一了天下，确定了郡县制度：

> 今皇帝并一海内，以为郡县，天下和平。昭明宗庙，体道行德，尊号大成。

> 皇帝休烈，平一宇内，德惠攸长。……皇帝并宇，兼听万事，远近毕清。

> 阐并天下，灾害绝息，永偃戎兵。……黔首改化，远迩同度，临古绝尤。

> 普天之下，抟心揖志。器械一量，同书文字。日月所照，舟舆所载。皆终其命，莫不得意。

秦始皇将他推动的统一战争的性质，定为"兴兵诛暴乱"。统一了天下，确立了郡县制度，让天下从此永无战乱。统一了文字和度量衡，统一了法律和制度，让天下上下尊卑一目了然，永远安定。

在秦始皇留下的刻石当中，有两道比较特殊。第一道是琅邪刻石，秦始皇命令手下刻下一段文字：

> 古之帝者，地不过千里，诸侯各守其封域，或朝或否，相侵暴乱，残伐不止……今皇帝并一海内，以为郡县，天下和平……群臣相与诵皇帝功德，刻于金石，以为表经。(《史记·秦始皇本纪》)

这道刻石的特殊之处在于秦始皇要求随行的所有文武重臣在石上共同署名。熊永认为，秦始皇之所以要求大臣们署名，是因为想以"金石为纪"的方式，与重臣们就坚持郡县制度达成政治约定。

另一道是会稽刻石，刻于始皇帝三十七年（前210），这一年的巡游是秦始皇的最后一次巡游。此次出巡，有一个非常特殊的背景。

> 三十六年，荧惑守心。有坠星下东郡，至地为石，黔首或刻其石曰"始皇帝死而地分"。始皇闻之，遣御史逐问，莫服，尽取石旁居人诛之，因燔销其石。始皇不乐，……秋，使者从关东夜过华阴平舒道，有人持璧遮使者曰："为吾遗滈池君。"因言曰："今年祖龙死。"使者问其故，因忽不见，置其璧去。使者奉璧具以闻。始皇默然良久。……于是始皇卜之，卦得游徙吉。(《史记·秦始皇本纪》)

在秦始皇三十六年（前211），也就是他四十九岁这年，星象不吉，陨石落地，有人在石上刻下"始皇帝一死，天下就会分裂"的诅咒之语。秦始皇派人调查，没查出是谁刻的，大怒，把陨石坠落处附近的所有百姓都杀光了，销毁了这块陨石。秦始皇为此事闷闷不乐。

到了这年秋天，朝廷使者夜里行走，突然有一个人手持玉璧在路边拦住使者说："帮我送给滈池君（滈池君即水神，秦国重水德，以此指秦始皇）。"

并且说："今年祖龙必死无疑。"使者问其缘由，此人倏忽不见。

秦始皇听到使者汇报后沉默良久，心神不宁，进行占卜，卦象显示，要出游才能化凶为吉。这才有了始皇帝三十七年（前210）的出巡。

因此，这是一次意义非同寻常的出巡，对死亡的担忧，一直沉甸甸地压在秦始皇的心头。在这次巡游中，他再次通过刻石的方式，强调了他对郡县制度的坚定态度。

> 秦圣临国，始定刑名，显陈旧章……六王专倍，贪戾傲猛，率众自强……义威诛之，殄熄暴悖，乱贼灭亡。圣德广密，六合之中，被泽无疆。皇帝并宇，兼听万事，远近毕清。

从某种意义上，这道刻石可以说是秦始皇的政治遗嘱：要将郡县制坚持到底。

被新型权力吞噬的秦朝

一

因为掌握了权力，并能有效地运用权力，秦始皇的一生，就是从一个成功走向下一个成功。他登上皇位后，首先打倒了吕不韦，接着一个又一个消灭了六国，推广了郡县制。每一样都取得了成功。

始皇帝自认为对胯下这头权力怪兽控驭得得心应手，然而他不知道的是，过于巨大的权力，也有过于巨大的副作用。不论一个人多么聪明、睿智、强健，只要他掌握巨大的权力足够久，肯定会走向自己的反面。

统一天下之前，秦始皇是一个理智、清醒的人，他用人的眼光、胆识和手段都非同寻常。他与人相处，能屈能伸，求贤若渴，善于笼络人才。战国时期兵家人物魏国的尉缭来到秦国，在与秦始皇交谈之后，评论秦始皇说："秦王为人，蜂准，长目，挚鸟膺，豺声，少恩而虎狼心，居约易出人下，得志亦轻食人。我布衣，然见我常身自下我。诚使秦王得志于天下，天下皆为虏矣。不可与久游。"

秦王这个人，从面相上来看，是一个虎狼之人，需要人才的时候，会礼贤下士。一旦得志，也会轻易吃人。我是个平民，然而他见到我总是那样谦下。如果秦王夺取了天下，天下的人就都会成为奴隶了。

于是他决定离开秦国。可是，秦始皇断定尉缭是一个非同寻常的人才，为了争取到尉缭，秦始皇不惜以帝王之尊，"见尉缭亢礼，衣服食饮与缭同"。（《史记·秦始皇本纪》）即使尉缭对秦始皇屡有微词，但始皇帝充耳不闻，继续大力笼络，拜他为国尉，委以重任。尉缭最终为秦王嬴政统一六国立下了汗马功劳。从这个过程中我们能看到，秦始皇用人的胸襟气魄，远远超出一般庸主。

在成为皇帝之前，嬴政的一个突出长处是知错就改，不文过饰非。李斯到秦国被拜为客卿，正逢韩国在秦国的间谍活动被发觉，秦始皇听从了宗室大臣的建议，驱逐包括李斯在内的全部"诸侯人来事秦者"。在发出逐客令后，经李斯提醒，他不怕影响自己的形象，立即"出尔反尔"，收回成命，并且因此对李斯另眼相看，予以重用。

嬴政听信李信凭二十万人可以灭楚的豪言壮语，弃王翦而用李信。在李信大败后，嬴政驱车亲自去找王翦，向王翦主动承认错误，请求王翦出山伐楚。如此坦率承认错误的勇气，在历代帝王当中并不多见。

嫪毐之乱后，嬴政把他的母亲迁到外地，打入冷宫。结果儒生茅焦劝说他不能为个人感情所左右，落下不孝的名声，这样会影响自己的政治形象。"秦方以天下为事，而大王有迁母太后之名，恐诸侯闻之，由此倍秦也。"（《史记·秦始皇本纪》）嬴政马上把太后接回咸阳，重新奉入甘泉宫。

然而统一天下之后，由于失去了各种力量约束，秦始皇开始走向纵情任性。尉缭的说法是对的，为了获得权力付出太多，自我压抑太甚的人，在得到权力之后，通常会在运用权力方面表现出放纵。统一天下之前，嬴政在每件大事上都允许大臣们在他面前进行反复深入讨论。统一之后，他越来越听不进不同意见，容不得批评，失去了纳谏的"雅量"。李斯曾建议他不要攻打匈奴，他拒不采纳。扶苏给他提了一句意见，他就把扶苏打发到边疆。甚至因为"始皇恶言死，群臣莫敢言死事"，没有人敢在他面前提及立储这样"关乎国本"的大事。

统一天下之前，他是一个很有人情味儿的统治者，善于处理与臣下的关系。成为皇帝之后，他却变得猜忌重重，更愿意用权术和阴谋来制御大臣。《史记》说："始皇之为人，刚戾自用。兼并天下之后，志得意满，以为自古及今，无人可比。他治理天下，专门倚用狱吏，只有狱吏得到他的信任。虽然设置了七十名博士，只是做做样子，备而不用。丞相以下诸大臣，都是唯唯承命，一切都决策于上。皇帝喜欢用严刑峻法来杀人立威，天下人于是谨小慎微，明哲保身而已，不敢尽忠竭智。"有一次，秦始皇在骊山上，望见丞相李斯的车队从山脚下滚滚而过，声势浩大，非常不悦，后来更因为有人把皇帝的态度透露给李斯而杀掉身边的五百个近侍。

统一天下之前，他看人看事很准，臣下很难欺骗他。但统一之后，他开始做出一个个错误判断。特别是在死亡的威胁下，为了长生不老，他陷入了一个又一个低级骗局当中，被各种方士耍得团团转。

方士徐福对他说，海中有三神山，上面的仙人掌握着长生不老之方，不过需要准备大船和大量的童男和童女才能前去求取。秦始皇立刻同意。

秦始皇东巡到碣石，燕人卢生说可以替他到海里去寻找仙人羡门、高誓，回来之后，向秦始皇汇报了一句莫名其妙的预言，"亡秦者胡也"。因为神仙这一句话，始皇发兵三十万人北击匈奴。

为了长生不老，他甚至改了自称，不再使用皇权的标志"朕"。"吾慕真人，自谓'真人'，不称'朕'。"

……

桓宽描写始皇晚年求仙大潮的盛况说："当此之时，燕齐之士释锄耒，争言神仙。方士于是趣咸阳者以千数，言仙人食金饮珠，然后寿与天地相保。"（《盐铁论·卷六·散不足》）全国各地的骗子都争相来到咸阳，数以千计，向秦始皇献上各种丹药。

各种丹药当然都没有效果，一次次入海求仙的方士回来时当然两手空空，不过他们总有各种各样的解释。早在战国时期，他们就这样忽悠过君主：

> 患且至则船风引而去。盖尝至者，诸仙人及不死之药在焉。其物禽兽尽白，而黄金为宫阙。未至，望之如云。及到，三神山反居水下。临之，风辄引去，终莫能去云。（《史记·封禅书》）

仙山已经见到，仙人及不死之药都近在咫尺。我们已经清楚地看到，仙人的宫殿是黄金铸成的，岛上的鸟兽都是纯白的，真是太神奇了。可惜风太大，我们的船怎么也不能靠近。

本来智力出众的秦始皇，却一次又一次受骗。后来卢生和侯生携款潜逃，秦始皇震怒之下活埋了四百六十多个术士，酿成被后世误解为"坑儒"

的"坑术士"事件。（究竟是"坑儒"，还是"坑术士"，至今仍然存在争议。——编者注）但是在此之后，秦始皇并没有放弃长生追求，他仍然认为，神仙是存在的，只不过他还没有遇到真正的高人而已。

二

统一天下后，秦始皇身上的一系列优点不可避免地转化成缺点。他的自信变成了自大，他的刚毅变成了残暴，他的明察变成了苛刻，他的果断变成了轻率。

秦始皇犯的最大的错误，在于他对百姓的压榨远远超过了限度。秦国统一天下的秘诀在于新型权力体系能够高效地集中人力物力。秦朝的失败，也在于这套制度没有约束力量。作为天生的贵族，秦始皇似乎自始就很少考虑普通民众的感受。统一之后，秦始皇被层层的权力机构推到高高在上凌云而坐的位置，更失去了感受民间社会真实心态的可能。在他的心目中，这些"黔首"只是完成他大业的工具，完全没有预见到"水能载舟，亦能覆舟"。

明代方孝孺在《深虑论》中说：

> 当秦之世，而灭六诸侯，一天下。而其心以为周之亡在乎诸侯之强耳，变封建而为郡县。方以为兵革可不复用，天子之位可以世守。

秦始皇认为，周王朝的灭亡，只是因为诸侯强大，不能控制。而变封建为郡县之后，就再也不会起兵戈，天子之位可以传之万世。

他纵情地驱使胯下这匹权力怪兽，把全国百姓征发一空，日夜不停为他修建模仿天宫和宇宙的宫殿与坟墓。他以鞭子和屠刀统治天下，把天下变成一个巨大的监狱和刑场。

不断的战争和工程，给民众带来沉重的压力。董仲舒认为，秦代的田赋数量是以前的二十倍，而能动员的劳役数量更是惊人。除了沉重的田赋之外，还有更沉重的劳役。秦朝规定，每个百姓都要给国家无偿劳动。葛剑雄先生说，长期和短期服役都算的话，"秦始皇时征发的劳力……一度高达2000万左右，即总人口的50%"。

秦代服役者劳动纪律极为严格，劳动条件很差，当时被押赴北边边疆当劳工的，死亡率约百分之六十到七十。征伐南越的路上，因为不服水土，死的人更多。当时有记载，有的人走到半路，实在是不堪虐待，干脆就在路边的树上吊死了。《盐铁论》说："秦有收帑之法，赵高以峻文决罪于内，百官以峭法断割于外，死者相枕席，刑者相望，百姓侧目重足，不寒而栗。"百姓几乎一举手，一投足，就会触犯法律，只能侧目重足，活得胆战心惊。

所以秦朝百姓造反是必然的，在秦朝造反的成功概率虽然低，但仍然比你老老实实当顺民活下去的概率高。

三

从某种程度上说，秦始皇是幸运的。他只看到了郡县制的成功，没有看到郡县制的失败。在去世之时，他对自己构建的新体制充满信心。他认为，只要把皇位传给坚定的法家信徒，秦王朝就能传之万代。

始皇帝三十七年（前210），秦始皇进行了最后一次巡游。如前所述，在这次巡游前，因为发生了天降陨石等事件，秦始皇非常担心自己的生命健康。在这次巡游中，他身边罕见地带着一位皇子，幼子胡亥。这是胡亥第一次出现在史书中。

这一年胡亥二十岁，而秦始皇已经五十岁了。就在一年多以前，秦始皇的长子扶苏因为与秦始皇政见不合，被打发到上郡。秦始皇虽然不愿意听人谈到死亡，但不可能不对身后事有所打算。有人认为，秦始皇这个举动暗含着可能安排胡亥做接班人的信号。

司马迁在《史记》中认为，胡亥成为秦二世完全是阴谋矫诏的结果，并非秦始皇的本意。然而很多历史学家认为，秦始皇对身后事的安排不会出现这样大的漏洞。从秦代的政治氛围看，胡亥并不是完全没有做接班人的条件。

扶苏有扶苏的优势，也有缺点。扶苏之所以被秦始皇讨厌，除了他的政治主张之外，原因还在于他结交广泛，努力打造自己的名声，树立自己的形象。这也是战国以来各国公子们的一贯做法。秦代社会高层甚至民间对扶苏都有非常正面的评价和期待，与此有关。但是在大一统郡县时代，这种战国习气其实已经不合时宜了。秦始皇巡游之时，身边不可能带着扶苏这样一个声望很高，随时可以取代自己的人。因为法家的理念很清楚，父子之间，要相互防范。

而这正是秦始皇喜欢胡亥的理由。胡亥的行事风格与扶苏相反。贾谊记载过这样一件事：

> 二世胡亥之为公子，昆弟数人，诏置酒飨群臣，召诸子赐食，先罢。胡亥下陛，视群臣陈履状善者，因行践败而去。诸侯闻之，莫不太息。

胡亥做王子的时候，参加一个重要宴席。胡亥吃完先走，看到大臣把鞋子一行行放得整整齐齐，就起了恶作剧之心，一一踩上一脚，把鞋踢得乱七八糟，"践败而去"。大家看到之后，无不叹息。

汉代人将这则史料作为胡亥不得人心的证据。但从另一个角度看，胡亥此举正证明他无意结交群臣，这种做法更容易为秦始皇所首肯。熊永认为，胡亥这样做，可能是听了他的老师赵高的指点。

赵高是秦始皇亲自为胡亥选定的老师。赵高是法律专家，是一个典型的法家人物，能力出众，是得到始皇帝绝对信任的心腹内臣。

> 赵高者，……世世卑贱。秦王闻高强力，通于狱法，举以为中车府令。高既私事公子胡亥，喻之决狱。（《史记·蒙恬列传》）

胡亥对这位老师非常尊重，向他学习法家之术，事事言听计从。因此胡亥也是坚定的法家主义者，对儒家不感兴趣，讨厌礼仪，"表现出与儒学精神的明显距离"。（熊永《封建郡县之争与秦始皇嗣君选择》）有的时候甚至是刻意与儒家拉开距离。

田余庆说："秦代统治思想是单纯的没有韧性的法家思想，反映在政治上则是有张无弛，不允许有任何转折出现。"以胡亥接班，可以保证法家路线不被动摇。

李开元和熊永都注意到，虽然司马迁在《史记》中一直强调胡亥是阴谋夺位，但在有些篇章中却留下了一些与此相矛盾的记载。比如，胡亥即位以后，要杀蒙恬的弟弟蒙毅。蒙毅长期侍从在秦始皇身边，是秦始皇的亲信。《史记·蒙恬列传》中提到胡亥要杀蒙毅的理由是他曾经阻挠秦始皇立胡亥为太子：

> 先主欲立太子而卿难之。

对此，蒙毅反驳说：

臣少宦，顺幸没世，可谓知意矣。……太子独从，周旋天下，去诸公子绝远，臣无所疑矣。夫先主之举用太子，数年之积也，臣乃何言之敢谏，何虑之敢谋！

蒙毅说："臣下年少就仕宦于先帝，多年蒙恩，幸得信任，直到先帝去世，未曾有所逆迕，可以说是知晓先帝之意了。先帝巡游天下，独有太子您跟从，先帝对太子的喜爱，远过于其他诸位公子，所以我对先帝的心意无所怀疑了。先帝想举用太子，是多年的积虑，臣下何曾敢有过劝谏，何曾敢有过谋虑！"

蒙毅熟悉宫廷内幕，知道秦始皇晚年的心境。在这段对话中，双方都提到了晚年的秦始皇曾经打算立胡亥为太子的事情。因此秦始皇废长立幼的打算，很可能并不是临终起意，而是经过数年酝酿，只不过因为胡亥性格中的缺点，迟迟没有拍板。

另一处矛盾的记载出现在《太史公自序》中：

始皇既立，并兼六国，销锋铸鐻，维偃干革，尊号称帝，矜武任力，二世受运，子婴降虏，作始皇本纪第六。

"二世受运"，就是说胡亥受命于天，接过了秦朝的国运。这显然是承认了胡亥继位的合法性。

结合湖南益阳兔子山遗址出土的《秦二世元年十月甲午诏书》和《赵正书》的记载，可以认为胡亥是合法继位的。

近年发现的西汉竹书《赵正书》中，详细记载了胡亥被秦始皇指定为继承人的过程：

昔者，秦王赵正出斿（游）天下，环（还）至白（柏）人而病……病即大甚，而不能前，故复召丞相斯曰："吾霸王之（寿）足矣，不奈吾子之孤弱何……其后不胜大臣之分（纷）争，争侵主……其（议）所立。"……丞相臣斯、御史臣去疾昧死顿首言曰："今道远而诏期窘（群）臣，恐大臣之有谋，请立子胡亥为代后。"王曰："可。"

也就是说，秦始皇在最后一次出游中，突然生病，病情严重，担心储位未定，大臣们会纷乱争权，于是让李斯等人商议储君人选，李斯等人说，这里离咸阳太远，若下诏令群臣商议储君人选，恐怕时间来不及，会生出大乱，不如就让在您身边的胡亥为储君。秦始皇同意了这个意见。

四

即位后的胡亥，确实表现出明确的法家特点。他给李斯的诏书中大量引用《韩非子》，并经常以法家理论作为行事依据。

法家的核心理念，是要防范和消灭对最高统治者的所有威胁。因此秦二世登基不久，就消灭自己的兄弟姐妹，将"公子十二人僇死咸阳市，十公主僇死于杜，财物入于县官，相连坐者不可胜数"，以消除他们对于皇位的潜在威胁。这是对法家精神最生动的诠释。

班固评价法家说：

> 信赏必罚，以辅礼制。《易》曰："先王以明罚饬法。"此其所长也。及刻者为之，则无教化，去仁爱，专任刑法而欲以致治，至于残害至亲，伤恩薄厚。

胡亥所为正是如此。除了自己的兄弟，他还杀掉了蒙恬、蒙毅等前朝重臣，除去了对自己的一切威胁。

杀光权臣后，秦二世开始大肆享乐。"复作阿房宫。……尽征其材士五万人为屯卫咸阳，令教射狗马禽兽。当食者多，度不足，下调郡县，转输菽粟、刍稿。皆令自赍粮食；咸阳三百里内不得食其谷。"汲取体系更加高速运转。因为压迫过重，各地民众纷纷起义。李斯等大臣们进谏说："请停止阿房宫工程。"秦二世反驳说：

> 凡所为贵有天下者，得肆意极欲，主重明法，下不敢为非，以制御海内矣。夫虞、夏之主，贵为天子，亲处穷苦之实以徇百姓，尚何于法！……且先帝起诸侯，兼天下，天下已定，外攘四夷以安边境，作宫室以章得意，而君观先帝功业有绪。今朕即位，二年之间，群盗并起，君不能禁，又欲罢先帝之所为，是上毋以报先帝，次不为朕尽忠力，何以在位！

也就是说，拥有天下，就是为了能够为所欲为、极尽享乐。君主关键在于把规章制度定得严明，让臣下不敢为非作歹，以此就可以从容驾驭天下了。虞夏之君，虽然贵为天子，却每天为百姓们辛苦劳累不休，实在可怜。先帝由诸侯起家，兼并天下，天下平定之后，又驱逐四夷，以安定边境，对内兴修宫室，以显示自己的功绩。如今我即位才两年，各地盗贼蜂起，你这个臣下不能禁止，却想要废弃先帝创立的功业。这是上不能报答先帝之恩，下不能为朕尽忠效力，像你这样，占据着高位干什么呢？

秦二世的这番说法并不是强词夺理，而是字字符合法家理论。《韩非子》说，统治者最重要的不是自己多么勤政，而是让大臣们不敢偷懒。明君高高在上，什么都不做，臣下就吓得战战兢兢。明君治国之道，是使大臣们不得不竭力贡献他们的智慧，君主依此做出决断，所以君主不乏智力资源。

法家认为，皇帝只有穷奢极欲，将自己通过权力获得的一切享用到极致，才不负一生。李斯曾引用申不害的说法："有天下而不恣睢，命之曰以天下为桎梏。"有了整个天下而不纵情享受，那就是把天下当成桎梏。像尧舜和大禹那样，把整个天下的责任背到身上，劳苦一生，天子岂不成了天下最苦的人了吗？

秦二世忠实地贯彻这一理论，将进谏之人全部治罪，李斯因此丧命。

然而，一个合格的帝国接班人，只熟读《韩非子》是不够的。如此巨大的专制权力，只有身负异禀的人才能有效使用。如果放到一个无能之人手中，马上就会导致灾祸。就像一件威力极大的武器，只有熟悉它的人才能用它来保护自己，交到小孩子手里，只会炸掉自己。虽然秦始皇执政后期连续犯了几个大错，但是从总体上说，他是如此强悍，以至于不论如何昏聩，仍能掌握如此巨大的权力。然而，一旦权力交到了花花公子胡亥手上，马上就变成了灾难。

秦始皇认为他竭尽心力打造的帝国固若金汤，可以传之万世。他不会想到，他死后不过三年，这个帝国就灭亡了。胡亥以自己的实际行动证明，他父亲发明的这顶沉重的皇冠，不是谁都可以随便戴的。

大秦帝国从出现到灭亡，不过十五年。秦始皇的子孙中，长子扶苏自杀，其他儿子被秦二世残杀，秦二世的结局是自杀，秦始皇的孙子子婴又被项羽诛杀。在秦朝灭亡后，秦王族子孙尽灭，也就是说，秦始皇的所有子孙后代，都被杀光了。

不管秦始皇被命运打造成多么适合骑乘权力这匹怪兽，他的遗产仍然逃不脱被这头怪兽反噬。

第二章
汉武帝：雄才大略与代价

———— • • ————

　　他的一生是在一件又一件大事当中度过的，击匈奴之外，还有征南越、征西南、征朝鲜。要继续战争，要继续构建朝贡圈，就必须寻找新的财源。在这方面，汉武帝表现出了超越古人的政治想象力和操作力，不断地进行汲取方式创新。

汉武帝的功业及代价

一

评价汉武帝的功业，肯定离不开"击匈奴"三个字。

汉武帝继位后面对的其实是一个相当和平的国际环境。他的父亲汉景帝在位的十几年里，"与匈奴和亲，通关市……终孝景时，时小入盗边，无大寇"。也就是说，双方保持着友好的和亲与通商关系，偶有小规模游牧部落骚扰，但是没有发生过大的战争。特别是在景帝朝最大的政治危机"吴楚七国之乱"当中，叛乱势力曾经联络匈奴，希望匈奴和他们内外夹击，一举推翻汉朝，但匈奴并没有趁火打劫，表现得相当仗义。

因此汉武帝即位之初，汉匈关系正处于历史最好阶段。他继承父亲留下的外交遗产，"明和亲约束，厚遇关市，饶给之"。在经济上继续给予匈奴优厚待遇，"匈奴自单于以下，皆亲汉，往来长城下"。（《汉书·匈奴传》）双方和睦相处，匈奴上下都亲近汉朝，连小规模骚扰都没有了。

但汉武帝还是毅然决定，大举进击匈奴。这是由多重因素驱动的。

第一重因素是复仇。自汉朝建立以来，整个大汉民族面对匈奴，内心一直燃烧着炽烈的耻辱感。后来汉武帝在诏书中说，他出兵匈奴的动机是"欲刷耻改行"，要洗刷前代的耻辱。

前代的什么耻辱呢？在另一份诏书中，汉武帝提到了两件事："高皇帝遗朕平城之忧，高后时单于书绝悖逆。"刘邦的平城之耻，吕后的国书之辱，刺激着他时刻想着要效法齐襄公，复九世之仇，为祖先雪耻。"昔齐襄公复九世之仇，春秋大之。"

按《春秋》之义，正常的天下秩序当然是四夷向中央朝贡。然而汉朝建立之初，四海凋敝，国力不强，当时的局面实际是汉朝向匈奴朝贡。

汉高帝七年（前200年），汉高帝率兵讨伐匈奴，结果却被围困在平城，不得不与匈奴订立和约，答应了一系列屈辱的条件：汉朝不但要把公主嫁给匈奴，每年还要向匈奴奉献大量的物品。《史记》说："岁奉匈奴絮、缯、酒米、食物各有数。"

虽然双方从此表面上成为兄弟之邦，"汉与匈奴约为昆弟"，但是匈奴地位高高在上，汉王朝只能卑躬屈膝。当时往来的国书，匈奴的尺寸大，汉朝的尺寸小。"汉遗单于书牍以尺一寸"，而老上单于"遗汉书以尺二寸牍，及印封皆令广大长"。汉朝国书的开头是"皇帝敬问匈奴大单于无恙"，自称只有"皇帝"二字，而匈奴君主却在国书中自称"天地所生日月所置匈奴大单于"，处处要压汉朝一头。劳干因此评论说："汉初的和亲是一种消极的政策，是一种变相的纳贡，是在当时的历史条件下迫不得已的一种妥协。"

至于"高后时单于书绝悖逆"，是指吕后接到的那封著名的"求爱信"。刘邦去世之后，匈奴单于给吕后发来一封国书，其中说："孤偾之君，生于沮泽之中，长于平野牛马之域。数至边境，愿游中国。陛下独立，孤偾独居。两主不乐，无以自虞，愿以所有易其所无。"也就是说，我们都是丧偶的君王，我缺妻子，你缺丈夫，因此都不快乐，不如我到中原，咱们二人结合到一起，各取所需。

吕后虽然是女中英杰，心狠手辣，但面对单于的调戏，也只好识时务者为俊杰，卑躬屈膝地回信说自己年老色衰，实在配不上大王，请大王您千万不要向中原进发。"发齿堕落，行步失度。单于过听，不足以自污。弊邑无罪，宜在见赦。"

这次国书往来事件，对汉朝来说，当然更是天大的耻辱。

因此，自订立和约以来，虽然汉朝和匈奴的关系大部分时期都保持在和平状态，但是汉朝君臣心底一直埋藏着深深的屈辱感。早在汉武帝的祖父汉文帝时期，贾谊就写了著名的《治安策》，用激将法对皇帝说：

> 陛下何忍以帝皇之号为戎人诸侯，势既卑辱，而祸不息，长此安穷！……臣窃料匈奴之众不过汉一大县，以天下之大困于一县之众，甚为执事者羞之。

皇帝您何忍以帝王之尊而甘心做蛮夷的诸侯，更何况即使称臣也并不能消除这个祸患。匈奴人口不过是我大汉王朝的一个大县的人口而已，以天下之大困于一县，我实在替那些主政的大臣羞耻！

因此，笼罩在大汉君臣头上的耻辱感是推动汉武帝出兵击匈奴的第一重因素。

第二重因素是汉武帝的历史责任感。

和约订立之后，匈奴大部分时间能够守约，但是也有一些时期，比如汉文帝时期，曾经背约入侵，让整个汉朝不得安宁。为了防备匈奴，汉朝付出了巨大的代价。正如贾谊所说："斥候望烽燧不得卧，将吏被介胄而睡。"边关将士不得不枕戈待旦，整个大汉王朝也始终紧绷着神经。

在汉人心目中，匈奴这样的"蛮夷"是谈不上信义的，不能指望他们会一直守约。因此最好的办法，是以战止战，把匈奴从北部边疆赶走。

当然，与匈奴作战，谈何容易！不过汉武帝是一个迎难而上的责任心极强的君主。他的自期不只是一代明君，而是千古圣主。他认为自己能力既然这么强，责任当然也更大。他不仅要解决自己这一代的问题，还要替子孙后代解决问题。因此当太子后来进谏反对他征伐四夷时，汉武帝的回答是："吾当其劳，以逸遗汝，不亦可乎？"我替你解决一个难题，一劳永逸，难道不好吗？

虽然匈奴没有兴兵，但是他还是决定主动出击，永远解除匈奴的威胁。他对将军李广说："报忿除害，捐残去杀，朕之所图于将军也。"报仇雪恨，让百姓不再遭到匈奴的屠杀和劫掠，这是我对将军的期待。

在此前中国历史上，在与游牧民族的关系中，中原王朝大部分时间都处于被动挨打地位。汉武帝前期却一反以前汉朝四帝的边疆政策，派卫青、霍去病等将领多次主动出击，深入大漠，战果辉煌，其中最著名的有两次：

元朔二年（前127年），卫青率三万骑出云中（今内蒙古托克托县），收复了河套地区的"河南地"，设朔方郡、五原郡，移民十万。当初秦始皇首获"河南地"，后来秦末天下大乱，"河南地"得而复失。如今历时八十余年，"河南地"终于再度回到中原王朝。

元狩四年（前119年），卫青、霍去病各率五万骑兵，深入漠北，寻歼匈奴主力。霍去病率军北进两千多里，歼敌七万余，并在狼居胥山（今蒙古乌兰巴托东侧的肯特山）举行了祭天封礼，这就是著名的"封狼居胥"，至此"匈奴远遁，漠南无王庭"。

汉武帝与匈奴的战争有两大成果。第一是他收复的"河南地"距离长安很近，得到这块地方保障了长安的安全，改变了汉朝在军事上的被动局面。

第二，他将战场引向大漠，袭扰和破坏了匈奴的游牧生产，使匈奴损失了几万人口和几百万头牲畜，匈奴帝国由此走向衰落。所以汉武帝对匈奴的战争缓解了匈奴对于北方长期的威胁，为汉王朝的长治久安打下了基础。

在汉武帝的指挥下，汉王朝取得了汉民族与游牧民族战争史中为数不多的重大胜利，显示出汉民族身上的武勇和血性，其因此历来被人们肯定和歌颂。

二

不过，功业与代价总是紧密相连的。汉武帝打击匈奴，成绩固然伟大，问题却也不小。

第一，汉朝尽管取得了几次重大胜利，但始终没能完全征服匈奴。汉武帝期待"一举则匈奴震惧，中外释备"，彻底解决匈奴威胁的战略目标并没有达到。

虽然屡遭打击，但匈奴并没有被击溃，甚至也没有表示臣服。汉武帝双管齐下，在武力打击的同时先后多次派人出使，劝说单于遣太子"为质于汉"，向汉朝称臣，然而匈奴仍然心高气傲，不肯退让一步。终汉武一世，匈奴始终是一个劲敌。虽然其他民族和小国纷纷主动前来朝贡，但是汉武帝费尽心力建立起来的朝贡圈中，始终没有出现匈奴使臣的身影。

第二，汉武帝的战略指挥既有成绩，也有失误。在前两次反攻大胜之后，汉武帝信心过度膨胀，在军事上为自己设定了过高的目标。他固执地追求"毕其功于一役"的目标，在敌情不明、准备不足的情况下，多次盲目劳师远征，深入绝域，试图寻求与匈奴主力决战，用兵带有赌博色彩。然而，用人不善，特别是重用能力不强的外戚李广利，导致战线拉得过长，组织协调不力，为匈奴拦截和各个击破汉军提供了机会。汉军主力在数次进击中均遭受重大损失。所以后期的战争，效果大都很差。（陈拯《汉武帝大战略的再审视》）特别是征和三年（前90）最后一次北征匈奴，李广利兵败投降，汉军主力损失殆尽，自此"不复出兵"。"后三岁，武帝崩"，汉武帝一朝与匈奴的漫长战争其实是以失败画上句号的。

三

另一个更大的问题是，为了击匈奴，汉朝百姓付出了非常沉重的代价。

汉初几位帝王之所以不敢轻易兴兵北伐，一个重要的原因是经济成本过于巨大。汉朝大军深入沙漠，动辄一两千里，听起来非常豪迈，但背后的后勤消耗是惊人的。葛剑雄先生在《统一与分裂》中说："生活在现代交通运输条件下的人们也许无法理解远距离粮食运输的困难。"由于在遥远的运输途中人和牲畜本身要吃掉大量粮食和饲料，能运到目的地的是极少数。据主父偃统计，秦始皇时从山东半岛将粮食运往河套，结果是"三十钟而致一石"，到达目的地的粮食只是输出量的 1/192。汉朝的运输水平大致相同。葛剑雄先生引用北宋沈括在《梦溪笔谈》中的计算：在出征的时候，每个随军的民夫可以背六斗米，士兵自己可以带五天的干粮，如果一个民夫供应一个士兵，一次出兵只能维持九天（因为要计算回程）。即使以三个民夫供应一个士兵，十万大军的活动半径只能达到六百四十公里。

因此，打仗就是烧钱。仅与匈奴作战，花的军费就相当于汉朝二十年财政收入的总和。

何况汉武帝一生的功业，不止击匈奴这一项。他的一生是在一件又一件大事当中度过的，击匈奴之外，还有征南越、征西南、征朝鲜。汉武帝于在位 53 年间，发动战争达 26 次之多。

这些战争，有些是必要的，也有一些，比如征西南，当时并无必要，因为这些地区对帝国的安全并没有构成威胁。有些战争是慎重的，也有很多战争轻率得如同儿戏。比如，出兵大宛，就是为了获得名马，以及让宠妃的哥哥李广利获得封侯的资格。

除了战争，汉武帝一生还做了很多其他大事，比如开漕渠。这些大事，当然也是有必要做的，是利国利民的好事，问题是方法同样有问题。汉武帝先后开凿大量河渠，有长三百余里的运渠，有郑国渠支渠六辅渠，有连接泾渭的白公渠。这些河渠有的发挥了作用，也有很多是计划不周，盲目兴工，最后废弃的。比如，他凿渠沟通了褒水和斜水，可惜渠成而"水湍石，不可漕"。水流湍急多石，不能供漕运之用。

除了战争、水利，他在外交上也花了大量的钱。普通人熟悉的是汉武帝的赫赫武功，不了解的是汉武帝的"金钱外交"。为了面子，他也曾花了不少钱收买夷狄来朝贡。

在经济上给夷狄以丰厚"赂遗",这是吸引夷狄的根本。夷狄重汉财物,才会有归汉之心。……特别是在匈奴内乱时,西汉的经济实力对于瓦解匈奴、降服单于发挥了关键性作用。综观西汉一朝,"赂遗之设"可谓遍及四海,从对域外来使的赠赐,到对归汉酋长的封赏,西汉无时无处不在展示着经济文化的巨大魅力。(《西汉王朝是如何开展对外政策的》)

由于数量过于巨大,班固在《汉书》中对汉武帝的金钱外交表示了强烈不满:

及赂遗赠送,万里相奉,师旅之费,不可胜计。至于用度不足,……民力屈,财力竭。(《汉书》)

如果说战争、水利和外交,不论谋划得精当与否,毕竟都是"正事"的话,那么汉武帝在个人享受上的巨额花费,就很难为之辩解了。

汉武帝有很多和秦始皇一样的爱好,比如营宫室,他先后在长安大兴土木,建未央宫、甘泉宫、建章宫、蜚廉桂观、益延寿观、通天茎台等,大都非常豪华,极尽奢靡。建章宫为千门万户,前殿高于未央宫,东为凤阙,高二十余丈;西为唐中;数十里;北为太液池;中有蓬莱、方丈、瀛洲、壶梁、象海;南有玉堂、壁、神明台、井干楼等。他修的上林苑,地跨五个县,其中离宫七十所,皆容千乘万骑。他修的昆明池"周迴四十里"(《汉书》),面积近十七平方公里,而今天颐和园的昆明湖不过两平方公里。中国历史上其他皇帝包括秦始皇的园林和他的一比,都算小巫见大巫。

在营陵墓一事上,他也不逊于秦始皇。汉武帝从即位第二年也就是十七岁开始就为自己修建陵墓,他每年投入少府年收入的三分之一,一修就是五十三年。

和秦始皇一样,他也喜欢求神仙和巡幸天下。汉武帝求仙活动持续时间之长、规模之大、投入之多,都超过了秦始皇。吕思勉说,汉武帝为求仙所花费的金钱是秦始皇的十倍:"终武帝世,方士之所费,盖十倍于秦始皇,况又益之以事巡游、修官室邪?"

如果评比中国古代旅游次数最多、距离最长的人,汉武帝也是第一名,秦始皇得排在他后面。有人统计过,汉武帝一生出巡三十多次。他的巡幸范围东至大海，南抵湘衡天柱山，西过陇西萧关，北临塞外碣石，足迹遍布今天的陕西、甘肃、宁夏、山西、河南、河北、辽宁、内蒙古、安徽、湖北等省区，每次都是千乘万骑，出手比始皇更豪奢。元封元年（前110）他第一次出巡，光赏赐就用去帛百余万匹，钱以"巨万"（万万）计。

四

汉初经过"文景之治"的休养生息，国家财力雄厚。刚刚登基的时候，汉武帝手中掌握的财政资源比包括秦始皇在内的以前任何统治者都多。正因为前几代皇帝积累下大量家底，汉武帝才能"有事于四方"。

然而再厚的家底也经不住汉武帝能花。四代人积攒的家底，很快就让他花光了。汉武帝对匈奴用兵十四年之后，"官县大空"，"是时财匮，战士颇不得禄矣"。外交上也没有财政支持，浑邪王来降时，汉武帝准备征发两万辆车来迎接，结果"县官无钱，从民贳马"，而"民或匿马，马不具"（《史记·汲郑列传》），搞得他很尴尬。

要继续战争，要继续构建朝贡圈，就必须寻找新的财源。在这方面，汉武帝表现出了超越古人的政治想象力和操作力，不断地进行汲取方式创新。

最开始，汉武帝的目光瞄准的是天下的富豪。

汉初经济恢复极快，一大批大工商业主迅速崛起，他们或经商，或开矿，或采盐，家财万贯，实力相当雄厚。司马迁在《史记·平准书》中说："富商大贾或蹛财役贫，转毂百数，废居居邑，……冶铸煮盐，财或累万金。"翻成白话就是，"富商大贾有的蓄积财物，奴役贫民；前呼后拥，车乘百余辆；在城市中囤积居奇。有的冶铸煮盐，家财积累到万金"。

汉武帝对这些富比王侯甚至富超王侯的工商业主非常反感，认为他们如此有钱，却对国家没什么贡献，"不佐国家之急，黎民重困"，不帮助国家的急难，导致黎民百姓陷于重困之中。上文提到浑邪王来降，地方政府没钱搞接待工作，商人们捐款也不踊跃，汉武帝勃然大怒，最后杀了当地五百个商人解气。

那么，怎么让商人和富豪们献出手中的钱呢？

汉武帝的第一步措施是"卖爵"。挂起一批诱人的诱饵，把他们的钱钓出来。"令民得买爵及赎禁锢免臧罪；请置赏官，名曰武功爵，级十七万，凡直三十余万金。"

也就是说，让有钱的平民可以购买爵位，每一级爵位的价格是十七万钱。买了爵位有什么好处呢？第一，买了武功爵的人，就有了身份地位，不再是平民，打仗不会被征发去当兵。商人不管有多少钱，政治地位上都是平民，随时可能被征发去当兵，这是巨富商人最怕的事情。

第二，有了爵位，不用再交税，不会再被征为劳力，可免除终身的徭役。

第三，有了爵位，可以免罪。如果没钱了，还可以将爵位转卖给民间的富人，也就是说，这是一项能够流通的资产。

此项政策一出，商人们纷纷踊跃出资。这样一来，国家获取了"三十余万金"（一金当一万钱）的巨额财富。

然而这笔钱对汉武帝来说，并不算什么巨款，发挥不了什么大作用。接下来汉武帝还有第二步："加税"。用爵位钓不出来钱，就通过加税直接从商人身上掏钱。

汉代对商人本来是征 1.27% 的商税，赀财万者，应纳一百二十七钱。这个税率显然太低了。

汉武帝实行"算缗"，所谓缗，是指串钱的绳子。政府要求商人主动向政府呈报财产，老老实实交代家里有多少财产。有二缗（一缗为一千钱）财产的抽取一算即一百二十钱。这样一来，税率由 1.27% 提升为 6%，是原来的四倍多。不过这个税率在今天看起来仍不能算高。而且官府的规定是由民众主动申报，并不上门来查，所以听起来政策仍然是相当宽松的。

所以"富豪皆争匿财"，人性使然，几乎所有商人富豪都心存侥幸，多多少少都有所瞒报。

但要命的是汉武帝有后续手段跟着，等商人都申报后，又下发了一道"告缗令"：谁隐瞒不报，或呈报不实，其他人可以向官府告发，告发以后，官府就抄查没收他的全部财产，分给告发者一半。这是第三步，叫作"告缗"。

这一下，几乎所有商人都掉进陷阱了。

为了将告缗令落到实处，汉武帝任用了一批酷吏，去各地审理告缗专案。人们为了发财纷纷告发附近的商人，告缗一时间成了穷人的生财之道。国家和底层百姓都发了财。

不过第三步还没有完。等大量普通百姓通过告缗发了财之后，汉武帝又搞了一个扩大化，下令无论城乡一概实行告缗，普通百姓也被列入告缗的范围。"其初亦只为商贾居货设，后告缗遍天下，则不商贾而有积蓄者，皆被告也。"一开始告缗针对的是商人阶层，接着全国所有人都被纳入其中，只要家里有积蓄的，都成了被告。穷人通过告发别人得来的财产，转眼也因为被别人告发而被剥夺。"告缗遍天下，中家以上大抵皆遇告。""中家"就是中等富裕的人家，天下所有中产阶层以上的人家都破产了。

这套组合拳打得如此漂亮，全天下人毫无招架之力。国家得到了多少钱呢？《汉书·食货志》说，朝廷"得民财物以亿计，奴婢以千万数；田，大县数百顷，小县百余顷；宅亦如之"。单告缗一项，朝廷得民间财产数以亿计，老百姓因为交不起钱被没入官府为奴婢的以千万数，汉武帝时期的全国总人口大约为四千万，因告缗成为奴婢的居然达到千万左右。因此奴隶市场一时非常繁荣，"置奴婢之市，与牛马同栏"。其他没收入官的土地、住宅更是不可胜数。国家财政得到极大改善，"县官有盐铁缗钱之故，用益饶矣"。

国库虽然一时丰盈，不过也产生了负面后果。那就是老百姓不敢再积蓄了，今朝有酒今朝醉，有一点钱就立即吃尽花光，"民偷甘食好衣，不事畜藏之产业"，变得好吃懒做，不再进行储蓄和投资。"商者少，物贵"（《史记》），整个社会商业活动萎缩，商品短缺，物价上升，经济停滞。

不过，这还没有完，这才是汉武帝的第四步。第五步才是绝地包抄。

我们讲过，汉武帝的第一步是卖爵。国家虽然通过卖爵得到了一笔钱财，可以征发的民众却减少了。"兵革数动，民多买复及五大夫、千夫。征发之士益鲜。"因为国家不停打仗，老百姓拼了家底买爵位，替国家当兵以及服劳役的人不够了。

这对汉武帝来说不成问题。把天下人的钱财榨取得差不多了，汉武帝又开始了"政策调整"，进行爵位贬值，"于是除千夫、五大夫为吏，不欲者出马"。原来说的话作废了，爵位低的，仍然要服劳役，除非你为国家贡献马匹。百姓为买爵位已经花了很多钱，但是并没有获得想象中的"免役"，而是跟往常一样，依然要去服徭役，"故吏皆适（谪）令伐棘上林，作昆明池"。

这不仅是对富裕百姓进行的最后一次重大掠夺，而且是对国家信用的一次巨大损害。

从汉武帝汲取财政资源的过程中，我们可以清楚地看到他使用权力的任意性。他打起权力组合拳，随心所欲，花样百出，民间社会毫无招架之力。

五

这五步棋走完了，钱财滚滚而来，可是汉武帝的手是一个超级漏斗，不久之后，财政再次紧张。

汉武帝又想到了新点子：金融体制改革。他决定，"更钱造币以赡用，而摧浮淫并兼之徒"。换句话说，通过发行货币和制造通货膨胀对富裕阶层进行掠夺。

第一种货币叫"皮币"。什么叫皮币呢？原来汉初规定，所有白鹿都要送到皇帝的禁苑。皇家垄断了白鹿资源，汉武帝遂命人把白鹿皮做成皮币，一张一尺见方的皮币卖价四十万。汉武帝规定，王侯宗室在朝觐时必须用皮币作礼物。

有人和大臣颜异议论这个政策，说皮币定价太贵了，和成本实在不相称。颜异听了，动了动嘴唇，没敢发表明确的意见。著名的酷吏张汤因此指控颜异"不入言而腹诽，论死"，颜异因此被处死。

第二种货币叫"白金币"。皇家库房里存着很多银锡之类派不上用场的金属，汉武帝命工匠以白银和锡混合，制造出一种特殊的货币，叫"白金币"。每枚成本只有几十钱，然而面值却分别为三千、五百和三百钱，强行发行到社会。

通过这种方式，汉武帝又发了一笔财。但是老百姓也看到了漏洞：白鹿皮虽然罕见，但是用别的鹿皮漂白来仿制也并不难，因此皮币很容易制造。白银和锡在民间也有大量储存，盗铸起来，门槛很低。结果引发全国范围内疯狂的盗铸风潮，白金币遍地，到后来汉武帝只好又下令取消。

皮币、白金币相续发行失败，汉武帝还不死心，又决定发行"赤仄钱"。什么叫"赤仄钱"呢？就是给普通钱币镶上赤铜的边，宣布这种钱以一当五。也就是说虽然成本仅比普通钱币多一点点，但是一枚要当五枚五铢钱用。

怎么发行这种货币呢？汉武帝规定，百姓交税时必须使用赤仄钱。"令京师铸官赤仄，一当五，赋官用非赤仄不得行。"

赤仄钱虽然制造工艺稍微复杂了一点，但也不是不能掌握。发行不久，民间又出现巨大的盗铸潮。全国因盗铸赤仄钱而被处死的人多达几十万人。"赦自出者百余万人。"因为犯罪的人太多，国家杀不过来，不得不规定交了罚款的人就可以赦免，这样一来，被赦免的人也达百万之众。汉朝人口当时不

▲ 五铢钱

过三四千万，其中男性成年人口不过数百万。由此可见赤仄钱引发的盗铸潮波及面之广。不久"赤侧（仄）钱贱，民巧法用之，不便，又废"。赤仄钱因为低折太甚，终于被废弃。汉武帝这一圈折腾，引发了全国范围内严重的通货膨胀。"钱益多而轻，物益少而贵"，自耕农纷纷破产。

通过各种政策给财政输血之后，汉武帝一朝的财政仍然如同一个濒危的病人，时刻处于死亡的边缘。实在没办法了，汉武帝最后只好开始向儿童征收人头税。本来历朝政府只对成年人征人头税，汉武帝穷途末路之下，只好连苍蝇腿上的肉都挖，要求小孩子也要交税，三岁到十五岁的儿童，每人每年要缴纳二十三钱。

六

经过种种创造性掠夺，汉武帝统治后期，商人普遍破产，上千万人成为奴隶，五十岁以下十六岁以上的壮丁几乎都被征发当兵，青壮年妇女也要戍守边疆。老百姓生了孩子干脆杀掉，因为本来已经家徒四壁，孩子的人头税就成了压垮家庭的最后一根稻草。"武帝征伐四夷，重赋于民，民产子三岁则出口钱，故民重困，至于生子辄杀，甚可悲痛。"这种做法也许是明智的，因为即使把他们拉扯大，也不过是一件贡献赋税的工具而已。

《汉书》记载，汉武帝的统治使"国内虚耗，户口减半"，也就是说，国家掌握的人口比以前少了一半。班固是一个严肃的史家，他能接触到不少档案资料，所说不可能无据。

事实上，汉武帝去世仅十五年后，在讨论汉武帝的尊号时，著名学者和政治家夏侯胜就在朝廷上公开批评汉武帝"外事四夷之功，内盛耳目之好"。他说："武帝虽有攘四夷、广土斥境之功，然多杀士众，竭民财力，奢泰亡度，天下虚耗，百姓流离，物故者数半，蝗虫大起，赤地数千里。"虽然有驱逐四夷开拓国土之功，但是民不聊生，国家财力殚竭，已达到"或人民相食、畜积至今未复"的程度。尤其引人注目的是，夏侯胜所说的"物故者过半"，也就是天下人死了一半以上。他是在朝廷上公开发表意见，在场的其他公卿也没有人能有力地反驳他。可见汉武帝的统治使人口严重损失，是当时朝野上下的共同认识。

葛剑雄先生分析说，《汉书》所谓"户口减半"，有汉武帝时期户口虚报以及昭宣时期重新登记有人漏登的因素。经过他的测算，按当时的正常人口增长率，汉武帝的统治使当时人口少增长 1559 万。

因此汉武帝统治末期，天下大乱，四处起义，"天下骚动"，起义遍及关东地区，大者数千人，小群数百人，起义烈火几乎葬送大汉王朝。汉武帝在危急关头不得不颁轮台诏，向全国民众承认错误，进行了一百八十度的政策大调整，这才在灭亡的边缘把大汉王朝又拉了回来。

七

因此，对汉武帝的"功""过"比例如何进行评估，在历史上一直存有争议。

班固在《武帝纪赞》中总论汉武帝，极其称雄才伟略："孝武初立，卓然罢黜百家，表章《六经》，遂畴咨海内，举其俊茂，与之立功。兴太学，修郊祀，改正朔，定历数，协音律，作诗乐。建封禅，礼百神，绍周后，号令文章，焕焉可述，后嗣得遵洪业而有三代之风。"然而清朝赵翼在《廿二史札记》中指出，班固所举，都是"文事"，关于其武功，则一字不提，态度由此可见。"专赞武帝之文事，而武功则不置一词。"这显然是对汉武帝武功的含蓄批评。

在历史上，和班固类似，论者对汉武帝的雄才大略一致认同，但对他穷兵黩武的批评大都相当严厉。比如，和汉武帝一样致力于混一华夷的唐太宗就对汉武帝相当不屑一顾，说他"疲弊中国，所获无几"。当然，他说这话的出发点是抬高自己。"汉武帝穷兵三十余年，疲弊中国，所获无几；岂如今日绥之以德，使穷发之地尽为编户乎！"（《资治通鉴》）

宋代君臣对汉武帝的批评更为严厉。保守派政治家司马光对汉武帝的批评非常严厉，他在《资治通鉴》中总结性地评价说："孝武穷奢极欲，繁刑重敛，内侈宫室，外事四夷，信惑神怪，巡游无度，使百姓疲敝，起为盗贼，其所以异于秦始皇者无几矣。"说汉武帝穷奢极欲，严刑峻法，对内大兴土木，对外四处兴兵，迷信神怪，巡游无度，导致民众造反，这些做法和秦始皇的差别并不大。最后之所以能"免亡秦之祸"，是因为他晚年幡然醒悟，把国家大事托付给贤臣，"能尊先王之道"。

而改革派政治家王安石和宋神宗同样曾多次批评汉武帝"多欲""不仁"。王安石说"武帝所见下，故所用将帅即止卫、霍辈，至天下户口减半，然亦不能灭匈奴"。汉武帝见识不高，用人只能用出身低贱的卫青、霍去病，虽然致使天下户口减半，也没能灭了匈奴。

宋神宗则说："汉武帝至不仁，以一马之欲劳师万里，侯者七十余人，视人命若草芥，所以户口减半也。人命至重，天地之大德曰生，岂可如此！"（《续资治通鉴长编》）说汉武帝为了得到大宛天马而出兵万里，是拿人命开玩笑。

因此唐宋以来，对汉武帝的评价是批评为主，肯定为辅。

近代以来，虽然对汉武帝的评价较旧时代更高，但大部分学者仍然认为汉武帝功不掩罪，最多可以评价为五五开，甚至倒三七开。比如吕思勉就批评汉武帝"好大喜功，不顾其后"，说他"使中国之国力为之大耗，实功不掩其罪也"。甚至认为他的所作所为和隋炀帝没有太大区别，能够善终，只是运气好而已。"其所为与隋炀帝亦何以异？获保首领，殁于五柞，岂不幸哉？"徐复观更是激烈的批评派，他认为汉武帝的扩张政策代价太大，"武帝前期对匈奴用兵，是有所得而实则不偿所失，后期对匈奴用兵，则几乎可说是只有所失而并无所得"。

当代的历史学家则一般对汉武帝持更为积极肯定的态度。所谓"一俊遮百丑"，因为北击匈奴这一巨大功绩，汉武帝的历史地位牢不可破，"功在当代，利在千秋"。

范文澜说："刘彻是个仿佛秦嬴政那样雄才大略的皇帝。……刘彻利用当时人力财力，对外吞并，扩大疆域，奠定地大物博的现代中国的基础。"尚钺则说："汉武帝的这种活动，对于中国历史的发展，是起着推进作用的。"（《中国历史纲要》）

这些学者大都认为为了取得空前成绩，付出一些代价是必不可免的。《汉武帝传》的作者杨生民说："武帝的功（即在历史上所起的积极作用）是以其过（即在历史上所起的消极作用）为代价取得的。"也就是说，为了实现远大目标，付出巨大牺牲，这是历史的定律，无法更改。

汉武帝的集权手段

一

汉武帝北击匈奴，除了我们上节提到的两个原因之外，还有一重很重要的考虑，那就是要实现他心中的大一统政治理想。

汉初人口锐减，土地荒芜。鉴于秦亡的教训，汉朝与民休息，行黄老之治，取得了明显成效。到汉武帝时期，短短的几十年，汉朝国力空前强盛，人口大增，经济富厚。"汉兴七十余年之间，国家无事，非遇水旱之灾，民则人给家足，都鄙廪庾皆满，而府库余货财。京师之钱累巨万，贯朽而不可校。太仓之粟陈陈相因，充溢露积于外，至腐败不可食。众庶街巷有马，阡陌之间成群，而乘字牝者傧而不得聚会。"汉朝建立以来七十年，国家太平无事，府库充实，人口大增，实力相当强盛。百姓的日子，过得也相当不错，几乎人人骑得起马，聚会时骑母马的都会被人瞧不起，被谢绝入内。

到了这个时候，汉武帝认为，黄老之治已经完成了历史任务，需要改弦易辙了。为什么要改弦易辙呢？因为黄老之治虽然指导汉朝取得了很多成就，但也积累了太多问题。登基之初的汉武帝，表面上是一个太平天子，但是承平之治的表象下，大一统集权制度在很多方面都遇到了严重的挑战。第一个挑战就是匈奴问题无法解决。

汉初与匈奴约为兄弟，虚心事之，虽然面子上不好看，但却是符合黄老之术的。老子强调"水利万物而不争也"，以天子而事四夷，正符合"善下人"的精神。

但是，汉朝强大起来之后，这种局面就变得无法忍受了。早在汉文帝时期，贾谊就充满愤怒地在《治安策》中对当时汉匈局势进行了如下定性：

> 天下之势方倒县。凡天子者，天下之首，何也？上也。蛮夷者，天下之足，何也？下也。……足反居上，首顾居下，倒县如此，莫之能解，犹为国有人乎？

今天的形势，如同一个被倒吊着的人。天子本是天下之首，蛮夷本是天下之足，匈奴对汉朝大不敬，汉朝不得不向匈奴朝贡，以天子而执臣下之礼，这是头和脚颠倒的状态，因此一定要把被颠倒的颠倒过来。

但是如果以黄老思想为指针，汉朝就永远不可能主动进攻匈奴，大一统永远无法实现。

疆域之外，存在匈奴入侵这柄达摩克利斯之剑。疆域之内，挑战更多。

第一个挑战就是郡县制没有覆盖全帝国，诸侯王仍有反叛的隐患。

秦始皇坚定地推行郡县制，拒不分封诸子到各地。刘邦却基于加强刘氏家族力量的考虑，部分恢复了封建制，大封刘姓为王。事实证明，还是秦始皇更有远见。刘彻年幼的时候，景帝三年（前154），几个力量雄厚的诸侯联合起来反抗中央，爆发了"七国之乱"，这是地方割据的诸侯势力与中央政权长期矛盾的一次总爆发。汉景帝全力平叛，好不容易将叛乱镇压，但是封建与郡县的矛盾并没有彻底解决。在汉武帝初年，一些大国仍然连城数十，地方千里，诸侯王骄奢淫逸，时常违抗中央政令。如果不消除诸侯对中央的威胁，下一次"七国之乱"仍然可能爆发。

除了这些有爵位的诸侯，汉武帝时期的地方上还出现了大批"素封"，即"没有爵位的诸侯"。

黄老之治下，汉初经济政策非常自由，很多富商大贾和工商业者很容易就积累起大量财富。"千金之家比一都之君，巨万者乃与王者同乐"（《史记·货殖列传》），因此才被人们称为"素封"，也就是说他们虽然没有爵位，但是派头比封君还要大。

巨大的经济力量和宗族力量结合起来，这些工商业主就变成了政府难以控制的豪强大族。经济上崛起之后，有些人沿袭战国的风气，开始勾结亡命之徒、游侠之士，蓄养家兵，横行乡里。《后汉书》说："汉承战国余烈，多豪猾之民。其并兼者则陵横邦邑，桀健者则雄张闾里。"也就是说，汉初的社会与战国相似，地方上有很多豪强奸猾之民，或者兼并土地，或者称雄地方，对政府的权威构成巨大挑战。

除了地方对中央的威胁，在中央，也存在相权对皇权的威胁。黄老主张"君无为而臣有为"。这在政治结构上表现为丞相权力过大。汉初丞相权力极大，拥有独立的办事机构，掌管中央行政，很容易侵夺皇帝的权威。这也是汉武帝需要解决的问题。

除了这些实际问题之外，还有思想领域的问题。经过秦代的焚书坑儒之后，知识分子重获空前的思想空间。由于没有一个统一的思想为指导，汉朝社会上出现思想多元化倾向，再度出现百家争鸣的趋势。董仲舒说当时的状态是"师异道，人异论，百家殊方，指意不同"，"亡以持一统"，"下不知所守"（《汉书·董仲舒传》）。有的知识分子又一次摆出"为帝王友"的架势，"合则留不合则去"，在皇帝面前说话也毫不客气。有人甚至敢于在汉景帝面前讨论"汤武革命"，争论汉高帝刘邦推翻秦朝到底合不合法。"高帝代秦即天子之位，非邪？"这种思想状态，当然也是对大一统中央集权制的严重威胁。

二

汉武帝决定，先从统一思想入手，解决臣民思想混乱问题，让"民知所从"，然后次第处理其他各种问题。

用什么来统一天下人的思想呢？显然不能再用黄老之术。因为黄老之治本来就反对统一思想。

那么，怎么实现划一呢？元光元年（前134），汉武帝召集全国著名学者到长安对策，讨论帝国的思想文化建设问题。学者董仲舒提出了一个建议："罢黜百家，独尊儒术。"

这个建议听起来很可取，因为儒术在很多方面是直接与黄老之术对立的。司马迁说："世之学老子者，则黜儒学，儒学亦黜老子，道不同，不相为谋。"老子主张退让，而儒家学说主张进取。老子强调要以柔克刚，而原始儒学认为"天行健，君子以自强不息"。老子强调"无为"，政府做得越少越好，"不治而治"，而儒家则强调有为，荀子以后的儒家更是强调"大有为"。荀子提出，"国者，天下之大器也"，"国者，天下之制利用也"。战国后期儒法合流背景下的一些儒家学派主张充分利用集权的优势，来做更多的事情，创造更多的价值。"荀子认为国家是推动社会发展最重要的工具，国家的最大特点就是能够运用强大组织力量有效整合资源，能为社会发展创造巨大价值。"（黄杰辉《国者，天下之制利用也》）这当然更符合"多欲好动"、想"大有为"的汉武帝的性格。

但是儒家理论中也有一些与汉武帝性格不太合拍的部分。比如，儒家强调道统高于君主，孟子认为"民为贵，社稷次之，君为轻"，甚至说出"君视臣如草芥，臣视君如寇仇"这样的话。儒家公开主张，皇帝不仁，臣子可以推翻。这些显然是汉武帝无法接受的。

好在到了汉朝，由荀子开启的儒法合流出现了新的进展，大儒董仲舒对儒家思想进行了重大改造，将更多法家理念引入了儒家。比如"三纲五常"中的"三纲"，这其实出自法家。韩非子说："臣事君，子事父，妻事夫，三者顺则天下治，三者逆则天下乱，此天下之常道也。"大臣在君主面前，儿子在父亲面前，妻子在丈夫面前，只能顺从，不能反抗。儒家原本是强调权责对应的，所谓"君君臣臣父父子子"，是说君首先要像一个君，臣才能像一个臣；父首先要像个父，子才能像个子。所以"君使臣"和"臣侍君"都要各按"礼"而为。经过董仲舒的改造，儒家锋芒就失去了大半。

不过董仲舒对儒学的改造，路径与荀子不同。荀子推翻了天命说，而董仲舒则保留了儒家以天命恐吓君主的理论，并且发展出一套谶纬之学，要求皇帝重视天命，通过"上天示警"让皇帝有所约束。之所以如此，是因为汉代是一个高度迷信的朝代。汉高帝刘邦是楚国人，起自民间，迷信鬼神，直到汉武帝时，迷信之风在社会上层仍然大盛。董仲舒的这种做法，是符合西汉统治者的心理特点的。

但是与此同时，董仲舒又和荀子一样，把皇帝推到了至高无上绝对化的地位。他借用荀子的说法，认为皇帝是整个国家的心脏。"海内之心悬于天子。"臣民与皇帝的关系，就像四肢之与"心"的关系一样。"心之所好，体必安之；君之所好，民必从之。"（《春秋繁露·为人者天》）心想什么，四肢就要做什么。皇帝喜欢什么，百姓就要给皇帝拿来。为了强化皇帝的地位，他不惜穿凿附会，寻找神学上的根据。他说："古之造文者，三画而连其中，谓之王。三画者，天地人也，而连其中者，通其道也。"就是说，王是三横一竖，三横，代表天地人；一竖，代表贯通。因此皇权是贯通天地人的。

改造后的儒学很对汉武帝的胃口，遂定下独尊儒术的文化决策。这一方面让皇权获得了仁义道德的外衣，冠冕堂皇；另一方面，又不妨碍皇权的实际运作。儒法合流至此彻底完成。大一统专制制度至此变得"刚柔相济"，基本成熟。

既然抛弃了黄老无为之术，定下了独尊儒术的国策，对外关系自然要按照儒家政治伦理展开。汉武帝要实现儒家大一统理想，使四方万国都来朝贡。元封元年（前110），汉武帝曾经在泰山顶上竖起一块大石，石头上刻着他的政治目标："四守之内，莫不为郡县，四夷八蛮，咸来贡职。与天下无极，人民蕃息，天禄永得。"普天之下，全部是中国的郡县，所有的蛮夷，都要前来进贡。大汉王朝万寿无疆，百姓安乐。

因此，汉武帝就更有理由主动出击匈奴，这是实现大一统政治理想的必要步骤，符合中原民族的集体心理。在定下"独尊儒术"的第二年，也就是元光二年，汉朝就开始了对匈奴的主动进攻。

虽然匈奴在汉武帝时代没有臣服，但是汉武帝仍然凭财力和武力结合，以儒家的"厚往薄来"和"事大字小"原则，创建了一个巨大的朝贡圈，从西域诸国到东面的朝鲜、南面的南越，都遣使向大汉王朝朝贡。乌孙向汉朝进贡"西极马"，大宛进贡"天马"，至于其他，比如，"明珠、文甲、通犀、翠竹之珍盈于后宫，蒲梢、龙文、鱼目、汗血之马充于黄门，钜象、师子、

猛犬、大雀之群食于外囿。殊方异物，四面而至"。(《汉书·西域传》)

秦朝虽然征服了匈奴和百越，但由于统治时间短暂，也由于治国思想尚力不尚礼，所以没有建立起朝贡体系。中国大一统郡县制度下的朝贡制度，实际上是奠定自汉武一代。

<h1 style="text-align:center">三</h1>

汉武帝一生，对外，最大的功业是击匈奴；对内，最大的成果则是扩大郡县制度，基本解除了诸侯对中央的威胁。

汉武帝是一个坚定的集权主义者或者说郡县主义者。如前所述，在他的泰山立石上，就清楚地写着他的第一个政治目标"四守之内，莫不为郡县"。

不过他的集权手段比起列祖列宗来更为高明。他没有凭武力强攻诸侯，而是采取了极为巧妙的一招，即"推恩令"。以前的各诸侯的领地只能由长子继承，汉武帝则"大施恩惠"，允许诸侯把封地分给其他儿子，这样一来，一些封地过大的王国，就被有效分割成封地较小的侯国，"齐分为七，赵分为六，梁分为五，淮南分三，及天子支庶子为王，王子支庶为侯，百有余焉"。

按照汉制，王国享有自主权，差不多相当于一个独立的国家，而侯国的行政权则隶属于郡一级，归中央政府管。这样一来，中央政府的直接管辖地区就迅速扩大。整个国家范围内，"汉郡八九十"，也就是直属中央的郡占了全国面积的80% ~ 90%，而且"形错诸侯间，犬牙相临，秉其扼塞地利"，郡县扼守着有利地形，与诸侯国的土地犬牙交错，使诸侯国不能连成片，由此一劳永逸地解决了困扰汉初四代帝王的诸侯威胁国家稳定的重大问题。

解决地方上的问题的同时，汉武帝也一直在致力解决中央的问题，即相权对皇权的威胁。

秦朝建立了丞相制度，丞相替皇帝处理繁重的日常政务。但是一把手和二把手之间的关系通常很难处得好，这是人类政治史上的一个规律，所以秦始皇与李斯的关系一度就非常紧张。汉初丞相权力比秦代丞相更大，强势的丞相甚至可以决定高级官员的任免。比如，汉武帝亲政之初的丞相田蚡，权力之大让他敢于无视武帝的权威。

当是时，丞相入奏事，坐语移日，所言皆听。荐人或起家至二千石，权移主上。上乃曰："君除吏已尽未？吾亦欲除吏。"(《史记·魏其武安侯列传》)

也就是说，田蚡入朝奏事，一坐就是半天，所奏之事汉武帝无不听从。他所推荐的人，有的从没有任何级别，一下被提拔到二千石的高位，这相当于把皇帝的权力转到自己手上。汉武帝有一次忍不住说："你要任命的人任命完了没有？我也想任命几个。"

汉武帝在自己的权力稳固后就撤换了田蚡，在那之后，汉武一朝一共换了十三位丞相，但是汉武帝总不满意。于是在频繁更换丞相的同时，汉武帝也开始重用近臣尚书来架空丞相。熟悉中国历史的人都知道，所谓尚书是指中央六部的长官。然而事实上，尚书一开始是皇帝身边一个级别很低的小官。汉代宫中原本有六尚：尚冠、尚衣、尚食、尚浴、尚席与尚书。尚书的主要工作是替皇帝管理书籍，但是汉武帝经常把很多重要的事情交由尚书处理，而不是交给丞相。因为尚书地位低，又随时在自己身边，朝夕相处，既有一种基本的信任感，又便于交流和控制。这样一来，丞相的权力就渐渐被架空了，尚书就变成了一个重要的职务，到了东汉，尚书令居然名正言顺地成了真正的宰相。

国家政权机构的这一变化更加适合汉武帝的性格，让他把政治权力高度集中在自己手中。

四

真诸侯问题解决之后，汉武帝没有停下解决地方问题的脚步，因为假诸侯也就是"素封"的威胁，比真诸侯还大。

黄老之治下的经济自由造成了很多问题，比如，社会贫富差距越来越大。《汉书·平准书》说："网疏而民富，役财骄溢。"富豪们的生活比诸侯还要阔气。比如蜀卓氏以冶铁业富甲西南，生活水平极高。《汉书·货殖传》说他"富至僮千人。田池射猎之乐，拟于人君"。上千个家童伺候他，简直是人君的生活水平。而与此同时，"贫民常衣牛马之衣，而食犬彘之食"。董仲舒也说："富者田连阡陌，贫者无立锥之地。"底层民众为了生计而犯罪的现象越来越多。这种两极分化日益严重的局面对政权的稳定自然构成了威胁。

另一个问题是富豪挑战了社会等级秩序。旧时代的中国是一个等级社会，以平民身份享受王者的生活水平自然是"僭越"。"室庐舆服僭于上，无限度。"贾谊说："今虽刑余鬻妾下贱，衣服得过诸侯，拟天子，是使天下公得冒主，而夫人务侈也。"(《新书·瑰玮》)"今世以侈靡相竞，而上亡制度，弃礼仪，捐廉耻日甚，可谓月异而岁不同矣。"(《新书·俗激》)汉武帝对社会等级秩序被突破、礼仪被破坏很焦虑。既然"独尊儒术"，自然要整顿这种现象。

不过，生活上的铺张还是小事，更让汉武帝难以容忍的是富豪们挑战政治权威。

很多地方的豪族领袖"荣乐过于封君，势力侔于守令，财赂自营，犯法不坐"。(仲长统《昌言》)他们的享受过于诸侯，实力相当于地方官，犯了事，花点钱就能轻松摆平了。因此，史书中多次出现"二千石不能制"的字样，所谓"二千石"是郡太守的俸禄，也指郡太守。也就是说，地方官无法控制这些地方豪强。比如济南瞷氏，整个家族有三百余家，"豪猾，二千石莫能制"；颍川郡的原、褚宗族"横恣，宾客犯为盗贼，前二千石莫能禽制"；东海大豪郊许仲孙"为奸猾，乱吏治，郡中苦之。二千石欲捕者，辄以力势变诈自解，终莫能制"……

更可怕的是，有些巨商的经济力量甚至达到了可以控制诸侯的程度。《史记·货殖列传》记载，"七国之乱"爆发后，皇帝命在长安的列侯出征。但是列侯们手中没钱，不得不向关中的豪强大量借款以充军资。其中有一个叫无盐氏的豪强抓住这个机会，以十倍之息向列侯提供借贷，获得大量收入，富比关中。汉武帝时，山东发生水灾，列侯经济上遭受重大损失，也不得不向地方豪强大贾借债，才能活下去。

这样一来，富商豪强的地位俨然在诸侯之上了。富商大贾家有千金，傲视王侯，"封君皆低首仰给"。诸侯们不得不开始讨好巨商。

讲到这里，可能有的读者会想到欧洲中世纪后期和日本江户幕府时代的情景。商人用经济力量控制领主和诸侯，正是资本主义得以兴起的一个重要原因。汉武帝虽然不懂什么叫"资本主义"，但是他对这种势头极为警惕。他认为，如果放任这种趋势发展，会严重威胁到大汉江山的稳定。

首先，巨商如果和诸侯联手，政治力量和经济力量结合到一起，发生"化学反应"，那威力可就非比寻常了。这在春秋战国就有先例。春秋时期曾出现一件大事——田氏代齐。齐国王室本来是姜子牙的后代，即所谓姜齐。后来，陈国的贵族田氏逃亡到了齐国，他们善于经营工商，后来成为齐国的第一工商业家族。《盐铁论》说他们"专巨海之富而擅鱼盐之利，……转毂运海者盖三千乘"。他们通过工商致富，然后凭借雄厚的经济资本"行阴德"，发展政治力量，后来就取代了姜氏，成为齐国的国君。所以后来韩非子说："齐之夺也，皆以群臣之太富也。"臣下太富，可能导致政权倾覆。经济力量与政治力量结合，是对皇权极大的威胁。事实上早在春秋后期，大政治家管仲就曾经很有预见性地说："商人过富，等于国有二君二王。"

其次，商人即使不与诸侯结合，仅仅听任民营经济发展，巨商豪强的势力也足以纠结大量民众，掌握大量的人口，不利于国家的稳定。

汉初经济政治极为自由，几乎所有商业都可以民营。特别是"弛山泽之禁"，允许私人经营矿业。而开采矿藏，往往都在高山大谷之中，政府监控不到的地方，聚集众人，想要谋反是非常容易的。正如后来《盐铁论》所说："鼓铸煮盐，其势必深居幽谷，而人民所罕至。奸猾交通山海之际，恐生大奸。""一家聚众，或至千余人，大抵尽收放流人民也。远去乡里，弃坟墓，依倚大家，聚深山穷泽之中，成奸伪之业，遂朋党之权，其轻为非亦大矣！"一个企业主可能雇用千余人，雇的这些人大多是地方上的流民，离开家乡，不受家族的约束，聚集在官府控制不到的地方，对国家威胁太大了。

五

因此汉武帝有计划、多手段地开始了对各地豪强大族的打击，主要办法有以下几种：

第一种是和秦始皇一样，迁徙豪民于京师。"从秦以来，经常不断地徙天下豪富于京师……这些豪富都是大的土地占有者，把他们迁离家乡，定居京师，他们只能携带走自己所有的动产，而不能搬移土地。结果，他们所拥有的大量土地，便被政府没收。"（傅筑夫《中国经济史论丛》）

汉武帝先后两次大规模地迁徙郡国吏民豪桀于茂陵、云陵，元朔二年夏，又"徙郡国豪桀及訾三百万以上于茂陵"。太始元年，"徙郡国吏民豪桀于茂陵、云陵"。（《汉书》）

迁徙的对象是"天下豪桀并兼之家，乱众之民"，目的是将其纳入中央的严密监视之下。"徙强宗大姓，不得族居"，打散地方上的强大宗族。"内实京师，外销奸猾，此所谓不诛而害除。"（《史记·平津侯主父列传》）尤其要迁徙地方上的"奸猾"之徒。游侠郭解虽然家产本不够格，却因侠义之名远播而被列入迁徙的名单中。

第二种是我们前面提到的，通过税收等手段，摧破富商阶层。汉武帝在发行特殊货币的时候，目的说得很明确，是"摧浮淫并兼之徒"。要把那些生活豪奢、兼并土地的人摧垮。

第三种是大批任用酷吏，诛杀地方上那些不安分的豪强。

汉武帝喜用酷吏。汉初几代皇帝行黄老之治，以宽仁为政，所以基本没有酷吏。但是到了汉武帝时代，酷吏政治开始横行。《史记·酷吏列传》所列十一名酷吏，十名是汉武帝时期的。这主要是出于消灭豪强大族的需要。汉武帝有意识地选用一批酷吏，到各地去打击"强宗豪右"，限制豪族势力的继续膨胀。

他们的行政风格大都是"暴酷骄恣"，"专事威断，族灭奸轨"，在地方上经常展开蛮不讲理的大屠杀，动不动就"积尸满坑"，"流血十余里"，"相连坐千余家"。

比如，王温舒出任河内太守，下车伊始就"捕郡中豪滑，相连坐千余家"，抓捕了一千多家豪强大户，上书汇报给皇帝，要求"大者至族，小者乃死，家尽没入偿臧"，豪强之大者，要求灭族，小的要求处死，家产没收入国库。上报不过二三日，皇帝就批准了，"论报，至流血十余里"。"尽十二月，郡中毋声，毋敢夜行，野无犬吠之盗。"到了十二月，郡中没有人敢大声说话，也无人敢于夜晚行走，郊野再没有因为盗贼出现而引起的狗叫声。

其他酷吏所为，也大抵如此。周阳由任郡太守时，"最为暴酷骄恣"。"所居郡，必夷其豪。"无论到哪里，都要诛杀豪强。张汤也因为以出奇手段剪除豪强受武帝宠信，"排富商大贾，出告缗令，锄豪强并兼之家，舞文巧诋以辅法"。

六

除了以上多种措施之外，汉武帝还有一个相当重大的布局，那就是用盐铁官营经济来取代民间经济。

汉武帝在搜刮民财上的多项创造性努力，也不完全是为了解财政上的燃眉之急。他在经济上的很多考虑，是围绕着国家安全这个大局出发的。

汉武帝认为，税收、迁移、屠杀等手段，都不是治本之策。自由经济环境，会让富豪一代代自发产生，为了釜底抽薪，必须进行经济上的中央集权，让中央牢牢控制国家的经济命脉。基于这个思路，汉武帝决定实行盐铁专营，从根本上和制度上压制住民间经济活力。

汉武帝决定借鉴春秋时管仲的思路，由中央直接掌握社会的经济命脉。他大规模实行盐铁官营，设盐官三十六处，分布在二十七个郡。设铁官四十九处，分布在四十个郡。把原来由富豪占有的矿山和产盐滩灶收归国家，由官府直接组织食盐和铁器的产供销。盐官的作用是组织盐业的生产、销售，收取食盐的专卖税，铁器则从制造到销售都完全是官营。利润由国家垄断，不许民营企业染指。"敢私铸铁器煮盐者，钛左趾，没入其器物。"敢于私自经营冶铁煮盐之业的人，要在左脚上戴上脚镣，没收其工具。当然，官营的另一个目的是获得更多的财政收入，以支持战争。

　　盐铁官营确实给政府带来了相当丰厚的财政收入。"总一盐铁，通山川之利而万物殖。是以县官用饶足。""县官以盐铁缗钱之故，用少饶矣。""大农以均输调盐铁助赋，故能赡之。""民不益赋而天下用饶。""当此之时，四方征暴乱，车甲之费，克获之赏，以亿万计"，"皆赡于大司农"，是"盐铁之福也"。（《盐铁论·轻重》）

　　然而长期来看，汉武帝的这一政策也造成了诸多弊端。

　　汉代初期的经济政策，用今天的话说就是自由放任主义。"治道贵清静而民自定"。老子说，道法自然。自由放任学说认为存在一个"自生自发秩序"，或者说"看不见的手"。万物"自化"，自我生成，自我组织。因此汉初经济表现出强劲活力，冶金业、制盐业和铸币业都相当发达，工匠们用高炉炼铁的方法已经非常普遍。傅筑夫说，西汉时期，中国"在生产技术的造诣上，在钢的产量和质量上，比之 18 世纪英国工业革命时钢铁工业所达到的水平，并无逊色，但是中国却早了两千年"。这一时期市场经济秩序的自发生成和扩展，似乎预示着市场规律会不断冲破各地和各种各样的"布罗代尔钟罩"（the Braudel Bell Jar），从而导致中国的经济增长、科技进步和社会繁荣。（韦森《皇权专制政制下中国市场经济的周期性兴衰》）

　　而铁器官营对私营冶炼业造成毁灭性打击，打断了冶铁业的良好发展势头。首先是导致生产技术出现退步。官营铁业没有市场竞争，管理不善，生产成本高，"用费不省，卒徒烦而力作不尽"，工人也就是"卒徒"缺乏责任心，为了节省时间，常常不按规定操作，所产"多苦恶"。但是产品却不愁销路，因为政府可以强卖强买，强迫摊派，《汉书·食货志》记载："郡国多不便县官作盐、铁器，苦恶，价贵，或强令民买之。"这样就更导致官营铁业没有技术进步的动力。

　　其次是给民众生产带来极大不便。汉代疆域广阔，南北土地也不同，全国各地种的作物不一样，各地需要的铁质农具有很大差别。但是官营生产不考虑各地百姓需要的多样化，产品统一规格，全国各地用一个模子生产，生产出来的铁器都是一个样式，"多为大器，务应员程，不给民用"，不适于使用。质量严重下降，"民用钝弊，割草不痛，是以农夫作剧，得获者少，百姓苦之矣"。割草都割不动，严重影响生产效率。很多地方老百姓退化到用木头农具耕地，用手去除草。"贫民或木耕手耨。"

至于盐业官营，也存在着很多弊端，最主要的是生产、销售成本都迅速上升，盐价迅速上涨，老百姓吃不起盐，"土耰淡食"，只好退化到吃那些有点咸味的土和草梗，或者干脆不吃盐。

不论如何，汉武帝的盐铁官营等政策，成功打击了"文景之治"培育出来的繁荣的民间工商业，打断了民间力量向政治不断挑战的势头，保证了权力的稳定，政府也因此获得了大量的财政收入。因此，汉武帝的做法对后世中国社会历史起到了示范作用，以后历朝此类政策一再被重复实施。

因此，除了击匈奴之外，汉武帝在完善和发展秦始皇创立的大一统集权体制上，也做出了非常突出的贡献。何兹全说："实质上汉武帝的统一和集权是比秦的统一集权更巩固的。汉武帝比秦始皇做了更多的工作。"

汉武帝的用人和施政风格

一

整个西汉，除了刘邦的时代，汉武帝的时代当属人才最盛。汉武一朝，人才辈出，最主要的原因是汉武帝用人不拘一格，尤其不拘泥于出身，只要你有一技之长，不论出身如何，都有机会得到重用。"通一伎之士咸得自效，绝伦超奇者为右，无所阿私。"（《史记·龟策列传》）

汉武帝用人的典型代表之一就是上文提到的酷吏王温舒。此人是盗墓贼出身，"少时椎埋为奸"，杀过人，放过火，盗过墓，是一个连自己名字都不会写的文盲。不过，他有一个长处，就是善于捉摸皇帝的心思，可以"创造性"地把皇帝的任何命令不打折扣地贯彻到底。

他当初之所以吸引了汉武帝的注意，就是因为在广平都尉一任上抓捕盗贼，成效显著。而之所以成效显著，是因为他做事没有任何规矩，为达目的不择手段，把权力的任意性发挥到了极致。史载他的方法是：

> 择郡中豪敢任吏十余人，以为爪牙，皆把其阴重罪，而纵使督盗贼，快其意所欲得。此人虽有百罪，弗法，即有避，因其事夷之，亦灭宗。以其故齐赵之郊盗贼不敢近广平，广平声为道不拾遗。上闻，迁为河内太守。（《史记·酷吏列传》）

也就是说，他在广平郡里找了十多个身上背着命案的不法之徒来当自己的捕快。这些人本身就有死罪，但王温舒宣布他们可以戴罪立功。如果抓住了盗贼，立了大功，无论过去的罪过是什么、有多大，都可以轻轻放过，不予追究。但是如果捕盗无功，那就数罪并罚，全家族灭。这个方法成效极佳，广平地方很快治安改善，路不拾遗。汉武帝因此注意到这个能吏，任命他做了河内太守。

其他酷吏所为，也大抵如此。《史记·酷吏列传》中的十一名酷吏都是起自寒微，他们的第一个特点是圆滑机变、见风使舵，极善于揣摩汉武帝的心思。比如，张汤"为人多诈，舞智以御人。……收接天下名士大夫，己心内虽不合，然阳浮慕之"。张汤为人狡诈，善于伪装，他努力结交天下名流士大夫，虽然心里对这个人可能不以为然，但却能装出非常仰慕敬佩的样子，让这个人大受感动。他知道汉武帝喜欢儒术，就找来许多太学生充当书吏，审理案件时充分引用儒学经典条文，以显示其儒学水平。当然，至于具体的判决，则完全是窥伺上意，"所治即上意所欲罪，予监史深祸者；即上意所欲释，与监史轻平者"，千方百计地让汉武帝满意。

酷吏杜周"善候伺"，"上所欲挤者，因而陷之；上所欲释者，久系待问而微见其冤状"。皇帝内心想要打击的，他就能找到理由抓进监狱；皇帝想要法外开恩的，他就能巧妙地找到这人受了冤枉的证据。有人指责其"不循三尺法，专以人主意指为狱"，不守法，而只凭皇帝的意志。他回应说："三尺安出哉？前主所是著为律，后主所是疏为令，当时为是，何古之法乎！"法律是什么？皇帝的意志就是法律。

他们的第二个特点是对皇帝绝对忠诚，做事无所畏惧。他们的眼中没有别人，只有皇帝一个。不论皇帝让他们做什么事，他们都会马上义无反顾地去做。除了敢于在地方上屠杀豪强之外，在中央他们也敢于搏击权贵，比如尹齐"斩伐不避贵势"。义纵更是因为"不避贵戚"获得汉武帝的肯定。而

"巫蛊之祸"的主要推动者江充更是因为敢于挑战公主和太子，令汉武帝极为欣赏。

他们的第三个特点就是创造性施法、法外施法。不但王温舒如此，而且几乎所有酷吏都是如此。

周阳由任郡太守之时，不尊重法律，"所爱者，挠法活之；所憎者，曲法诛灭之"。但汉武帝看重他打击豪强的能力，听凭他玩弄律法。在汉武帝的默许和纵容下，这些酷吏的执法尺度几乎没有边界，只要能有效打击豪强，可以无所不用其极。

这些酷吏的"权术创新"其实正是汉武帝政治性格的反映。汉武一朝在权力运用上，最大的特点是灵活、随意，"草鞋没样，边打边像"。作为权力世家出身的最高权力掌握者，汉武帝和秦始皇一样，有一个共同的信条，那就是权力可以达成任何目标，如果你会灵活使用它的话。权力者要有魔术师一样的本领。只要把权力的潜力挖掘到极致，把不同的政策组合起来，在朝三暮四之上，再加上刀剑催逼，任何事情都能办到。如果没能达到目标，那么只能说明你没有把灵活性用尽。

第四个特点当然就是残酷。他们杀人如草芥，秉持"宁可信其有、不可信其无，宁可错杀一千不可放过一个"的原则，动不动就"扩大化"。杜周为廷尉时，"二千石系者新故相因，不减百余人。郡吏大府举之廷尉，一岁至千余章。章大者连逮证案数百，小者数十人；……廷尉及中都官诏狱逮至六七万人，吏所增加十万余人"。狱中关押的二千石高官，常年不少于百人，每年被举报到廷尉府的案件有一千多件。每次举报，少则牵连数十人，多则牵连数百人。京师设立的临时监狱，经常关押的犯人有六七万人之多。义纵到定襄任太守，将狱中没按规定带刑具的罪犯二百人以及到狱中探监的二百人一起抓捕起来，一日之内全杀掉了。后来他出任南阳太守，"南阳吏民重足一迹"，也就是人们叠足而立，不敢迈步。宁成曾任函谷关都尉，一年之后传出民谣，"宁见乳虎，无值宁成之怒"。

二

任用酷吏，好处是见效快、效果猛。坏处是惹民怨。

酷吏治理地方效果确实很明显，很多地方一时社会治安迅速好转，"郡中不拾遗"，"奸邪不敢发"。当然，酷吏的恐怖政治在地方上也激起了强烈的反感，让人们不敢言而敢怒。

汉武帝不怕，他有后手。武帝时期的这些酷吏的生命轨迹大抵相似，那就是一开始极得皇帝欢心，汉武帝慷慨地给予他们高官厚禄，比如赵禹、张汤都位列九卿。但是等酷吏发挥完了作用，积累了巨大的民怨之后，汉武帝也会毫不犹豫地诛杀他们，以平民怨。因此，他们的成功之日，也就是丧命之时。

张汤得志之时，"汤尝病，天子至自视病，其隆贵如此"。生了病，皇帝亲自去探望。"用事之专且久，得君之深且笃，则未有及汤者也。"皇帝对他的信任看起来非常深厚。然而等张汤的作用发挥完了之后，汉武帝就开始调查他，调查结果证明，张汤对皇帝是忠心耿耿的。虽然"为人多诈，舞智以御人"，但很清廉，"家产直不过五百金，皆所得奉赐，无他业"。不过这并不足以让他免罪。汉武帝的行事风格是既然得罪了人，就要得罪到底，最终他还是不得不自杀。

到处族诛豪强的王温舒的下场是被"夷五族"。他本人一家，两个弟弟和两个弟弟的亲子，共五家人，都被诛杀。《汉书》说："悲夫！夫古有三族，而王温舒罪至同时而五族乎！"

被人比作"乳虎"的宁成，最终被另一酷吏义纵定罪杀死。屡立大功的义纵，最终的结果也是在元狩六年（前117）坐罪被杀。"巫蛊之祸"的始作俑者江充虽然在太子起兵时就被太子杀死，后来仍然被汉武帝将他的家人与亲属族诛。

三

总结起来，汉武帝用人的特点是"不拘一格，用完就杀"。这八个字，不仅适用于酷吏，而且也适用于汉武帝一朝的所有官员。

除了王温舒出身盗墓贼之外，汉武时期很多名臣出身都很低微：位居三公的卜式，出身于刍牧之家。一代名将卫青、霍去病出身于"无笞骂则足矣"的奴仆阶层。经济方面的最高长官桑弘羊出身于被人看不起的商贾阶层。大政治家金日磾则来自战俘。在汉武帝时期，大量出身低下的官员步入政坛，政治高层的出身构成出现巨变。

之所以出现这样的局面，是因为汉武帝想要做大事，急需有才能之士。汉武之初，文景时期以"恭谨安静"闻名的大臣都一一退位，替换上来的都是能建立功业的英才，这些英才大半出身于社会底层。

然而汉武帝的用人哲学是"顺我者昌，逆我者亡"。不拘一格之后，就是"用过即杀"。

> 上招延士大夫，常如不足；然性严峻，群臣虽素所爱信者，或小有犯法，或欺罔，辄按诛之，无所宽假。(《资治通鉴·汉纪十一》)

汉朝开国后，从汉高帝到汉景帝，一共用过十三位丞相，十三人当中，没有一个人是在职被杀的。然而到了汉武帝，一个人就换了十三任丞相，其中除一人在汉武帝临死前托孤留任外，其他十二位丞相中有五人在任上自杀或下狱，有七人被免职，其中两个人的死亡尤其悲惨，一位是窦婴，先免职后弃市，另一位是田蚡，被惊吓到患精神分裂症后死亡。

在其他朝代，大臣们都盼望着做到位极人臣。然而到了汉武帝时期，大臣们都不愿意当丞相。公元前103年，汉武帝要拜公孙贺为丞相，由于在此之前汉武帝已经连杀三位丞相，公孙贺"不受印绶，顿首涕泣"。但在汉武帝的威胁之下，还是不得不登上相位。退朝后，公孙贺说："我的死期到了！"结果还真是因罪伏诛，而且还不是一人被诛，而是惨遭抄家灭族。

除了丞相，汉武帝对其他官员也是这样。元鼎四年（前113）他视察边防，发现新秦中边防松弛，便杀了北地太守以下所有官员。

由于杀戮过易，汲黯劝谏汉武帝，说您虽然求贤之心炽烈，但对人稍不如意就全家尽诛，这样下去，谁还敢为您所用？"陛下求贤甚劳，未尽其用，辄已杀之。以有限之士恣无已之诛，臣恐天下贤才将尽。陛下谁与共为治乎？"

汉武帝微微一笑，对汲黯说，你实在多虑了，不了解这个社会。"何世无才，患人不能识之耳。苟能识之，何患无人。夫所谓才者，犹有用之器也，有才而不肯尽用，与无才同，不杀何施！"只要你善于发现人才，就会发现人才是用不完的。所谓人才，就如同顺手的工具。如果用着不顺手，不杀留着做什么？

汉武帝的自信与霸气由此可见一斑。

四

汉武帝其实是一个情商很高的人，从小就很善于揣摩人的心思，讨别人的欢心。他为什么对待臣下会那么刻薄寡恩，杀得那么随心所欲？

同样的问题也可以提给秦始皇。秦始皇在统一天下之前，礼贤下士，谦虚隐忍，而统一天下之后，就放肆纵欲，如虎豹一样"轻食人"。

原因之一是拥有巨大的权力，会让一个人的心理感受发生明显变化。

心理学家做了这样一个实验：他们让人们自己在前额上写下字母"E"。结果发现，一般人会考虑别人的视角和自己不一样，把这个"E"反着自己的视角写，这样在别人看起来是正的。但是权力大的人却更容易把"E"顺着写，因为这样写起来方便，虽然别人看起来会是反的。"这些结果表明，权力会削弱人们从他人的视角看待整个世界的能力，这种效应在逻辑上可以归之为社会剥夺。"（梅西克、克雷默《领导心理学：新视野及其研究》）

原因之二是权力给了他安全感，他不需要在乎别人的感受。

我们永远不能高估人性。普通人谨慎温良、老实厚道，其实很可能不是出自天性，而是出自有意无意的算计，这是普通人的生存之道。他必须善良、厚道，才能让自己在人际网络中获得安全，进而让自己成功。而最高统治者不必如此。他们手中巨大的权力，让很多可以危及普通人的东西无法威胁到他们。他们不必仰赖别人，只需要利用或者杀戮别人。他们不必在乎别人的目光，更不必在乎别人的内心感受。"拥有权力的人对其他人的依赖性更小，因而比无权者更少关心其他人对其行动的评判，也更少在意其他人的内心体验。……拥有权力的人很少去理解其他人的所思所想，因为这些因素不太可能影响其目标的达成。"（梅西克、克雷默《领导心理学：新视野及其研究》）

那么，汉武帝为什么最终会发布轮台诏，对自己的政策表示痛切反悔呢？这是因为当时有了"亡秦之迹"，起义已经遍地，形势的发展终于威胁到了他的安全。直到自己的皇位可能不保，他才会收起自己的性子，痛定思痛，深刻反悔，真正进行政策调整。

后宫中的汉武帝

一

汉武帝的政治基因，一半来自父亲汉景帝，另一半来自他那位起自民间的不平凡的母亲。

王娡的故事听起来简直是一个传奇。

王娡本是长安附近的一个农家女，嫁的也是普通农民。结婚之后，生了一个女儿。按理来说，她本来应该和大汉帝国千千万万普通农妇一样，在躬操井臼、呼鸡唤鸭中度过默默无闻的一生。

然而，汉武帝那位"迷信"的外祖母算了一卦，改变了自己女儿的命运，也改变了整个大汉帝国的命运。

《史记·外戚世家》说：

> 臧儿长女嫁为金王孙妇，生一女矣，而臧儿卜筮之，曰两女皆当贵。因欲奇两女，乃夺金氏。金氏怒，不肯予决，乃内之太子宫。

王娡是汉武帝的外祖母臧儿的长女，嫁给了一个叫金王孙的平民，已经生了一女。结果臧儿算了一卦，说她的两个女儿命里都是大贵之人。

臧儿执行力超级强，立马就让女儿离婚。王娡的丈夫当然不同意，然而臧儿四处活动，找人托关系，把女儿送进太子宫中当宫女，断了前女婿的念想。不久王娡居然受到皇太子的宠爱，后来又竟然成为皇后。

这个故事听起来过于离奇，绝似野史传说，初读之下，确实令人很难相信。然而司马迁言之凿凿地载入正史，《汉书》也提供了很多坚实的旁证。

《汉书》记载，汉武帝即位之后，曾经亲到民间去见自己同母异父的姐姐，即母亲与金王孙所生的女儿。

《汉书·外戚传》说：

> 初，皇太后微时所为金王孙生女俗在民间，盖讳之也。武帝始立，韩嫣白之。帝曰："何为不早言？"乃车驾自往迎之。其家在长陵小市，直至其门，使左右入求之。家人惊恐，女逃匿。扶将出拜，帝下车立曰："大姊，何藏之深也？"

王娡与前夫生的女儿，名叫金俗。入宫之后，王娡对自己以前的经历当然讳莫如深。所以汉武帝直到即位之后，才通过男宠韩嫣，得知自己还有一个同母异父的姐姐。汉武帝于是亲自驾临金俗家中。金俗住在长陵小市，皇帝大驾光临，让这一家人惊慌失色，金俗吓得更是藏了起来。汉武帝的随从找了好久，才把她找出来，扶着她出来拜见皇帝。汉武帝开玩笑说："大姐，你藏得真深啊！"

汉武帝把她接入宫中，王太后与之洒泪相见。汉武帝赐给姐姐钱财千万，奴婢三百人，田地百顷，后来又封她为"修成君"。修成君的女儿后来嫁给淮南王刘安的太子刘迁，儿子修成子仲也仗着有外祖母王太后撑腰而横行京师。《汉书·酷吏传》又载，著名酷吏义纵就是因为抓捕了这个横行霸道的权二代修成子仲而一举成名，获得汉武帝的信任。"义纵……直法行治，不避贵戚。捕案太后外孙修成君子仲，上以为能，迁为河内都尉。"

各种资料相互印证，我们不得不合上大张的嘴巴，选择相信这一事实。

二

当然，王娡之所以能由离婚民妇成为皇后，不仅仅是因为算命的一句话，也不仅仅是因为母亲臧儿的强势干预，而是因为她本人就是一个极有心计的人物。否则，即使入了宫，一个普通宫女怎么就能战胜诸多美女登上太子的床榻，生出三女一男？

即使生出男孩，在汉景帝的后宫当中，也不一定就能母以子贵，因为汉景帝在刘彻之前，已经有了九个儿子。但是王娡通过编造神话的方式，让自己肚子里的婴儿获得了一份特殊的重视。

男方在身时，王美人梦日入其怀，以告太子，太子曰："此贵征也。"

王美人怀着刘彻的时候，告诉太子，她梦到一轮太阳扑入腹中。太子说："这是贵显的征兆。"到底梦没梦到太阳，只有天知道。但是这个说法，让汉景帝对小刘彻产生了一种下意识的关注。

不过，这个梦日神话仍然远远不足以支撑刘彻攀上皇帝的宝座。这不仅是因为刘彻前面有九个哥哥，更因为汉景帝即位不久，就按惯例立了自己的长子刘荣为太子。

然而王娡总是能把不可能变成可能。她寻找到了一个非同寻常的盟友，她的大姑子刘嫖。

汉景帝的姐姐长公主刘嫖和王娡一样，都是不甘寂寞的女政治家。刘嫖与汉景帝是同母所生，姐弟关系非常亲密。刘嫖很想把自己的女儿陈阿娇嫁给太子，将来成为皇后。在刘嫖看来，以自己长公主的身份，再加上在汉景帝面前的影响力，这桩门当户对的亲事肯定能成。没想到太子刘荣的母亲栗姬干脆利落地一口回绝了：因为刘嫖以前曾经给汉景帝送过几个美女，栗姬对其积怨于心。

此举让刘嫖颜面扫地，心中燃起报复的怒火。刘嫖让自己的女儿做皇后的决心是不可更改的。我的女儿可以不做你的儿媳，但是她必须成为皇后。办法很简单：我可以把她嫁给别的皇子，再让这个皇子成为太子。

嫁给谁呢？嫁给那个会来事儿的王娡的儿子。

王娡深知刘嫖在皇帝面前很有发言权，早就曲意结好于长公主。两人在"制造太子"这个计划上一拍即合，由此创造了一个著名的成语："金屋藏娇"。

《汉武故事》载："长公主嫖抱置膝上，问曰：'儿欲得妇不？'胶东王（即刘彻）曰：'欲得妇。'长公主指左右长御百余人，皆云不用。末指其女问曰：'阿娇好不？'于是乃笑对曰：'好！若得阿娇作妇，当作金屋贮之也。'"

长公主把五岁多的小刘彻抱在膝上，逗他，你想娶媳妇不？刘彻说，想。长公主指着左右的宫女，一一问，这个行不？那个行不？刘彻都说不行。刘嫖最后指着自己的女儿阿娇说，阿娇好不好？刘彻笑着回答说，好！如果我娶了阿娇，就造一间金房子给她住。

"金屋藏娇"故事反映的不只是汉宫中的激烈宫斗，还有小刘彻过人的情商。

长公主之所以联合王娡，不仅是因为王娡的心机，更是因为刘彻的早慧。

《汉武故事》说汉武帝"少而聪明有智术。与宫人、诸兄弟戏，善征其意而应之，大小皆得欢心。及上在前，恭敬应对，有如成人"。他小小年纪就聪明绝顶，很有心机，与宫人和兄弟们玩的时候，都能猜到他们的心意，所以宫中上上下下都喜欢他。在皇帝面前，他沉稳恭敬，应对有如成人。

少年早慧的他在母亲的明示暗示下，自然早就知道这位姑姑对他的重要性，所以话才会说得这样甜。

刘嫖开始时不时在汉景帝面前夸刘彻聪明，说栗姬的坏话，作为铺垫，关键时刻更抓住机会举报栗姬对皇帝行"巫蛊之术"。

长公主、王娡的联合政治操作，让她们的愿望都得到了满足：刘彻七岁被立为太子，十六岁继承帝位，阿娇也顺理成章地被立为皇后，王娡成为太后，长公主也获得尊号"窦太主"。当然，这一切都是以栗姬母子的惨死为代价的。

三

汉武帝是一位著名的风流天子，他的后宫中不但美女无数，还美男成群。其中的几个著名人物，也都在中国历史上留下了浓墨重彩的一笔。汉武帝独特的政治性格也在他处理感情问题的过程中表现得非常清晰。

汉武帝的第一次婚姻，帮助他登上了皇位，那么，这对青梅竹马的小夫妻，后来感情生活怎么样呢？并不好。

如前所述，刘彻十六岁继承帝位，阿娇也成为皇后，然而不久之后，小夫妻的关系就陷入紧张状态。这主要是因为阿娇自幼娇生惯养，脾气骄横。又因为丈夫的帝位得自自己母亲的帮助，所以在丈夫面前总是摆出一副不可一世的架子。汉武帝虽然情商高，会来事儿，但内心对人其实非常挑剔，对阿娇心生厌恶，不愿再理睬她。小夫妻陷入冷战当中。

但母亲王娡立刻招来小皇帝，对他进行了严厉的警告："汝新即位，大臣未服，先为明堂，太皇太后已怒；今又忤长主，必重得罪。妇人性易悦耳，宜深慎之。"（《资治通鉴·汉纪九》）

你刚刚即位，权位未稳，朝中有实权的人物中，你已经因为建明堂得罪了太皇太后。现在再得罪你姑姑，就太危险了。妇人心性容易讨好，给点小惠就消气了，你多花点心思。

确实，阿娇之所以敢给丈夫脸色看，是因为汉武帝此时并没有真正掌握权力。刘彻虽然继承了帝位，但是并不等于继承了权力，因为当时朝中许多政治势力，比如太皇太后窦太后以及长公主，实际上权力都大于他这个新立的皇帝。

王娡说的"先为明堂，太皇太后已怒"，是指汉武帝因为提倡儒学得罪了窦太皇太后的事。窦太皇太后是他的祖母，是汉景帝和长公主刘嫖的生母，在宫中一直享有崇高的地位，在景帝朝政中发挥过重大影响。窦太皇太后"好黄帝、老子言"，所以终景帝一朝，儒学博士皆不得重用。

刘彻登基之后，开始提倡儒学，要建明堂，太皇太后由是大怒，竟然把刘彻召到自己宫中，当面大加斥责，又迫令他诛杀、罢黜了几位主张崇儒的臣子，才算了事。这件事充分体现了当时刘彻在权力结构中的弱势地位。至于姑姑刘嫖，政治实力虽不及祖母，却也在刘彻之上。如果两人联手废掉刘彻，并不困难。

好在刘彻能忍，善于周旋。

刘彻天资俊秀，接触政治又早。被立为皇太子的过程，本身就是对小刘彻的一次政治启蒙。在栗姬母子死后，为了让他顺利接班，父亲汉景帝又诛杀了功高而倔强的周亚夫，为他现场演示了一次如何制衡权臣。这些政治课业，让刘彻早早领略了政治的血腥和无情，让他深刻认识到，在通往最高权力的道路上，每一步都危机重重，每一步都不能松懈。

在母亲的点拨之下，汉武帝韬光养晦，在错综复杂的各种权力间小心周旋，不但对太皇太后百般讨好，而且回到后宫也努力"伏低做小"，处处忍让，与陈皇后和谐相处，在姑姑面前上演了一出鸾凤和鸣的喜剧。

直到建元六年（前135），窦太皇太后去世，二十一岁的汉武帝才得以真正大权独揽。

权力巩固之后，汉武帝就将阿娇一脚踢开，另寻新欢。当然，他冷落阿娇的理由不是她的性格，而是她的"硬伤"：阿娇与汉武帝生活多年，没有生育，为此"与医钱凡九千万"，也没有效果。汉武帝由此开始广揽天下美女。

四

我上大学的时候，有一个同学经常四处宣称，他的人生目标是"阅尽天下美女"。当然，谁都知道，这只是年少轻狂之言，这个目标凡人实现不了。

汉武帝却差不多实现了。

历史学家在总结汉武帝的性格的时候，公认的一点是"多欲"。所谓多欲，是指他的欲望范围很广，不仅在政治方面，更在生活方面。同时，他的不同领域的欲望又都非常强烈。他的人生目标是一切享受上都要达到极致，达到巅峰体验。

在感情生活方面，汉武帝的多欲首先体现在他是双性恋，他有多位男友，美女只是他感情世界的"半边天"。其次，虽然只是"半边天"，汉武帝的后宫嫔妃数量之大在西汉仍然空前绝后。

《前汉纪》记载贡禹的说法：

> 高祖孝文孝景皇帝，修古节俭，宫女不过十余人。……武帝时，又多取好女，至数千人，以填后宫。……唯陛下大减损舆服御物，三分去二，察后宫贤女，留二十余人，余悉归之。

也就是说，汉文帝、汉景帝时代，后宫之中嫔妃不过十多人。到了汉武帝一代，广求天下美女，居然达到数千人之多。到了汉元帝时期，复求节俭，后宫只留二十余人。至少在西汉，武帝的后宫规模远远超越其他皇帝。

为了得到天下绝色，汉武帝时代的后宫不拘一格，不论出身，大开"进贤"之门。

有一次，汉武帝祭陵回宫的路上，顺路到自己的姐姐平阳公主家里做客，在歌舞队中一眼注意到了一名明艳善舞、眼光流媚的歌伎，名叫卫子夫。汉武帝将她带回宫中，随侍左右。

这是汉武帝生命中第二个重要的女人。与出身高贵、性情倨傲的阿娇不同，卫子夫不但容貌出众，更因出身低贱，懂得谦谨小心，善于婉转事人，给汉武帝带来了完全不同的感受，因此三千宠爱在卫子夫一身，汉武帝对陈皇后彻底不理不睬了。

陈阿娇有生以来没有受到冷落，妒火中烧，三番五次寻死觅活之后，又开始在宫中行巫蛊之术，希望用"扎小人"的办法害死卫子夫。后来事情败露，元光五年（前130），汉武帝正式宣布废掉陈皇后，打入冷宫长门宫。"皇后失序，惑于巫祝，不可以承天命。其上玺绶，罢退居长门宫。"

为了挽回汉武帝的心，陈阿娇想尽了办法，甚至花用重金聘请司马相如作了一篇动人的《长门赋》。但汉武帝的性格是待人要么热情如火，要么冷如冰霜，丝毫不为所动，最终陈阿娇的结局是在长门宫郁郁而死。

五

卫子夫进宫后，上天眷顾，事事如意，先是为武帝生下了三个女儿，元朔元年（前128），又为武帝生下长子刘据。

汉武帝虚岁二十九岁，才终于得了第一个儿子，大喜过望。母以子贵，元朔二年，卫子夫被册立为皇后，后来长子也在七岁被立为太子。

卫子夫差一点就成为汉武帝后宫中唯一笑到最后的人。都说伴君如伴虎，但她天生善于走政治钢丝。她虽然出身低微，但政治敏锐性极强，所以总是尽力避免介入政治争端。在后宫当中，她为人极为谦退谨慎，对任何人都客客气气，不摆皇后的架子。她尤其善于顾全大局，自己年老色衰，不再受宠之后，也能坦然接受现实，从不忌妒其他嫔妃，挑起无谓的后宫争斗。甚至还能放下皇后之尊，主动去结好那些得宠的妃子。所以在为人极其挑剔的汉武帝身边稳稳地做了三十多年的皇后，没有出现跌蹉。

然而，即使竭尽全力如她，也没能笑到最后。她小心翼翼地走了三十多年政治钢丝，最终却因为儿子出事而坠入深渊。因为太子与汉武帝反目起兵，卫皇后不得不"自杀"身亡。在位三十多年的皇后，最终被"舆置公车令空舍，盛以小棺，瘗之城南桐柏"，以一具狭小的薄棺，草草安葬了事。

六

第三个宠冠后宫的美女李夫人同样出身歌伎。

在大部分人的印象中，李夫人之所以得宠，是因为她的哥哥宫廷乐师李延年写了一首著名的歌曲。《汉书》记载：

> 夫人兄延年性知音，善歌舞，武帝爱之。每为新声变曲，闻者莫不感动。延年侍上起舞，歌曰："北方有佳人，绝世而独立，一顾倾人城，再顾倾人国。宁不知倾城与倾国，佳人难再得！"上叹息曰："善！世岂有此人乎？"

按这个说法，实际上是李延年先成了汉武帝的枕边人。由李延年的这首歌曲，汉武帝注意到了他的妹妹，由此兄妹双双成为汉武帝的恋人。

不过，这只是一个传说。根据更早的也更为可靠的《史记》，事实上李夫人也是由卫子夫的推荐人平阳公主推荐入宫的，出身同样是平阳公主家的歌女。李夫人入宫在先，李延年因妹妹而得宠在后。

李夫人在容貌上不但远胜陈阿娇，更胜卫子夫数筹，确实达到了倾城倾国、天下无双的程度。她雪肌冰骨，艳如桃李，加上能歌善舞，舞姿翩跹，令人一见之下，感觉简直如同仙子下凡。入宫之后，汉武帝又发现她绝非花瓶，而是心思深远，善于处世。因此李夫人不久就得到专宠，生下一名皇子。如果她足够长寿的话，有可能会取代卫子夫，成为皇后。可惜她红颜薄命，天不假年，入宫不数年就去世了。

所谓祸兮福之所倚，福兮祸之所伏。汉武帝宠爱的其他女人，都是以受宠开始，以反目收场，只有早死的李夫人是一个例外。正因为李夫人在如花的年龄猝然早逝，所以她被时间冰冻为汉武帝永远的爱人。汉武帝悲痛不已，不仅破格以皇后的规格礼葬，"图画其形于甘泉宫"，还作《李夫人赋》

来表达自己的怀念之情，多次让方士招李夫人魂魄，希图一见。用情之长，怀念之深，足以令人感动。

七

汉武帝宠幸名单中最后一位著名的女子，是钩弋夫人。这位女子和汉武帝的母亲相似，也是一位长于权谋的奇女子。她的入宫经历同样充满传奇性。《汉书·外戚传》说："武帝巡狩过河间，望气者言此有奇女，天子亟使使召之。"

和王娡一样，钩弋夫人入宫的第一步，也是通过占卜之士。占卜者宣称此地有奇女子，汉武帝于是下令寻找。皇帝要做的事情，当然都能够实现。随行官员很快在当地找到了一名女子，只有十多岁，姿容俏丽，只不过身有残疾：生下来就双手握拳，从来不曾张开过。《汉书·外戚传》说："既至，女两手皆拳，上自披之，手即时伸。由是得幸，号曰拳夫人。"汉武帝把女子招到近前，只是伸手轻轻一摸，这少女的双手就张开了，手掌里还握着一只小小的玉钩。

这样的事只能发生在极度迷信的汉武帝时期，这显然是当地官员、赵氏家族和皇帝随行人员串通起来取悦汉武帝的一出好戏。

汉武帝把她带回皇宫，当时陈皇后早已经被废，卫皇后年老色衰，李夫人也已经去世，拳夫人顺利地独占鳌头，晋为婕妤。因为所居宫室名"钩弋宫"，人称"钩弋夫人"。

接下来，钩弋夫人又上演了一出宫斗好戏。太始三年（前94），她生下儿子刘弗陵。能生儿子不稀奇，稀奇的是她是怀胎十四个月才生的。为什么要怀胎十四个月而不是十三个月或者十五个月呢？因为当初尧帝传说也是母亲怀胎十四月而生。

《汉书·外戚传》说："拳夫人进为婕妤，居钩弋宫。大有宠，太始三年生昭帝，号钩弋子。任（妊）身十四月乃生，上曰：'闻昔尧十四月而生，今钩弋亦然。'乃命其所生门曰尧母门。"

汉武帝说，尧帝是怀胎十四个月而生的，没想到我的皇子居然也有人有此奇运，因此下诏把钩弋宫门改为"尧母门"。当时皇帝与太子的关系已经非常紧张，人们也因此纷纷猜测，汉武帝将废掉已经立了多年的太子，改立此子。

显然，和当初王娡宣称她梦日入怀一样，钩弋夫人将自己的儿子包装成"尧帝再世"，也是为了谋太子之位。

过了几年，前太子果然因起兵失败而死，钩弋夫人的儿子果然成了太子。

事情发展到这里，钩弋夫人的人生显然比王夫人还要成功，还要传奇。可惜的是，汉武帝的算计比她还深。

《汉书·外戚传》说：

> 钩弋子年五六岁，壮大多知，上常言"类我"，又感其生与众异，甚奇爱之，心欲立焉，以其年稚母少，恐女主颛恣乱国家，犹与久之。

钩弋夫人的儿子五六岁的时候，汉武帝越看越喜欢，常说"这孩子真像我"。又因为他是怀孕十四个月才生的，想立他为太子。然而汉武帝担心孩子太小，钩弋夫人太年轻，怕自己身后钩弋夫人会干政，一直在犹豫当中。

在下定立太子的决心后，武帝就下令钩弋夫人自杀，这在他自己看来，当然是为了大汉天下长治久安不得不采取的深谋远虑之举。

> 于是左右群臣知武帝意欲立少子也。后数日，帝谴责钩弋夫人，夫人脱簪珥叩头，帝曰："引持去，送掖庭狱！"夫人还顾，帝曰："趣行！女不得活！"夫人死云阳宫，时暴风扬尘，百姓感伤，使者夜持棺往葬之，封识其处。

钩弋夫人在设计自己进宫得宠之路时，应该没有想到，这条路是以此为终点的。

八

阿娇虽然是汉武帝的第一个妻子，但却不是他的初恋。他的初恋是一个男孩子。

汉武帝虽然后宫佳丽三千，花团锦簇，但子嗣并不是很旺，二十九岁才有了儿子，这可能与他只把一半的精力给了女性有关。

汉代的开国皇帝刘邦是双性恋。《史记》载："昔以色幸者多矣。至汉兴，高祖至暴抗也，然籍孺以佞幸，……以婉佞贵幸，与上卧起，公卿皆因关说。"(《史记·佞幸列传》)也就是说，汉高帝的男宠籍孺是一个典型的以美色取得宠幸的小人。这类人以婉顺和谄媚之才得到了显贵，与皇帝同起同卧，连公卿大臣都要通过他们去向皇上沟通自己的说辞。

不知是否受刘邦双性恋基因的影响，西汉皇室中一直有公开的男宠传统，美男出入宫禁，并不需要避讳人。

刘彻在登基之前，就有了一个青梅竹马的同性伴侣韩嫣。韩嫣出身名门，是韩信的曾孙，作为功臣之后，从小被寄养在宫中，成为刘彻的伴读。两人"青梅竹马，两小无猜"，性情相投，从莫逆之交，逐渐发展成了恋人关系。

刘彻登上帝位之后，韩嫣比之前更为受宠，两人如漆似胶，难舍难分，公然同睡同起，毫不隐讳。汉武帝对他百般宠溺，韩嫣地位迅速上升，不但过起了钟鸣鼎食的王侯生活，而且外出的仪仗扈从也一如天子。

> 江都王入朝，有诏得从入猎上林中。天子车驾跸道未行，而先使嫣乘副车，从数十百骑，骛驰视兽。江都王望见，以为天子，辟从者，伏谒道傍。嫣驱不见。既过，江都王怒。(《史记·佞幸列传》)

江都王刘非乃汉武帝的哥哥，地位尊贵。有一次他进京，韩嫣乘坐皇帝的副车出行，江都王远远望见煊赫的车马，以为是皇帝来了，就赶紧撅起屁股趴在地上见驾。韩嫣打马疾驰而过，瞧都不瞧江都王一眼。江都王过后恼羞成怒，到王太后面前告了一状。

和得宠的后妃一样，汉武帝的男宠，下场也多数不佳。王太后因此事对韩嫣非常不满，不过因为武帝和韩嫣感情深厚，不好出手，只好暗中观察。不久之后，太后就找到了处理韩嫣的正式理由："淫乱后宫"。和汉武帝一样，韩嫣也是双性恋。后宫之中佳丽无数，却只有汉武帝一个男人。时间长了，饥渴的宫女们难免主动与韩嫣有染。汉武帝对此心知肚明，但他全不在意。但此事却成为王太后掌握的撒手锏，太后以此为由，赐死了韩嫣。在严母面前，汉武帝也只能徒唤奈何。

九

汉武时代另一个著名的男宠是李延年。如上所述，根据《史记》，李夫人入宫在先，李延年借妹妹的光得宠在后。

《史记·佞幸列传》说：

> 李延年，中山人也。父母及身兄弟及女，皆故倡也。延年坐法腐，给事狗中。而平阳公主言延年女弟善舞，上见心说之。及入永巷，而召贵延年。延年善歌，为变新声，而上方兴天地祠，欲造乐诗歌弦之。

李延年出身倡优世家，他本人因为犯法，被处阉割之刑，发配到皇家猎犬的饲养所。幸运的是妹妹李夫人得宠，李延年得以结识皇帝。李延年能歌善舞，经过阉割，皮肤光润，腰肢柔软，歌声高亢动听。因此，韩嫣死后，汉武帝将一腔柔情都倾泻给了李延年，将他升为协律都尉，总管宫廷乐舞之事，赐钱无数，赐佩二千石印，李延年成为"内宠嬖臣"。《史记》记述他"与上卧起，甚贵幸"。

李夫人临死之前，汉武帝赶来看她，但是李夫人蒙上被子，拒绝让皇帝看到她的脸。

> 蒙被谢曰："妾久寝病，形貌毁坏，不可以见帝。"

李夫人说，我不想让你看到我的病容。汉武帝说，我不在乎你现在的美丑，只想看你最后一眼，结果"夫人遂转乡歔欷而不复言"。转头向里，到底没让汉武帝看到她的脸，让皇帝非常难堪。

李夫人无论如何也要在汉武帝心中留下一个完美的形象，主要是为自己身后整个家族考虑。汉武帝问她有什么嘱咐的时候，她说"愿以王及兄弟为托"。也就是说托汉武帝照顾她的儿子和兄弟。在汉武帝走后，她的姐妹责怪她说，为什么不愿意让皇帝见你最后一面，惹得皇帝不高兴呢？《汉书·外戚传》这样记载李夫人的回答：

> 夫人曰："所以不欲见帝者，乃欲以深托兄弟也。我以容貌之好，得从微贱爱幸于上。夫以色事人者，色衰而爱弛，爱弛则恩绝。上所以挛挛顾念我者，乃以平生容貌也。今见我毁坏，颜色非故，必畏恶吐弃我，意尚肯复追思闵录其兄弟哉！"

我不让皇帝看我最后一眼，就是为了让我的兄弟们将来有好的发展。我能宠冠后宫，靠的就是上天给我的一副世间罕有的容貌。因此，我一定要在皇帝心目中留下一代倾城倾国美人的传奇，让皇帝对我念念不忘，并且因此一直照顾我的兄弟们。

汉武帝确实在一定程度上履行了诺言，他不但继续宠幸李夫人的哥哥李延年，还提拔她的大哥李广利为贰师将军，为了让他立功，专门兴起一场战争，使他得以受封为海西侯。

不过，帝王心似海深。李延年毕竟学养不够，城府不深，得到皇帝宠幸之后，难免恃宠骄横，"浸与中人乱，出入骄恣"。因此李夫人死后数年，汉武帝对李延年渐渐"爱弛"，见他不谨之处甚多，为免后患，将他一杀了事。"及其女弟李夫人卒后，爱弛，则禽诛延年昆弟也。"

"巫蛊之祸"后，李夫人的大哥李广利也因为朝中政治斗争，在前线投降了匈奴，不久又被匈奴人杀死。李氏家族则无一漏网，全部被汉武帝斩杀于市。

十

卫青、霍去病能成为一代名将，最初的机缘居然也是他们成了汉武帝的男宠。

司马迁在《佞幸列传》中记载的都是历代西汉皇帝的男宠，他在结尾说：

> 自是之后，内宠嬖臣大底外戚之家，然不足数也。卫青、霍去病亦以外戚贵幸，然颇用材能自进。

《汉书·佞幸传》则把这两句改为："是后，宠臣大抵外戚之家也。卫青、霍去病皆爱幸，然亦以功能自进。"由贵幸改为爱幸，突出"爱恋"之意。显然，司马迁和班固都把卫青和霍去病列为汉武帝的男宠。

汉武帝不仅对女人是外貌控，对男人更是这样。除了李延年这个例外之外，他的男宠大都是高大勇猛、威武雄壮的类型。

史籍记载，汉武帝很欣赏一个叫栾大的方士，其中一个原因是他"为人长美"。田千秋后来受到重用，一个原因是"千秋长八尺余，体貌甚丽，武帝见而说之"（《汉书》）。栾大和田千秋虽然不是他的男宠，但是他的审美标准由此可见一斑。韩嫣的先祖韩信身高"八尺五寸"，换成今天的标准有一米九左右。因此有人推测，韩嫣也身材高大。当然这仅仅是一个推测，史书有明确记载的一点是，韩嫣尚武而且习兵。

> 嫣善骑射，善佞。上即位，欲事伐匈奴，而嫣先习胡兵，以故益尊贵，官至上大夫，赏赐拟于邓通。(《史记·佞幸列传》)

韩嫣精通骑射，武艺高强，为了迎合汉武帝北征匈奴的志向，还有针对性地进行了军事训练。事实上，如果他不是被太后赐死，很有可能早于卫青、霍去病成为北伐匈奴的名将。

韩嫣死后，汉武帝为了寄托哀思，又把韩嫣的弟弟韩说接进宫中宠幸。韩说也武功出众，得宠之后多次承担重任，带兵出征。

帝王以勇武之人为男宠，在历史上，这并不是孤例。后来，南北朝时南朝的陈文帝，也一样喜欢高大勇武的男宠。他的娈童中后来出了一代名将——勇武善战的韩子高。

卫青本是一个私生子，小时候是一个放羊娃，长大后成为平阳公主的骑奴。因为姐姐卫子夫入宫受宠，卫青也一夜之间成为天子近臣，"召青为建章监，侍中"。

侍中不但地位很高，而且可以随意出入宫禁，与皇帝朝夕相处。《史记·卫将军骠骑列传》中说卫青"以和柔自媚于上"。《史记·汲郑列传》中说："大将军青侍中，上踞厕而视之。"可见两个人日常关系之亲昵。

同样出身社会底层的霍去病，也是因为姨母受宠，一夜贵幸。《史记·卫将军骠骑列传》记载："霍去病年十八，幸，为天子侍中。"

如果没有这样的特殊机缘，卫青和霍去病不可能有被皇帝赏识的机会，因为他们出身低贱，受的教育也不完整，不符合普通的选官标准。但是在与皇帝朝夕相处的过程中，汉武帝发现这两个出身社会底层的外戚，不但身躯雄伟，容貌俊秀，还善于骑射，英武果决，为人更头脑清楚，周到谨慎，实为难得的将才。

因此，公元前130年，匈奴再次南侵之时，汉武帝出人意料地任命卫青为车骑将军，让他和其他三位名将各率一支军队出塞。对于这一任命，很多人都背地里说三道四，觉得汉武帝为了让小舅子封侯，拿战争的胜负当儿戏。结果这次出兵，其他三位名将皆大败，只有出身骑奴又第一次领兵的卫青，居然直捣匈奴龙城，斩敌七百。西汉元朔六年（前123），年仅十八虚岁的霍去病也两次随卫青追击匈奴，结果两次功冠全军，以食邑一千六百户受封冠军侯。朝野上下由此对二人刮目相看，也不得不佩服汉武帝的慧眼。其后卫氏家族中多人以军功起家，先后五人封侯，一时"贵震天下"。

不过，虽然卫氏一族大都以谨慎小心闻名，又功冠天下，最终结局却仍然是不免灭族。霍去病英年早逝，卫青很幸运地得了善终，然而在"巫蛊之祸"前，卫青的长子长平侯卫伉已经被汉武帝诛杀，"巫蛊之祸"后，卫氏一族受到了牵连，被诛灭一空，"落了片白茫茫大地真干净"。

十一

有人说，汉武帝用剑如用情，用情如用兵。总结起来，汉武帝感情生活的特点是恩爱时山盟海誓，如胶似漆，双方一起飞到快乐的巅峰，但过后则弃如敝屣，毫不留恋，如稍有后患，则灭族了事。

汉武帝确实既多情又无情。不过，汉武帝如此薄情，除了自私的天性之外，还有更深层次的原因。他的本质身份毕竟是一个政治家，他的一举一动，都离不开政治考虑。汉武帝频繁诛灭后妃和外戚，有一层重要的动机是皇权的安全。

从吕后之后，西汉政治高层就陷入了一个叫"吕后恐惧症"的梦魇。

吕后专权长达十五年，诛杀众多刘邦后代，任用自己的族人，几乎颠覆刘家天下。这一历史事件，对后来的汉代君臣产生了重要的心理影响。在那之后，汉朝的很多政治选择，都是"吕后恐惧症"的反映。

比如，在诛杀诸吕之后，功臣们决定立刘邦的长孙刘襄为帝。但是有一些人却持反对意见，他们的理由简单而有力：因为刘襄的舅舅品性凶暴，不好控制，可能会成为第二个动摇刘氏江山的吕氏。

及周勃、陈平等既诛诸吕，初议立齐王，后以驷钧恶戾，乃立代王。

于是群臣后来改拥立代王刘恒为帝，主要是因为刘恒的母亲薄氏性格好，家族在朝廷中又没有势力，不可能成为又一个吕后。"大臣议立后，疾外家吕氏彊（强），皆称薄氏仁善，故迎代王，立为孝文皇帝。"

汉武帝之所以能登上帝位，一定程度也与这种"吕后恐惧症"有关。

我们知道，刘彻是被姑姑刘嫖推上太子之位的。刘嫖在汉景帝面前攻击栗姬的理由之一，就是栗姬为人心胸狭窄，将来很可能成为另一个吕后。而汉景帝也确实有这个担心。

史载："景帝尝体不安，心不乐，属诸子为王者于栗姬曰：'百岁后，善视之。'栗姬怒，不肯应，言不逊。"汉景帝有一次生病，担心身后之事，把栗姬找来，对她说，我死之后，你对我的其他儿子也要善待。如果栗姬情商稍微高一点，诚恳表态，发下誓愿，可能历史就改写了。栗姬的反应居然是负气大怒，拒不答应，还出言不逊。结果自然是汉景帝更加担心，再加上刘嫖的添油加醋、火上浇油，最终促成太子刘荣的被废。而刘彻之所以能取代刘荣，一个重要的原因是母亲王夫人出身微贱，母家在朝中没有势力。

汉武帝杀钩弋夫人，同样是出于"吕后恐惧症"。《史记·外戚世家》载，汉武帝在处死赵婕好后，曾经明确地说，此举是为了防止另一个吕后出现。"往古国家所以乱也，由主少母壮也。女主独居骄蹇，淫乱自恣，莫能禁也。女不闻吕后邪？"

同样，汉武帝时代的外戚下场大多不好，也与吕后时代的教训有关。因为吕后时代外戚势力过大，差点以诸吕取代刘氏，所以此后的帝王无不努力抑制外戚。汉武帝对外戚的态度从一开始就是既重用又防范。之所以重用外戚，是因为汉武帝不愿意让皇族参与军政大事，对外戚中那些接触较多，才能突出，在朝中又没有基础的，自然加以任用，这才有了卫青、霍去病的出现。但是，汉武帝又在时时防范出现第二个吕氏家族，不想让外戚势力过度膨胀，所以一旦外戚势力已成，根基已固，又频出辣手毫不留情地加以诛灭，这就是卫青后代被族诛的根本原因。（左华明《汉武帝对外戚的防范与巫蛊之祸》）

巫蛊之祸

一

汉武帝诛杀的不只妻子和外戚，还有自己的亲生儿子。

在登基的第四十八年，雄才大略的汉武帝与自己培养了近三十年的太子，展开了一场短暂而激烈的战争。皇帝指挥的是国家正规军，太子率领的则是宫中的卫士以及刚刚从监狱释放出来的囚徒，双方在长安城中大战五日，死者数万，结果是太子兵败，不久自杀。

这就是汉代历史上著名的"巫蛊之祸"。

这桩悲剧的发生，是由多种复杂因素推动的。

二

首先是父子性格的冲突。如前所述，汉武帝得子偏晚，二十九岁才得了第一个儿子刘据，自然欣喜异常。出身低贱的卫子夫因此被立为皇后，小刘据也在七岁就被立为太子。

儿童当然都是可爱的，汉武帝对这个姗姗来迟的儿子更是钟爱不已。但随着刘据从一个可爱的儿童成长为青年，性格特点越来越突出，汉武帝对这个孩子的不满就越来越多，因为这孩子的性格和他反差太大了。汉武帝英武果断，这孩子却有点懦弱，做事拖拖拉拉，反应也有点慢，给人感觉"肉乎乎"的。当然，史书当中对这种性格的描述是"性宽厚""仁恕温谨"。

太子成年后，汉武帝在出巡时经常让太子留在首都处理日常政务，以锻炼其才能，父子两人的执政风格差别非常明显。

> 上每行幸，常以后事付太子，宫内付皇后。有所平决，还，白其最，上亦无异，有时不省也。上用法严，多任深刻吏。太子宽厚，多所平反，虽得百姓心，而用法大臣皆不悦。

汉武帝外出巡游，常把政事留给太子处理。太子处事宽厚，对汉武帝酷吏制造的一些案件常予以平反，虽然很得民心，但是一些大臣对此很不满。汉武帝心机深沉，从来没有对太子公开表示过不满，但是在内心深处，"嫌其材能少"，担心他将来会是一位庸弱之主。

人说父子天性，然而，在权力的侵蚀下，一切天性都是脆弱的。中国皇权制度下的太子之位，往往不是尊荣之所，而是至危之地。历代的太子，命运多半坎坷。中国历史上，越是英主，也就是性格刚强、敢于决断的君主，对他人的要求就越高，也就越容易对自己的接班人不满意。汉高帝、唐太宗、隋文帝、康熙皇帝，都产生过换太子的念头。卫太子自然也不能免于这一规律的影响。

如果汉武帝只有刘据这一个儿子，那么父子关系应该会有始有终。问题是，在有了长子的狂喜之后，他陆陆续续又有了几个儿子。父母总会说，哪个孩子都一样疼，但事实上有所薄厚是难免的。随着其他几个儿子的日渐长大，后妃集团开始发力了。后妃们与太监勾结起来，窥伺皇帝的心思，千方百计在这对父子之间制造矛盾。

> 上与诸子疏，皇后希得见。太子尝谒皇后，移日乃出。黄门苏文告上曰：“太子与宫人戏。”上益太子宫人满二百人。太子后知之，心衔文。文与小黄门常融、王弼等常微伺太子过，辄增加白之。

皇帝与几个儿子都很疏远，皇后也很难见到皇帝。有一次，太子去给皇后请安，在皇后宫中待得时间久了些。太监苏文平时监视太子起居，特意把这件事报告给皇帝，说太子和皇后宫中的宫女嬉戏，所以待得时间久了。汉武帝于是就给太子增添了一些宫女。太子知道这是因为苏文进了谗言后，非常气愤，但也无法辩白。

太监屡次三番找太子麻烦，显然不是自主选择，而是出于其他人的指使。有学者认为，富于心机而且极为得宠的李夫人是很多事件的幕后黑手，因为她为汉武帝生下了第五个儿子刘髆。在李夫人去世后，她的家族仍然在和卫氏家族长期较量，“巫蛊之祸”正是在这种长期矛盾激化的背景下发生的。“在长达几个月的时期中，李夫人的家族试图使卫家失宠。”（《剑桥中国秦汉史》）

三

“巫蛊之祸”的另一个背景，是汉武帝在晚年喜欢用酷吏来监视权贵。随着生命力的衰退，汉武帝晚年越来越担心权力被人侵夺，越来越猜忌，而这些酷吏为了投皇帝所好，也越来越“勇于任事”，专门没事找事，找权贵们的毛病，为皇帝清除所有可能的政治隐患。江充就是一个典型代表。

江充出身低微，原本是诸侯的门客，后来专门跑到长安来告发主人家里的乱伦事件。汉武帝素来喜欢这种揭发能手，亲自召见，寄以重任，让他担任“直指绣衣使者”，专门监察亲贵，“督三辅盗贼，禁察逾侈。贵戚近臣多奢僭，充皆举劾。……上以充忠直，奉法不阿，所言中意”。

善于揣摩上意的江充如同一条好斗的猎犬，一上任就四处咬人，一开始他举报的是皇帝的近臣，接下来，是地位显贵的外戚，再后来，又升级为公主，举报的级别越高，受到的宠信越深，自然而然，他就弹劾起了一人之下万人之上的太子。

> 后充从上甘泉，逢太子家使乘车马行驰道中，充以属吏。太子闻之，使人谢充曰："非爱车马，诚不欲令上闻之，以教敕亡素者。唯江君宽之！"充不听，遂白奏。

江充发现太子的家人乘坐的车马行走在皇帝专用的驰道当中。虽然太子亲自向江充求情，但江充还是把这个事汇报给了皇帝。汉武帝是什么反应呢？

> 上曰："人臣当如是矣。"大见信用，威震京师。

汉武帝对江充此举非常高兴。皇帝日渐衰老，太子接班日近，大臣们揣摩风向，自然也分成两派。"群臣宽厚长者皆附太子，而深酷用法者皆毁之。"皇权具有不可分割性，这一局面不可能不引起汉武帝的警觉。让江充这样一条恶狗时刻盯着太子，让太子不敢乱说乱动，自然更让汉武帝放心。

四

征和元年（前92），也就是汉武帝六十四岁这年，发生了一件奇怪的事：

> 上居建章宫，见一男子带剑入中龙华门，疑其异人，命收之。男子捐剑走，逐之弗获。上怒，斩门候。冬，十一月，以三辅骑士大搜上林，闭长安城门索，十一日乃解。巫蛊始起。（《资治通鉴·汉纪十四》）

这一年夏天，汉武帝住在建章宫，不知是眼花还是什么原因，看到有一个男子带着剑进入宫门。他命卫士抓捕，那个男子把剑丢下逃走了，四处搜捕也没有结果。汉武帝大怒，把守宫门的卫士全都杀了。到了十一月，干脆下诏调动三辅骑兵，大搜上林苑。又把长安城的城门都关起来，彻底搜查了十一天，也没有搜到什么。但他仍然不肯罢休。

这类奇怪的事，在汉代官中并不罕见。比如公元前180年，也就是吕后称制的第八年，吕后在官内祭祀神灵的时候，突然感觉有一只白毛小狗从她胳膊底下窜过。吕后赶紧命人寻找，可是什么也没有发现。请人占卜，卜者说这是被吕后害死的刘如意作祟。吕后心生惊惧，寝食难安，竟然因此病倒，不久去世。

汉武帝原本就相信鬼神，年纪越大，迷信心理越重。他一定要把这个幻觉穷究到底。于是有人进言说，这个人的出现可能是有人试图以巫蛊之术加害皇帝的结果。

所谓"巫蛊之术"，就是在人类文化史上流传甚久的诅咒法术，类似今天的"扎小人"。《红楼梦》中贾环的母亲曾以此法对付过宝玉。在汉代这一法术更是盛行。

> 江充自以与太子及卫氏有隙，见上年老，恐晏驾后为太子所诛，因是为奸，言上疾祟在巫蛊。于是上以充为使者，治巫蛊狱。(《资治通鉴·汉纪十四)》

江充知道自己与太子及卫皇后有嫌隙，汉武帝年纪已老，他害怕以后被太子诛杀，遂趁机上奏，说皇上的病是巫蛊作祟造成的。汉武帝信以为真，任命江充全权查处。按《汉书·戾太子传》的记载，江充率人进入"太子官掘蛊，得桐木人"，在太子官中发现了六枚作巫蛊法术用的木偶。

五

事情发展至此，太子走投无路了。皇帝不在京城，太子遂将官中卫士组织起来，又释放了一批囚徒，起兵反叛。他做的第一件事就是杀了江充。"收充，自临斩之。"

汉武帝得到消息，迅速返回长安，调派长安附近郡县的正规军，亲自指挥。太子兵败出逃，在追捕中自杀。这一年太子三十八岁，不只有了子女，而且已经做了爷爷。太子的三个儿子一个女儿全部在这次事件中遇害，孙子则被人隐匿到了民间。

汉武帝一生杀人无数，但是这次，死掉的是自己精心培养了三十年的太子，连带还有位居中官三十多年的卫皇后，以及几个孙子孙女，内心不可能不受到巨大震动。事后证明，所谓"巫蛊"，纯属一桩冤案。汉武帝因此一直不能释怀，心中常常泛起悔意，食不能甘，夜不能寐，但又不便主动公开认错。

就在此时，有一个小官"高寝郎"，就是"高皇帝庙里的卫寝之郎"，名叫田千秋，上书替太子辩冤。他说太子并无谋反之意，是被逼无奈，罪不当致死。敢于如此公开地指责皇帝，这个小官显然是吃了熊心豹子胆。不过他编造了一个很巧妙的理由，他说他对皇帝说的这些话，都是梦中的一位白发老人教给他的。"臣尝梦见一白头翁教臣言。"

在高皇帝刘邦的庙里梦到的白发老人是谁呢？显然是汉高帝刘邦无疑了。汉武帝正当悔愧怨愤之时，听到田千秋这样一说，立刻全盘接纳，说这正是高皇帝庙里的神灵通过你来教导我。"此高庙神灵使公教我，公当遂为吾辅佐。"

汉武帝于是马上给田千秋升官，从高寝郎这样的微末之员，升为九卿之一的大鸿胪，几个月后又居然任命他为丞相。同时给太子平反，建"思子宫""归来望思之台"以寄托哀思。江充虽死，仍被夷三族，曾经进太子谗言的苏文被活活烧死，甚至当初奉皇帝之命追捕太子的几名地方官，也因过于卖命，连同全家与亲属一齐被处死。

历史上最"迷信"的皇帝

一

写到这里，我们终于要谈一谈秦始皇和汉武帝的相似之处了。

秦皇和汉武是中国历史上一对非常相似的皇帝，这是几乎所有史学家都注意到的。

首先，两个人都以武功彪炳史册。

事实上，历史上第一个大规模北击匈奴并取得辉煌战绩的皇帝并不是汉武帝，而是秦始皇。秦始皇三十三年（前214），曾派将军蒙恬率三十万大军北击匈奴，并取得"河南地"（内蒙古乌加河以南及今鄂尔多斯市一带），沿河置四十四县。这是匈奴崛起以来受到的第一次沉重打击。匈奴被迫北徙十余年。当然，汉武帝击匈奴的规模、次数和成果都远超秦始皇。

汉武帝征南越同样是对秦始皇功业的重复。秦始皇在统一六国不久，就发动五十万大军，征服了岭南地区。秦末天下大乱之际，岭南出现了一个半独立的南越国。汉武帝发十万大军进军南越，再次把岭南纳入中原王朝的版图。

因此秦皇汉武同样被颂为雄才大略、武功盖世，当然也同样被一些人讥为好大喜功、穷兵黩武。

秦皇汉武的第二个相同之处，是两个人都是在阴谋和算计中诞生，早早被立为太子。刘彻母亲成为皇后和他自己成为太子的经历，比吕不韦的投资计划更为传奇。两个人都是少年登基，青年亲政。秦始皇十三岁登基，但是在清除权臣和太后势力后才真正掌权。汉武帝十六岁继承帝位，但是直到窦太皇太后去世才得以真正大权独揽。两个人都是智商极高，富于心计，在掌权的道路上又都经历了充分的磨炼，所以运用起权力来同样得心应手，自信从容，甚至放纵恣肆。

汉武帝和秦始皇的第三个相同之处，就是对大一统郡县制度的坚定态度。

秦始皇坚定地推行郡县制，拒不分封诸子到各地。汉武帝也是坚定的"郡县主义者"。想必在读秦代历史的时候，他对秦始皇维护郡县制的决心是举双手赞同的。如前所述，汉武帝一生，对外最大的功业是击匈奴，对内最大的成果则是扩大郡县制度，加强了中央集权。

两个人都喜欢制定文化统一政策，在精神上划一天下，只不过方向相反：秦始皇焚书坑儒，以吏为师；汉武帝则罢黜百家，独尊儒术。

秦皇汉武的第四个共同点，就是都用严刑峻法，杀人如麻。秦始皇的执法残酷尽人皆知，其实汉武帝杀起人来比秦始皇更暴戾恣睢。汉武帝一朝，"律令凡三百五十九章，大辟四百九条，千八百八十二事，死罪决事比万三千四百七十二事"（《汉书·刑法志》）。他一生兴起数次大案，每次杀人都以万计。比如元狩元年（前122），淮南王、衡山王谋反被诛，党羽死者数万人。征和元年（前92）"巫蛊之案"，"坐而死者前后数万人"。一次杀掉几百几十人的事例更是数不胜数。

与此相关，两个人都喜欢任用酷吏。秦始皇所任用的官吏，大多是酷吏。"始皇刚毅戾深，乐以刑杀为威，专任狱吏而亲幸之，海内愁困无聊。"汉武帝也是如此。

秦皇汉武的第五个共同点，是两个人都"多欲好动"，都喜欢大兴土木，四处巡游，都喜欢炫耀功绩，封禅泰山，到处立石刻碑。

除了以上这些，两人还有一个非常相似之处，那就是都如痴如醉地追求长生。

如果论及中国历史上最迷信的皇帝，秦始皇得退居第二，第一名的位置应该让给汉武帝。因为和秦始皇比起来，汉武帝有两个特殊的背景。第一个是汉代开国君主刘邦是楚人，楚国历来崇尚巫风。因此汉代开国以来，朝廷就一直缭绕在迷信的烟雾当中，各种神秘事件层出不穷。第二个是汉武帝母亲制造的"梦日"神话，从小伴随着他的成长，成为他被立为太子的资本之一。其他人或有腹诽，但是汉武帝从小对此是深信不疑的，这对他的人生产生了重大影响。《史记》记载，孝武皇帝初即位，"尤敬鬼神之祀"。一登基，就特别崇拜鬼神。

因此，汉武帝从青年时代开始就痴迷神仙之术。元光二年（前133），刚刚扫除窦太皇太后干政阴影，执掌大权的年仅二十三岁的汉武帝在雍城祭祀上天时，路遇一位白须飘飘、鹤发童颜的"活神仙"，此人说他叫"李少君"，应对潇洒，谈吐不凡，声称有长生不老之术。汉武帝一见大喜，遂把李少君请到宫中，待如上宾。

历代术士的基本功就是会讲故事。李少君当然也不例外。他对汉武帝说："臣曾游于海上，见到过仙人安期生。安期生常食一种巨枣，其大如瓜。"

还有一次，李少君进宫来朝见汉武帝。皇帝身边摆着一尊铜器。李少君说，这东西我怎么看着这么眼熟？拿起来仔细看了看，说，我知道了，春秋时候，我在柏寝台见齐桓公，他身边就摆着这个东西。

少君见上，上有故铜器，问少君。少君曰："此器齐桓公十年陈于柏寝。"

汉武帝一算，从齐桓公到他这一朝，已经五百多年了，李少君是活神仙无疑了，于是更加崇拜他，送给他无数的金钱，让他去炼仙丹。结果仙丹还没炼成，李少君就不幸生病死掉了。于是有人进言，说李少君是个骗子，不是神仙，神仙怎么会生病死掉呢？然而，汉武帝却"以为化去不死也"。汉武帝说，人家那不叫死，叫羽化登仙了！

骗局总是需要受骗者的配合，而汉武帝是最好的配合者，他经常主动加戏，帮助骗子讲完没讲好的故事。

二

李少君虽然死了，但是他的得宠，刺激了天下各路大小神棍的神经。他们如蝇扑食，纷纷来到首都，包围了汉武帝的宫门。而汉武帝也是来者不拒，敞开大门，多多益善。

在李少君之后出现的另一个著名的骗子叫"李少翁"，"少君"是一位老者，而这位"少翁"是一个齐地少年，不过他宣称自己只是看起来年少，实际已经活了二百五十岁了。

他打动汉武帝的秘诀是"招魂之法"。汉武帝在宠妃李夫人死后，思念不已。李少翁遂施展奇术，让李夫人的轮廓显现在帐幕之上，让汉武帝远远观看，以慰相思。有人推测，少翁可能是利用了类似皮影戏的光影技巧。"少翁以方术盖夜致李夫人及灶鬼之貌云，天子自帷中望见焉。"然而汉武帝却信以为真，"于是乃拜少翁为文成将军，赏赐甚多"。

获得将军之位后，李少翁还不满足。为了显示自己的"神奇"，他花钱财买通了宫中掌管牲畜的官员，把一块写了字的帛布混在饲料中，让牛吃下去。然后对汉武帝说，我看这头牛不一般，肚子里面有天机。

汉武帝于是命人杀牛剖腹，果然发现了一篇帛书。汉武帝正准备给李少翁加官晋爵，不料有人提出疑问：帛书上的字为什么与李少翁的字迹如此相似？汉武帝组织人进行字迹鉴定，果然是少翁假造：毕竟是少年人，做事不够周密。汉武帝怕这事传开了会被人嘲笑，便秘密处死了这位"文成将军"。

按理说，连续被两个骗子骗了，汉武帝应该有所悔悟吧？没有。汉武帝杀死少翁之后不久，居然又后悔了。"天子既诛文成，后悔恨其早死，惜其方不尽。"还没让少翁把长生不老的秘方献出来就把他杀了，错失了长生不老的机会，这下怎么办？

好在第三位大骗子栾大及时出现，成功弥补了汉武的遗憾。少君、少翁都没有这位栾大玩得大。

从徐福到王林，中国历史上的这些"活神仙"情商都极高，有一套揣摩人心世故的心得。他们面对权贵，一个基本原则是"见大人则藐之"，在皇帝面前自信满满，毫不胆怯。栾大"为人长美，言多方略，而敢为大言，处之不疑"，吹嘘"臣尝往来海中，见安期、羡门之属"。他许诺不仅可以替汉武帝入海求仙，还可以帮他治好黄河。

汉武帝再次深信不疑，几个月之内，接连封栾大为五利将军、天士将军、地士将军、大通将军、天道将军，并且允许他"不臣"，跟天子平起平坐：

> 使使衣羽衣，夜立白茅上，五利将军亦衣羽衣，立白茅上受印，以示弗臣也。(《史记·孝武本纪》)

这些都不算什么，最称得上异数的，是汉武帝把自己最喜欢的女儿，卫皇后生的长公主嫁给了他。因为皇帝的特殊宠爱，这位长公主的地位远高于寻常公主，仪制等同于藩王。嫁给了栾大之后，更名为"当利公主"。

可惜栾大牛虽然吹得很大，正事儿却一件没办成。许诺给汉武帝的入海求仙、治理黄河，都没有任何结果。汉武帝等来等去，终于生疑，派人暗中侦查，发现他的所谓神迹全是弄虚作假，遂诛杀此人。至于长公主，在发现自己嫁给了骗子之后不久也郁郁而终。

三

汉武帝智商、情商都很高，一个如此聪明的人为什么会一而再、再而三地被一些低级骗子耍得团团转呢？

和秦始皇一样，因为对死亡的恐惧。

虽然汉武帝在即位不久的第二年，就按惯例开始为自己修建豪华陵墓，但是他并不想进入到那个陵墓中去。人并非到了老年才怕死的，少年人在死亡面前的恐惧更为生动深刻。《红楼梦》中，贾宝玉在山坡上听到《葬花吟》，不觉恸倒在山坡上，因为他突然想到了死亡。汉武帝有过类似的感受。他在出巡欣赏美景欢乐至极时却写诗说："欢乐极兮哀情多。少壮几时兮奈老何！"

普通人很难理解秦始皇、汉武帝对长生的痴迷，这可能是由于我们的生命之酒，远没有他们的醇厚、浓烈。

表面看起来，权力动物大都是无趣的。秦始皇是这样，汉武帝是这样，朱元璋、雍正也是这样。作为一个拥有天下的人，秦始皇没什么业余爱好。他对女色、美食、犬马之类都不痴迷。他只喜欢工作，每天不批阅完一百二十斤竹简绝不休息。他每天都在废寝忘食地工作，夜以继日地与大臣们开会，不辞辛劳地批文件。国事无论大小，他都要亲自裁决。

汉武帝在勤政方面也是这样。当然，他的爱好比秦始皇多，他是一个爱玩、会玩的人，美食、美色、美景他都喜爱，但是他更喜欢的还是权力。他的一生，如同患了多动症一样，沉迷于不断地运用权力，兴起一件又一件大事，一波未平，一波又起。和秦始皇一样，他把一生中大部分生命能量，都消耗在繁重的政务当中。用今天的话讲，两位皇帝的一生都是勤勤恳恳、兢兢业业，为国家贡献了全部精力。

然而，秦皇汉武的勤政，对他们来说，本质上不是自虐，而是快乐。秦始皇并不是没有爱好，他最大的爱好，就是工作。挥动巨大权柄，能给他带来最大的快感。他沉迷于运用权力，就如同小孩子沉迷在游戏中，不能自已。汉武帝也是这样，权力能让他体验到成为神的感觉。心理学家说，有权力的人最爱做的事，是运用自己的权力。所以，统治者才愿意接连不断地采取一个又一个重大的行动，不顾民众的死活。"拥有权力的被试（者）……会采取更强烈的行动；这些行动可能是亲社会的，也可能是反社会的。……对有权力的人而言，采取行动是一贯的主题：行动的后果，无论是耗竭资源还是储备有价值的资本，都没有显示自己的权力来得重要。"（梅西克、克雷默《领导心理学：新视野及其研究》）

秦始皇、汉武帝有理由比其他人更恐惧死亡，因为他们的生命之河，远比普通人的波澜壮阔，他们的人生图景，远比其他任何人的辉煌灿烂。一直到老，他们都活得兴致勃勃。所以，他们比任何人都渴望长生不老。他们永远不能接受生命中这么多的美好被瞬间夺走，永远化为乌有。

好在，他们有巨大的权力。汉武帝和秦始皇一样，都相信权力可以达成一切目标。因此，他们要用权力来穷尽一切可能，抵抗死亡。只要有人声称有长生不老之方，汉武帝都想尝试一下。李少君以"却老方见上"，栾大之所以被信任，是因为他自信满满地对汉武帝宣称"不死之药可得"。显然，对死亡的恐惧，让一位"英明"之主失去了基本判断力。

四

差不多在自己的整个政治生涯当中，汉武帝都在为了长生而顽强地努力着。面对一次次失败，他愈挫愈奋。他经历了几十上百个骗子，初心不变，总认为下一次可能遇到真的神仙。在他身上，我们可以看到人类对"天命"的英勇而无望的抗争，这种空前绝后的执着倒也令人不免有点感动。

不过，在人生的末尾，他终于悔悟了。

征和四年（前89），也就是临终前的第三年，汉武帝不顾自己年老体弱，又一次踏上漫漫求仙路，到东海之滨去寻访神仙。如前所述，汉武帝出巡的次数和排场要远远超过秦始皇。据《汉书》等记载，汉武帝一生九次东巡海上，经常"舳舻千里"，这一次也不例外。

> 上行幸东莱，临大海，欲浮海求神山。群臣谏，上弗听；而大风晦冥，海水沸涌。上留十余日，不得御楼船，乃还。（《资治通鉴·汉纪十四》）

汉武帝来到东莱海边，想亲自坐船到海中去寻找神山。可惜天公不作美，十多天里，大风大浪，没法开船。神仙没有见到，还差点被卷到海里去。汉武帝只好疲惫地起程回长安。不知道为什么，回去之后，汉武帝突然醒悟了。当田千秋进谏请他罢斥方士的时候，他居然接纳了，"于是悉罢诸方士候神人者"，并且对群臣感叹道："天下岂有仙人，尽妖妄耳！"

天下哪有什么仙人，都是一群骗子罢了！

从此，汉武帝不再寻找神仙。在生命的末尾，汉武帝突然恢复了神志，不再求仙，几个月之后，又下轮台之诏，大幅度调整政策，在崩溃的边缘挽回了大汉王朝的生命。

生命末路

汉武帝共有六个儿子，太子刘据居长，次子齐王早亡，燕王刘旦行三。在"巫蛊之祸"后，燕王认为论资排辈，该轮到自己当太子了，于是"上书求入宿卫"，到年事已高的皇帝身边来当备胎，以防老皇帝有"不虞"之事。由此可见此人情商之低。汉武帝接到上书，勃然大怒，立斩来使，削掉燕王封国的三个县，以示惩戒。（汉武帝去世后，刘旦因谋反事败自杀。）

第四子刘胥是一介莽夫，有一身蛮力却毫无贵族风度。班固《汉书》说："胥壮大，好倡乐逸游，力扛鼎，空手搏熊彘猛兽。动作无法度，故终不得为汉嗣。"不得皇帝的欢心，没有被立为嗣的可能。（汉武帝去世后，刘胥也因为祝诅汉昭帝事发自杀。）

第五子昌邑王刘髆是李夫人之子，是太子刘据之外，另一个拥有强大外戚势力的皇子。史书中对刘髆的才能品行未有描述，可见并不出众。太子死后不久，李夫人的哥哥李广利与人密谋立刘髆为太子，被人揭发之后，李广利投降匈奴，李氏家族被灭族。刘髆惊惧之下，不久也去世了。

因此，我们就能够理解，为什么看到最小的儿子刘弗陵日渐长大，"壮大多知"，汉武帝会那么高兴。聪明可爱的刘弗陵让汉武帝的接班人焦虑得到了有效缓解。不过刘弗陵最终顺利继位，根本原因并不是他的天资多么聪颖，而是他出生足够晚。如果他在汉武帝去世前就长大成人，与察察为明的汉武帝长期相处，两人之间不可能不发生冲突，结局大概率也是被杀。

除了六个儿子外，汉武帝还有六个女儿，如前所述，卫长公主在骗子栾大死后郁郁而终；诸邑公主、阳石公主则死于"巫蛊之祸"；石邑公主在历史中记载不详；夷安公主的丈夫被汉武帝杀掉，年纪轻轻就当了寡妇；鄂邑公主不得宠爱，在汉武帝身后因为诛杀霍光失败而自杀。

汉武帝的晚年生活非常孤独。基于防范心理，他"与诸子疏"，与儿孙的关系并不亲密。后来太子与所生的几个皇孙又在"巫蛊之祸"中死亡，因此老年的他绝少天伦之乐。

好在侍中金日磾有两个小儿子，活泼可爱。汉武帝经常让金日磾把他们带进宫来，在汉武帝身边玩耍。《汉书·金日磾传》说："日磾子二人，皆爱，为帝弄儿，常在旁侧。"两个小孩子获得了汉武帝异乎寻常的喜爱。金日磾的长子尤其胆大，"弄儿或自后拥上项"。有一次与汉武帝嬉笑时，这孩子从后面跳起来，抱住汉武帝的脖颈。老皇帝不但不生气，反倒非常开心，哈哈大笑。因为他和自己的儿孙已经很久没有机会这样肌肤相亲。金日磾一见很害怕，赶紧给孩子使眼色。

> 日磾在前，见而目之。弄儿走且啼曰："翁怒。"上谓日磾："何怒吾儿为？"

孩子被金日磾的怒容吓哭了，说，我爸爸不高兴了。汉武帝很生气，责备金日磾说，为什么对我孩子发怒？显然，这个可爱的孩子，在汉武帝眼中，和自己的亲孙子无异，给晚年的他带来了很多慰藉。

然而这个"弄儿"后来也没能善终。原来他长大之后，仍然经常进宫陪伴皇帝，有一次与宫女嬉戏打闹，被金日磾看到了。"其后弄儿壮大，不谨，自殿下与宫人戏，日磾适见之。"

汉武帝身边的大臣，表面上看起来个个仪容整齐，表情平静，其实每个人都如坐针毡，如履薄冰，心永远提在嗓子眼。他们深知长伴皇帝身边而不出事是小概率事件，稍有不慎就会祸灭九族。金日磾更是小心谨慎到了极点。"日磾自在左右，目不忤视者数十年。"在皇帝身边几十年，从来没有直视过皇帝的眼睛。他担心这个孩子日后闹出淫乱宫廷之事，祸灭全族，遂一狠心，把儿子杀了。"恶其淫乱，遂杀弄儿。弄儿即日磾长子也。"

汉武帝几天后再召弄儿进宫，才知道此子已经去了另一个世界。大惊之下，他立刻叫来金日磾询问缘由。金日磾叩头谢罪，说明杀掉这个孩子是为了维护宫廷纪律的大义灭亲之举。汉武帝听后伤心不已，流下了眼泪，不过《汉书》接下来一句却是汉武帝"心敬日磾"，因为这件事更加信任金日磾了。

> 上闻之大怒，日磾顿首谢，具言所以杀弄儿状。上甚哀，为之泣，已而心敬日磾。

可见金日磾能够在汉武帝身边服侍数十年而不死，确实有常人所不及之处。

深得汉武帝信任的另一位大臣霍光，性格与金日磾相似。他是霍去病的弟弟，十来岁时就开始随侍在汉武帝身边，"出则奉车，入侍左右，出入禁闼二十余年，小心谨慎，未尝有过"，每天待在皇帝左右，二十余年居然未犯过任何错误。"每出入，下殿门，止进有常处，郎仆射窃识视之，不失尺寸，其资性端正如此。"也就是说，他每次出入宫门，上下台阶，落脚的地方和上一次都丝毫不差。因此"甚见亲信"。

后元二年（前87），汉武帝七十虚岁，在位已经五十四年。这一年春天，他患了重病。二月十二日，他将年仅八岁的刘弗陵立为皇太子。第二天，他命霍光和金日磾等人为顾命大臣。有条不紊地安排好一切后，二月十四日，他在五柞宫安然去世。

事实证明，汉武帝看人是很准的。他挑选的顾命大臣，在他去世之后确实尽心竭力。金日磾虽不幸早逝，霍光则"匡国家，安社稷"，为大汉江山的稳固做出了杰出贡献。当然，这些仍然不能让其家族在霍光去世后不久免遭灭族，数千人被清洗一空。

第三章
王莽：从先进模范到乱臣贼子

———— • • ————

刚刚上台的时候，王莽绝没有想到做皇帝。他确实想效法周公，做一个完美的道德标杆。然而，当民意大潮渐渐涌起的时候，他的心理发生了微妙的变化。如果需要自己挺身拯救这些可爱的人民，自己为什么不能献身呢？

一

这个孩子瑟缩在北风中，穿得显然单薄了些。他不得不站在街角，因为王凤府门口已经被拜年的人和车马包围了。

大约过了半个时辰，提篮子的小手已经快握不住了。那篮子里，是一份贵重的贺礼：一坛宛城名酒。为了准备这些礼品，孩子的母亲动了很多脑筋：他们一年到头的所有收入，有一大半是花在这些礼节上了。

终于出现了一个空隙，孩子立刻钻了进去。大门两侧的石台上已经站满了等候的人。孩子直接来到守门人面前，要求进去。

"我是大司马的侄儿，我叫王莽。"孩子低声解释，为自己不得不做这样的解释而感到羞愧。

门人的目光像刀子一样毫不留情地戳在孩子的脸上："我怎么没听说过，从哪儿来的？"

"大司马是我四叔，我是他亲侄子。去年过年我也来了，那时看门的不是你。"孩子嗫嚅着，脸越来越红，门口的人都用奇怪的眼光看着这对谈话者。

"亲侄子？"门人打量着这孩子普普通通的装束，越发不相信孩子的话了，"撒谎都不带打奔儿的。有事找大司马以后再来吧，这两天肯定没时间。"

孩子的眼泪终于忍不住流了出来。他"啪"地把手里的篮子摔在了地上，酒洒了一地，一转身拨开人群，跑了。

二

这并不是王莽受到的第一次伤害，却是他记忆中最深的一次。

作为当朝皇帝的亲表哥，谁都会以为王莽是在锦衣玉食中长大的，其实远非如此。

父亲去世时，王莽刚刚四岁。那时候，姑姑王政君虽然已经被立为皇后，但因为不受宠，所以王家没有得到多少好处。直到王莽十四岁时，王政君成了皇太后，王家才突然显赫起来，五个叔叔同日被封侯。(《汉书·王莽传》)

在汉朝，权力必然导致腐败。王莽的叔叔都进入了决策层，连带着众多的表兄表弟也都迅速入仕，整个朝廷成了王家的天下。《汉书·元后传》描写王氏一家的熏天气焰时说：自此时起，朝廷要官都出自王家门下。王氏一族，穷奢极侈，各路官员贿送的奇珍异宝，四面而至。后庭姬妾，各数十人，奴仆以千数。罗钟磐，舞郑女，作倡优，狗马驰逐；大兴土木，楼阁连属弥望，假山高台，凌驾于长安城除皇宫外所有建筑之上。

这些雄伟的建筑中，却找不到王莽的家。由于父亲早死，王莽家并没有享受到封侯的待遇，只是得到了太后的一笔定期补助。姑姑和叔叔们忙于扶植私党，揽权纳贿，大兴土木，几乎把这对孤儿寡母给忘了。没有权力自然就缺少收入来源，和叔叔们比起来，王莽母子的日子相当清苦。

贫困因为对比而放大，伤害因为敏感而更深。对早熟的王莽来说，由地位及贫富差距而引起的屈辱感无疑是早年经历中的重大心理事件。

因为上学时乘不起车马，王莽要步行穿过长安街上的乞丐群，小乞丐的眼神经常让他一整天都心情抑郁。冬天的早晨，他经常能在街头看到冻饿而毙的尸体，达官贵人驱着高头大马从尸体边走过，不屑一顾，王莽却不能视而不见。

走在路上，他常常要躲避各种各样的车队。这些车队通常会绵延半里地，在长街上疾驰而过，半个城市如同地震般颤抖。如果谁躲避不及，被车马刮踏，只能算自己倒霉。车马过去后，人们会纷纷掸着身上的尘土，对车队发出恶毒的咒骂。

虽然王莽不会开口骂人，但他内心的反感肯定比别人更甚。因为车队的主人，往往是他的表兄弟们。对于这些整天名车宝马招摇过市的表兄表弟，他既厌恶又鄙视。虽然同处一座城市，王莽却与他们相隔这样遥远。华丽的外表掩藏不了他们内心的浅薄、愚蠢和无能，如果没有叔叔们的权势，他们不堪一击。

贫困和苦难会赋予人正义感的说法至少在王莽身上得到了验证。因为他们，王莽终生厌恶铺张和招摇。

好强的寡母节衣缩食，把他送到名儒陈参门下，学习《礼经》。像所有的寡妇一样，她在王莽身上寄托了太多的希望，特别是当她的长子早夭使王莽成了独子之后。虽然不太识字，她却每天都要陪王莽温书到半夜。她剥夺了王莽的童年，不允许王莽和街上的孩子玩。她要王莽出人头地，光大家室，为她这个被人忽视的寡妇争取生活加倍的报偿。（《汉书·王莽传》）

孤儿往往天生严肃，眼神里有一丝忧郁的底色。生活早早就教会了他们如何应付挫折。王莽学习非常刻苦，他深知成绩对自己的重要性：这是他个人奋斗的重要资本。与权力中心的遥远距离形成了其强大的张力，深刻的屈辱体验化作了向上攀登的不竭动力。地处孤寒、冷眼旁观使他观察到了社会的黑暗，圣贤的教诲灌注给他巨大的道德激情，而不幸的生活又铸造了他坚强的意志。"不患寡而患不均""大道之行，天下为公""赏信修睦，选贤与能"，这些话在他口中读出来异常地慷慨激烈。他希望自己的智商将最终帮助自己走入权力中心，把这些寄生虫一样的表兄表弟踩在脚下，使这个世界变得更公平、更合理，而自己也最终将留名千古，光耀万世。

三

旧中国传统思维的简单化、一元化、以偏概全曾经给中国不断制造问题。在过去的中国人看来，孝是一个人最重要的品质，一个人孝顺，就意味着他会遵守秩序，忠于国君。从这个逻辑出发，当时的人创立了幼稚的社会赏罚机制，那就是，把官位作为"德行"的报答。

《孝经外传》记载的第一个典型人物是大舜。据说舜的父母兄弟对他都不好，合谋要杀死他，可他还是一如既往地孝顺父母。尧帝听说了，就把两个女儿嫁给他，后来又把帝位让给了他。中国历史上第一个孝子就得到了最丰厚的奖赏——帝位。

所以历朝历代，千奇百怪的"孝悌"行为层出不穷。古制规定，父母死后守孝三年，可是东汉人赵宣一连二十多年都住在墓道里，因此成了著名孝子，名气很大，被举为孝廉。（《华阳国志》）同样是东汉人许武，自己做了官，为了使两个弟弟也取得做官资格，在分家的时候故意欺负两个弟弟，把家产都据为己有。而弟弟们尊重兄长，毫无怨言，成了"悌"的典型，声名远扬，也被举为孝廉。之后，许武才公布了自己私藏的分家文书，说明是为了使弟弟们成名才这样做的，结果许武也受到了赞扬。原因是他为了弟弟们的前

途，自己甘愿被人误解，承担骂名，于是他也被举为孝廉，一门三孝廉，美名遍天下。（《后汉书·许荆传》）

这个故事充分说明了英模机制的尴尬。许武给中国人的逻辑思维出了一道难题，而答案是这样令人啼笑皆非。往往是，一个人的行为越突出、越超乎寻常、越不近人情，他的社会声望就越高，所得到的官位就越显赫。

四

不管怎么说，王莽早年的恭俭孝顺出自天性，并非伪装。

而系统的儒家教育，无疑引导王莽强化自己性格中的这些品质，并且形而上之。在他的时代，道德在正统观念中是超越一切的最高价值，道德完善被认为是人生的最终目标。就像他为自己的学业感到自豪一样，他也希望通过良好的品质获得人们的肯定。

而在意识深处，他的道德完善热情，则是出于在道德上压倒其他王氏子弟的隐秘愿望。他要用自己出众的德行，来反衬自己诸多表兄表弟的放纵；他要凭道德资本，战胜这些平日视他如无物的人。这是他唯一的优势，他不能不充分发挥。

然而圣人的教导在一定程度上是不现实的。圣人错误地认为人的本性是完美无缺的，要求人严格克制自我的欲望，把自己装进"理"的牢狱，修炼到一举一动都符合"天理"。

按照儒教理想色彩浓郁的礼仪规范去为人行事，在现实生活中必然会遇到种种障碍和尴尬。青春期的王莽和所有的愤怒青年一样单纯倔强，他把这些障碍当成了对自己定力的考验，当成了"为贤做圣"路上必然的磨难。他认为这个人人放纵苟且的社会是不合理的，和庸人的信念不同，圣人之徒必须让社会适应自己，为此他就要带头克己复礼。被圣贤之道折服的他立下弘誓大愿，要以古人为榜样，特立独行，做一个错误世界里正确的人。他事母至孝，对长兄的遗腹子视如己出。他为人慷慨，经常周济别人。他恪守古礼，路上遇到年纪比自己大的人，一定要退避三舍，躬身等长者走过，才直起身子。每次去见师长，他都郑重其事地沐浴，然后穿戴整齐，带上礼品。这些礼节只见于古书的记载，在上古实没实行无法考证，反正在王莽所处的西汉末年早已失传了。所以，当王莽毕恭毕敬地弓着身子躲在路边给人让路时，别人投向他的目光，更多的是惊诧。然而，王莽不以为意，经典的力量

使他的脚步充满自信。(《汉书·王莽传》)

所以，他的行为自然就很"出位"，很引人注目。然而，王莽的真诚和单纯也一目了然。西汉末年，人心还古朴，赞扬者毕竟多于指指点点者。以当朝皇帝亲表兄之尊，王莽"勤身博学，被服如儒生"，谦恭孝友，确实与他那众多不知天高地厚的表兄弟形成了鲜明对比。在那个十分关注人的道德品质的时代，王莽年纪轻轻，就确立了优良的社会形象。而这一形象被他的那些骄奢淫逸、飞扬跋扈的至亲反衬，显得更加光彩照人。

五

虽然受到忽视，但王莽毕竟是皇帝的至亲，这一社会关系使他拥有普通人无法企及的潜在优势，一旦机缘巧合，优势就会转化成巨大的现实利益。

成帝阳朔三年（前22），大司马王凤病重。王莽遵从孝道，赶到王凤府上去照顾病人。王凤所患大约是脑血栓后遗症，偏瘫在床。王莽代替仆人，亲自给王凤端屎端尿，"亲尝药，乱首垢面，不解衣带连月"，尽心竭力。(《汉书·王莽传》)

疾病使王凤感觉到了异常的虚弱和无助，他没有想到是这个平时没怎么关照过的侄子给了自己最需要的亲情。而自己平日里提携备至的子侄，从小娇生惯养，谁吃得了这样的苦？不要说收拾秽物，就是探望一次都是待不了一会儿就匆匆离去。相比之下，王凤不禁为自己以前对王莽的忽视深感愧疚。弥留之际，王凤郑重地把王莽托付给太后，要求多加关照。

根据王凤的遗愿，朝廷任命王莽为黄门郎。以前，每次王氏子弟入仕后，经常能听到各种风言风语，而任命王莽后，王政君听到的却是由衷的欢迎之声。大家都觉得，这样出众的人才早就应该进入仕途了。太后对王莽不禁刮目相看，她没想到这个几乎被自己遗忘了的侄子居然拥有这样的影响力。老谋深算的她立刻看到了王莽的价值：他有助于挽回王氏家族不佳的名声。不久，又升王莽为射声校尉，使他进入中级官员的行列。

王莽给官场带来了一股新鲜空气。王莽一点也不因身为外戚而有任何骄气，对任何人都是和和气气，谦恭有礼。王氏子弟大都不学无术，而王莽却精通典籍，学问出众；王氏子弟争相揽权纳贿，王莽却清廉自守，一尘不染；别人处理政务难免掺杂私心，王莽却不偏不倚，处事至公。大家提起王莽，有口皆碑：对王莽不遗余力的赞誉，实际上就是对其他权贵行为的批判。

这一年王莽二十四岁，达到了心智完全成熟的成年。谦恭和气的外表下隐藏着说出来会吓任何人一跳的雄心：他要彻底改变这个不合理的社会，为天下立万世太平之基，使自己跻身孔孟之列，被后世永远景仰。

这是真诚的儒家式的雄心壮志。

要达到这个目标，他首先要一步步攀登到权力的顶峰，成为王凤那样的人物。

从自己的晋升之路中，他已经切实体会到了声誉的重要性。在以后的攀登过程中，他下意识重复自己的成功经验，他的道德热情被进一步激发，行动也更加有力。

他俸禄不多，却经常倾囊资助别人，特别是自己以前的同学。

他倾其所有，把长兄的遗腹子的婚事办得隆重盛大。侄子婚礼那天，正好王莽的母亲身体不适，在婚宴上，王莽屡次离席，进入后堂。客人们不解其故，询问仆人，才知道王莽不放心母亲的病体，去服侍母亲用药了。

他买了一个漂亮的女子，放在家中。此举引起了人们的纷纷议论：王莽也这样好色？在众说纷纭之际，王莽对朋友公布了答案，原来，这个女子是他为朋友朱博买的。这位朱博，政绩卓异，可惜一直没有儿子，王莽此举是为了帮助朋友延续后代。(《汉书·王莽传》)

王莽的行为收到了良好的效果。像所有乱世一样，西汉末年也是个道德沦丧的年代。越是在污浊的空气中，人们越渴望清新。

不知不觉，王莽入仕已经六年，可是由于洁身自好，不结交权贵，不请托送礼，官位升迁得很慢。

终于有人出来发言了。成帝永始元年（前16），王莽的叔叔成都侯王商向汉成帝上书，要求把自己的封地分给王莽。这实际是为王莽讨封。有人带头，众多儒学名士也趁机上书，颂扬王莽的品行。于是，在三十岁这年，王莽被封为新都侯，封邑一千五百户，晋升为骑都尉、光禄大夫、侍中。由此，王莽经常随侍在皇帝和太后左右，成为一个颇有影响力和权势的大臣。虽然如此，他的作风依然不改，居官恭谨有加，地位越高，为人越谦和。他把封地上的贡赋全部用来资助儒生和名士，自己依然简朴度日。他是个工作狂，工作起来通宵达旦，把自己任内的事处理得井井有条，非常符合儒家标准。太后和皇帝都庆幸选对了人，不断委以重任。又过了八年，深受舆论支持的他接替退休的叔叔王根，成为大司马，社会舆论终于把他推上了权力的高峰。

六

汉朝的时候，流行天人感应论。董仲舒说，国君受命于天，如果称职，上天会让他江山永固；如果荒淫无道，就会更换代理人。当然，上天是讲道理也讲策略的，给犯错误的人出路，在改朝换代之前，会降下种种异常的自然现象来警告皇帝，直到确认这个人不可救药了，才会从他手里收回成命。反之，如果皇帝任务完成得出色，上天就会降下种种祥瑞，鼓励他再接再厉。

董仲舒说，皇帝轮流做，然而，这种轮流是有顺序的，这个顺序就是"五行"，即金木水火土。比如，秦朝是水德，那么，继承秦朝的汉朝就是火德。

西汉末年，社会上经常流传着改朝换代的传说。每年都会出现一些小道消息，说是某地出了什么怪事，预示着将要改朝换代了，汉朝的火运已经到头了，土德皇帝将要出现了。

大汉王朝的气数看起来也确实快要尽了。

西汉末期，贫富分化达到了社会不能承受的极点。贵族拥有土地动辄几十万亩，而常年有数百万流民无家可归。上层社会风气奢侈，靡费巨大，而越来越多的农民失去土地，卖身为奴。灾异频发，饿死者的白骨横陈于道。人民的不满情绪越来越浓，整个社会充斥着紧张不安的气息，起义的烈火在四野蔓延。

皇室也惶惶不安，汉成帝自己在诏书中也不得不痛心疾首："灾异数见，岁比不登，仓廪空虚，百姓饥馑，流离道路，疾疫死者以万数，人至相食，盗贼并兴。"（《汉书·薛宣朱博传》）

皇帝一次又一次下罪己诏，到天坛去跪拜上天，承认错误，可是形势丝毫不见好转。

元凤三年（前78）正月，泰山脚下突然降下一块巨石。一位儒生上书昭帝，说泰山乃神山，泰山坠石，预示将有匹夫而为天子。他劝皇帝顺天应人，择天下贤者，让出帝位。

理所当然，这位天真的儒生被砍了头。（《汉书·眭弘传》）

可是，后继者居然络绎不绝。宣帝之时，一个小官盖宽饶又上书，建议皇帝传位于贤者。

这次皇帝没敢动手杀他，而是迫令他自杀了。（《汉书·盖宽饶传》）

汉成帝时，一个叫甘忠可的普通儒生写了一本《包元太平经》，宣称汉朝天命已终，应该重新受命，这样就能延续汉朝的命运。他还组织了许多学生，到全国各地去宣传自己的理论。甘忠可被关进了监狱，但他的弟子锲而不舍地继续宣传，到了哀帝时期，居然得到了皇帝的认可。建平二年（前5），汉哀帝真的举行典礼，宣布重新"受天命"，改号为"陈圣刘太平皇帝"。（《汉书·哀帝纪》）

可是改号之后，天下甚至比以前更乱了。建平四年（前3），有传言说大祸将要降临，关东各地的人民"无故惊走"，数十万人手持麻秆在全国各地奔走祈祷，据说这样可以避免天崩地裂的大祸。几万人聚集到长安城里，半夜三更祭祀"西王母"，点火游行，"击鼓号呼相惊恐"，弄得整个长安城彻夜无眠。（《汉书·哀帝纪》）

看来，文字游戏骗不了上天，上天改朝换代的决心是已经下定了。

七

登上了权力顶峰的王莽俯视天下，看到的是一派末世衰败的景象。

混乱他不怕，甚至希望再乱一些，那样，他的能力才会更好地体现。他要让奄奄一息的大汉王朝在他手里重新强大起来，他要让流离失所的百姓重新过上安居乐业的生活。他相信自己的雄才大略，相信自己已经掌握了圣人之学，他以《周礼》和《论语》为指导，澄清天下，应该指日可待。

他兴致勃勃地开始了改造帝国的计划。

第一步，他以自己为表率，扭转社会奢侈的风气。他要求政府工作人员刹住浪费之风，自己上下朝坐的马车、穿的衣服，都俭朴得不能再俭朴。

做了大司马之后不久，王莽的母亲病了，达官贵人纷纷到王莽家探望。出来待客的妇人穿着粗布衣裙，脸上也不施脂粉。贵夫人们都以为她是王家的女仆，及至介绍才知道竟然是王莽的夫人，轰动效应可想而知。一时间，王莽家的简朴作风传遍长安，奢侈之风果然大减。

第二步，王莽通过艰苦的斗争，动员政府通过了著名的"限田令"，禁止豪强大户占有过多土地。

上任第二年，王莽又以王太后的名义，宣布把王家的所有土地，除了坟园之外，全部捐给贫民，以此带头推动"限田令"的实施。（《汉书·王莽传》）

这几把火烧得非常漂亮，一时间，以王莽为首的政府获得了极高的支持率，整个下层社会欣欣鼓舞，以为天下大治的时候终于要到了。

然而，天有不测风云，极权政治中，每个人的政治生命都是脆弱的。汉成帝的死打乱了王莽的整个计划。

成帝绥和二年（前7），王莽上任不到六个月，汉成帝去世。由于汉成帝无子，召定陶恭王之子继承帝位，是为汉哀帝。

哀帝上台的第一件事，是大搞自己的裙带关系。他违背礼仪规定，擅自尊自己的祖母傅氏为恭皇太后，与王政君并尊，并且在宴会的时候，把傅太后的座位与王太后平等安放。

这是完全不符合礼法的事情。傅太后的名称本来已经可疑，即使真的做了太后，与王太后也有正庶之分，怎能并尊？王莽见此情形，严厉斥责太监："定陶太后藩妾，何以得与至尊并？"立刻命令把傅氏的座位搬到一边。

傅太后一怒之下，索性不出席宴会。就这样，王莽不识时务地得罪了新帝。成帝绥和二年（前7）七月，王莽被免职，回到南阳封地闲居。（《汉书·王莽传》）

奋斗了几十年的成果就因为一次大义凛然而失去了。做模范有时必须付出代价。

这一年王莽三十九岁。

八

这次挫折，对以政治为生命的王莽来说，无疑是严重的。但是，王莽有着钢铁般的性格，挫折于上升期的他，就像给好钢淬一次火，只会让他更加坚韧。

在血亲社会，血缘是最有力的理由。新帝登基，王氏的血统立刻贬值。王莽和王政君都是明智之人，他们顺从地接受了命运的安排，离开政治中心，过起了隐居生活。他们有足够的耐心，就看上天是否能再次给他们机会了。

然而，王莽并没有真的闲下来。二十年的政治生涯已经使他由一个单纯的儒生变成了政治动物。他已经深深领略了权力的滋味，这滋味让人尝了一口，就再也不能放弃。他渴望着再过日理万机废寝忘食的生活，渴望着再次见到人们在他面前毕恭毕敬诚惶诚恐，渴望着再一次体验掌握千万人命运的强大感和改造山河建功立业的成就感。如果能够再次掌握权力，他甘愿付出任何代价。

多年周旋在政治旋涡之中，王莽已深谙政治的玄机。他的理想主义丝毫没有动摇，但是他实现理想的方式却已经悄悄发生了变化。刚入仕途，他只知一味刚强，做事恪守原则，直言不讳，这种性格使他在宦海沉浮的前几年吃尽了苦头。而现在，他在刚强中已经融入了一丝阴柔，做事更讲究方式方法，他知道了进退，知道了等待，知道了利用他人的弱点。

他一如既往地维护着自己的道德形象，他知道，这是他政治生命的基础。人们对道德楷模的要求是苛刻的，他们把慷慨的赞美送给你的同时，要求你在道德枷锁下不能有一丝松懈。因此，他必须倾尽全力，战战兢兢，把自己打扮得毫无瑕疵。为了这一点，他有时也不得不矫饰自己。道德于他，此时已由单纯的目的变成了手段。

他知道，为了达到光明的目的，有时要用不光明的手段。

在闲居的日子里，王莽做了这几件事情：一是倾心结交官员，特别是知识分子，建设自己的人际资源网；二是密切关注朝廷政局变化，同时又绝口不谈政治，不惹是非；三是继续进行自己的形象建设，丰厚自己的人格资源。

真是天将亡汉，刚刚登上帝位的汉哀帝恰好是历代皇帝中最不争气的一个。上任之后，他所做的第一件事就是大封外戚，祖母傅太后和母亲丁太后两家的亲戚一股脑儿拥进朝廷，占据了各路要津。这个时候，人们才又想起王氏外戚的好处，王家虽然骄奢，但毕竟大都是有能力的人，在他们的控制下，朝廷的运转基本正常。而傅、丁两家的人大都是草包，因为意外的机缘成了皇亲，便如同乡下人进城，恨不得一天之内把所有的东西都抱回家去。刚刚进入长安就忙着起宅第，买仆人，讲排场，比阔气；一上任便迫不及待地钩心斗角，卖官鬻爵，大开贪贿之门。一时间，整个朝廷上下鸡飞狗跳，乌烟瘴气，长安城的奢侈之风再一次兴起。

哀帝做的第二件事是搞起了同性恋。他喜欢上了一个叫董贤的漂亮侍从，两人很快就朝夕相处，形影不离。哀帝停止了王莽的"限田令"，一次赏赐给董贤二十万亩土地，不久又任命二十二岁的董贤为大司马。为了表达自己的爱意，哀帝甚至想把皇位让给董贤。(《汉书·哀帝纪》)

汉朝的衰败在哀帝手中达到了顶点，混乱的朝政加剧了人民的痛苦。他使汉王朝丧失了最后一点人心，各地农民起义风起云涌。为了挽救岌岌可危的局势，如上文所述，哀帝搞了一次荒唐的"再受命"仪式。这个仪式反而再明确不过地说明了大汉王朝已经丧尽人心。

王莽不动声色地观察着长安城内的一幕幕闹剧，平平静静地读书养性。

这时，他家里出了一件意外之事。他的二儿子王获因事一怒之下，失手打死了一个奴役。

当时的豪贵之家，每家都有几百名奴役。奴役是可以像牛马那样在市场上公开买卖的，没有人把他们当人看，失手打死了，官府罚几个钱就了事了。

王莽却不这样看。"天地之性人为贵"，在儒家看来，每个人的生命都是平等的，奴隶制本来就是不合理的。奴役也有自己的生命尊严，也有自己的基本权利。

经过痛苦的权衡，王莽命令王获自杀以赎罪。只有这样，他才能维护世界观的统一。而且，下意识中，王莽明白这样处理会带来巨大的轰动效应。

全家上下一下子乱了套，王莽的妻子急得要和王莽拼命，终日以泪洗面，别的儿子与女儿都在王莽面前连日长跪，为王获求情。

作为一个政治家，王莽对儿女之情是比较淡薄的，但并不是没有感情。做了这个决定之后，他也经历着痛苦的煎熬，那毕竟是自己从小看着长大的亲生骨肉。更何况，这次所有的亲人都站到了对立的一边。

然而，王莽已经习惯于在情感和礼法发生冲突时无条件地倒向礼法。四十年来的修身磨炼似乎就是为了面对今天的考验。要做改天换地的圣人，要做出经天纬地的大事，他就不能按常人的标准来要求自己。他得把自己变成刀枪不入的超人，变成超越世俗情感的神，这样才能承担起挽救天下的重任。天理和人欲的交战中，后退一步，就会前功尽弃。

上天也许是用这件事来考验王莽能否承担大事，他把拳头握得紧紧的，关节都要碎了。他以为自己已经练就了铁石心肠，但是，现在他发现，自己的心还保持着几分弹性。每一个夜晚，他都几乎要向感情投降，然而随着天明的到来，理智又一次占了上风。

王莽的意志最终不可违背，经过几天的争执，王获终于自杀。（《汉书·王莽传》）

这件事震动了整个社会。人们没法不震动，人们没法不感动，人们没法不敬仰。这是一个什么样的人啊！他确实已经接近了圣人的高度，让人只能仰视，心怀惭愧。在这个裙带成风的黑暗时代，王莽的行为像一盏明灯，给人们的心灵带来了希望。

王莽像一个高明的演员，给人们留下了最动人的造型。是啊，在这个纲纪崩溃的时代，人们最痛恨的是上流社会的穷奢极欲，最痛恨的是裙带成风。而王莽恰恰恭俭勤政，恰恰大义灭亲。他准确地击中了人们感情中最脆弱的部分，让所有人的心都为他折服。

哀帝元寿元年（前2）正月初一，发生日食。在汉朝人看来，这是上天明确无误的警告。哀帝惊恐不已，下诏让大臣献策。郁郁已久的大臣纷纷上书说这是上天对王莽遇到的不公正待遇的反应。迫于舆论的压力，哀帝只好以侍候王政君的名义让王莽重返京师。（《汉书·哀帝纪》）

九

还没等王莽为重新获得权力做出更多的努力，哀帝元寿二年（前1），二十五岁的汉哀帝突然去世。而在此之前，他的祖母傅太后与母亲丁太后都已去世。上天又一次向王莽露出笑脸。

在汉哀帝胡作非为的时候，王政君默默地独居深宫，不动声色，而现在，这个资深女政治家以迅雷不及掩耳之势采取了行动。在哀帝去世的当天，她就驾临未央宫，收取了皇帝的玺绶；接着召见大司马——皇帝的情人董贤，问他打算怎么处理皇帝的丧事。乳臭未干的董贤在王政君面前居然吓得连句完整话都说不来了。王政君马上掂出了这个人的轻重，命使者火速召王莽进宫。（《资治通鉴·哀帝元寿二年》）

王莽又成了大司马。

王莽做的第一件事是罢免董贤，此人早已成为哀帝的替罪羊，成为人人痛恨的目标。董贤畏罪自杀后，没收其财产四十三亿钱，充实国库。（《汉书·董贤传》）

王莽做的第二件事是选立中山孝王之子，九岁的刘衎即位，是为汉平帝，此人与无子的哀帝血缘最近，立他为帝顺理成章。同时，王莽命令，汉平帝的亲属不得进京，以绝外戚之患。

接着，他把傅、丁两家外戚全部赶出长安，让自己那些声名良好的朋友亲信占据要津。挖傅、丁两后的坟墓，以平民愤。（《汉书·外戚·孝哀傅皇后传》）

三件拨乱反正的大事做罢，整个大汉天下欢声雷动。久被压抑的人心得到了充分舒展，人人都以为，灾难终于过去，光明就要来临。王莽赢得了全国人民的信任。大汉王朝在王莽的领导下，眼看就要迈入一个全新的时代。

十

有人说王莽处心积虑地篡位，而实际上，他更像是被民众一步步推到皇帝的宝座上去的。

汉朝时的上天和民心看来是心有灵犀，高度默契。王莽执政前的百十年间，灾异屡见，什么夏天降霜，冬天打雷，山崩泉涌，地震石陨，日食月食，星辰逆行，老天爷装神弄鬼，忙得不可开交。《春秋》所记载的灾异品种在西汉末年几乎都全了。一旦有了一点什么事，老百姓就捕风捉影，添油加醋，三人成虎，口耳相传，闹得天下人心惶惶。

可是，王莽上台后，这类灾异渐渐消失了。相反，"祥瑞"却渐渐出现了。

祥瑞这个东西，是上天心情愉快的表现。如果天下大治，人心舒畅，上天就会降下些稀奇好玩的东西，以资精神鼓励。汉武帝打猎的时候，就捕获了一头独角怪兽，被认为是白麟，一种传说中的瑞兽，于是举国同庆。(《汉书·武帝纪》)汉宣帝的时候，有成千上万的五色鸟飞到长安附近的宫苑，许多人都一口咬定是亲眼所见。于是皇帝上尊号，百官加官晋爵，大家急忙进行自我奖励。(《汉书·宣帝纪》)

元始元年（1）正月，王莽就任六个月之后，南越人向朝廷进献了一只白雉、两只黑雉。儒生们一查古书，《尚书》记载周朝之时，越裳氏曾向周成王进献白雉。这件事在此时重现，显然是"周成白雉之瑞"。于是有人上书，应该像封周公那样封王莽为"安汉公"，增加两万八千户封户。此议一出，群臣纷纷响应。(《汉书·王莽传》)

王莽再三辞让，最后接受了这一称号，但拒绝接受封户。

《汉书·王莽传》说此事是王莽暗示地方官搞的阴谋，这一说法像诸多其他不利于王莽的记载一样，是缺乏根据的臆测。更大的可能是，西南地区的地方官主动策划了此事。这件事从一个侧面反映了王莽执政得到了地方官员的拥护。

王莽的政策方针完全遵循了儒家理论，他不搞裙带关系，不封王氏子孙，而是尊崇皇族。他依《周礼》的精神，封宣帝子孙三十六人为列侯，平反了一批冤假错案，解放了一批皇族后裔。此举一下子赢得了皇族的拥护。

他号召官员节俭度日，与百姓共患难，带头捐款一百万钱，捐地三十顷，用来救助贫民。每遇水旱灾害，他就吃素，与民同甘苦。在他的带领下，共有两百三十名贵族捐献田地，分给贫民。

王莽按照《周礼》的记载，在全国建立仓储制度，储备谷物，作赈灾之用。他按照上古传说，改革官制，设置"四辅"，加封周公、孔子等圣贤的子孙。

王莽还大兴教育，扩大太学招生量，太学生数量很快翻了几番，突破一万人。他还在各地广建学校，征召"异能之士"，拓宽了普通知识分子入仕的渠道。（《汉书·王莽传》）

和此前的一派乱象相比，大汉朝在王莽的治理下，真的是拨乱反正，蒸蒸日上。由于王莽不遗余力地大抓意识形态建设，纪纲恢复，社会正统价值观念得以弘扬，所以社会风气明显好转。从王公贵族到知识分子再到普通百姓，都觉得"道德楷模"王莽是他们利益最好的代言人，王莽具有超人的品格和能力，是人民信得过的领袖。

一个隐秘的想法在全国人民心中蠢蠢欲动：为什么不让王莽做皇帝呢？

人们对刘姓子孙已经失去了信心，即使汉平帝长大了，也不会好到哪儿去。由于董仲舒的天人感应论深入人心，汉朝老百姓人人都知道"皇天无亲，唯德是辅"，王莽符合做皇帝的条件。让王莽做皇帝，天下人的利益就有了永远的依靠，就可以避免平帝亲政后受二茬苦遭二茬罪。

不过，这个想法想想可以，说出来的风险太大了。恶莫大于叛逆。所以，人们所能做的，就是千方百计地表达对王莽的支持，呼吁提高王莽的地位，至于最后高到什么程度，大家尽量不去想，以免受到心中罪恶感的压迫。

千万人的想法汇合在一起，形成了一股无形然而能量巨大的洪流，并且像滚雪球那样，越来越大。终于，把全国人民都裹挟进去，形成了崩天裂地的巨大势能。

平帝元始三年（3），汉平帝十二岁，请考论五经，定娶礼。王莽发布诏书，在天下博采名门之后，选拔皇后。为了避嫌，他特意提出自己的女儿不参与竞争。王政君同意了这个提议。

消息传出，社会上反应强烈。大家都觉得这样对王莽不公平，每天都有上千人上书朝廷，和朝廷论理。这其中大部分是普通老百姓和学生。上书的人挤得政府门前水泄不通，几乎形成骚乱。王莽还特意派遣长史到各处去做工作，劝阻人们。结果上书的人更多了，一天数千起，人们纷纷呼吁："愿得公女为天下母。"形势迫人，王政君只好收回成命，把王莽的女儿列为候选对象。结果不言而喻，王莽之女获得最广泛的支持，顺利地成为大汉皇后。

朝臣查阅古书，上古的天子封后父的土地多达百里，所以加封王莽两万五千六百顷土地。王莽反复力争，终于退回了土地。按先例，聘皇后的礼金达数万万钱，王莽只接受四千万，还把其中三千三百万用来周济别人。(《汉书·王莽传》)

第二年，汉平帝成婚，有大臣提议应该加封王莽为宰衡，位在所有公爵之上。几天之内，就有八千名百姓和官吏上书朝廷，支持这一建议。宰衡一职，是把上古伊尹和周公两大名臣的封号合起来起的新名，古所未有。王莽求见王政君，痛哭流涕地拒绝这一封号，并且以称病辞职为要挟。但是朝廷坚决不许，王莽最后只好接受了这一封号，同时，从封赏中拿出千万，交给侍候王政君起居的官员，表示其孝敬之心。(《汉书·王莽传》)

大汉在王莽的领导下继续欣欣向荣。元始三年（3），王莽主持重定了"车服"制度，全国人民的着装、住房、器用按等级实现了整齐划一。元始四年（4），王莽根据德政精神，下令对老人、儿童不加刑罚，妇女非重罪不得逮捕，并且按《礼记》的记载，修建据说上古时曾有过的明堂。一时之间，文治达到极盛。大学者扬雄也为王莽的皇皇治绩所倾倒，孤傲的他满怀热情地作了《剧秦美新》一文，赞颂王莽的伟大。他说，王莽的治理完全符合先圣精神，在他的领导下，大汉王朝"帝典阙者已补，王纲弛者已张，炳炳麟麟，岂不懿哉"。他激动地赞美王莽之治"郁郁乎焕哉"！

元始五年（5），王莽当政五年之后，朝臣又总结王莽的治绩，说他的德行，为天下纪，他的功业，为万世基，提议加封"九锡"。

九锡是九种极尊贵的物品，加九锡，就意味着取得了接近皇帝的地位。消息传出，不长的时间内，朝廷竟然收到四十八万七千五百七十二人的上书，支持给王莽加九锡。数字之所以如此精确，是因为《汉书》作者班固核对了当时的政府档案。

四十八万多件上书在汉朝意味着什么呢？西汉末年，全国人口不过数千万，其中绝大部分是文盲，识字者不过数百万。而在长安附近，能够上书的知识分子加起来也不会比四十八万多多少。这就是说，几乎所有有能力上书的普通百姓都参与了这次运动，如果在当时进行民意测验，王莽的支持率肯定在百分之九十五以上。

在高层官员中，支持给王莽加九锡的王公列侯及卿大夫达九百零二人，几乎占了全部。

几乎所有的手都想把王莽推向"至尊"的宝座。

元始五年（5）五月，汉王朝在未央宫举行盛大仪式，为王莽加封九锡。

册文说："辅朕五年，人伦之本正，天地之位定……复千载之废，矫百世之失……动而有成，事得厥中，至德要道，通于神明。"（《汉书·王莽传》）

这道众臣精心撰写的册文，把王莽神化到了半人半神的地步。而九锡之制从形制上更是把王莽从众人中分别出来，朝廷专门为王莽设了宗官、卜官、史官、祝官。王莽出行，坐特殊形制的车，竖九旒龙旗，左建朱钺，右建金戚。这种充满神秘气息的仪式，无疑使王莽的形象大为神化。

终于，在王莽加九锡之后七个月，长安附近有人在挖井时挖到了一块上圆下方的白色石头，上面赫然刻道：

告安汉公莽为皇帝。

这出历史大戏，马上就要接近高潮。所有的人都屏息静气，整个剧场暂时出现了可怕的寂静。

十一

刚刚上台的时候，王莽绝没有想到做皇帝。他确实想效法周公，做一个完美的道德标杆。周公之伟大，正在于他可做天子而没有做。

"篡逆"是整个汉语系统里最丑恶的一个词，王莽怎么会让这个词做自己名字的定语呢？

在汉语里，克己，就意味着伟大。

然而，当民意大潮渐渐涌起的时候，他的心理发生了微妙的变化。民心就是天心，难道上天真的要自己做皇帝吗？一想到这里，他的思绪就不由自主地迅速游走，开创新王朝、九五至尊、万岁、万世、龙、明黄色、朕……这些辉煌崇高的字眼在眼前不连贯地跳动起伏；群臣在自己脚下匍匐，亿万人山呼万岁，自己站在人世最高点，与天相通……这些情景让他的心剧烈地跳动起来，激情在心底抑制不住地汹涌，稍不努力克制，就要泛滥出来……

这个时候，他才发现自己内心对皇位的渴望，是那样强烈。

如果上天真的属意于我，又有什么不对呢？周公不能做皇帝，因为他辅佐的周成王乃是自己的亲侄子，天命在周，没有必要取代同姓。而现在，刘姓似乎真的失去了天心，上天似乎真的在寻找一个新的代理人，如果上天真的要改朝换代，谁会比我更适合呢？只有获得皇位，才能使自己的事业获得永久的保障。

王莽毕竟是凡人，一波又一波汹涌的民意渐渐把他拍晕了，特别是在加九锡之时那四十八万多件上书，件件情真意切，字字出于百姓内心啊！这样感人的事情，前无古人，想必也后无来者。读着那一封封称颂自己的奏折，听着那一句句悦耳动听的话语，王莽也不得不觉得自己真的是伟大、正确，真的是经天纬地之才。

听听他们都说了自己些什么吧：

> 普天之下，惟公是赖……
> 钦承神祇，经纬四时，复千载之废，矫百世之失，天下和会，大众方辑……
> 四海雍雍，万国慕义，蛮夷殊俗，不召自至……
> 揆公德行，为天下纪；观公功勋，为万世基……（《汉书·王莽传》）

如果需要自己挺身拯救这些可爱的人民，自己为什么不能献身呢？

其实，执政不久，王莽就敏锐地嗅到了百官颂词中的特殊味道，在民众的一次次推戴中，他心领神会，通过自己的行为恰到好处地参与了导演。他越谦虚，百姓就越急迫；他越无私，百姓就越狂热。他就在这汹涌的大潮中，半真半假、半推半就地向前走着，终于，"告安汉公莽为皇帝"的符命出现了。

最关键的时刻到了。

直到这个时候，王政君才恍然大悟，原来，这些人的目的是想颠覆大汉江山！老太太勃然大怒，说："此诬罔天下，不可施行！"（《汉书·王莽传》）

王莽却认为这一符命是真的。本来，符命这种东西，并非不能伪造，但他不愿往那方面想。在下意识里，王莽其实是在盼望着这道符命的出现，也相信这道符命必然会出现。

但，他不能即皇帝位。因为在坚硬真实的伦理道德面前，虚幻的天意毕竟有些虚弱。退一步讲，即使天意昭昭，他也不能立刻接受。因为按礼的精神，遇到这种事必须极力推辞。

大臣们却迫不及待，他们再三譬喻，做通了太后的工作。王政君发过火之后，明白大势已去，明智地选择了沉默。然后，大臣们又来做王莽的工作。

王莽的工作就不那么好做了，不论人们如何劝解，他就是不肯迈过这最后一道坎。当然，王莽也绝不否认符命的真实。经过反复争取，达成妥协：王莽不做皇帝，但又不能违背上天旨意，因此，摄行皇帝之事，称"摄皇帝"，将来皇子长大仍要还政。

王莽的举动堵住了所有准备指责他篡逆的嘴。

十二

上天好像不满意王莽的谦虚，催促他即位的符命一道又一道：

齐郡临淄县昌兴亭长辛当梦见天公派人告诉他"摄皇帝当为真"，并且说，为了表示神异，亭中当有新井。辛当早上起来跑进亭中一看，亭中果然出现了一口很深的新井。

全国各地都送来带有天命信息的奇石。王莽去未央宫前观看这些奇石时，突然天风大作，尘土迷漫，风过之后，奇石前出现了铜符帛图，上面写道："天告帝符，献者封侯。承天命，用神令。"

面对上天的催促，王莽说："臣莽敢不承用！"但还是不即位，只是让大臣们上书时不称"摄皇帝"，而直称"皇帝"，但摄政性质不变。（《汉书·王莽传》）

王莽就这样，走一步，停一停，逐步消解掉可能出现的不满因素，让天下慢慢适应改朝换代的现实。应该说，他做得相当高明。

十三

初始元年（8）十一月的一个黄昏，一个学生模样的人来到刘邦庙门前，求见守庙官员，说有要事相告。

这个学生一脸神秘，从怀里掏出两个铜盒，交到守庙官手里，说昨天晚上他做了一个奇怪的梦，醒来后就看见身边有了这两个盒子。守庙官打开一看，一个盒子里装着一幅图，写着"天帝行玺金匮图"；另一个盒子里的是一封信，"赤帝行玺某传予黄帝金策书"，原来是上天和刘邦的神灵写给王莽的信，说他是真命天子，要他即位，改朝换代，新朝的名字就叫作"新"。

刘邦还特意在信上写了十一个人的名字，说这些人是新朝的辅佐大臣，要王莽重用他们。

符命被火速送入宫中。

王莽被这个突如其来的事打乱了阵脚。他没有理由置这道符命于不顾，因为这道符命以不容分说的口气，规定了他即位的时间，甚至规定了新王朝的称号。这就迫使他必须在最短时间内做出决定：或是宣布此符命为假造，逮捕献符人；或是接受符命，打乱自己的计划，提前即位。

这道符命还真值得怀疑，最可疑的一点，是"刘邦推荐"的十一人名单。这十一人，有八人是王莽的亲信，而另外三人中，两人分别叫王兴、王盛，不知是何许人也，最后一人，居然就是献符人哀章！这太让人怀疑了。

然而，静下心来一想，王莽却发现他居然不能怀疑，只能接受。第一，他真诚地信奉古书经典，相信符命的存在，虽然符命中有可能存在假托，但那是个别现象。第二，这道符命如果被宣布为假，那么以往的种种祥瑞符命也都可疑，天命在他的说法也就可疑，这无论如何是不能接受的。而且，已经有人在对符命窃窃私语了，在目前形势下，任何符命他都不能怀疑，即使错了，也只能错到底，否则就是给人口实，就会引起多米诺骨牌效应，自己的威信就会一落千丈。第三，这道符命制作精美，格式完全符合礼仪，不像以往有的符命语焉不详，粗俗鄙俚，不能登大雅之堂。第四，也就是最关键的一点，符命明确规定了即位时间，使他没有任何理由再推让拒绝，也就意味着为他解决了最大的礼仪上的难题。因此，这是个绝好的机会！

王莽彻夜不眠，在房间里一趟趟来回走着，不时拿起这道符命，端详一下。已经过了子夜时分，他下令，立刻召亲信大臣入宫！

大臣们看过符命，立刻向他叩首祝贺，一致认为应该顺天应命，立刻即位。他们等这一天已经等得太久了。天快亮了，他们火速起草了一道诏书：

予以不德，托于皇初祖考黄帝之后，皇始祖考虞帝之苗裔，而太皇太后之末属。皇天上帝隆显大佑，成命统序，符契图文，金匮策书，神明诏告，属予以天下兆民。赤帝汉氏高皇帝之灵，承天命，传国金策之书，予甚祇畏，敢不钦受！以戊辰直定，御王冠，即真天子位，定有天下之号曰"新"。其改正朔，易服色，变牺牲，殊徽帜，异器制。以十二月朔癸酉为建国元年（9）正月之朔，以鸡鸣为时。服色配德上黄，牺牲应正用白，使节之旄幡皆纯黄，其署曰"新使五威节"，以承皇天上帝威命也。（《汉书·王莽传》）

十四

话说长安东城仁义巷有个卖烧饼的汉子，为人老实懦弱，每天天不亮就起身，烤上百来个烧饼，沿街叫卖，赚几个小钱，养家糊口。这一天早上，也许是运气不好，他好好地走在路上，突然被石头绊了一跤，提篮里的烧饼撒得满街都是，待拾起来时，已被无赖小儿抢去好几个，因此闷闷不乐，叫卖也无精打采。正在这时，突然听到身后有人在叫自己的名字："王盛！王盛！快点回家，有一群官人在那儿等你呢！"

王盛回头一看，是自己的邻居钱大麻子。也不知道怎么回事，王盛糊里糊涂跟着他回到家里，只见自己家门口围了一大群人，还有不少当官的，见了他，人们便喊起来："来了！来了！"

王盛不知道怎么回事，吓得两腿发软，上前就要给当官的叩头，不承想那些当官的倒纷纷跪倒在他面前，王盛被吓得手一抖，半篮烧饼又打翻在地。当官的说什么，他全没听清，糊里糊涂被推上一辆马车，往皇宫驶去。

过了好半天，在人家再三解释下，他才知道，上天把他的名字写进符命里，让他辅佐新皇帝王莽，他现在已经是"崇新公"了。

转眼到了皇宫，洗澡更衣，修胡子梳头发，打扮停当，他立刻被送到未央宫前，参加新帝的登基典礼。

巍峨的未央宫装饰一新，在朝阳下金碧辉煌，殿前广场上旗帜在微风中猎猎飞扬，夹陛而立的一列列武士手持长枪，挺胸收腹，默默对视，数千名文武官员穿着最隆重的礼服，排列整齐，神情庄严，垂手肃立。随着司礼官的一声长叫，悦耳的鼓乐立刻响彻云霄。

一个头戴纯金平天冠，身穿明黄色龙袍，脚蹬厚底皮靴的个头稍矮的中年人在宦官的引导下缓步走向宝座。王盛注意到，这个人的靴子底能有三寸厚，他长方脸，眉宇间满是庄严，方方的下巴显示着异乎寻常的坚定。

王莽转过身，默默地注视着脚下黑压压的文武百官，不知道在想些什么。良久，他才从宦官手中拿过诏书，声音洪亮地读了起来。

读诏毕，王莽停了一下，又高声对群臣说："昔周公代成王摄政，最终使成王归位。如今我为天命所迫，不能按自己的心意行事，此时心中的滋味，一言难尽！"（《汉书·王莽传》）

说着，王莽语调已转悲凉，无数往事涌上心头，一时悲情难抑，热泪突然夺眶而出。

群臣立刻匍匐在地，"万岁"的呼声如山呼海啸，瞬间席卷了整个皇宫，又弥漫到整个京城。长安城内外，一派喜气洋洋，百姓自发地穿上新衣，燃起烟花爆竹，大事庆祝。他们感到特别高兴，因为王莽的登基，每个人都有一份功劳。

历史上空前绝后的"民选皇帝"诞生了。

十五

所有的中国人心中都有一个梦，那就是上古时候的生活。

据说那个时候，天特别蓝，水特别清，人民在尧、舜等人的领导下，过着牧歌式的生活。

那个时候，天下没有黑暗，没有不公，没有人剥削人、人压迫人。天下为公，实行井田制，有福大家享，有难大家当。人们的道德水平都很高，人人遵守秩序，"市无二贾，官无狱讼，邑无盗贼，野无饥民，道不拾遗，男女异路"。人人都拾金不昧，而且男人和女人走路都不走同一条路，专门有"男路"和"女路"。

旧时的政治家特别强调秩序。在他们眼里，这个世界本来就是静态的、条理分明的。所谓太极生两仪，两仪生四象，四象生八卦，三皇治世，五帝定伦，长幼尊卑，君君臣臣父父子子，都是上天早就规定好了的，并且在《周礼》等上古传下来的经典中阐明，天子的使命就是使一切回到原来的规定上去，克己复礼。

使这个混乱的世界恢复到有秩序的上古时代，是过去每一位政治家的最高梦想，也是所有老百姓的最高梦想。

十六

王莽含辛茹苦，殚精竭虑，拼命奋斗，牺牲了自己的儿子，牺牲了自己的健康，牺牲了做人的快乐，就是为了这一天，能够践履至尊，手握权柄，来改变万恶的现状，来实现复古这一辉煌的梦想，实现把《周礼》变成现实这一人间奇迹。

王莽没有必要去考虑古代经典的正确性。这就像日月之明，是不需要证明的先天真理。因此，他也没有一秒钟怀疑自己彻底按古代经典去用人行政，会不会取得成功。

皇帝和"摄皇帝"是完全不同的两种滋味。现在，他分明感觉到自己已经站在了天地之间，身上充满了神性，肩上沉甸甸地承担了上天亲手压上的担子。这担子，点燃了他体内的巨大能量。俯视天下，他心中涌起一股慈爱。他要对得起这些赤子一般可爱的子民。

一万年太久，只争朝夕。

这个原来的工作狂现在变成了工作机器，每天工作长达二十个小时，经常连续几天不休息。激情就像熊熊燃烧的大火，吞没了王莽。他召来博学的大臣儒生，日夜探讨上古的制度，他们像一群考据学家，在语焉不详的经书中艰苦地跋涉。

再难，他们也要走下去。因为，这是天下人福祉的关键所在。

经过周密的思考，一项项措施出台了。

第一项，恢复上古的井田制，均分天下土地。

贫富不均已经发展到了极端，严重地威胁着社会的稳定，只有改革土地所有制，才能长治久安。

上古时代，之所以人人富足，是因为土地均等。因此，王莽规定，人均土地一百亩，多占土地的人家，不管是富家巨室还是普通百姓，要立刻无条件交出土地，分给贫民，土地不许买卖抵押。

第二项，禁止奴隶买卖。

"天地之性人为贵"，人的生命是天地间最尊贵的。买卖人口是"悖天心，逆人伦"的罪恶行径，必须立刻停止。原有的奴隶，一律恢复自由民的身份。一道令下，三百六十万奴隶获得了解放。

第三项，由政府垄断经营盐、酒、冶铁和铸钱，防止富商操纵市场，勒索百姓。

王莽下令建立国家银行，贫苦百姓可以申请国家贷款，年息为十分之一，这样就杜绝了高利贷对百姓的盘剥。

第四项，从皇帝到百官，都实行浮动工资制。

如果天下丰收，皇帝就享用全额生活费，如果出现天灾，或者治理不当，就按比例扣减生活费。百官的工资也根据百姓的生活水平浮动。百姓丰衣足食，工资就高；百姓饿肚子，官员也要跟着挨饿。

王莽厉行惩贪。他下诏清查所有官吏的家产，发现贪污者，就没收其所有财产的五分之四，用来补充国家财政经费。他建立举报制度，举报查实，立予重奖。

王莽又改革了全国的官名。名不正则言不顺。他按照《周礼》的规定，设了三公、九卿、二十七大夫、八十一元士。按照《禹贡》的规定，把天下分为九州，恢复上古地名。按古书的记载，把太守改名叫大尹，都尉改名叫太尉，县令改名叫县宰，御史改名叫执法，长安改名叫常安，未央宫改名叫寿成室。

王莽在长安城中心建了一个王路门，在门下坐了四个人，叫谏大夫，面向四个方向，听取四方百姓对政府的意见。这是按照《周礼》而设的。

蛮夷之国，名字也必须低贱，这样才符合上古礼制。他把匈奴单于改名为降奴服于，把高句丽改为下句丽。(《汉书·王莽传》)

王莽兴致勃勃地和儒士们讨论着官员、地名和人名，引经据典，头头是道。这种讨论，使他的思绪回到了学生时代，给他带来了纯粹的快乐，他就像一个儿童，兴致勃勃地建着沙上之塔。

十七

然而，均分土地、解放奴隶和改个名字、建座宫殿有着太大的不同。当根本利益受到侵害的时候，所有的道德教化都失去了功效。让有地者交出土地，无异于痴人说梦。人们宁可交出性命，也不会交出几代人用血汗换来的土地和财产。

人们无法与王莽的思想高度比肩。他们期望王莽做皇帝，原是为了自己的私利。没想到王莽却要让大家向自己看齐，消灭私心，一心为公。王莽那仁爱、威严的形象立刻变得可怖起来。

拥护王莽的主要力量立刻都站到了反面。

王莽虽然是大家推举的，推举上去后就成了大家的上帝，性命掌握在他手里。王莽可能缺乏其他品质，可是从不缺乏决心。他认准了的事，任何力量都无法阻止。他挥起了鞭子，谁不执行，就把谁抓起来，不管他是皇亲国戚还是名公巨卿。

于是农商失业，食货俱废，民人至涕泣于市道。及坐卖买田宅奴婢、铸钱，自诸侯卿大夫至于庶民，抵罪者不可胜数。(《汉书·王莽传》)

犯罪的人越来越多。"吏民抵罪者浸众。"罪不至死者被罚为官奴，不长时间内，二十多万人从上层社会成员沦为官府奴隶。全国各条道路上，都络绎不绝地走着一队队的罪犯，监狱几乎满员。其情形，竟和秦朝末年有些相似了。

可是剩下的人还是拒绝交出土地，奴隶买卖还是屡禁不绝。

十八

王莽却已经沉醉在自己的幻想中不能自拔了。他从形式主义中获得了巨大的快感，他用名称和制度建设着一个并不存在的宇宙。他体验着创世的光荣。

无限的权力足以把任何明智的人变成疯子。现在，王莽已经没有任何顾虑，没有任何限制，多年来积蓄在胸的种种梦想，汹涌而出。他把帝国变成一个巨大的试验场，来试验他的种种天才构想。

他认为自己是天才的经济学家，他设计了一套币制改革方案。

在他的货币体系中，有大钱，有壮钱，还有幼钱、幺钱、小钱。他给钱币组织了一个家庭，排了辈分。除了钱，还有布，布的家族关系更复杂，有幺布、幼布、厚布、差布、中布、壮布、弟布、次布、大布。按照上古的制度，乌龟壳、贝壳也都成了货币。此外，还有货布、货泉、契刀、错刀、宝货。

一个大布值十个小布，一个小布值两个大钱，一个大钱值五十个小钱。一个乌龟壳值十个贝壳，一个贝壳值半个大布。一个错刀值十个契刀，一个契刀值十个大钱。一个货布值两个半货泉……（葛承雍《王莽新传》）

如果请一位现在的经济学家，让他算算一个货泉值多少幼布，保管他算上一个上午也算不出来。

老百姓没有上古时那么聪明，自然更是算不出来，私下里还是用汉朝的五铢钱交易，被抓住了，就要被流放，罪名是"扰乱币值罪"。

▲ 王莽时期的货币"一刀平五千"

十九

天下人的忍耐是有限度的。如果是汉朝皇帝在台上胡作非为，他们还可以原谅，毕竟汉朝的天下是人家刘邦打下来的。而王莽凭什么这么胡闹，他忘了他是大伙儿推选上去的了吗？

于是，在各地豪强大户的鼓动下，人民揭竿而起。大新王朝一下子岌岌可危了。

天凤四年（17），山东吕母起义队伍的规模，很快发展成为数万人。

同年，河南南阳王匡、王凤发动绿林军起义。王莽数次派兵围剿，效果不大。

汉宗室贵族刘玄、刘缤、刘秀等纷纷投身起义军中。

天凤五年（18），山东人樊崇发动了赤眉军起义。

豪强大户在汉朝社会的地位可谓举足轻重，从汉初到王莽时代，刘汉宗室人口已经繁衍到十万之众。他们累代豪族，在地方上势力根深蒂固，占有的土地和控制的人口占全国总量的四分之一以上。许多豪族都广蓄宾客，拥有规模庞大的私家武装。得罪他们，实在是不明智的事，即使你拥有再多道义上的优势。有人统计过，新汉之际起兵反对王莽的义军首领中，普通百姓占百分之二十九，而豪强大姓占百分之七十一。可见，新汉之争，主要是社会上层因利益调整而导致的内部斗争。

王莽并不在意。他顺利即位，充分说明了上天对他的信任。上天既然选择了他，他又这样兢兢业业，克己复礼，上天没有理由对他不满。不过，各地的起义军毕竟干扰了他的思路，让他不得不分出精力来应付一下。

王莽自有王莽的做法。很长时间以来，他和各地的"奇人异士"保持着密切的联系，他热衷于和他们探讨上天的心思。一个据说能通神的儒学大师被他请来，大师望天祷告半天，说如果造一个"威斗"就可以克住反叛势力。

王莽命人以五色药石与铜合金，铸造了一个长二尺五寸，状如北斗一样的威斗，从此，这个威斗与王莽形影不离。每次出行，都有一个司命背负威斗在他车驾的前面行走。在宫中，也必须时刻有一个司命秉威斗站立在他身边。这个威斗的把随着时辰变化不断旋转方向，王莽的座位也就时时随着转动。

很显然，过度的脑力劳动，过分的自我克制，毫无限制的权力，以及老年人格的改变，让王莽的大脑有点不清醒了。威斗并没有发挥作用，起义的烈火越烧越旺。经师们又想出了一个新办法：颁布新历法。王莽命令太史令推算出三万六千年的历法，决定每六年改元一次，据说这样就可以使"群盗消解"。（《汉书·王莽传》）

二十

当然，王莽更多的精力是放在指挥军队上面。可是这好像不是他的长项，他所信任的那些熟读兵书战策、据说精通六十三家兵法的大将似乎也不比那些草莽之徒高明。到新莽地皇四年（23），经过几年的东征西讨，王莽的领土日渐萎缩，全国五分之四的土地都已落入叛军手中。这个时候，王莽才真正着急起来，他吃不下饭，睡不着觉，成天地看各地报上来的军报。

新莽地皇四年（23），王莽派大司空王邑征讨昆阳。王邑集结四十万重兵从洛阳出发，旌旗蔽天，辎重盖地，据说还带了一大群虎豹、大象、犀牛等猛兽，以期获奇兵之效。然而这支大军在昆阳城下受到刘秀的三千敢死兵袭击后，居然兵败如山倒，各不相顾，人马互踏，死者枕藉。四十万最精锐的新朝官兵，被一举消灭，王莽失去了基本的军事力量。

恐慌像蛇一样悄悄爬上了王莽的心头。他弄不明白自己做错了什么，上天要这样惩罚他。难道他的所作所为，还不够模范吗？虽然做了皇帝，可是他不好女色，不好享受，每天克勤克俭，兢兢业业，把所有的精力都献给了这个帝国，从古至今，做皇帝做到他这个程度，应该是无可挑剔了吧，可上天为什么要这样对他？

王莽感到非常委屈。八月二十日，他率领群臣来到长安南郊，举行祭天大典。在典礼上，王莽悲从中来，痛哭流涕。他边哭边叙述他做皇帝的始末，质问上天他做错了什么。在高高的祭坛上，王莽仰首苍天，悲凉地哭喊："皇天既命授臣莽，何不殄灭众贼？即令臣莽非是，愿下雷霆诛臣莽！"喊罢，六十八岁的老翁王莽捶胸顿足，号啕大哭。（《汉书·王莽传》）

灰蒙蒙的天空看上去那样高远宁静，一丝丝微风不断从祭坛上掠过。

王莽派出的军队越来越多地倒戈，到后来干脆一出京城，就举起了白旗。

被天意弄得摸不着头脑的王莽终于开始向现实妥协。他匆匆下令，暂缓均分土地，开禁奴隶买卖。对于私铸钱币和"扰乱币值"的，也不再处死流放，改为没入官府为奴和罚做苦工一年。

然而，这一切已经太晚了。

十月一日，起义军进城；二日，攻陷长安。十月三日早晨，长安城内到处燃起大火，烈焰熏天，长烟遍地。王莽的卫队在官门毫无希望地做着最后的搏斗。

王莽戴上了纯金的平天冠，穿上了即位时那件华丽的龙袍，站在未央宫前的广场上，脚上的鞋却不知道到哪儿去了。司命手捧威斗，不断地报着时刻，王莽随着威斗的转动，按时改变自己面对的方向。

皇宫内突然起火了，后宫许多宫殿燃起了熊熊大火，火势迅速向未央宫扑来。还有一百多名忠诚的官员死死守护在王莽的身边。离他最近的，是前卖饼汉子，现崇新公王盛。这些年来，王盛的模样发生了很大变化，他胖了，白了，一举一动，有了贵族气派。只是，此时此刻，面对噼啪作响的火蛇，他的眼里又流露出那天早上在自己家门口遇见官员时的惶恐。在烈焰和喊杀声中，群臣劝王莽立刻离开这里，王莽目光迷离，厌恶地望着这些慌乱的大臣，歇斯底里地大喊道："天生德于予，汉兵其如予何！"

喊声刚落，未央宫院门轰然崩塌，烟尘四起，起义军如潮水一拥而入。王莽周围的人一个个死去，一个军官杀到了王莽身边，举剑向王莽的胸膛刺来。这时，已经身负重伤的王盛用尽最后一点力气扑到王莽身上。

王盛的一扑使王莽的生命延长了半分钟。半分钟之后，王莽的头被切了下来，花白的胡须染满了鲜血。如狼似虎的起义军欢呼着扑上来，一会儿工夫，王莽的尸体被砍成了碎块。

二十一

王莽的头颅被悬挂在城楼上，几个时辰之后，就被人们取了下来。人们把这个头颅当成了球，每个人都争着上前踢上一脚，不久就把它踢得稀烂。有人把王莽的舌头从口中剜出来，剁碎分着吃了。似乎只有这样的举动，才能解除人们内心的痛恨。他们告诉自己的孩子，这个人是有史以来最坏的人，就是他，试图剥夺他们的土地，并把他们关进监狱。

他们还告诉孩子，最大的罪恶是篡逆，而这个人就是最丑恶的篡逆者。他们搜肠刮肚，在公开场合，寻找出最恶毒的词语来咒骂这个人。似乎只有这样，他们才能让自己忘记，当初正是他们自己把这个人送上了皇位。只有这样，他们才能从篡逆的罪恶感中解脱出来。

第四章
杨广：被大业压垮

————— ● ● ● —————

　　他是一个聪明、热情、热爱生活的人，更是一个事业心极强的男人。如果在大业五年（609）"及时"去世，隋炀帝就会成为中国历史上功业最显赫的帝王之一。他身败名裂的主要原因，是成为"子孙万代，人莫能窥"的千古一帝的雄心催促他把车开得太快，终于车毁人亡。

一

　　书案左首，架着一面名贵的古铜镜。每当读书倦了，杨广就揽起来，和镜中人对视。一股压抑不住的英气破镜而出，照亮了他的双眸：从俊朗的眉毛到挺拔的鼻梁，从光滑的皮肤到鲜润的双唇，每一根线条都千斟万酌，每一个细节都经得住推敲。很明显，这不是随手捏就而是精心设计的面孔。他百看不厌。(《隋书·炀帝纪》："上美姿仪，少敏慧。")

　　在内心深处，杨广一直觉得自己有两个父亲：一个是人间的杨坚，另一个是天上的上帝。

　　天上的父亲给了他几乎一切他想要的：

　　他被安排衔着金汤匙出生，并且投生在北周重臣隋国公杨坚的府第。还没出生，府里已经给他千挑万选出数十名的奶妈和仆妇，准备了成百上千的玩具、童衣和饰物。从懂事起，他的身边就跟随着庞大的仆从队伍，随时准备满足他每一个小小的需要。他的一颦一笑牵动着无数人的心。

　　除了俊秀的外表，上天还赐予他超乎常人的聪颖。七岁那年，他写出了平生第一首诗歌，歌咏长安灞河两岸的旖旎风光。这首诗从老师手中流传到文人学士圈中，立刻为他赢得了"神童"的美誉。后来他成了到他为止的历代皇帝中最博学、最富有才华的一个，隋代文学史上留下了他许多优美的诗篇。

　　人间的父亲当然对他更加疼爱。保姆怀中那张粉红色的小脸上灿烂的笑容，似乎有一种天生的魔力，在一瞬间扯"偏"了父亲杨坚的心。越长大，这个孩子的聪明、懂事、可爱就越让他感觉到做父亲的骄傲。作为一个很少承认错误的人，杨坚却不能否认他对这个孩子"于诸子中特所钟爱"。(《隋书·炀帝纪》)做隋国公时，杨坚重金为这个孩子聘请了国内最博学的老师。

做了皇帝后，他干脆把原来打算用为丞相的王韶任命为杨广的师傅。从杨广自少年起接受的一系列任命中，我们可以一目了然地读出杨坚对他的特殊器重和苦心培养。开皇元年（581）二月二十六日，在杨坚开国称帝仅十二天之后，年仅十三岁的杨广就被封为晋王，并被任命为并州总管，授武卫大将军称号。并州为当时防备帝国最危险的敌人突厥的战略要地，封杨广于这样的要冲，当然是为了让他尽快成长为帝国的藩屏。十八岁那年，晋王在并州表现出的才能被皇帝认可，于是皇帝召他回朝中，实习宰相之职。从此之后，帝国内最重要或者最关键的职务几乎都是属于这个儿子的。当突厥欲图南下时，杨广被立刻调回并州，继续屏挡突厥。由于南方有人聚众叛乱，杨广又被迅速从并州总管调为扬州总管。任命皇子担当要职是隋文帝的整体政治筹划的一部分，虽然这些职务实习性成分居多，然而在五个儿子当中，杨广的屡次任命无疑是最风光的。

从懂事开始，杨广就认为自己是独一无二的上帝的宠儿。在他眼里，这个世界几乎是专为他而创造的。他来到人间，就是为了玩一场叫作"人生"的快乐游戏，为了像父亲那样收获万众的崇拜，尽享人生的每一点滴美好。他有充分的理由这样认为，因为很少有哪个生命乐章的序曲能这样灿烂。

然而，天心永远不可能彻底被凡人所了解，命运的安排往往是让人费解的，它给了杨广一切，却唯独忘掉了最关键的一样：恰当的出生顺位。在他前景辉煌的命运之路上，横亘着一个巨大的阴影：兄长杨勇。

二

自从西周时起，中国政治权力的传递就一直遵循着一个明确的原则——"立嫡以长"。大隋天下的未来主角，应该由他的长兄杨勇扮演。

"嫡长制"最有效地保证了皇族内部权力延续的有序，杜绝了皇族间的竞争，所以被圣人称为"百王不易之制"。然而，这个制度的合理性是那么禁不起推敲。谁都知道，出生顺位与治国才能没有什么逻辑上的联系。正是这个制度导致历史上幼童、白痴、昏庸之徒不断登基。为什么要把帝国的前途囚禁在这样一个弱智的规定里呢？

相信在一千四百年前，杨广和他的兄弟们都是这样想的。

降生在政治旋涡中的杨氏兄弟对政治的兴趣几乎是天生的。在过去的几千年里，政治几乎是一个中国男人实现自我的唯一途径。在他们的视野里，只有政治，才能体现一个人的生命价值；只有权力，才能赋予男人非同寻常的力量和尊严。混合了鲜卑族和汉族血液的杨氏家族的男人，生命力都非常强健，"盖世英豪，儿郎虎豹"这句唱词用在杨坚家里异常贴切。杨坚其余的四个儿子，都像饿狼渴望鲜肉一样，对皇位垂涎三尺。虽然文笔出色，杨广从来没想过要当什么文学家，那样的前途对一个皇子来说几乎是一种耻辱。

在杨坚称帝，五兄弟同日封王之后，杨广就感觉到兄弟之间的关系发生了微妙的变化，这些从小在一起嬉戏打闹着长大的兄弟看对方的眼神里都多了一丝阴冷和提防。南北朝时期，是中国历史上阴谋和血腥色彩最浓烈的时期之一。为了争夺皇位，政治上层一直在钩心斗角、相互杀戮，而皇族间的兄弟相残是高层政治中最常上演的剧目之一。从那一刻开始，杨氏兄弟倏然惊觉：生在帝王之家，就是活在狼群之中，也许有一天，不是自己杀掉其他兄弟，就是其他兄弟杀掉自己。

既然生活在狼群之中，强壮、敏捷、狡猾就是竞争的资本，杨广坚信自己具备这样的天赋。虽然一个个野心勃勃，但其他兄弟都是碌碌之徒，只有杨广从杨坚身上继承了一个政治家所必需的基本素质：城府、机敏和悟性。

一般来说，豪门子弟都免不了有一些共同的毛病：骄纵狂傲、眼高手低以及缺乏自制能力。可杨广似乎是个异数。

也许是因为师傅教育的成功，也许是因为杨广过人的悟性，他从小就表现出非同寻常的自制力，举止端凝，"深沉持严重"。其他兄弟多是典型的纨绔，为了一时之欲，多违父母之意：长兄杨勇缺乏心机，行事放纵；老三杨俊性格软弱，奢侈无度；老四杨秀则性情暴烈，甚至"生剖死囚，取胆为乐"。(《北史·列传第六十三》)只有他对父母之命奉之唯谨。父亲提倡节俭，他便衣着朴素，用度有节。母亲性奇妒，最看不得男人好色，他则与正妃萧氏举案齐眉，恩爱有加。

从很早开始，杨广就已经学会设计自己，虽然出身天潢贵胄，他却善待下人，从无骄纵之色。"大臣用事者，皆倾心与交"，"敬接朝士，礼极卑屈，由是声名籍甚，冠于诸王"。父亲杨坚印象最深刻的是这样一个细节：史万岁是国之名将，开皇十七年（597）他远征云南回朝时，分别路过秦王杨俊所在的成都和晋王杨广所在的江都。两个王爷对史万岁的到来都很重视，亲自接见。不过秦王关心的是向史万岁索要征战中虏获的奇珍异宝，而晋王却"虚衿敬之，待以交友之礼"，与他探讨军国大事。杨坚见二人情好，乃命史万岁干脆留在晋王身边，督晋王府军事。(《隋书·炀帝纪》)

开皇九年（589），在隋帝国最重要的一次战争——为统一南方而进行的平陈战争中，年仅二十岁的杨广被任命为五十万大军的最高统帅，举国瞩目。这次战争是他正式登上帝国政治舞台的亮相之作，杨广深知这是树立自己形象的千载难逢的机会。事实上，他的全国性声誉就是在此刻建立起来的。腐败的南朝不堪一击，平陈战争胜得轻松愉快。攻灭南朝之后，杨广首先命属下收取陈朝政治档案和典章文物，"封存府库，金银资财一无所取"，"秋毫无所犯，称为清白"。由此"天下皆称广以为贤"，"昆弟之中，声誉独著"。（《隋书·炀帝纪》）

二十出头的他成了隋帝国风头最强劲的政治明星，这个皇子的贤能实为历代少见。在杨广刻意表现自己的背后，隐藏着谁都读得懂的动机：虽然嫡长制原则横亘在面前，但熟读历史的杨广知道，"换太子"这样"大不韪"的事，在历史上并非没有发生过。

三

从一定程度上说，中国历史不是一部人的历史，而是神或者鬼的历史。构成前者系列的是文武周召、孔孟程朱和诸葛亮、文天祥这些天纵神圣、料事如神、顶天立地、完美无瑕的形象；构成后者系列的是夏桀、商纣、秦始皇、曹孟德、秦桧这些穷凶极恶、无恶不作、头上长疮脚底流脓的角色。中国历史中的人，其身上往往充斥着"神性"或者"兽性"，唯独缺少"人性"。而在这些"鬼"当中，隋炀帝杨广是面目最丑恶的一个。

在老百姓的传说中，杨广原本是终南山间一只巨鼠转世，所以淫猥贪婪，无恶不作。这个古今恶人排行榜中的TOP1，几乎集中了人类所能有的全部邪恶品性：淫荡、贪婪、狡诈、阴险、自私、冷血、残暴、血腥、昏乱……他犯下了几乎人类所有能犯下的罪行："谋兄""淫母""弑父""幽弟""逆天""虐民"……

杨广之所以被泼上了这么多盆污水，源于他犯的第一个"错误"："夺嫡"。

在今人看来，对皇位的渴望并不能被认为是一个错误。作为一个受到器重的皇子，杨广对皇位的"非分之想"，其实处于一个人的正常欲望范围。从能力、才华及素质看，杨广确实比他的兄弟们更适合当这个皇帝。在所谓的"夺嫡"过程中，杨广所做的主要是竭力表现自己的能力而已，用今天的话来说，这是一种良性竞争。

然而，在古人看来，对皇位动念，本身就是杨广的大罪。换句话说，问题不在于杨广进行的竞争是不是良性的，而是他根本不应该参与竞争。

在旧时中国，每一个人生下来，身上都系着一个无形的标签，叫作"名分"。遵守"名分"，是人生守则中的第一款。用李斯的那个著名寓言来打比方，生在仓里的老鼠注定会一生吃白米，而生在厕所里的老鼠注定一生吃手纸。不守"名分"，是一个人所犯的错误中最危险的一个，因为"名分"关乎社会稳定。商鞅说：一只兔子在野地里奔走而百人逐之，并不是兔子够这百人来分，而是由于名分未定，谁都可以来争。卖兔者满市，却没有人敢不给钱就拿，是由于兔子有主，名分已定。所以定名分，才能天下大治，名分不定，必将天下大乱。

旧时王朝崇尚稳定。江山永固，万世不变，是统治者最大的利益关切。这就注定了它是一种反竞争的文化，因为竞争往往带来混乱和动荡。"雄心、进取"这些我们今天看来非常积极的词，在过去却是错误和不祥的代名词。圣人说，如果大家都"各安其分"，那么社会就不会起冲突，天下就会永远太平祥和。通过这种方式实现的稳定，肯定是压抑和缺乏活力的，然而过去的中国人却乐于忍受。由于对竞争的恐惧达到了变态的程度，他们宁可要"嫡长制"的草，也不要自由竞争的苗。如果哪位皇帝或者皇子胆敢挑战"立嫡以长"的原则，不但在当时他要受到大臣们的强烈反对，而且在死后也必将成为人们全力攻击的对象。

由于以勤俭著称的隋文帝被传统史学立为"基本正确""主流是好的"好皇帝，所以攻击的矛头就集中对准了杨广。人们以杨广为主角，编造了一个又一个匪夷所思的故事，以证明杨坚选择杨广是多么错误。

出现在《隋书·炀帝纪》中杨广所做的第一件事，就是在平陈战争胜利后进入陈宫，寻找陈叔宝那个著名的宠妃张丽华。据说相见之后，杨广色心大动，"欲纳为妃"。幸亏老臣高颎杀了张丽华，才避免了这个"狐狸精"祸乱大隋。

编造这个故事当然是为了证明杨广本性好色，然而这个说法根本禁不住推敲。传统史家也承认，杨广是一个善于蛰伏、处心积虑的人。平陈战争对他来讲是树立自己形象的千载难逢的机会，他必然会注意自己的一举一动。张丽华并非一般的女人，这个妓女出身的女人在那时以淫荡、邪恶、奸诈为全国所知，并被认为是陈朝灭亡的罪魁祸首之一，她的结局是战争胜利后举国关注的一个焦点。在这种背景下，即使二十岁的杨广有恋母情结（在史书中我们并没有见到其他例证），喜欢一个其孩子已经十五岁（张丽华所生的被立为太子的陈深时年十五）的半老徐娘，也不至于做出如此骇人听闻的事来——那岂不是自绝政治生命？

与《隋书》记载不同，同样于唐初修订的《陈书》和《南史》都明确记载杀张丽华的命令发布自杨广而不是高颎。《陈书》记载："晋王广命斩贵妃，榜于青溪中桥。"而《南史》则说："晋王广命斩之于青溪。"

四

虽然取代杨勇在理论上几乎是不可能的，杨广却一直有一种直觉：自己会成为大隋朝新的主角。理由只有一个，因为从小到大，他一直是那么幸运。只要有百分之一的机会，他就会做出百分之百的努力，天赋的聪明让他很清楚怎样能达到目的：像一只老狼一样蛰伏，然后在恰当的时候迅猛出击。他对自己的毅力、耐心和敏捷有信心，就像对长兄杨勇的愚蠢有信心一样。

作为具有鲜卑血统的杨氏家族的长子，"普六茹·睍地伐"（杨勇的鲜卑名字）最鲜明地继承了胡人的天性。史称这个比杨广大两岁的王子"性宽厚"，才智尚可，品质不恶，然而却毫无政治敏锐性和政治才华。他"率意任情，无矫饰之行"。父亲崇尚节俭，他却大手大脚，不惜代价四处淘弄国内最好的猎鹰、宝石和马鞍。父母都是极重门第之人，母亲独孤氏尤其对"生活作风"问题看得很重，他却正眼也不看父母为他娶的正妻，跑出去和那个妖媚的工匠之女云氏野合生子；父亲敏感多疑，他却公然和社会上的豪侠流氓来往，甚至允许他们身带刀剑出入宫廷……（《隋书·炀帝纪》）每当听到太子的什么"丑闻"，杨坚都会下意识地想起远在江都的次子：太子如果能赶上老二一半，他也就放心了。

平心而论，除了这些不谨之处以外，杨勇并无什么显著的过失。然而，从这些小过，可以看出此人心智粗疏，以至于他找卜者算父亲的死日的事都能传到隋文帝耳中。如果登基，此人也必是一个昏庸之主。

杨广早就知道，杨勇很难把这个太子做得一帆风顺。储君这一职位其实乃天下至难居之位。在太子达到可以接班的年龄之后，皇帝的长寿就是对太子利益的损害，储权与皇权的矛盾不可避免地在皇帝和太子之间形成一种微妙的心理影响，这就是古往今来接班人没有几个有好下场的原因。杨广深知这种心理影响对父亲的作用，这头老狮子是在一系列的阴谋中登上皇位的，他不但具有普通人所不具有的铁腕、果断，更具有寻常政治人物所没有的对阴谋的敏感，"猜忌苛察，……乃至子弟，皆如仇敌"。（《资治通鉴》卷一百八十）在这样的人面前当太子，没有特殊的天分一定会翻船。

果然，在太子二十岁左右时，发生了这样一件耐人寻味的事：那一年冬至，大臣照例要给皇帝行礼。考虑到与日渐年长的皇太子搞好关系的必要性，许多大臣从皇宫出来又纷纷赶到太子东宫，于是形成了不约而同百官毕集的场面。

正在休息的杨坚突然听到东官中隐隐传来朝乐之声，不禁十分奇怪，立刻命人出去问是怎么回事。

太监回报：太子见百官毕集，就令左右盛张乐舞，接受朝贺。

本来喜气洋洋的杨坚立刻面如冰霜：这是礼法所不允许的。他那颗对权力异常敏感的心立刻紧缩起来，脑海里马上浮现出一系列不祥的词汇："勾结""攀附""政变""逼官"。他知道，即使太子没有不臣之心，也难保没有小人，如同当初劝他夺北周帝位一样，琢磨皇帝的宝座。

史书说，由此之后，皇帝对太子"恩宠渐衰"，对太子的不满屡屡现于辞色。皇帝召集身边的重臣，与他们探讨更换太子的可能性。虽然这一想法被大臣们劝阻，但皇帝的内心已经被帝国高层悉知。（《隋书·列传第十》）

消息很快传到了晋王府，杨广知道在这种形势下他要做的是什么，一个是一如既往地用出色的表现来做老大的反衬；另一个是看准时机，对杨勇这块摇摇欲坠的石头轻轻加上一把力。

这两方面他都做得很成功。在统一江南之后，杨广就任江南总管。他以极大的热情投入工作中，整整十年间没有好好休息过。他的统治手腕也非常高明。他放弃了歧视南人的高压统治，从尊重南方文化、尊重和延揽南方精英人物入手，稳定江南人心。在他不遗余力"广搜英异"之下，南朝几乎所有知名人物都成了晋王府的常客。他主动学习南方方言，尽力资助文化事业，很快赢得了江南上层的人心。在他治理的十年间，占帝国半壁的南方经济迅速复苏，社会安定，百姓安居，一次叛乱也没有发生。南方士人这样称赞他："允文允武，多才多艺。戎衣而笼关塞，朝服而扫江湖……继稷下之绝轨，弘泗上之沦风。"（《隋书·炀帝纪》）

晋王的个人生活也十分检饬。他的节俭在诸王之间是出了名的。人们来到晋王府，见不到古物珍玩，见不到艳姬美妾，上上下下衣服都很朴素。因为无暇留心丝竹，王府里的乐器上都蒙了一层厚厚的灰尘。

史书所载，皇上及皇后每次派遣太监官女们到杨广府中办事，无论地位高低，杨广必与萧妃在门口迎接，为设美馔，申以厚礼，所以这些婢仆无不称其仁孝。（《资治通鉴》卷一百七十九）他虽然远在江南，却借不多的进京机会，用能力和金钱在朝臣中构筑了牢固而秘密的人际关系网。通过这个网络，他在南方所受到的称颂声传达到杨坚耳朵里时被放大了数倍。在帝国政治高层，越来越多的人开始认为，像杨广这样条件出色的皇子历史上少见。如果是这个皇子接杨坚的班，大隋天下会更有保障。

而在南方不断传来对杨广的赞颂之声的同时，杨坚与杨勇的父子关系却进入了恶性循环。因为感觉到自己的失宠，杨勇情急之下，错招频出。他不断派人去打探父亲的消息，窥测父亲的行止，然而由于行事不谨，探子居然被隋文帝抓住。隋文帝气愤地说："朕在仁寿宫居住，与东宫相隔甚远，然而我身边发生纤介小事，东宫必知，疾于驿马，我怪之甚久，今天才知道是怎么回事！"由于提防太子篡位，皇帝增加了数倍警卫，晚上睡觉怕不安全，居然从后殿移到了前殿。（《隋书·列传第十》）事情发展到这个地步，许多大臣都预感到，杨勇确实没有什么希望了。

得知这个消息，杨广知道自己的机会来了。他找了个借口，进京面圣，和母亲独孤氏进行了一次密谈。在密谈中，他说，长兄杨勇不知何故，近来频频挑他的错，甚至屡次扬言要除掉他。前一段时间，晋王府潜进一个刺客，刚刚跳入王府就被抓住，虽然百般拷打但不吐口，据猜测可能是太子派来的。

杨广知道他的这番话会起什么作用。独孤后当晚就把杨广的话告诉了杨坚，并且指出，杨勇与云氏野合所生的孩子很有可能不是杨家的骨血。如果杨勇继了位，杨家的基业最后就要传给这个不明不白的孩子……（《隋书·列传第十》）

杨坚是中国历史上少有的怕老婆的皇帝，皇后的枕头风对帝国政治来讲，常常是一场台风。

五

在野史传说中，还有另一个广为流传的故事。它被创作出来主要是为了表现杨广的心机有多深，同时又冷漠无情。《资治通鉴》记载，在被立为太子之后的第三年，皇后独孤氏驾崩。太子杨广在皇帝及官人面前悲痛欲绝，好像活不下去的样子，背地里却饮食言笑如常。每天他表面上只吃素米，实际上却偷偷命人取鲜肉、肥鱼放在竹筒中，以蜡封口，裹在衣服里送进来。

确实，为了皇位，杨广是老谋深算的。一定程度的"矫饰"，是政治家必备的素质之一。然而，"母死不悲"的传闻无论如何都不合常理。从现存资料及传世诗文看，杨广是一个非常重感情的人。他在文字中表现出的对朋友、对亲人的缠绵情深，相当动人。更何况，他又是独孤后最喜欢的孩子，母子感情非常融洽，从未有失和的记载。杨广之被立为太子，独孤后的枕头风起的作用是相当关键的。杨坚晚年，猜忌心日益朝变态的方向发展。在如履薄冰的太子位上，母后是比父皇还要坚固的保护伞。以人子之常理推之，杨广此时不可能不哀痛于心，从小锦衣玉食的他何至于在此时突然馋起大鱼大肉来？

其实，查遍《隋书》《北史》及《陈书》等正史史料，均未见此记载。以严谨著称的《资治通鉴》的这一记载显然是采自野史小说。正统史家对杨广不遗余力地丑化到了不惜拉低自己著作学术水平的程度。

六

开皇二十年（600）十月九日，大隋长乐宫文华殿里，群臣毕集，气氛严肃。皇帝杨坚面色沉郁地端坐在龙椅上，左首跪着长子杨勇，右首跪着次子杨广。他们身后是黑压压的大臣。杨坚沉默良久，说了声："宣！"于是，站在他身边的内史侍郎薛道衡高声朗读起手中的诏书：

自古太子，常有怙恶不悛的不才之人，皇帝往往不忍心罢免，以至于宗社倾亡，苍生涂地。由此看，天下安危，系于储位之贤否，大业传事，岂不重哉！皇太子勇，品性庸暗，仁孝无闻，亲近小人，任用奸邪，所做的错事，难以具述。百姓者，天下之百姓也。我虽然爱自己的孩子，也不敢以一己之爱伤害天下百姓的福祉，听任勇将来变乱天下。勇着即废为庶人，以次子广继之！（《隋书·列传第十》）

群臣个个把头伏得很低，他们知道，废掉培养了二十多年的太子，皇帝的心中一定不平静。不过，在内心深处，多数的大臣认为这一天对大隋王朝来说也许不是灾难性的日子，而是一个幸运的时刻。

头低得最深的是新太子杨广。虽然对自己的幸运一直有自信，但杨广在江南的十年间心里一直是忐忑的。毕竟，挑战嫡长制原则是旧时中国政治传统中最"大不韪"的事。不管他将来统治能否成功，他们父子都会因在无"大过"的情况下"易储"和"夺嫡"而受到历史永远的指责。父亲不到万不得已不会走这步棋。事实上，有一段时间，特别是在杨勇为杨坚生了一个健康的长孙之后，杨广已经几乎放弃了竞争储位的希望。他已经开始安排自己的后路，一度做好了以一个恭顺亲王了此一生的打算。

像其他几次奇妙的体验一样，在这个特殊的时刻他心里再一次充满了对命运的感激，这次非同寻常的心想事成再次让他感觉到自己与上天的神秘联系。在向父亲谢恩叩头时，他其实也是在向上天行此大礼。虽然已经做了足够的心理准备，但是杨广还是没有想到他会如此激动。是啊，三十年的生命，其实只为等待这一时刻！他人生之路上那块最大的阻路石终于被掀开，他的未来看起来是那样瑰丽诱人。巨大的幸福感让他心神激荡，简直快要把握不住自己。

然而，内心的激荡从来没有出现在他的脸上，人们看到杨广成为太子后，变得比以前更加谦恭、和气了。新太子与前太子在东宫中的所作所为，形成了鲜明的对比。

在进入东宫前，博览经史的杨广已经总结出做太子的秘诀：储权是世界上最不稳定的权力，一个明智的太子应当主动把自己当成老皇帝意志的囚徒。他不应该沾染任何可能危及皇权的事，不结交外臣，不干预国政，不能有任何引人注目令人窃窃私语的举动。只有以极度的小心、恭谨、谦退，乃至一定程度的违心、作伪、装聋作哑作为储权与皇权间的润滑，才能使冲突不至于伤害到自己。

在册立太子大典上，为了表示自己的节俭和谦退，他请求免穿与皇帝礼服相近的太子礼服，并且请求以后东宫的官员对太子不自称臣。杨坚欣然接受。

成为储君之后，他闲居东宫，以读书、写诗、礼佛为务，处处事事看父皇脸色行事，不越藩篱一步。原来那个热心政事、精力充沛、一天也闲不着的江南总管如今突然变成了闲云野鹤，优哉游哉。他本是非常虔诚的佛教徒，对佛理佛法深有研究，此时既然有闲暇无处打发，干脆静下心来编撰了二十卷《法华玄宗》。那个因到晚年变得更加多疑乖戾的父皇正忙着大开杀戒，屠杀、废黜、关押了一大批不放心的权臣，其中甚至有他的四弟蜀王杨秀，却从来没有把怀疑的目光投到这个息心佛域、参玄悟道的太子身上。

古往今来的太子，没有几个能比杨广做得还成功。事实上，从懂事起，他就习惯了紧张的满负荷的生活节奏，东宫岁月表面上看起来悠然自得，实际上这种生活对他来讲是最大的折磨。在写给最好的朋友、正在北部边疆备战的将军史祥的一封信里，他不经意间流露了自己的一丝落寞：

> 近者陪随銮驾……备位少阳，战战兢兢，如临冰谷……比监国多暇，养疾闲官，厌北阁之端居，罢南皮之驰射。……亲朋远矣，琴书寂然，想望吾贤，疹如疾首。（《隋书·列传第二十八》）

不过，他只是把这丝寂寞寄托在文字中，在老皇帝面前，他的表情从来都是安详凝重的。杨广深知，他的任务只有一个，就是等待。

七

像以往一样，对杨广关爱有加的命运并没有让他等太长时间。

在杨广成为太子后第三年的大隋仁寿四年（604）六月，一个隐秘的消息溜出仁寿宫那厚厚的宫门，迅速在隋帝国蔓延：六十四岁的当今皇帝杨坚病了。

皇帝的病情属国家最高机密。当这个机密成为普通百姓悄悄谈论的话题时，每个人都知道这意味着什么。

迹象越来越明显。七月初七，老皇帝的病已经被诊断为不治，他召百官入宫"诀别"，与百官"握手歔欷"。《隋书·何稠传》记载文帝临终前的细节说：文帝把杨广叫到床前，用手摩挲着杨广的脖子嘱咐说："何稠用心，我付以后事，动静当共平章。"

这个细节流露出了这对天家父子少见的天伦之情。

杨坚得病、病重直到死亡的过程，史书都有明确记载。从这些史料看，老皇帝的死是从容的、安详的。一直到死，杨坚都确信他把帝国托付给了正确的人。

然而，为了证明杨广继位的非法，后世的编史者却把整个杨广前半生传奇的高潮定位于"篡位"。据说在杨坚病重的时候，这只野兽终于撕开画皮，露出了狰狞的面目。他迫不及待地几乎就在父亲身边强奸了父亲的妃子，也就是自己的后母，然后又挥刀杀死了父亲，关押了自己的弟弟，宣布自己继位，由此完满完成了"谋兄""淫母""弑父""幽弟"这一系列经典罪恶。

这实在匪夷所思。

在那几天里，杨广当然是全帝国心情最紧张、最复杂的人。不管内心是否如野史小说中所说盼着老皇帝早一天咽气，至少在皇帝诀别了百僚，全帝国的人都知道皇帝熬不了几天的时候，他没有任何必要像传说中的那样提前谋杀父亲。在这些天里，他的全部身心都必须调动起来，力求完美地扮演孝子的角色，尽可能多地待在老皇帝身边，亲自端水尝药，衣不解带。另外，需要他做的事还有很多。一方面他要代老皇帝处理积累起来的日常政务，另一方面要筹备、计划、拍板老皇帝的医疗以至规模巨大、头绪纷繁的国葬事宜；同时，更重要的是，他还要掂量、分析、琢磨各派大臣的内部争斗情况及心理，特别是掌握各地武力的调配情况，以防止国家大丧之际出现任何变乱。据内线报，他最小的弟弟已经连日招兵买马，准备动手。一个人的精力无论如何是应付不了这么多的事情的，连日睡眠不足，面容迅速消瘦，两眼布满血丝，说话偶尔前言不搭后语都应该是正常情况。

在这个时候，杨广怎么会不着四六地打起父亲宠妃的主意以致闹出了强奸案来呢？

香风密密、帷幕重重的后宫是民间历史爱好者的笔触掀开时间之帘后最热衷探究的地方。这些离奇的情节，主要是由野史作家贡献的。在《大业记略》中，绘声绘色地记载了这样一则传奇故事：

高祖在仁寿宫，病重，杨广侍疾。高祖晚年最喜欢的美人，唯陈、蔡二人而已。杨广乃召蔡美人于别室，美人既还，面部有伤而头发凌乱，高祖问之，蔡曰："皇太子为非礼。"高祖大怒，咬指出血，召柳述、元岩等，要换杨勇当太子。杨广于是命杨素、张衡进毒药。杨广选了三十个健壮的太监穿上女人的衣服，衣服下面藏着刀枪，立于宫内道路边，不许寻常人入内。杨素等既入，而高祖暴崩。

另一野史《通历》中记载得更为离奇，说杨广试图强奸隋文帝宠妃就发生在杨坚与百官举行诀别仪式的重大时刻。隋文帝死亡的情形更为具体详细："张衡进入殿内，拉住皇帝，不知怎么回事，只见血溅屏风，老皇帝惨叫之声达于户外，崩。"（"令张衡入拉帝，血溅屏风，冤痛之声闻于外，崩。"）

这些野史，把那个善于蛰伏、长于自制、强毅隐忍、雄图大志的杨广描写成了一个急吼吼的多年没有亲近过女人的色情狂，于众大臣聚集、举国聚焦的焦点之地，权力授受的关键之时，演出这极可能毁自己二十年积累的夺嫡成果于一旦的愚蠢下流故事。杨广再愚蠢，能有此乎？

也许正是因为考虑到这一点，所以虽然这是丑化杨广的最好武器，正史也不敢直接使用。事实上，就连用力搜集炀帝的反面材料以为批判的唐太宗君臣，也没有一人指控杨广弑父。试想，如果真有此说，则李唐起兵之时，何不以此为宣传材料？

关于杨广的故事就是这样漏洞百出，存在太多逻辑上的硬伤。然而，就是这样一个明显不合常理的传说，却被人们津津乐道了千余年。我们不得不说，杨广是古往今来被历史学家侮辱和损害的人中最严重的一个。然而，"谋兄""淫母""弑父""幽弟"不过是罗织的开始，在以后，还有更大的罪名等着他。不过相对于曲折惊险、色彩丰富的前半生传奇，他后半生的故事则显得平铺直叙、色彩单调。这个原本被描述成狼一样坚强狡诈的人在登上皇位后立刻变得猪一样昏聩糊涂。在位十四年，他所做的最主要的事就是在深宫中变着花样不停地宣淫。除此之外，他所做的其他事也无一不是离奇荒唐的：仅仅为了一次旅游，他动用数百万人修建了大运河；因为算命人的一句话，他就抛弃了长安，跑到洛阳另建新都；为了满足毫无必要的虚荣心，他举全国之力三次打高丽……总而言之，他用尽一切办法毁灭帝国，并终于成功地把自己送上了断头台。

八

与后世读者想象的不同，老皇帝死去的前后，整个大隋王朝的空气中充斥的不仅仅是紧张，还有几分兴奋，或者说得更明确点，是期待。人们期望着这个三十六岁、才名广播的新皇帝把初兴的大隋帝国带向更大的繁荣。新皇帝即位不久后做的两个小小决定，使他们更加坚信有理由这样期待。

即位不足四个月，从洛阳传来消息，杨广平陈时带回的俘虏陈叔宝去世。虽然是一介俘虏，然而毕竟曾经做过皇帝，按理应由现任皇帝确定一个谥号，以定一生功过。

杨广翻遍《逸周书·谥法解》，反复斟酌，挑出了一个字：炀。

《谥法》云："好内远礼曰炀，去礼远众曰炀，逆天虐民曰炀。"这是所有谥法中最坏的一个字。

杨广认为，只有这个字，才能充分表达他对前手下败将的轻蔑和鄙薄，也才能提醒自己不要像这个败家子一样荒嬉无能，腐败亡国。

另一个细节是，在挑选新年号时，新皇帝圈定了古往今来年号中最大气磅礴的两个字：大业。

九

整个大隋天下，没有几个人了解这个"政治新鲜人"（Fresh Man）心中的梦想。

在普通人眼里，父亲杨坚的功业已经达到了极盛：四海一统，天下太平，国力昌盛。开国之君似乎没有给继承人留下多少创业的空间。然而心高气盛的杨广却不这样认为，在他看来，"素无学术"的父亲行政目光短浅、器局狭小，因此，他的统治表面上成绩斐然，实际上存在着许多重大缺陷。

先从小节数起。父亲的第一个缺陷是过于严苛。因为过人的勤政节俭，老皇帝杨坚在中国史上留下了很高的声望。然而，仁寿年间的大隋臣民感觉到更多的却是老皇帝晚年变本加厉的猜忌多疑。也许是因为老年的人格改变，越到暮年，杨坚越担心大隋天下的安全。为了震慑天下之人，他用刑越来越残酷。一开始是"盗边粮一升已上，皆斩，仍籍没其家"，后来甚至发展到"盗一钱以上皆弃市"的程度。（《隋书·刑法志》）百姓举手投足便有可能触犯刑法，弄得怨声载道，人心惶惶。

许多成功的儿子都是踏着父亲的尸骨建功立业的。杨广知道，刚刚登基的他的要务是争取民心，而父亲的错误正是自己的机会。

一上台，杨广就下令重修《大隋律》，隋文帝晚年制定的酷刑全部取消。用酷刑来维持统治秩序的做法在杨广看来太小儿科了。杨广称圣人之治应该"推心待物"，所以他"每从宽政"，新的《大隋律》是中国历史上最为宽大的法律之一。历代王朝均规定，犯谋反等大罪，父子兄弟均斩，家口没官为奴。杨广认为这条法律太不人道。他说："罪不及嗣，既弘至孝之道，恩由义断，以劝事君之节。"新的《大隋律》断然取消了连坐之罪，开创了中国法律史的一个独一无二的先河：废除了对谋反大罪的连坐。（《隋书·刑法志》）这是中国法制史上极为重要的一步。可惜这一步到了唐代又退了回去。

相对于严酷，杨广更反感的是父亲的吝啬。隋文帝是中国历史上最善于搜刮的皇帝，他一再巧立名目，提高税负，压得老百姓喘不过气来，甚至饥荒时也舍不得打开仓库救济百姓。杨广认为，这实在不是人君应有的气度。继位之后，他即大赦天下，普免天下全年租税。在位十四年间，他多次宽免百姓租税，一再降低税负。

隋文帝"素无学术"，对文化十分轻视，晚年甚至认为学校没有什么用处，各地学校，均予废除。杨广继位不久便恢复了被隋文帝所废除的各级学校，并且发布诏书，宣布帝国的文化方针是"尊师重道"，"讲信修睦，敦奖名教"。(《隋书·炀帝纪》)

杨广初政的这些举措，轻而易举地赢得了天下百姓和读书人的拥护，也迅速在大臣中间建立了威信。看来，当初文帝选这个"天下称贤"的王子为储，是何等明智啊！新皇帝的仁慈、慷慨、文雅的形象随着这些政策传遍了帝国，颂扬新皇帝仁德圣功的奏折一再呈进到杨广面前。

十

对于大臣呈上来的充满了谀辞媚语的奏章，杨广只是淡淡地扫一扫，嘴角浮现出一丝不易察觉的嘲笑：怎么，这么几下简单的初级政治招式，就值得称颂为什么"圣王之治""尧舜之业"吗？

真是燕雀焉知鸿鹄之志哉！

古往今来还没有比杨广更自负的皇帝。《隋书》载："皇帝自负其才学，每每傲视天下之士，曾对侍臣说：'天下人说我当皇帝纯粹是因为血统，其实假设令我与士大夫们一同参加考试选拔，当为天子的也是我。'"（"帝自负才学，每骄天下之士，尝谓侍臣曰：'天下皆谓朕承藉绪余而有四海，设令朕与士大夫高选，亦当为天子矣。'"）

在东宫三年，杨广等得太苦了。在别人看来，三年的时间并不算长，而在他看来，每一天都是对他这个不同寻常的生命的巨大浪费。而对他生命的浪费，就是对大隋臣民利益无可弥补的损失。

整个大隋天下，没有几个人了解这个年轻皇帝心中瑰丽奇谲的梦想。

在杨广看来，父亲政治的最大漏洞就是没有完成帝国精神上的真正统一。从表面上看，父亲治下的大隋天下四海安宁，人民乐业。其实，帝国的统一像一张纸一样一捅就破。在东宫三年，不，早在坐镇江南的十年里，他已经无数次地对帝国政治进行了全盘推演。刚一登上皇位，新皇帝酝酿已久的政治构想就井喷式地变成令人目不暇接的一道道诏令，随着驿马的奔驰，以六百里加急的速度传遍辽阔的国土：

仁寿四年（604）十一月初四，即位仅仅三个月，杨广下令征发数十万民工，在洛阳以北挖掘一道长逾千里的长堑，用于预防突厥骑兵南下，以拱卫规划中的新都。十七天后，即十一月二十一，他又发布诏书，公布了营建东都的计划，命令大臣们勘测土地，调集物资，开始筹备。第二年三月十七，兴建命令正式下达，数百万民工被征调到洛阳，隋帝国开国以来最大的工地一夜间出现在洛河边上。在这道震动全国的命令刚刚下达四天之后，开凿大运河的命令也正式发布，百余万民工从家乡出发，奔赴通济渠。又过了九天，新的命令传来，六名大臣被派往江南，建造万艘巨船，以备五个月之后的南巡之用……（《隋书·炀帝纪》）

▲ 唐代阎立本所绘《历代帝王图》中隋炀帝杨广画像（中）

政治机器运转的节奏一下子加快起来，整个帝国的人都明显感觉到了新皇帝的亢奋。帝国政治旋律从隋文帝晚年的阴郁缓慢一变而为高亢急切。

一道道诏令叫大臣们有点措手不及，轻闲惯了的他们从未遇到过这么多任务劈头盖脸地砸下来的情况。谁都没有想到，那个"深沉持重"、以谨慎著称的晋王，宝座还没有坐暖就抛出这么多庞大的规划。每一项规划都代价巨大，事关全局。这是不是过于急躁唐突？

杨广却一点也不认为自己过于急躁。事实上，他心中的设想才不过公布了十分之一。不论多么幸运，一个人待在皇位上的时间毕竟是有限的，而他心中规划的政治任务也许要一个普通帝王三辈子才能完成。在杨广看来，自隋朝向上溯源，历史上出现的伟大皇帝只有三位：秦始皇、汉武帝，加上稍逊色些的光武帝。如今，他杨广"以天下承平日久，士马全盛，慨然慕秦皇、汉武之事"，"天才"加上难得的历史机遇，使自己完全有可能"奄吞周汉"，建立一个"兼三才而建极，一六合而为家"的王朝，实现"日月所照，风雨所沾，孰非我臣"的政治理想，在历史上写下自己伟大的名字，成为"子孙万代，人莫能窥"的千古一帝。为了在有生之年完成这一理想，他必须只争朝夕。

应该说，大隋臣民遇到了自己这样的皇帝，是他们的幸运。但是，庸众短时间内理解不了自己的政治蓝图，这也在意料之中。对他们进行一些详细的解释是必要的。他多次召集大臣开御前会议，滔滔不绝地解释自己的政治构想，他从来没有想到自己的口才这样好。

他说，从表面上看，父亲治下的大隋天下四海安宁。其实，帝国的统一并不牢固，隋朝开国到现在已经发生了四次重大的叛乱，多数发生在新统一的地区。这表明南方与北方在精神上还没有真正统一，帝国各部并没有真正融合。

他提醒大家，历史是有惯性的，从平定江南到现在，大隋王朝的统一仅仅十二年。在此前，是从汉末开始的近四百年的分裂时期。在这四百年间，由于中央权力被削弱，地方贵族势力获得了极大的发展，形成了中国历史上独一无二的门阀士族政治。几个世家大族联合起来，就可以更换皇帝。他们一旦失和，又必然会烽火连天。分裂的势力如同一辆高速行驶的火车，经隋文帝的初次刹车，虽然势头大大减缓，但势能还十分巨大。到隋初之时，贵族势力仍时时威胁着皇权，他们没有一天不准备着发动阴谋，伺察统治漏洞，有太多的人还在做着划地自治、黄袍加身的梦。

他指着壁上悬挂的隋王朝地图说，在这种形势下，长安这颗钉子已经挑不起新帝国的政治平衡，因为它距江南和山东过远。刚刚发生的杨谅叛乱就证明了这一点。听说杨广登基，这个一直也渴望皇位的弟弟立刻举起了叛旗。叛乱发生在山东一带，由于长安"关河悬远"，等消息传到首都，兵乱已经发生了近一个月，给山东地区造成了巨大的破坏。迁都到处于南北接合点上的洛阳，可以一举调整帝国的政治重心，极大地加强帝国对南方和山东潜在反叛势力的控制，大幅提升隋帝国的国家安全系数。

而开大运河发挥功用的时间比迁都将更加长远。虽然已经统一，南北方之间却如同刚刚手术联结在一起的器官，不断发生排异反应。近四百年的分离使得南方和北方形成了明显的差别。南方经济富足，北方却土地贫瘠。南人认为北人都是杂种，粗鄙无文；北人则视南人为被征服者，胆小懦弱。两地相视，几如异族。事实上，没有多少人认为大隋的统一会持续很长时间，习惯了战乱与纷争的臣民在下意识里还在准备应付下一场背叛、政变或者改朝换代。

杨广用手指在地图上从南到北用力画了一下：要使帝国的统一从形式升华为精神，就需要一条沟通南北的大动脉，不但可以促进南北的物质交流，更可以促成南北的文化融合。只有这样，整个民族才能神通气爽，血脉贯通。

而建设一条贯通南北的大运河就是最好的渠道。

杨广说，伟大的时代需要伟大的创意。迁都与开河，必将把父皇留下的基业提升一个层次，把隋帝国的万世之业置于更开阔、深厚、坚固的地基之上，后世万代都将会记住他们这一代人的功绩。

十一

史称杨广"发言降诏，辞义可观"（《隋书·炀帝纪》），玉树临风的年轻皇帝站在玉阶之上，举止潇洒，口齿伶俐，顾盼自雄。杨广的口才和雄辩征服了群臣。大臣们也不得不承认这确实是高瞻远瞩的产物，对这个年轻人开阔的政治视野、不凡的政治想象力和巨大的政治魄力不禁刮目相看。

一场轰轰烈烈的举国建设运动在隋帝国开展起来，整个帝国都被皇帝灼热的雄心所烤灼着，烤灼得有一点疼痛。大臣们感觉跟不上杨广的工作节奏，所有工作人员都不得不跟随皇帝夜以继日地加班加点。皇帝每天都不断询问工程进展情况，不断亲自查看图纸，督促进度。

在国内诸项大工程的前期工作安排得差不多了以后，杨广又开始了马不停蹄的巡视。他最瞧不起的就是那些淹留深宫的缺乏男人气的君主。他曾把南朝灭亡的原因归结为"江东诸帝多傅脂粉，坐深宫，不与百姓相见"（《资治通鉴》卷一百八十一）。他先是举行了规模巨大的南下江都活动，一方面为大运河一期工程剪彩，另一方面也是为了视察他离开四年后南方的发展情况。从南方回来，他又率领五十万大军出塞，巡行北方草原，意在陈兵耀武，以坚突厥内附之心。从那之后的十四年，这个精力充沛的男人待在宫中的时间只有四年，其余大部分时间是花在巡游的路上的。他远赴涿郡（治所在蓟县，今北京城西南隅），亲自考察进军高丽的路线。他出巡青海，了解吐谷浑王国的情况……即使在巡游路上，他也没有一天停止处理政务。这个精力充沛得令人惊讶的皇帝在长时间登高涉远之后，每天还要看奏折到深夜。（袁刚《隋炀帝传》）在巡游期间，他还不断地关注工程进展情况，发布一个接一个重大的命令，推行一项又一项重要的改革。事实上，他应该登上中国皇帝勤政排行榜而不是"好色排行榜"。他实在没有多少时间用来与更多女人谈情说爱，卿卿我我。自十四岁与江南大族之女萧氏结婚，直到他去世，他始终与原配如胶似漆，情投意合，这在历代帝王中并不多见。

十二

如果以不带任何偏见的眼光来看隋炀帝的这两项政治构思，我们不能不承认这确实是雄才大略的构想。

然而，在古代史家眼里，这些举动正是隋炀帝的罪恶纪念碑。

隋炀帝修建东都的理由在他的诏书中说得已经很充分了。这篇全文载于《隋书》的诏书论证充分，言辞得体，十分明确地从地理、经济角度说明了迁都的必要性。可是千余年来，这篇诏书都被视而不见，隋炀帝的高瞻远瞩被后世史家解读为神志昏乱。比如，《资治通鉴》即采用野史的说法，认为隋炀帝修建东都是因为听信了一个术士的一句胡言乱语：

隋炀帝刚刚继位，术士章仇太翼对他说："陛下是木命，居住在西方不祥。谶语有云'修治洛阳还晋家'，所以陛下应该修建洛阳为首都。"隋炀帝深以为然……下诏于伊洛建东京。

而修建大运河的理由，被曲解得更为可笑。《开河记》称，由于"睢阳有王气"，隋炀帝为了防止此地有人造反，凿穿"王气"，遂兴此大工程；另一种更为流行的说法是，杨广此举，仅仅是为了方便到南方游玩。

杨广地下有知，一定会不解这些历史学家究竟与他有何深仇大恨，如此不放过任何一个诬蔑他的机会。

其实，历史学家们与隋炀帝没有私仇，他们有的是公愤。因为在他们看来，继"不守名分"之后，杨广又犯了第二个大错："多欲好动"。

十三

"欲"在中国人眼里是一个充满邪恶气息的危险词语。在它充满渴望和张力的外表下，潜伏着不可预知的惩罚和灾难。在中国文化中，处处标示着对"欲"的警告：

酒是穿肠毒药，色是刮骨的钢刀，气是下山的猛虎，钱是惹祸的根苗。

五色令人目盲，五音令人耳聋，五味令人口爽，驰骋畋猎，令人心发狂，难得之货，令人行妨……

二八佳人体似酥，腰间悬剑斩愚夫。虽然不见人头落，暗里教君骨髓枯……

确实，在物资供应持续匮乏的情况下，最高统治者的政治举动经常会给天下苍生带来巨大的痛苦。帝王们营建宫室、四处巡游、奢侈浪费，代价常常是民不聊生，转死沟壑。中国历史学家据此认为，一切与皇帝的"欲"和"动"相关的事情，都是巨大的危险。"游观""田猎"，这些离开皇宫的事情，都是皇帝的大忌。从春秋战国起，我们就不断地读到劝谏君主远离游猎、停止兴作的著名文章，比如《子虚》《上林》之赋，以及魏徵的《十思疏》。"改革""兴作"在中国文化中，都是极其危险的词汇。贫困文化是一种没有进取心的文化。对大部分中国人来说，政治的精髓是保持稳定，稳定高于一切，省事优于一切，"清静无为"是最高的政治追求。如果能把社会束缚在固定的轨道上，使天下世世代代一成不变地按照圣人规定的礼法原则运转，那将是一个王朝最理想的政治状态。现实即使千疮百孔，多一事也永远不如少一事，拖延和不作为是保证危机不爆发的最好办法。不兴革，忌扰民，是旧时政治的一个重要原则。

在这种文化背景下，做皇帝的一个主要任务，就是熄灭自己体内的欲望，抑制住四肢好动的冲动，"端居垂拱，面南而治"。孔子说："无为而治者，其舜也与？夫何为哉？恭己正南面而已矣。"

然而，杨广却不这样认为。事实上，在杨广看来，父亲最大的功绩是给他留下了一个异常富裕的统治基础。在父亲的辛勤聚敛下，在他登基之际，大隋王朝的财政实力居历代之冠。苏轼称："自汉以来，丁口之蕃息与仓廪府库之盛，莫如隋。"《通典》记载文帝时天下富足情况时说："隋氏西京太仓，东京含嘉仓、洛口仓，华州永丰仓，陕州太原仓，储米粟多者千万石，少者不减数百万石。天下义仓，又皆充满。京都及并州库布帛各数千万。而锡赉勋庸，并出丰富，亦魏、晋以降之未有。"到隋文帝末年时，"计天下储积，得供五六十年"。

从小在锦衣玉食中成长起来的杨广对财富的看法与父亲不同。在父亲看来，最重要的是如何把财富聚敛起来。在杨广看来，更重要的是如何把这些钱花出去，并且花得漂亮，花得值。

十四

做皇帝的感觉真是太棒了，藩王虽然也权力巨大，却根本不能与皇帝相比。皇帝是天下万物的主人，是人间的上帝。坐在龙椅上，一个人几乎可以满足他身体内所有的欲望，不管这个欲望多么富于挑战性。在继位后的几年，杨广每一天都是在兴奋中度过的。虽然他以前也以精力充沛著称，然而权力这兴奋剂让他的精力又提高了一倍，夜以继日的工作丝毫也不使他感觉疲倦。虽然每天睡得很少，但第二天醒来后他仍然精神抖擞。他感觉自己的大脑像是开到了最高挡的马达，思路异常清楚，反应异常迅捷，想象力、创造力异常出色，一个又一个想法争先恐后地跳进大脑，千万条思绪如同飘云般迅速掠过。

几十年的隐忍过去了，他现在要的是尽情享受。权力对他来讲就是最大的享受。用自己的意志来任意改造河山，对他来讲是一种如同艺术家在画布上淋漓泼墨般的超级享受。事实上，只有挥动巨大的权力之柄，才能带来与他的身躯相适合的运动量。所以，不管任务多么繁重，他从来不会皱眉头。除此之外，作为中国历史上兴趣最为广泛的皇帝，他绝不放过世界上所有的新奇和美好。他拥有世界上最好的味蕾、最敏锐的耳朵、最挑剔的眼睛、最汹涌澎湃的欲望。作为上天的宠儿，他到这个世界上来的目的，就是享尽生活的瑰丽和壮阔。

他现在可以做一切他喜欢做的事。事实上，他也几乎做了所有他想做的事：他是中国历代帝王中最热爱旅游也是唯一到过西部的人。他率十几万大军穿越海拔近四千米的祁连山大斗拔谷，饱览了由雪山、草地、浩瀚无垠的荒漠构成的西部风光。他从小就对自动装置十分感兴趣，登基之后，他令人建造了一座装有许多自动装置的图书馆。这个图书馆一共十四间，所有的房门、窗子及窗帘都安装有自动装置。当人进入时，门会自动开关，窗帘也会自动开合。他还命人制造过一个机器人，模仿自己一个宠臣的模样，"施机关，能起坐拜伏"。他对外部世界充满了好奇，"招募行人，分使绝域"，遣使远至中亚、波斯等地，了解那里的风土人情。对南方烟波浩渺的大海，他也十分神往，他曾三次派人前往那时还是未知岛屿的台湾探险。（袁刚《隋炀帝传》）

他经常冒出奇思异想。他听说吐谷浑的波斯马放牧在青海草原，能生龙驹，一日千里，就入雌马两千匹于川谷以求"龙种"，后"无效而罢"。就像黄仁宇所说："如此作为，纵是为传统作史者视为荒诞不经，今日我们却从此可以揣测他富有想象力，也愿意试验，并且能在各种琐事间表现其个人风趣。"（《赫逊河畔谈中国历史》）

然而，上述的每一件事，都令后世的史臣摇头不已。

在中国旧文化中，"好奇心""探索欲""创造力""新鲜事物"等词汇都不是正面的，它们与另一些可怕的词汇——"不安分""破坏性""颠覆"——紧密相连。

十五

作为一个皇帝，"兴趣广泛"绝对是坏事。富足文化与贫穷文化的差别之一，就是好奇心在富足文化中有正大光明地存在的权利，而贫困文化认为基本生活需要之外的东西都是无益的。在今天看来，作为少有的对技术改进与发明提供大力支持的皇帝，杨广统治期间是中国历史上为数不多的工匠与技术专家可以大展才华的黄金时期。大运河、赵州桥等著名工程即在此期间完成，而玻璃、可携带式水漏计时器等后来得以广泛应用的发明，也出现于此时。（刘善龄《细说隋炀帝》）然而，在旧文化中，那些技术与发明都被认为是"奇技淫巧"。所谓"奇技淫巧"，就是超出了人们基本日常需要的精巧工艺品。就如同吃饱是天理，吃好是人欲一样，能满足实用是天理，追求省力好玩就是人欲了。在实用主义的中国人看来，这种"无用"仅仅满足人们智力和好奇心需要，是没有任何价值的。雍正皇帝的观点代表了大部分中国人的看法："于器用服玩之物，争奇斗巧，必将多用工匠以为之。市肆中多一工作之人，即田亩中少一耕稼之人，此逐末之所以见轻于古人也。"（《清世宗实录》卷七五）

而杨广对外部世界的强烈兴趣则更为不祥。如同古代中国的地理环境一样，古代中国文化是一个封闭自足的体系。大至天宇，小至尘埃，一切都已经有了圣人给出的板上钉钉的解释。从根本上说，这个世界上已经没有什么"新鲜事物"。一切探险、好奇，唯一意味的就是"浪费""不安分""危险"。所以，中国文化提倡的是"父母在，不远游"，是"非礼勿视，非礼勿听"，是"百动不如一静"。

史学家认为，杨广的欲望是危险的火种，必将烧毁王朝的前途。

十六

史家对杨广的非议并非全无道理。应该说，显赫的功业并不能掩盖杨广政治中的致命缺点。就像史家一再提示人们的，他身上有着太多贵公子的气息。

那个曾经刻意以俭朴示人的王子被时间证明是历史上最讲究排场的皇帝。事实上，杨广最瞧不起父亲的，就是他那守财奴般的节俭。豪奢是在锦衣玉食中长大的人的天性。没有几十道山珍海味摆在面前，在杨广看来就不叫吃饭。不修建覆压数里、隔离天日的官苑，在他看来简直就没法游玩。没有几十万旗帜鲜明的军人跟从，那简直就不能叫出巡。在政务之余，杨广又创建了由三万六千人组成的巨大仪仗，"及辂辇车舆，皇后卤簿，百官仪服，务为华盛"。（《资治通鉴》卷一百八十）每一次出巡，他都要由这衣饰绚丽的三万六千人前呼后拥，后面还要携带十余万甲胄鲜明的庞大军队。

也许是文人气质的体现，他对形式非常迷恋。形式对他来讲主要是能力、威严、与众不同（与众多帝王不同）的体现。在内心深处，他觉得只有这样前无古人、近乎完美的巨大、煊赫、雄壮，才能配得上他这个古往今来最有才华、最富雄心、最高瞻远瞩的皇帝。端坐在形制奇特、高大华丽的辇车中，俯视道路两旁数十百万官员百姓在帝王的威严前匍匐战栗，他心安理得。

毫无疑问，大业前期，他是整个大隋帝国，甚至是整个中国历史上最幸福、自我意志最舒张的人。他绝不委屈自己，绝不守陈规陋习，绝不浪费自己生命中的一分一秒。他活着，就是为了把自己的雄心最大化，把自己的快乐最大化。他是真正的"天之骄子"。然而，这位年轻皇帝很少想到，他"自我实现"，"燃烧生命"，把自己变成一个"大写的人"的过程，是建立在百姓的血汗之上的。帝国的百姓越来越感到喘不过气来。他们不关心国家大事，不了解新的政治高层的雄心与蓝图。他们只知道换了皇帝之后，劳役负担一下子加重了。

在皇帝快节奏工作的带动下，国内的几项大工程都在"大干快上"。周长近六十里的新都竟然仅仅不到十个月就出现了轮廓，而大运河的一期工程通济渠用时更短，这段千余里长、四十步宽的河道，仅用了一百七十一天！（刘善龄《细说隋炀帝》）

我们完全可以想象在杨广的峻急严厉之下，大臣会采取什么样的手段来完成任务。为了获得皇帝的嘉奖，营建东都工程负责人把民工分为三班，昼夜不停。修治运河督工更急，男人在工地上干活，女人也被征发来负责炊制伙食。本来政府规定每人每年参加劳役最多一次，时间最长不超过一个月，然而大臣早已经开始一年两次，甚至三次地征发民工。严格的工期要求，以打骂为主要手段的严厉监工，长时间、超负荷的劳动，恶劣的伙食，加上医疗、劳保设施的缺乏，已经导致大批民工生病甚至死亡。史书所载"僵仆而毙者十四五"（《隋书·食货志》），"死者十五六"（《北史·本纪·卷十二》）当然是夸大其词，但相当高的死亡率是不可避免的。

在锦衣玉食中成长起来的人观察世界的角度是有盲点的。在酝酿规划时，杨广考虑了财政平衡、物资储备、技术难题，却独独没有考虑那些提供劳役的底层民众的承受能力。从出生开始，杨广视力所及，都是奇珍异宝、雕门绣户；所交游的对象，都是王公贵族、名爵显宦；所关心的事情，都是军国大事、人事升迁。生活中，他从来没有踏出过贵族圈一步。仅仅是在打猎途中，他远远望见过普通民众居住的低矮草屋，却从来没有产生过进去看一看的兴趣。在众人呵护中成长起来的人，心中往往过多地装着自我，给其他人留下的位置太少。那些肮脏、愚蠢的底层人，在杨广眼里和他们这些贵族根本不是同一物种，普通民众存在的意义仅仅是给他们提供粮食、布帛和劳动力。他认为免除这些民工家庭上缴的国家租税，就已经是浩荡的皇恩。面对大臣奏报上来的民工死亡率过高的奏折，杨广只是用眼淡淡一扫，嘴角露出一丝冷笑：每一个拥有雄才大略的帝王的丰功伟绩都是建立在平民百姓的巨大付出上的，历史就是这样写成的。

十七

幸运之神并没有被他那风驰电掣般的进取速度甩下，到现在为止仍忠心耿耿地跟在他身边。自古及今，没有哪个帝王的事业进展得如他那样顺风顺水。从继位起，大隋天下连年丰收，诸项大工程都进展神速，隋帝国在杨广的领导下"凯歌行进"，皇帝的废寝忘食、百官的辛勤工作与老百姓的巨大付出见到了效果。大业五年（609），他迎来了硕果累累的收获之年，刚刚年届四十的皇帝喜事连连，春风得意：一座崭新的都城奇迹般地耸立于中原，这座新城周长六十里，规划大气。宫城内殿阁高耸，金碧辉煌；洛阳市里甍宇齐平，外码头上舳舻万计，整个城市榆柳交阴，通渠相注。杨广正式命其名为东京。（刘善龄《细说隋炀帝》）

大运河的巨型工程已经接近尾声。两千里的运河已经将黄河和长江沟通，这是前无古人的奇迹，它必将成为全国经济价值最高的黄金水道。

朝廷设立的国家图书馆藏书达三十七万卷，创中国历代之最，杨广亲自主持编纂图书三十一部，一万七千卷。科举制正式确立，大隋文治成就显赫。

也就在这一年，隋朝大军攻灭西方强国吐谷浑，在其故地设置了鄯善、且末、西海、河源四郡，正式将西域东南部地区纳入了隋朝版图之内。自汉武帝以来，还没有人有过如此辉煌的功绩，隋朝疆域扩大到极点。（袁刚《隋炀帝传》）

已经连续四年大赦天下，多次普免钱粮，可是财富仍然滚滚而来，人口不断高速增长。这一年的统计数字汇报上来，隋朝疆域内共有一百九十个郡，一千二百五十五个县，朝廷控制的民户达到八百九十万户，全国统计出的人口四千六百零三万人。《资治通鉴》说："隋氏之盛，极于此矣。"

要明白这些数字意味着什么，只要与号称中国第一盛世的"贞观之治"做一下对比就可以知道了：贞观时期的田地开垦量只有隋代的三分之一弱，贞观十七年（643）的户口不到三百万，还不到大业年间的一半。

面对着大臣们送上来的连篇累牍的赞美和歌颂，杨广心安理得。抚摸着自己胳膊上仍然年轻的肌肉，他感觉浑身充满了力量：秦始皇只留下了长城，他却将给后世留下功在万代、远比长城更有实用价值的大运河。汉武帝远通西域，却从来没能把青海变成帝国的一部分。隋帝国的人口数量，已经创了历代之冠，国家财政实力也远过秦汉……到现在为止，他已经可以算是历史上最伟大的帝王之一了。在工作之余翻阅史书时，他止不住地想：未来的历史学家会用什么样华丽的辞藻来描绘自己取得的这些成绩？

十八

杨广怎么也不会想到，后世史家在书写他的历史时，几乎没有提及这些治绩。有的史书甚至故意把大业五年（609）的统计数字提前到大业二年（606），意即说明这些数字乃杨坚所创造，与他无关。

历代史家几乎把所有的笔墨都用来描写他在位期间的一些"花边新闻"。

他们说，皇帝喜欢排场，爱好新奇，他命令用羽毛给自己三万六千人的仪仗队装饰帽子。为了满足皇帝的要求，人们拔光了全国几乎所有鸟类的羽毛。乌程县有一棵巨树，高达百尺，顶有鹤巢。人们为了取老鹤的羽毛，要伐倒这棵巨树。老鹤恐怕树倒子死，乃自拔羽毛投于地。

他们热衷于渲染杨广举行的游乐活动的奢侈壮观。说什么隋炀帝召集天下杂技演员，"大集东京，阅之于芳华苑积翠池侧。有舍利兽先来跳跃，激水满衢，鼋鼍、龟鳖、水人、虫鱼，遍覆于地。又有鲸鱼喷雾翳日，倏忽化成黄龙，长七八丈……"

他们一再强调隋炀帝给天下人民带来的痛苦。"东京官吏督役严急，役丁死者什四五，所司以车载死丁，东至城皋，北至河阳，相望于道……"（《资治通鉴》卷一百八十）

相对于生命的短暂，中国人更重视的是声名的久远。以何种姿态进入历史是每个大人物最为关心的事。从这个角度看，这个世界上最有权力的人也许不是帝王，而是史官。史官们坐在书房里，稍稍偏偏笔头，就可以化腐朽为神奇，或者化神奇为腐朽。所以，唐代宰相韦安石说："世人不知史官权重宰相。宰相但能制生人，史官兼制生死。古之圣君贤臣所以畏惧者也。"（《新唐书·列传·卷四十》）

史家之所以有如此巨大的权力，是因为中国史学的主要目的不是"求真"，而是"惩恶扬善""以史为鉴""使乱臣贼子惧"。目的决定手段，为了有效地"扬善"和"惩恶"，让人"感动"或者"恐惧"，就必须采用"典型写作"的方法，使善恶对比分明、忠奸一目了然，使人知道爱什么、恨什么、学习什么、批判什么。"典型写作"的秘诀非常简单，一言以蔽之，那就是利用信息不对称的优势，向读者提供单方面的信息，令读者"偏听则暗"，误以为历史人物或者是毫无缺点的高大全式人物，或者是从头坏到脚的十恶不赦之徒。这些技巧在隋炀帝神话的写作中被发挥得淋漓尽致。

没有哪个民族比中国人更重视历史，从有文字开始，中国历代都设有史官，中国史书的浩繁，为世界所仅见。然而，也从来没有哪个民族像中国人这样在历史中肆无忌惮地造假：与其说中国古代历史是一个记录的过程，不如说主要是一个抽毁、遗漏、修改、涂饰和虚构的过程。

十九

如果明白自己与主流文化气质上的相克，杨广也许就不会有征服高丽的冲动。如果杨广把自己的脚步中止于大业五年（609），那么他在中国历史上的形象一定迥然不同。因为如果这样，"宣付史馆"的史料就可以由他自己或者他的后代来选定。

可惜历史是不可逆的，未来的评价当然不会影响杨广此时的心情。此时的杨广无疑沉醉在自己的成功中：这一切似乎可以称得上奇迹，毕竟他登上皇位才仅仅五年。除了古往今来最卓越的天才，以及上天如同对独生子那样慷慨的眷顾，没法解释这样的奇迹。

换了任何一个帝王，都会在这个伟大的历史时刻停下来歇歇。如果就此罢手，安享自己的统治成果，也足以让自己留名千古。可是杨广却并不这样想。一系列成功带来的兴奋让他的胸口鼓胀得要爆炸，体内的精力被更加充分地点燃。与秦皇汉武比肩并不是他的最终目标，他要马不停蹄地向前奔去，以把他们远远地甩在后面。他一刻不停地奔向功业金字塔的顶部：征服高丽。

二十

从继位起，征服高丽就是杨广的一个梦想。这个边疆小国一直是个不安分的捣乱分子，经常侵略周围各国。杨坚统治时期，它就曾入侵辽西。隋朝的统一对它来说显然不是一件好事。所以，在隋朝平陈之后，它"驱逼靺鞨，禁固契丹"，积极联络突厥，试图与突厥等族联合起来对抗隋朝。（《隋书·列传第四十六》）如果不能制止高丽的地方霸权行为，其他国家也会起而效尤，帝国的安全就不能得到保障。

其实，在杨坚时代，征讨高丽就成为既定国策，取得了朝野共识。"开皇之末，国家殷盛，朝野皆以辽东为意。"（《隋书·列传第四十》）

杨坚对高丽的征讨因为准备不充分而失败了。完成父亲这个遗愿是杨广乐于做的事情，虽然对隋帝国来说，这件事其实并不那么迫在眉睫。在文学家、诗人杨广的政治蓝图中，我们可以看到追求完美、热爱形式的艺术家特征。迁都与开河是他政治规划中的基础性工程，实行科举制、发展经济、安抚突厥、击败吐谷浑，是他建筑在这个坚固基础上的几间华丽殿宇。而征服高丽，则将成为他"大业金字塔"的塔顶。在所有的隋朝人看来，高丽是箕子所建的"礼仪教化之邦"，晋末才逐渐从中国分裂出去，是中国不可分割的一部分。杨坚征服陈朝，并不意味着中国真正获得了统一，只有高丽归入中国版图，"大一统"才算真正实现。征服高丽，是杨坚留给他的为数不多的建立标志性功业的空白之一。因为对于一个帝王来说，"完成统一"当然是所有勋章中最耀眼的一块。只有得到了这块勋章，他"千古一帝"的地位才会变得不可动摇。

二十一

然而，大业五年（609）年末，征服高丽的计划在御前会议上一经提出，就遭到了大臣的坚决反对。杨广继位以来，大臣从来没有这样异口同声地反对过皇帝。数年以来，他们越来越明显地感到皇帝外表谦恭，内心高己卑人，皇帝认为大臣的智商、才华与自己不在同一水平线上，对他们的建议多数不予考虑。

但是，他们这一次忍不住要力劝皇帝慎重从事。他们赞同攻打高丽，却反对在此时开始准备。他们已经预感到天下骚动。因为连年兴建大工程，不断巡游，劳役量惊人，老百姓已经精疲力竭。由于"役使严急，丁夫多死"，已经有人开始逃离家乡，到穷乡僻壤开荒种地，以逃避劳役。有的人甚至自残手脚，以避征发，谓之"福手""福脚"。老百姓已经被沉重的负担逼到了墙角。（袁刚《隋炀帝传》）

另外，攻打高丽需要的准备工作太繁重了。高丽与隋朝相接的缓冲带上，全是荒无人烟的森林和沼泽，行军极为困难，运输和储备军粮必将耗费极大的人力物力。另外，要确保收全功，还要建立海军，水陆并进，这就需要兴造大量战船。疲惫不堪的老百姓无疑无法承受这样繁重的劳役。一个明智的帝王正确的选择应该是给百姓三年到五年休养生息的时间，然后再图此举。

然而，杨广却根本听不进去大臣们的劝谏。他工作得太兴奋，已经患上了"权力欣快症"或者说是"权力狂躁症"。这是一个精力充沛的独裁者容易患的"权力综合征"的一种。在皇位上，一个统治者很难对自己的力量形成恰当的符合实际的判断。笼罩一切又缺乏制约的中国式权力，就如同一辆速度极快而又没有刹车装置的跑车一样，很容易失控。在顺风顺水地一一实现了几大政治目标后，杨广已经彻底抛弃了继位之初还保持的一丝谨慎，他已经不知道什么叫"困难"，什么叫"不可能"。到现在为止，他的生命一直是一部宏大、雄浑、旋律激昂向上的交响乐。这乐曲演奏得完美无缺。才华与运气的完美组合，使他觉得自己拥有无限的力量，可以做任何想做的事情：他伸手在平地上一指，洛河边上便出现一座新城；他大手一挥，吐谷浑那样强大的国家就被从地图上抹去。他感觉自己变成了无所不能的神。

他不是不知道帝国的百姓已经劳累多年，迫切需要休息。不过，征服高丽这个梦想实在太诱人了。"气可鼓不可泄"，"趁热打铁"是他的一贯主张。前几项大工程的完成，使他对帝国百姓的承受力及官员的动员能力产生了过高的估计。他对大臣们许诺，这是他最后一个重大政治目标。征服高丽之后，他的前期政治梦想全部完成，届时就可以刀枪入库，马放南山，让老百姓好好歇歇了。到那时，他会在全国组织一个有史以来最大的凯旋仪式，庆祝中国历史上最大的、最安全的盛世的到来。此时，他希望全国官员百姓，再动最后一把劲儿，和他一起，一鼓作气，完成这项千古伟业。

二十二

对于隋王朝的老百姓来说，这最后的任务可不是"动一把劲儿"那么简单。据史学家考证，攻打高丽的兵役、徭役量超过了前几年几项大工程的总和，达到几乎全国就役的程度。（袁刚《隋炀帝传》）老百姓付出的代价过于沉重了：刚刚把大运河修到洛阳，还没有喘口气，他们又接到命令，要把运河从洛阳一直开通到涿郡（治所在蓟县，今北京城西南隅），以运送军粮。由于工程浩大，"丁男不供，始役妇人"，也就是说，连妇女都被征发到工地去挥锹抡镐。本已不堪重负，从大业七年（611）攻高丽进入倒计时起，劳役压力又骤然增大。据《资治通鉴》载，隋炀帝下诏讨高丽，命人督工在东莱海口造战舰三百艘，民工昼夜立于水中造船，自腰以下都生满蛆，工匠死掉三分之一。又发江淮以南水手一万人，弩手三万人，岭南排镩手三万人，又令河南、淮南、江南造戎车五万乘送高阳，命江南、淮南民夫运米至涿郡。一时间舳舻千里，皆满载兵甲器物，路上几十万人填咽道路，昼夜运输战具、粮食，死者相枕，天下骚动。

大规模的逃亡开始出现了。越来越多的人逃奔到山东、河北的深山大泽之中，开荒自给，一两年间，竟达十万人之多。这饥寒交迫、朝不保夕的十万人是一个随时都会爆炸的火药桶。（袁刚《隋炀帝传》）

不过，虽然怨声载道，在高丽战争开始前，却没有人扯起造反的大旗。全国臣民对高丽战争的胜利从来没有怀疑过。这个精力充沛的皇帝自登基以来，所做的诸件大事还没有失手过。所有人都认为，以大隋今日之强盛，平高丽将像平陈那样顺利，甚至比平陈还要轻松许多。等到杨广凯旋，他们就会迎来期盼已久的休息。

杨广对战争结果更为自信。为了迎接他生命交响乐中最华彩的乐章，他做了最充分的准备。高丽战争将是他成为"千古一帝"的加冕礼，他精心设计，务求在历史上留下最绚丽盛大的记录：大业八年（612）正月初一，他亲率一百一十三万大军，号称二百万，浩浩荡荡地从涿郡出发。全部大军分为二十四路，加上天子六军，每天遣发一路，整整一个月，才完成出发式。从头到尾，队伍长达一千零四十里！这支队伍带着鲜明的杨广风格：每百人小队都高举一面色彩鲜艳的大旗，每部都携带军乐队，"大鼓、小鼓及鼙、长鸣、中鸣等各十八具，扛鼓、金钲各二具"，一路旌旗招展，鼓乐齐鸣。（《隋书·志第三》）

为了证明出师的光明正大，他在诏书中甚至公布了大军的具体番号、构成及详细进军计划。为了让高丽一见大军即望风而降，仗还没有开打，杨广即命每军设专职"受降者一人"。从洛阳动身前，他已经命令官员在金光门前搭建高台，以备举行献俘仪式。

这次出征看起来更像一场规模盛大的"威慑活动"。这样的战争准备在别人看来无疑有点离奇，不过在杨广看来却理所当然。他虽号称知兵，甚至可谓身经百战，其实他所亲身经历的战争中，几乎没有一次硬仗。平陈战争，他是最高统帅，亲眼看到腐败至极的陈朝在大军压境之下，立刻土崩瓦解，隋朝五十万大军几乎是兵不血刃，就取得了胜利。在平定吐谷浑的战争中，也是隋军的浩大声势吓坏了吐谷浑王，几乎没有经过战斗，他们就望风而逃。所以，在杨广的经验里，对待这样实力不对称的对手，最主要的是做好威慑，军队数量一定要多，军容一定要壮，如此足矣。一个小小的高丽，在他的威名、才华和运气面前当然不会有什么抵抗力。

然而，高丽战争的结果却出乎所有人的意料。

高丽不是陈朝。这是一个处在上升期的地方小霸权，骨子里有一股在长期战争中培养起来的霸悍之气。久经战阵的他们深知数量并不决定一切。面临百万大军，他们居然毫无惧色，趁隋朝大军行军迟缓之际，组织好了防守。隋军抵达辽东城时，面对的是一个金城汤池般坚固的城市。战斗经验丰富的高丽人冒死坚守，隋朝大军竟然无计可施。

一个是准备充分，意志坚定；一个是毫无战争心态准备，战争的结果可想而知。在坚城之下受阻的隋军心浮气躁，气急败坏，他们干脆选出三十万精兵，绕过辽东城，直取平壤，希望与海军会合，一举攻破敌国心脏。老谋深算的高丽人将计就计，不断诱敌深入，佯装失败，然后趁隋军渡清川江时发起总攻。隋军大溃，各路军将争相逃命。回师途中，隋师粮草尽失，在高丽追兵的追赶之下，病死、饿死、自相践踏而死者不计其数。战后清点，渡过辽河的三十五万隋军，回到了辽河以西的才两千七百人！（《资治通鉴》卷一百八十）

二十三

失败因为毫无心理准备而更难于承受。望着回程道路两边逃兵扔下的军服、辎重和枕藉的死尸，杨广神思恍惚，一直回到涿郡，他也没有回过神来。

他被这次意外打晕了。自从懂事起，他就没有尝到过失败的滋味。他不知道世界上原来还有"失败"这个词，更没想到这个词会砸到他头上。一连半个月，他不言不语，每天躲在自己的大帐里，也不召见大臣。

最让他忍受不了的是耻辱。是啊，古今中外，可能没有比这更大的耻辱了：此次出征，隋军不仅带了规模庞大的军乐队，更邀请了数个藩王随军观战。杨广希望用一次轻松的胜利来证明帝国的不可挑战，没想到在世人面前，他败得如此难堪，如此狼狈！对那些屏息静气观看着这场大戏的臣民，他更不好交代：他这个"一贯正确""英明伟大""几百年才出一个"的皇帝，怎么会犯下如此低级的错误！

他有点害怕见到这些藩王，他总觉得他们的眼睛里含着嘲讽，甚至面对自己的大臣，他也感觉他们的神色中潜伏着不恭。有生以来，他已经习惯了颂扬声，此时他才平生第一次尝到了耻辱的滋味。这种滋味是这样难以忍受！

杨广的主要性格弱点在这个时刻暴露出来了：在此之前一直处于顺境中的他没有培养出必需的耐挫能力。在失败的打击下，他乱了方寸。他就像一个被一拳打倒的拳击手，昏头昏脑地爬起来，什么都没想，又朝对手冲去。他急于证明自己还是一如既往地伟大、光荣、正确，刚才的失误不过是一不小心。就如同一个著名演员一出场就来了个趔趄，引来一阵哄笑，他的第一个念头就是竭尽全力把自己的全副本领都发挥出来，把剩下的唱腔唱得前所未有地华丽，以挽回自己一个名角的面子。半个月之后，他钻出帐篷做的第一件事是向天下宣布：明年要再次亲征，不灭高丽，誓不罢休！

这个看起来挺有男子气的宣言最终被证明断送了大隋江山。在挫折的巨大刺激下，杨广丧失了起码的现实感。火辣辣的耻辱烧灼得他忘记了一切。要知道，这可是竭全国之力准备的一场战争。为了这场战争，帝国国库中的金银像流水一样哗哗地流淌殆尽，老百姓被榨干了最后一滴汗水。他应该静下心来盘点一下国库中的存银。他应该知道，在造成近百万生命损失和帝国巨大财富的浪费后，他得采取低姿态，抚慰一下心怀不满的老百姓。要知道，他此时的形象已经不是"百战百胜""一贯正确"的伟大皇帝，而是一个不合格的将军。

然而，杨广却不可能这样做。他无法低下高贵的头颅。他认为自己的错误应该被定性为"疏忽"，这个小小的错误不应该影响自己的"光荣""正确"和"伟大"。最主要的错误是那几个率军渡过鸭绿江的将军犯的，因为他们没有严格执行自己的指示，擅自冒进，才败得如此惨痛。一回到洛阳，他就命令把那三名将军逮捕，一名处斩，两名削职。为了确保下一次战争万无一失，他宣布，准备的物资要多于上次一倍。

听到了这个消息，人们的最后一根弦被压断了。在忍耐到了极限之后，再次远征将更沉重的劳役压向民众头上。山东邹平人王薄首先揭竿而起，漳南人窦建德、韦城人翟让也立刻响应，一时间大隋天下燃起了二十多处烽火。走投无路的百姓激发出了前所未有的勇敢："忽闻官军至，提刀向前荡。譬如辽东死，斩头何所伤。"（《隋大业长白山谣》）

二十四

对于各地报上来的农民起义的消息，杨广并不怎么在乎。从三国到隋初，政治一直是贵族的游戏，还从来没有哪场农民起义能够改变历史的大方向。他认为这些起义烽火不过是帝国的癣疥之疾，泥腿子不可能做出什么大事。所以他只是部署了地方官"加紧剿捕"，要求他们务必在出征得胜回来前把这几处烽火灭掉。

他还是一门心思地准备再次攻打高丽，只有踏平这个弹丸小国才能挽回自己的面子。

大业九年（613）三月，在上次失败九个月之后，隋炀帝又一次踏上了征程。

这次出征本来可以挽救他的命运。再次踏上东征之路的杨广心情还是不错的，好事多磨，成功之酒因为小小的耽搁也许更加醇香。经过痛定思痛的总结，隋军的战略部署更加实际。又一次大加搜括之后，隋军待遇优厚，粮草充足，士气也颇高。在辽东城下，他们又一次遇到了高丽的固守。不过这次隋军是有备而来的。他们造了百余万个布袋，装满土后，堆成高与城齐的大道，辽东城指日可下。此时，另一支大军突进到了鸭绿江边，海军也齐集东莱海角，高丽"国势日蹙"，已到危亡之秋。杨广终于放下心来，在辽东城下诗兴大发，作了那首逸兴遄飞的名篇《白马篇》，以志此行：

> 白马金贝装，横行辽水傍。
> 问是谁家子？宿卫羽林郎。
> 文犀六属铠，宝剑七星光。
> 山虚弓响彻，地迥角声长。
> 宛河推勇气，陇蜀擅威强。
> 轮台受降虏，高阙翦名王。（《文苑英华》）

然而就在高丽国内人心已乱，大隋彻底一统手到擒来之际，忽然一骑飞尘，六月二十八日中午抵达了辽东行营，向杨广报告：

贵族杨玄感在河南叛乱。关陇勋贵子弟多人从叛，兵力数万，直趋东都。

从气喘吁吁的使者嘴里吐出的每句话都像一支利箭，射入杨广的心脏，豆大的汗珠瞬间在他的额头上冒出来。他一秒钟也没有耽误，立刻命人下

诏:"六军即日并还。"(《北史·列传第八十二》)

退军令秘密而迅速地下达。当天二更,隋军一百万大军,停止了连日一刻不停的猛攻,放弃马上就要到手的果实,放弃堆积如山的军粮、帐篷、物资、器械,如同一股正在激烈拍打城墙的狂涛,突然向西方回流。几乎要放弃抵抗的城头的高丽军人看见这一奇观,一时回不过神来。

二十五

如果说农民起义的消息对杨广来说不过是耳边嗡嗡叫的蚊蝇声,那么杨玄感造反的消息则是晴天霹雳。杨玄感非寻常人可比。他是前宰相杨素之子,现任柱国将军,袭封楚国公,屡掌朝廷重权。这个人公开造反,并且招徕了大批勋贵子弟,这表明贵族势力已经向杨广发起了正面挑战。盘踞在他心头多年的担心之事终于出现了。

和父亲杨坚一样,杨广经常做的一个梦是在宫廷之中,被几个手持刀剑的贵族追杀。在贵族政治中成长起来的他从小见了太多的内部倾轧、流血、阴谋、政变。登基以来,杨广一刻也没有放松对政治反对派的警惕。为了防止反叛,每次巡游他都要把几乎所有政治反对派以及握有重权的权臣带在身边,并且率领规模巨大的军队。他深知贵族依然拥有强大的力量。

事实上,维护统一的一个重要内容就是打击贵族力量。大隋王朝的父子两代皇帝都为此殚精竭虑。因为担心自己死后天下重新陷于分裂,杨坚晚年进行了几次政治大清洗,对贵族势力进行了残酷的打击。开国功臣被驱逐或杀戮净尽,领导层几次大规模更换。由于杨坚猜忌过甚,手法粗糙,许多人感觉他刻薄寡恩,上层贵族由此表面噤若寒蝉,实际上却涌动着不满的暗流。

杨广明白父亲的苦心。不过,在他看来,一个皇帝完全可以当得不这么辛苦、阴沉、劳累。一个雄才大略的君主完全可以更仁慈些、明亮些、优雅些。即位后,杨广同样在削弱贵族势力方面花了大量心血。他认为,最关键的措施应该是打破贵族对权力的垄断。

承南北朝时期门阀政治的余韵,隋朝初年的贵族与平民,仍然是两个世界的人。贵族子弟一生下来,就注定要平步青云。那些世家大族世代把持着绝大部分政治资源,出身贫寒的英俊之士绝无进身之路。"世胄蹑高位,英俊沉下僚"的情景比比皆是。在继位之初的大业元年(605),杨广推出了他诸多政治发明中最有名的一个:科举制。科举制打破了门第、地域、年龄界限，具有相当大的开放性和一定的竞争性，不能不说是一个非常现代、非常理性的产物。这一制度打开了门阀贵族势力消失的大门。大业五年（609），他又"制魏周官不得为荫"，使那些无功受禄的关陇贵族的子孙不能依靠门荫得官爵。

相比父亲，他的手段当然更隐蔽，也更有效。然而，打击贵族还是造成了严重的后遗症。直接的后果是上层贵族分成了两派。那些在新天子时代得到重用的大臣是坚定的保皇派，但是隋文帝时代的勋旧老臣及其子孙大多数已经成了杨广的坚定反对者。因为不但他们旧日的经济特权、政治特权被剥夺殆尽，并且子孙后代也失去了把家族的基业传下去的可能。在社会上层暗暗酝酿着一股反对隋炀帝的势力，并且随着征高丽的失败，如同种子找到了裂缝，一下子钻出了地面。这就是杨玄感造反的真正动因。

最怕的事还是发生了。杨广对贵族的造反早就有心理准备，只是没有想到会在这个节骨眼上爆发。他的反应十分迅速。他一边火速撤军，一边不断发出种种指示，调动各地兵马对杨玄感进行围剿。

在大业九年（613），杨广的政治威信虽然已经因为征高丽失败有了重大损失，然而，和大业十几年的情况还是不可同日而语。隋帝国的各路重臣得知杨玄感造反后，不待杨广命令，即纷纷起兵讨逆。虽然杨玄感吸引了近十万各路农民军前来投奔，但是这些农民军的战斗力实在太差，不足以依靠。所以杨玄感起兵不过一个月，就被消灭，自杀身亡。

二十六

回到涿郡的杨广看到驿报，心中的石头总算暂时落了地。平叛如此顺利，使他甚至开始后悔自己班师太迅速了。如果早知道如此，他完全可以在辽东再坚持十天半月，那样高丽此时也许已经被荡平，千古伟业已经实现了！

杨玄感的起兵虽然在军事上威胁不大，在政治上却意味着严重的后果。杨玄感公开宣称杨广是昏君，在起义誓师时宣称："主上无道，不以百姓为念，天下骚扰，死辽东者以万计，今与君等起兵以救兆民之弊，何如？"（《资治通鉴》卷一百八十二）杨玄感罗列了杨广好大喜功、滥用民力的种种失政之处，宣布要"废昏立明"，这使他的统治威信又一次巨大下滑。而几乎耗尽了举国之力的高丽战争再一次失利，令随军的各国藩王又一次窃笑着而去，让他上一次丢了一半的面子这一次几乎彻底丢光。更主要的，这是政治高层当着全国臣民和四境边夷的面的公开分裂。帝国的政治伤口袒露在世界面前，必将给中国带来巨大危险。

不习惯失败的杨广错误地理解了"愈挫愈奋"的意义。他内心的脆弱以坚强的形式表现出来。连续两次挫折，使杨广忘掉了其他一切，就像一个快输光了的赌徒，一门心思都集中在如何翻本上。赌徒的视野都是比较狭窄的，他们只看得到赌桌大小的范围，看不到金盆洗手后生活的其他可能性。虽然农民起义的烈火已经烧得大隋天下体无完肤，各地军报在大殿的桌子上越堆越高，但杨广还是变本加厉地准备起第三次东征。如果他能仔细思考一下杨玄感对他的指责，那么他的命运还有挽回的希望，因为杨玄感对帝国政治的"病灶"判断得很准，然而杨广却根本不愿意回想这个逆臣的那些狂悖之词，他不相信别人会比他英明。他坚持自己的判断，认为是征高丽失败，才带来这一切后果，因此只有征服了高丽，他才能挽回声望，挽回民心，挽回自己的前途和命运。

二十七

事实证明，第三次东征丝毫无益于杨广的威信。

连续的远征使隋军失去了锐气。杨广也感受到了身后这支庞大队伍的疲沓。连他自己都感觉到这次东征的勉强。更令他难堪的是，这第三次还是他为了证明自己而主动提出来的。他一边前进，一边担心粮草供应问题，他知道，国家已经被他搜刮得差不多一干二净了。

幸好高丽人也感到害怕了。毕竟两次大战已经把这个小国的国力消耗得近乎空竭。上一次那千钧一发的险境更让他们后怕不已。隋军一到，他们就派人前去和谈，希望能以一次认错换来和平。

如果是在前两次，杨广绝对不会同意，他一定要跃马大同江，踏平三韩地，才能心满意足。然而，此时，闻听高丽使者来求和，他心中却不禁升起一丝暗喜。连他自己都为这丝暗喜感到羞耻。

谈判的结果是，高丽认错，隋军班师。

整个大隋帝国终于可以开始准备那个期待已久的庆功仪式，然而所有的大臣都忙得面无表情，因为都知道这个胜利是怎么回事。金光门外盛大的凯旋仪式是大隋帝国开国以来举行得最没精打采的一次仪式。

第三次东征的结果只有两个字：难堪。原来强大富庶的帝国被折腾得家底空空，元气大伤，伤痕处处。老百姓被折腾得死去活来，家徒四壁，一无所获。

然而，这似乎只是一个开头，"难堪"挤开了门缝，就一个接一个地拥了进来，让杨广目不暇接：

在从涿郡（治所在蓟县，今北京城西南隅）回东都的路上，杨广的御驾遇到了农民起义军的抢劫，精神涣散的御林军被农民军冲散，天子御马在光天化日之下被这群乌合之众抢去四十二匹。

就在凯旋仪式举行了一个月之后，隋炀帝召高丽派使入朝，不料高丽人根本不予答复，三征高丽彻底成了笑话。

在杨玄感叛乱后，全国各地豪强及农民起义的烈火如同被浇上了一桶汽油，忽地一下子高涨了起来，几乎达到了无郡无兵的程度，义军纷纷抛出檄文，对杨广进行无所不用其极的攻击，这些檄文不胫而走，在帝国内广泛传播。

天下大乱之际，强悍的草原民族也开始试探着挑战隋帝国的权威。因为边境不靖，杨广在大业十一年（615）八月再度出巡塞北，不料在山西雁门，遭遇突厥南下，猝不及防的十几万宫廷后妃及百官侍从被围在雁门城里，差一点儿成了突厥的俘虏。

自从征高丽回来后，杨广就像一个救火队员，四处扑火。一连串的打击让杨广有一些回不过神来。他不明白这一切都是如何发生的：正在兴致勃勃建筑着自己的"大业金字塔"的他，为什么会在砌最后一块砖时从金字塔顶失脚滑落下来，落入这样难堪的境地？为什么一直一帆风顺、万人爱戴的他现在变成了天下万民嘲笑的对象？他艰苦卓绝的奋斗换来的为什么是这样一个结果？

被围在雁门，又一次在全国人面前丢光脸面的这一刻，杨广第一次惊觉：自己现在面临的问题不是在皇帝排行榜上排第一还是第二的问题，而是帝国能不能在自己手里保住的问题！他突然发现，那个从他出生起就一直伴随在他身边的幸运不知道什么时候已经永远离他而去。那部一直演奏得辉煌盛大的交响乐在一度转成低沉压抑之后，现在居然不断滑音和跑调，使一场演奏会变成了滑稽戏，正襟危坐的观众忍俊不禁。杨广原以为自己是上帝的宠儿，没想到上天对他如同对万物一样——不过视为刍狗。他原以为他的幸运是上天无偿的赐予，不承想原来却是利息沉重的债务，要他一一用不幸加倍偿还。他原来一直以为上天赐给他的是古往今来最幸福的人生，哪知中途剧情骤转，看来他的人生很可能变成一场彻底的悲剧。

"上天，我做错了什么，你要这样惩罚我？"这个以"刚毅"闻名的皇帝终于绷不住了。被围在雁门的他，当看到幼子杨杲被城外飞来的箭头吓得发抖时，惭愧、悔恨、委屈一时袭来，当着挤在临时朝堂里的大臣的面，他一把抱住小小的杨杲，号啕大哭，声达户外，哭得"目尽肿"。（《资治通鉴》卷一百八十二）人们一时不知所措，所有人都是头一次看到杨广的眼泪。他是哭自己保护不了孩子，还是哭自己这几年的不顺利？

就在皇帝号啕大哭的那一刻，他的大臣已经看清了这个号称天纵圣明的政治家，骨子里毕竟还是生长于深宫之中妇人之手的贵公子。他虽然聪明无比，但是毕竟没有经历过真正的风霜磨炼，缺乏承担大业梦想的坚忍顽强。包括李渊在内的诸多贵族已经摸透了杨广的底细：起兵的时候已经到了，看来皇帝又可以轮流做了。杨玄感之所以失败，是因为第一根出头的椽子必然烂掉。但是，如果是第二个、第三个，那可就不一样了。

二十八

在命运的一次又一次打击下，杨广性格中的负面因素暴露得越来越多。

大业十二年（616）正月，大隋朝堂上已经见不到一个外国使臣了。这与大业五年（609）诸国使臣云集洛阳的场面形成强烈对比，甚至各地的官员来得都很少，原因是各地农民起义阻隔。这是杨广过得最冷清的一个年。

眼看着自己竭尽全力辛苦建立起的雄伟大业像个豆腐渣工程一样稀里哗啦地倒下，杨广的心气也随之散了。

事实上，虽然东征高丽失败，但是杨广的命运还远远没有到灭国的边缘。农民军的战斗力相当有限。虽然号称四十八家之多，但他们一直没能联合起来，甚至都没有能力出郡县作战。如果杨广潜下心来，痛定思痛，励精图治，力挽狂澜，他还是有能力在政治高层闪展腾挪的。只要能防止贵族纷纷起兵，维持住帝国政治的平衡，隋军还是有能力扑灭各地农民起义的烈火的。这样，虽然大业已去，但是他毕竟还能安享富贵尊荣，在历史上以平庸之主收局。然而，他却没心思去做这些了。

他原本是一个极其心高气傲的人。他的自我期待是成为一个将要绘出世界上最完美图画的绝世艺术家。因此，当这幅图画毁了，他怎么还有兴趣在它上面修修补补，把老鹰改画成一只乌鸦，以求卖几个钱花花度此一生？

艺术家的性格决定了他将走极端的路子。不做最好，就做最坏，他唯一忍受不了的是平庸。他，一个原本打造传世金碗的大匠，此时不屑于去做为糊口奔忙的锔碗工。做不了千古一帝，他也没有心情去做一个辛苦维持的平庸帝王。

因此，在眼看天下分裂、自己在皇帝排行榜上不可能有名次之后，杨广有点破罐子破摔了。命运已经不是原先许诺给他的命运，前途也已经不再是预想的前途，他对上天从感激变成了抱怨，他像一个没有要到糖吃的小孩子一样躺在地上，不想起来。在大业十一年（615）雁门被围之后，我们看到他与以前判若两人，连续的打击使他那贵公子般娇嫩的神经受到了不可避免的伤害。从大业八年（612）以后，杨广"每夜眠，恒惊悸，云有贼，令数妇人摇抚，乃得眠"。（《资治通鉴》卷一百八十二）他对治国有点心不在焉。大业十一年前，他每天上朝，都在处理公务。大业十一年后，他开始三天打鱼两天晒网了。虽然天下越来越乱，他自己也危在旦夕，但他却鼓不起心气去为自己的生存而奋斗。他对政治越来越松懈，越来越放任，甚至对自己的生命，也有点三心二意，不那么周密地去考虑。

不知道什么时候，那个原本不喜欢饮酒的皇帝领略了美酒的好处。他下诏命各地官员贡献本地名酒，自己一一品尝，定出高下。他醉酒的次数越来越多。有一次，在长乐宫独饮大醉后赋了一首五言诗，诗文今大部分已失传，只留下最后两句：

徒有归飞心，无复因风力。（《文献通考》卷三百〇九）

杨广已经不再是那个双肩担起大业、只手擎起乾坤的杨广了。"气可鼓不可泄"，心气已消的他放弃了自我，投身到无边无际的放任自流中，什么都不想，什么都不做，只听任生理欲望控制自己、填充自己、遮蔽自己。既然命运是由上天控制的，既然上天说给就给，说不给就不给，那么一切由上天决定吧！他其实是在向上天撒娇。在冥冥中，他还期望上天那神秘的力量什么时候能再光顾他，把他推出失意的泥淖。

眼看着皇帝越来越颓废，政治越来越混乱，昔日的贵族摩拳擦掌。从雁门之围后，北方草原上的马匹价格一路飙涨，以唐国公李渊为代表的各地贵族纷纷招兵买马。大业十三年（617），他们感觉时机已经成熟，隋鹰扬郎将梁师都、马邑富豪刘武周、金城富豪校尉薛举、唐国公李渊、武威富豪李轨、萧梁子孙萧铣、江都通守王世充等手握重权的大臣不约而同，纷纷起兵，割据一方，众多世族亦加入其中。

在闻听昔日贵族全部起兵后，杨广的意志完全崩溃了。一直到死，杨广都认为他的真正敌人不是农民起义军。这些农民军不过是贵族政治游戏的前奏和引子，真正的政治军事方向，最终还是得由贵族来把握。事实也证明了他的判断。正如参加了隋末起义的魏徵在《隋书》中所说："彼山东之群盗，多出厮役之中，无尺土之资，十家之产，岂有陈涉亡秦之志，张角乱汉之谋哉！皆苦于上欲无厌，下不堪命，饥寒交切，救死葭蒲。莫识旌旗什伍之容，安知行师用兵之势！但人自为战，众怒难犯，故攻无完城，野无横阵，星罗棋布，以千百数。豪杰因其机以动之，乘其势而用之，虽有勇敢之士，明智之将，连踵覆没，莫之能御。"隋末三支实力最雄的农民军都难以和这些贵族军阀相抗衡，一旦交锋即土崩瓦解。瓦岗军失利于王世充；河北军被李世民一战而击溃；江淮军降于李渊，后虽又起兵亦旋即败亡。在隋末乱局中，最终还是贵族得到了传国宝鼎。

杨广深知大势已去，不过他还不想死。他决定南逃。毕竟他即位前曾经在江南经营了十年，别处烽火四起，这里还算安静。做不了千古一帝，那么就干脆在秀丽的江南风光中了此一生吧！在国家一片混乱，大势岌岌可危之时，他却调集十郡数万兵力，在江苏常州一带为他建造宫苑，周围十二里，内为十六离宫，虽然比洛阳宫苑规模要小，但"奇丽过之"。(袁刚《隋炀帝传》)

到江南之后，杨广一头钻进离宫之内，一事不管，整天饮酒为乐。他把他过人的聪明用在发明各种新奇的玩法上，其中最有名的一种玩法是广派宫人四处去抓萤火虫，得到数斛之多，装于布袋之中，夜里外出游玩时一齐放出，"光遍岩谷"，十分瑰丽。他命官员大量地为他进奉民间美女，分为百房，每天由一房做主人，饮酒赋诗，以为笑乐。在天下水深火热之际，别人都是强颜欢笑，只有皇帝似乎真的乐在其中。诗酒会中，他作了数组颇为清新雅致的小词，其中最有名的一首如下：

求归去不得，真成遭个春。
鸟声争劝酒，梅花笑杀人。(《隋书·五行志》)

在生命最后阶段的杨广内心其实是十分矛盾的：一方面，这个残缺的、不完美的、与自己的期望已经大相径庭的生命让他不再珍视；另一方面，他体内的欲望却依然强盛，他的感觉依然敏锐，他对生活中每一点滴的甜美都依依不舍。那个励精图治者变成了及时享乐主义者，他把自己剩余生命的目标定位为体验快乐。他经常"于苑中林亭间盛陈酒馔，敕燕王倓与钜、晶及高祖嫔御为一席，僧、尼、道士、女官为一席，帝与诸宠姬为一席，略相连接，罢朝即从之宴饮，更相劝侑，酒醅殽乱，靡所不至，以是为常。杨氏妇女之美者，往往进御。晶出入宫掖，不限门禁，至于妃嫔、公主皆有丑声，帝亦不之罪也"（《资治通鉴》卷一百八十一）。

不饮酒时，他常穿起短衣短裤，策杖步游，遍历台馆，细斟细酌每一处景致，直到天尽黑才止，"汲汲顾景，唯恐不足"。他知道，命运留给他体验这个世界的时间已经不多了。

那面在长安时候就一直放在案头的名贵铜镜被他带到了南方。他有时依然会揽起它。虽然已经五十岁了，可是这个人头发依然乌黑，眼睛仍然明亮，与众人相比，仍然是那么出众！很显然，这个与众不同的生命依然会以与众不同的形式抵达终点。他对着镜子，自言自语道："好头颈，谁当斫之！"（《资治通鉴》卷一百八十五）

二十九

虽然时刻准备着死，但说实话，当自己手下的卫兵闯进寝殿时，杨广还是有点吃惊。

他的禁卫部队实在是等不下去了，他们不得不叛变。来到江南后，大臣屡次试图劝谏杨广振作起来，就像前些年那样励精图治。那样他们还有可能重新控制住局势，大臣的前途和命运还有可能重写。他们相信杨广有这个能力，也相信天下大势还有可为。

他们弄不明白皇帝为什么如此颓唐。他们百般劝解，皇帝却无动于衷，仍然按着自己的方式，以加速度向灭亡滑落。皇帝对生命不感兴趣，他们可不想做殉葬品。在彻底灰心了之后，他们终于痛下决心，除掉这个成为累赘的皇帝，自救图存。

大业十四年（618）三月十四日，全副武装的卫队闯进宫中，把杨广从床上拉起来。他们牵来一匹战马，令杨广骑上，把他押去朝堂。

睡眼惺忪的杨广听到这个消息并没有显得紧张。他看着那匹战马，问道："这是谁骑的马？马鞍子太破了，我怎能乘坐？给我换一副新的！"

昔日的侍卫给他找出了宫中最华丽的一副马鞍换上，他才上马。在朝堂之上，叛军召进刽子手。看着刽子手手中的刀，杨广喝道："无知小人！诸侯之血入地，尚要大旱三年，斩天子之首，你们知道会有什么后果吗？天子自有天子的死法，拿毒酒来！"

昔日的部下乐于执行天子最后的命令，他们四处去寻找毒酒。但是不巧，找遍宫中，也没有找到。人们只好给了他一根白绫。（《资治通鉴》卷一百八十五）

三十

杀掉了皇帝，人们这才发现，把他埋到哪里是个问题。自秦始皇以来，历代皇帝都在继位不久即耗费巨资，给自己修筑巨大坚固的陵墓。只有杨广，虽然耗尽举国之力修筑了多项流传千古的大工程，却一直没有腾出时间修自己的墓地。在励精图治的时候，他把所有的心思都用到"大业"上了。

武德年间，继承了大隋江山的李渊和他的大臣感觉应该给杨广总结一下。他们送给了他"炀"字作为谥号。当初杨广送给陈叔宝这个字的时候，绝对想不到历史会出现这样幽默的巧合。不过，李渊他们对于前主人的感情毕竟是复杂的，这一个字无法完全表达。他们从江南离宫的一个套院里找到了杨广的尸体，把他改葬到了扬州雷塘。之所以选择这里，也许是因为杨广修建的大运河（邗沟）正从此处静静流过。长眠在大运河畔，静听河水轻轻拍岸，人们希望奔忙了一生的他能睡得安稳。

第五章
朱元璋：偏执型人格障碍患者

————— • • —————

从一定意义上说，朱元璋的心理问题，就是这个民族的心理问题。另外，朱元璋个人，对整个民族心理疾病的恶化又起了很大的作用。面对这样的现状，解决的办法还应该是中国式的，那就是相信时间，时间和耐心能给我们以最大帮助。

患者：朱元璋

性别：男

年龄：老年

职业：皇帝

文化程度：幼时读过两个月私塾，因家庭经济困难辍学，后通过自学，达到中等文化程度。

患者自诉症状

自从四十一岁做皇帝，于今已三十年了。心里这桩苦楚啊，从未对人讲过。你每(方言，"你们"之意)都以为做皇上是享大福，谁晓得我这三十年里，竟如那囚徒一般，活得战战兢兢！

就是怕人和我抢皇位哩！因为这个缘故，成日里吃不下饭，睡不好觉！一颗心像在油锅里煎熬哩！

你晓得那人心有多少是坏的，见别人有好东西，谁不羡慕？譬如，乡里一个大户，田地广一些，房宅大一些，衣着鲜明些，便有多少人嫉恨他、算计他、诬告他，又弄局儿来诈他，必要把他的田产房屋占了，方才心足。我是乡下出身，这些经历得多了。算是自己有胆量，有算计，运气又好，九死一生过来，居然做了皇帝，得了九州山河这样大一份产业，不晓得有多少豪杰盯着哩！当初汉高帝刘邦见了始皇帝车驾，说道："大丈夫当如此也。"那项羽干脆就说道："彼可取而代也。"后来，果然是这两人把始皇帝的天下坏了。天下人岂尽是庸碌的？英雄豪杰多得很，不然，何以有二十二史，乱臣贼子无世无之！

你知道我是个心细的人，做事讲究滴水不漏。从做了皇帝那一天就开始睡不好觉，总是担心哪一天被人颠覆了，这紫禁城宫殿不是归别人所有便是被一把火烧了，子孙妻妾不是被杀个精光就是被掠去为奴做婢，我当然更不得好死了，扒皮抽筋，都有可能。要知道，当初我的侄子朱文正意图投靠张士诚，被我关进大牢后还不思悔改，蓄意逃跑，我不得不将他鞭打致死。一想到这儿，我就浑身出冷汗。你晓得，那徐达、常遇春、蓝玉、胡惟庸，在朝的这些公侯员外，哪一个不是心精手狠？礼义纲常谁不知道是假的？能唬住庸人可唬不住他们。想当初，郭子兴对我可谓恩重如山，我有今天全靠他的栽培，可我后来还不是杀了他儿子。起兵之后，一直奉韩林儿当小明王，用不着了还不是淹死了事。普天之下谁说过我不仁不义，大家心里清楚。再说，这天下也不是那么容易治理的，经常有些灾害，加上官吏盘剥，百姓吃不上饭，动不动就要起来造反。又有些奸民，弄些弥勒佛、白莲社、明尊教、白云宗等，聚众烧香，夜聚晓散，时间长了，便要弄些祸患出来。越是管不到的穷乡僻壤，这样的事就越多。这样一想，便觉得自己是坐在刀尖上哩。

安定天下，首先是要让百姓温饱。想当初，我如果能吃上一口饱饭，绝不会起来造反。所以我劝农桑，轻徭役，休养生息，发展水利。我还狠狠惩治贪污，但凡贪污铢两，被我发现，就定斩不留。百姓的生活比以前好了，加上老天爷帮忙，年年风调雨顺，个个都能吃饱。天下总算日渐安稳了。

可我还是不能放心。我南征北战二十年，知道越是安稳的时候越容易出事。所以我殚精竭虑，考察古今政治制度。你知道我自小没怎么读过书，这点知识全靠自学，可还算聪明。翻了翻历朝历代的史书，我看出来最危险的是权臣作乱。于是我干脆废了丞相制，省得有人大权独揽。我在《皇明祖训》中规定："以后子孙做皇帝时，并不许立丞相。臣下有敢奏设立者，文武官员即时劾奏，将犯人凌迟，全家处死！"我又设了五府六部、都察院、通政司，让它们分头管事，相互牵制，没我的同意，什么事也做不出。我又规定科举考试只能作八股文，士子们只准用四书口气说话，不许有自己的见解。这样就省得不安分的士子弄出异端邪说来，扰乱人们的思想。

由于怕子孙不争气，我写了《皇明祖训》，定了《大明律》，作了《大诰》，把规矩做得铁桶般，让他们世世相守。连老百姓从事各行各业穿什么衣服什么鞋，住多大的房子，我都规定得明明白白。我规定老百姓没事时只能在本乡待着，不许四处走动，离乡百里就要到县里申请，为的是怕他们结伙作乱。

▲ 画风截然不同的明太祖朱元璋画像，现藏于台北故官博物院

　　谁不守我的规矩，我就狠狠地惩罚。为什么我的军队最有战斗力？就是因为我执法最严厉。老百姓但凡不安分的，就被我抓来剥皮楦草，杀一儆百。安阳王富安，因为走失一头驴，当街骂大明朝治安不好，被人告发，拿来我这里，割了舌头，剁去四肢示众。军人姚晏保，不守纪律，违纪踢球玩，被卸了右脚，全家发配云南。卢善传白莲教，自称法师，被我捉来，剥光衣服，缚在铁床上，用开水浇了，浇一层，用铁刷子刷去一层皮肉，直到刷死。这些事，我都写到《大诰》里，叫全国的村子每月初一、十五都要在土地庙集会，学习《大诰》。我规定，每个乡都要置办一个木铎，派一个年高有德的老人，五天一次走乡串村，沿途敲喊："孝顺父母，尊敬长上，和睦乡里，教训子孙，各安生理，毋作非为！"

　　按理说，我做得够周密了，可还是不放心。法度再严，也系不住人心呀！尽是那些心窍多的难收弄。自己年纪一天天大了，太子又死了，太孙年幼，我死了之后，这些豪杰谁人压服得住？便我在时，法度如此严密，尚且终日不安生哩！汤和日日嗜酒妄杀，又夺人产业；廖永忠派人和太监打通关节，打听我的心思；曹兴擅自杀死朝廷命官；蓝玉衣带上镶用金龙。桩桩件件，逃不过我的耳目。想来想去，没有办法，只好狠狠心，弄了几个大案，说他们都谋反，分着一批批杀掉了。借胡惟庸案杀了三万多人，杀了六个公爵、十六个侯爵。蓝玉案杀了一万五千余人，一公、十三侯、二伯。剩下几个公侯，这两年也逐一弄死了。说起来，当初随我起兵的老乡们都已经杀光了。

豪杰杀光了，可心还是放不下。成天到晚，心仍是悬着。总担心自己定的办法有什么疏漏的地方，只好坐下来把定下的法度一遍遍从头细捋，看看有什么不安稳的。这可真耗心血呀！捋了一遍又一遍，挑不出毛病，可还是不管用。看见宫女太监偷偷溜我一眼，就觉得是在盘算我诅咒我；看见文武百官在殿上说话吞吞吐吐，就以为是要欺瞒我，是怕我刻薄狠毒，盼着我早死哩！尤其是天黑下来，一个人坐在紫禁城里，便揣想别人心里都在想些什么，官员们有没有私下里交通，是不是有人正在灯下密谋造反，乡里有没有人聚众拜佛烧香。一年三百六十五天，没有一刻不担心，弄得我心力交瘁，精疲力竭。只有杀人时心里还好受点。杀一个人心里就放宽一些，毕竟这个人不能再琢磨我、怨恨我了。而且我愿意看人不得好死，越是血肉横飞心里越是舒服。没事便廷杖官员，按在殿上活活打死。如果一天不杀个把人，不见点人血，这一天简直没法过。弄得官员们每天上朝前都和家人诀别，平安回家都得摆酒庆贺。

这才觉出自己病了，心里有病啊。杀人也没法治好这病，总不能把天下人都杀光吧。所以，请先生来给看看。

初诊意见

此患者疑是伴有情感焦虑的偏执型人格障碍患者，并有攻击性施虐倾向。

诊断依据

偏执型人格障碍的诊断标准（据《英国克氏医学全书》）：

1. 敏感多疑，常将他人无意的，甚至是友好的行为误解为敌意和歧视自己。对常见的记号或事件会误解出隐含贬低或威胁性的意义。

2. 无端怀疑别人在搞阴谋，要伤害自己，因此过度警惕与防卫。

3. 过分自尊，不择手段地追求权力，有强烈的出人头地愿望。自我评价太高，认为自己一贯正确。事业上一般比较成功。

4. 忌妒心强，不愿看到别人比自己成功，比自己幸福。

5. 对挫折和遭人拒绝过于敏感，对极小的侮辱、伤害不宽恕，耿耿于怀。对他人的过错不予宽容，为人固执。

施虐倾向的诊断标准：

1. 缺乏同情心和道德感，对人极度冷漠、极端自私。

2. 有强烈的控制他人、指挥他人的欲望。

3. 具有强烈的攻击欲望，并难以抑制。

4. 喜欢看到受攻击者痛苦，喜欢施行残酷行为，并从中获得成瘾性快感。

诊断过程

我们通过阅读患者病历，并结合调查走访，进一步确认了诊断结果。我们发现，患者的症状非常典型，几乎是学术意义上的样板。一般来说，以上所列的偏执型人格障碍五条诊断标准中，只要有三条符合即可确诊，患者五条均符合。施虐倾向的四条标准也基本符合。兹叙述如下：

1. 敏感多疑，常将他人无意的，甚至是友好的行为误解为敌意和歧视自己。对常见的记号或事件会误解出隐含贬低或威胁性的意义。

这在患者自诉中已有所表现，通过调查，我们发现还有许多事例。患者早年家境贫寒，曾做过游方和尚，参加农民叛乱，被人称为"贼""盗"。患者经常担心别人因他出身卑贱而看不起他，因而过于敏感。称帝后，浙江府学教授林元亮为海门卫作《谢增俸表》（同下文提到的《贺万寿表》《正旦贺表》等均为一种礼仪性公文）有"作则垂宪"一语，北平府学训导赵伯宁为都司作《贺万寿表》中有"垂子孙而作则"一语，福州府学训导林伯璟为按察使作《贺冬至表》中有"仪则天下"一语，桂林府学训导蒋质为布按二使作《正旦贺表》中有"建中作则"一语，因江淮方言中"则""贼"同音，患者认为这是在骂自己做过"贼"。常州府学训导蒋镇为本府作《正旦贺表》中有"睿性生知"语，患者认为"生"是代指"僧"，讽刺自己做过和尚；怀庆府学训导吕睿为本府作《谢赐马表》中有"遥瞻帝扉"语，被误解为"帝非"；祥符县学教谕贾翥为本县作《正旦贺表》中有"取法象魏"语，"取法"被误解为"去发"。以上诸人，都被患者处死，有的还全家被杀。陈州州学训导周冕为本州作《万寿表》中有"寿域千秋"一语，虽然念不出什么，但患者觉得别扭，怀疑含有讽刺意思，此人亦被杀。到洪武二十九年（1396），因此类文字忌读被杀者有三十二人。

其实，按正常思维，以患者地位之尊，绝不会有官员在贺表中胆敢寓含讽刺，更何况这样一而再再而三、前仆后继地以生命作为代价讽刺他。这些事例典型地表现了患者的心态失衡，部分丧失了正常思维能力。在接二连三发生类似事件之后，礼部官员只好建议全国各地的贺表都用统一的格式，用固定的文字，患者也同意了这个建议，可见患者有时也知道自己多疑，但问题是，一旦遇到这种情况，他就无法控制自己，只有杀人才能放心。

类似的事例还有：著名诗人高启为《宫女图》题诗，有"小犬隔花空吠影，夜深宫禁有谁来"，患者以为是在讥刺他，鉴于高启名气之大，当时没有发作，但心不能平，几年后终于借魏观案把高启腰斩于市。

还有一次，患者微服私访，在街道上听到一老年妇女和人说话，提到他时，不称"皇上"而称"老头"。患者认为这是不满自己统治的表现，回宫后令五城兵马司把老妇居住街区的人都杀光了，并且说"张士诚占据东南，当地人如今还叫他'张王'，我做了皇帝，百姓居然叫我'老头'，真叫人活活气煞"。这些事例反映出患者怀疑自己的统治能力，怀疑自己统治的正统性。其实，当时的百姓对他的统治还是满意的，这些做法，完全是患者自己过于自卑所致，因为古往今来，只有他一个皇帝是出身赤贫。虽然患者在诏书中经常提到自己"起自布衣"，好像毫不忌讳，但这其实是患者内心的一大块不能揭开的疮疤，自己喊"起自布衣"可以，别人要是因此而稍有些不敬，则会遭到最强烈的报复。

以上这些事实，包括患者自述中对功臣的惨无人道的大屠杀，充分表明患者的极端自私、极度冷漠，以自我为中心，缺乏同情心和道德感。

2. 无端怀疑别人在搞阴谋，要伤害自己，因此过度警惕与防卫。

患者此症状表现得十分明显。患者称帝后，便时常怀疑别人要陷害自己，倾覆自己的帝位，因此经常无端猜疑。患者信奉曹操的哲学，即"宁可我负天下人，不可天下人负我"，宁可错杀一千，不可放过一人。即位后他热衷于用特务手段来监视下属，并且明目张胆，毫无顾忌。早在做农民军领袖的时候，他派卫士何必到江西袁州侦察敌情，何必回来向他汇报后，他不相信，问："汝到袁州有何为记？"何答："平章门有二石狮，吾断其尾尖。"后来攻占袁州后，他还专门检查此事，检查属实后才放心。他起用一些心腹，称之为"检校"，专门察听在京大小衙门官吏不公不法及风闻之事。南京各部的小吏原来都戴漆巾，门口挂牌额，"检校"发现礼部小吏有人白天睡觉，兵部门口不设巡警，就把睡觉者的头巾和兵部门牌偷走，报告给朱元璋。朱元璋因此规定，礼部小吏从此不许戴漆巾，兵部不许挂牌额，以为惩戒，成了明朝制度。

患者还特别喜欢侦察别人的私生活，怕别人在背后议论自己。老儒钱宰嫌政务太烦，作诗说："四鼓冬冬起着衣，午门朝见尚嫌迟。何时得遂田园乐，睡到人间饭熟时。"特务侦知报告。第二天，患者在朝廷上召见钱宰，说："昨日好诗，然何尝嫌汝，何不用'忧'字？"遂遣钱宰回籍，说："朕今放汝去，好放心熟睡。"国子监祭酒宋讷有一天独坐生气，特务偷偷给他画了张像，第二天患者拿给宋讷看，询问他为什么生气。"检校"专门告人阴私，人人惧怕，患者却十分欣赏，说："有此数人，譬如恶犬，人则怕。"（《国初事迹》）

虽然这样监视，患者还是不能消除被害妄想，最终还是在洪武十三年（1380）、十五年（1382）、十八年（1385）、二十六年（1393），制造了所谓的"胡惟庸案""空印案""郭桓案""蓝玉案"，前后诛杀了十一二万人，将他认为能威胁到自己皇位的开国将领、文武官员和地方大户全部杀光。其中绝大部分经事后核实，没有任何事实依据，纯属误杀。

3. 过分自尊，不择手段地追求权力，有强烈的出人头地愿望。自我评价太高，认为自己一贯正确。事业上一般比较成功。

患者智商很高，反应敏捷，为人精明，思维周密，精力充沛。因从小经历挫折较多，耐挫能力较常人为强。患者有着强烈的出人头地的愿望，心理上有一种以事业成功来弥补卑贱出身并报复早年所受伤害的潜意识，故对事业异常投入执着，对其他事物，如娱乐、友情、家庭生活均无强烈兴趣，每天平均工作时间在十四个小时以上。他以铁汉自诩，把自己的残忍、无情当成超人的品质。为了事业，他多次背信弃义，比如，杀害岳父郭子兴的儿子郭天爵，杀害自己的大批战友，甚至杀害自己的结发妻子李淑妃。

李淑妃是太子朱标的生母，为人明敏，"事上有礼，抚下有恩，遇事有断，内政悉委之"，可谓是患者的"贤内助"，在马皇后去世后代理皇后职责。患者四子朱棣为谋帝位，曾拉拢利诱她，她委婉谢绝："妾备位嫔妃，所任者，浣濯庖厨之责也，储位大事，非妾所知。"此事被朝中传为佳话。（《西园闻见录》《明史·李淑妃传》）

洪武三十年（1397），患者得了一场大病，以为自己将去世，因担心历史上母后临朝的事重演，把李淑妃的哥哥叫来，叫兄妹相见，说："你跟随我几十年，朝夕在左右尽心尽力，所以叫你们兄妹相见，尽尽骨肉之情吧。"李淑妃明白这是赐自己死，遂上吊自杀。患者抚尸而哭，对其兄说："朕不是不知道你妹贤惠，只是人心难测，担心她日后会演武后之祸，只得强抑自己的感情这样做，以为朕寡恩薄德，此为天下也。"

▲ 朱元璋皇后马氏画像

在他看来，任何亲人、朋友，都不过是事业的工具。他为自己能战胜儿女私情，实行铁血手腕而十分自豪，认为这是自己不同于平庸的常人的地方。

由于天赋较高，又极为投入，患者在事业上取得了巨大的成功，这也助长了其自大倾向。

实际上，在他的举动中，有许多明显的矛盾之处，他自己意识不到，别人也不敢指出来。这反映出他的一贯正确意识不可挑战。比如，他制定的《大诰》，一篇之中，对同一犯罪的处罚往往前后不一。如《大诰续编》第十二条规定："非朝廷立法，闲民擅当干办名色，官民皆枭于市。"就是说，基层政府擅自任用普通百姓为官吏，任用者与被任用者皆斩。第十六条又规定："滥设无籍之徒当干办人，并有司官吏，族诛。"同一罪状，又上升为族诛。第六十二条则规定："私下擅称名色，与不才官吏同恶相济虐害吾民者，族诛……有司凌迟处死。"又不同于前。有些规定，则任性而为，几无法执行。如为革除官吏扰民，禁止官吏下乡，并规定，凡有"违旨下乡，动扰于民，许民间年高有德者民率精壮拿赴京来，处以极刑"。而官吏如不下乡，许多政事则根本无法办理，下情不能上达。对此，解缙上书说"国初至今二十载无几时不变之法，无一日无过之人"，可谓说出了别人不敢说的心里话。总而言之，错全在他人，对总在自己。这就是患者的自我认识。

4. 忌妒心强，不愿看到别人比自己成功，比自己幸福。

从患者的行为推断，他特别痛恨那些家庭生活幸福的官僚地主。这既与患者早年经常受富户欺压有关，同时患者可能认为自己虽然高高在上，但是生活中充满焦虑、烦恼，整日劳心，没有什么乐趣可言。患者个性刻板，没有什么兴趣爱好。年龄大了，身体状况日差一日，觉得生活越来越枯燥灰暗，而那些官僚地主却整日丰衣美食，丝竹管弦，活得尤为滋润，所以心理特别不平衡。因此，在历朝历代中，他给官员的俸禄最少，对官员最为刻薄。如果官员们只拿他规定的工资，那么连温饱都解决不了，而贪污一旦被发现，则会受到最可怕的惩罚。

患者称帝后的历次大屠杀，不仅是因为"迫害妄想"，而且是因为想践踏他人的幸福。他对富人有一种天生的敌意。江南首富沈万三，因要效忠新朝，捐款修了三分之一的南京城墙，患者因嫉其富有，毫无道理地没收沈氏的全部家财，并将沈氏发往极边充军。借四大案，随意牵连地方富户，仅仅吴江一县就有千户地主被抄家流放。"民中人之家大抵皆破"（《明史》），有的地方，因为族诛过多，"邻里殆空"，"一时富室或无一存焉"。（吴宽《匏翁家藏集》）

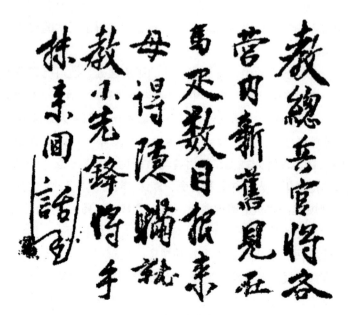

▲ 朱元璋手迹

患者最看不惯那些懂得享受生活、有能力享受生活的人。有一次，听说京卫将士闲暇饮酒，他就将他们招来训斥一通："近闻尔等耽嗜于酒，一醉之费，不知其几，以有限之资供无餍之费，岁月滋久，岂得不乏？"（《明太祖实录》）他对青年人下棋、玩球、吹箫、唱曲异常痛恨，曾颁旨："在京但有军官军人学唱的割了舌头，下棋、打双陆的断手，蹴圆的卸脚，做买卖的发边远充军。府军卫千户虞让男，故意违犯，吹箫唱曲，将上唇连鼻尖割了；又龙江卫指挥伏颙与本卫小旗姚晏保蹴圆，卸了右脚，全家发赴云南。"（《大诰》）

5. 对挫折和遭人拒绝过于敏感，对极小的侮辱、伤害不宽恕，耿耿于怀。对他人的过错不予宽容，为人固执。

患者屠杀官吏富民可以解释成是对早年生活中所受侮辱、伤害的报复。

患者从其事业早期就极端强调纪律性，立法严苛，许多规定不合情理，锱铢必较，对违犯者毫不宽容，达到让人难以理解的程度。患者规定妓女只能穿黑色衣服。一次，他宴请即将出征的傅有德，让大将叶国珍陪他。席间，叶国珍让妓女穿上杂色衣服，患者大发脾气，叫壮士把叶国珍抓起来同妓女一起锁在马厩里，并削去妓女鼻尖。叶国珍说："死则死，何得与贱人同囚？"患者说："尔不遵我分别贵贱之令，故以此等贱人辱之。"后来患者下令打了他数十鞭，"发瓜州做坝夫"。

患者登基之后，这种行为倾向更加明显，稍有违者，必重罚不贷，于情理不顾。

病因分析

由于患者身份特殊，行为影响大而且深远，所以我们组织了一个专家班子来进行会诊。专家组的成员有：

张宏杰，本咨询报告执笔者。

卡伦·霍尔奈，女，德国心理学家，1932 年移居美国，1941 年创立美国精神分析研究所，成为 20 世纪最重要的，同时也是最受轻视的精神分析思想家之一。

埃里希·弗洛姆，霍尔奈的情人，德国心理学家，此人在新精神分析学派中独树一帜，影响较大。

专家组与患者通过漫谈的方式，寻找病因。

卡伦： 心理疾病患者的病因通常隐藏在早期生活经历之中。一个人的基本人性是在童年时期形成的。偏执型人格障碍通常都经历过特别严酷的童年，那时他们遭遇过极端的虐待、羞辱、嘲弄、忽视以及明目张胆的虚伪。就像在集中营中长大的人一样，他们没有被环境压垮，反而打造出一副铁石心肠。童年时，他们可能进行过令人同情的不成功的尝试，去赢得爱、同情或注意力，但是毫无结果，于是他们终生封闭了对所有温情的需要。他们鄙视温情，没有取悦他人的动机，并能够毫无顾忌地发泄残忍的能量。对于"爱和关心"的渴望消失，取而代之的是雄心及图谋报复性胜利的冲动。他们是为"那个算总账的日子"而活着的：到那一天他们将证明自己高人一等，使那些伤害过他们的人通通尝到痛苦。这种人梦想成为英雄。其实，我愿意称这种人格为傲慢报复型人格。

张宏杰： 卡伦虽然对朱先生的人生经历一点也不了解，却推断出他有一个"严酷的童年"。朱先生，你能回忆一下童年吗？

朱元璋： 小时候的事我一直不爱去想。刚才这位女大夫的话我没全听懂，大概意思明白了，的确是高人啊，说到我心里去了。我是天历元年（1328）生人，上头有三个哥哥，两个姐姐。生我那年，爹四十七岁，娘四十二岁，其实是不想要我了，家里穷啊，多一张嘴就多一分煎熬，怀上就怀上了，也没谁当回事。生我那天正值种小麦，娘头晌在地里忙了半天，晌午回家做了饭，喂了鸡鸭，又忙着往地里赶，走到村头二郎庙肚子痛，便进庙把我生下来。生完我后，娘把我送到家里，收拾收拾又去干活了。

我打小没享过一天福。家里穷啊，那日子全是受罪过来的。我祖上是在江北沛县，爷爷的太爷那辈就穷得站不住脚，搬家逃荒，几辈子净搬家了。生人生户，到哪儿都受欺负。从沛县到江南，又从江南回江北，光我爹这一辈，就从句容到泗州，又到灵璧，又到虹县，又到钟离，不到十年就得搬一次家。为啥哩？总是佃人地种，一家人起早摸黑，拼命干活，好不容易把地侍弄熟了，大户就加租夺佃，只好拉家带口另寻活路。我爹是个脸面人，不信命，一辈子没偷过一天懒，就是勒紧裤带苦干，一辈子也没断了发家的念头，谁承想却是搬了一辈子家，临死连口棺材也没有。

我一生下来，家里连块裹身子的布都没有。幸好二哥在河里提水时捞了块破绸子，才为我裹了身子。（《明朝小史》卷一）从小到大，我没吃过几顿肉饭，没穿过一件新衣服，十六岁以前没穿过鞋，别人都吃过了剩一口给我，别人都穿破了改一改给我。没懂事前，没有人照看我，我被捆在炕上一捆就是一天。刚刚懂事，就成天干活，早起拾粪，白天放牛割草，晚上回到家还要编草席，困得打哈欠才叫去睡觉。一个是爹管教得严，我爹最看不上的是孩子贪玩偷懒，见到了就是一顿巴掌，没好没歹；再一个是穷人家的孩子早当家，看着爹娘成日里在地里挣命，不易呀，想帮他们分分忧。

从小没人疼过我，穷再加上孩子多，爹妈顾不上我。记得八岁那年，我大病一场，发寒热，一会儿像火烧，一会儿像掉进冰窖，家里请不起大夫，只好在炕上躺着。正是农忙时候，谁也腾不出手来照顾我，炕上放一大盆水、一床被子，冷了自己盖被子，热了就喝水。一个人躺在那儿，其实就是等死啊，幸亏我命大，活过来了。

张宏杰： 你恨你的父母家人吗？

朱元璋： 不恨，他们都不容易啊，能把我生下来，我已知足了。他们是喜欢我的，因我自小脑筋好使，他们送我读了两个月的私塾哩。我读书聪明，私塾的孩子都不如我，我想着如果我生在富贵人家也能考个功名，做大官人哩。可是家里实在供不起，只好回地里做活。

我最恨的是那些官吏大户。那些大户，真是狠如毒蝎啊。我每（们）一家人苦熬苦作，都被他们剥削去了。记得十岁那年，二哥娶亲，家里花销大，交不起租子，腊月里大户王胜领着一伙家丁，把家里剩下过冬的一斗半麦子抢走了，把家里的破柜子、锅子都抄走了。我爹一辈子没向人低过头，那次给王胜跪下了，因大嫂正怀着孩子，爹求他让我们过了这个年，那王胜不但不听，还打了我爹一个耳光。一家人寒冬腊月，从东乡搬家到西乡，那一年，正是在土地庙里过的。至今一想起我爹给王胜跪下的那一刻，我心里还直翻腾。那时候，我真恨不得上去给王胜开膛剖肚，看看他的心是什么做的。打那天以后，我一直想，将来有一天我发达了，一定把王胜等活活剥了。也自从那一天，我就真正懂事了，发誓不论吃什么苦，受什么罪，哪怕死后下地狱，也一定要出人头地，不再受我爹这样的屈辱。

张宏杰： 是不是这样的经历使你痛恨天下所有的大户？

朱元璋：天下的大户们心肠都是黑的。他们没有一个不是贪得无厌、凌弱吞贫、虐小欺老的。对佃户的租子，他们千方百计加价搜刮，一粒也不能少；国家的赋税徭役能逃就逃，能推就推，想办法欺骗官府，瞒产瞒田。那些当官的，每日里只知道饮酒作乐，不管百姓疾苦，下属拜见要给"拜见钱"，过节要"过节钱"，过生日要"生日钱"，管个事要"常例钱"，往来迎送要"人情钱"，发个传票要"贵发钱"，打官司要"公事钱"，平白无故也要钱，叫作"撒花钱"。主管监察的肃政廉访使下乡，竟公开带着管钱的库子检钞、称银。闹灾时下乡放赈的官员公然把赈米贱价卖给大户。（《草木子》卷四）你说，这些人可不可恨？我们穷人的苦楚，就是这些人酿成的。

张宏杰：我记得你曾说过："若在民间，则州县官吏多不恤民，往往贪财好色，饮酒废事，凡民间疾苦视之漠然，心实怒之。"

朱元璋：是呀，所以自打平了陈友谅，我就想好好做个规矩，铲尽天下这些不平事。廉能的官员不小心犯了过错，我不去追究，但谁贪污，哪怕一两，我也折磨死他。

张宏杰：我觉得朱先生身上存在着两种矛盾的倾向：一种是极端的守秩序、节俭、自我约束，另一种是狂暴、攻击、虐待狂。这两种反向的冲动以一种奇怪的方式扭结在一起，形成了一种理性掩盖的巨大破坏力量。

从本质上说，朱先生应该是一个克勤克俭的农民，因为他是在一户典型的勤劳本分的农家长大的。事实上，当初他参加农民军，选择"叛乱"时，也是迫不得已，并且犹豫再三。当时他栖身的皇觉寺被乱军烧了，他无家可归，即使如此，他还是翻来覆去地想了好些日子，一直决断不下，最后在菩萨面前占卜三次，三次都是吉卦，这才下了决心。所以说，虽然他胆大有决断，但绝不是反社会型的人，是元末的农民起义选择了他而不是他选择了起义。

朱先生性格的另一面的本源是成长过程中受到的伤害。严酷的童年形成了他的偏执倾向，而至正四年（1344）的遭遇又大大加剧了这一倾向。朱先生，至正四年是不是你生命中最重要的一年？

朱元璋： 是我最不愿想起的一年。

张宏杰： 还是我来向两位介绍一下朱先生的这段痛苦经历。如你们所知，中国历史上灾荒一直连绵不断。至正四年，淮河流域大旱，后来又闹蝗灾和瘟疫。关于灾荒、饥饿、食人之类的记载，中国史书上比比皆是，我随便引述一下明末陕西灾荒的记载，以帮助你们了解当时的情况。

马懋才的《备赈大饥疏》：

臣乡延安府，自去岁一年无雨，草木枯焦。八九月间，民争采山间蓬草而食，到十月以后蓬草尽，则剥树皮而食。迨年终而树皮又尽矣，则又掘山中石块而食。石性冷而味腥，少食辄饱，不数日则腹胀下坠而死。

最可悯者，如安塞城西有冀城之处，每日必弃一二婴儿于其中，有号泣者，有呼其父母者，有食其粪土者，至次晨，所弃之子已无一生，而又有弃子者矣。

更可异者，童稚辈及独行者，一出城外便无踪迹。后见门外之人，炊人骨以为爨，煮人肉以为食，始知前之人皆为所食。死者相藉，臭气熏天，县城外掘数坑，每坑可容数百人，用以掩其遗骸。臣来之时，已满三坑有余，而数里以外不及掩者，又不知其几矣。

关于朱先生家的遭遇，我也不细说了，我只能告诉你们，朱先生家虽然穷，却一直非常和睦，相互依靠，感情很深。那一年四月初六，父亲朱五四饿病交加而死；初九，正当壮年的大哥去世；十二，死去的是大哥的长子；又过了十天，母亲也饿死了。

这一年他十七岁，眼睁睁地看着自己最亲爱的人一个个在他面前死去，却也无能为力，只能和还活着的人相对痛哭。十几天内，连失四个亲人，对一个半大孩子心灵的摧残不言而喻。我想，也许就从那一刻开始，他的心变成了铁石，对世界的仇恨牢牢地在他心里生了根。大嫂带着剩下的儿女去逃荒了，只剩下他和二哥，连埋葬亲人的坟地都没有。实在没办法，狠狠心厚着脸皮去求地主刘德，谁知刘德没有一丝怜悯，反而呼叱昂昂，把他俩痛骂了一顿赶了出来。最后还是邻居刘继祖看不过眼，给了他们一块荒地，这才没让亲人的尸体去喂野狗。

朱元璋：你每（们）说，那大户哪有一个是好心的？那饥荒年月，他们眼睁睁地看着穷人一个个饿死，家里一样是大鱼大肉。其实半个月前家里断粮的时候，爹去他家借过一回粮，也是给他骂出来的。哪怕他把家里喂狗的粮食给我们，爹娘也不至于饿死。后来，来了放赈的官，我每（们）满心欢喜，以为爹娘有救了，谁料这官偷偷把粮卖给了商人！你说这贪官可不可恨？

张宏杰：这一经历对朱先生的重要性怎么强调都不过分。从此，他没有了家，成了游方和尚，实际上就是乞丐，在大江南北乞讨了三年。家庭中为数不多的温暖和亲情没有了，他生命中唯一一点可贵的东西被命运剥夺了，只剩下饥饿、寒冷、冷眼，在他眼里，整个世界和他都是敌对的，他人对他都心怀恶意。在寒冷的冬夜，他仇恨一切穿暖吃饱的人。

卡伦：在冬季里不落叶的都是有角质层保护的针叶树，在虐待中长大的人都有一颗铁石般的心。他们报复起别人来绝不会心慈手软。他们的经历使他们相信，世界就是一个角斗场，适者生存，强者必须消灭弱者。人不为己，天诛地灭，无情地追求自我利益是最高法则。严酷的事实粉碎了他们身上最后一点善意，生活告诉他们，弱者只有灭亡一条路，活下去，就必须成为强者，必须去打击、消灭、压制别人。这种人需要与任何软弱的感情做斗争……尼采为这种心理动力提供了极好的例证：他的超人把任何形式的同情都视为第五纵队，"是敌人从内部进行破坏"。他们害怕并且时刻提防心中的柔情，因为这将使他们在这个邪恶的世界中解除武装，会使他们觉得自己是个傻瓜，会威胁他们与自己进行的交易。这种人从不指望世界会给他们任何东西，他们深信，如果继续忠于自己的生活观——生活就是战斗，并拒绝传统道德和内心柔情的诱惑，那么他们就能实现其雄心勃勃的目标。

因此，他们常常是虐待狂，他们希望奴役他人，玩弄他人的感情，挫折、诽谤、羞辱他人。

张宏杰：朱先生的整个后半生的努力都是对早年经历的补偿。桩桩件件都是如此。他在穷困时，无力给父母买坟地，买棺材。即位后，他在家乡修了异常高大、华丽的皇陵。皇陵建筑坚固精良，至今犹存。他的家庭贫无立锥之地，四处搬家，渴望定居而不能。即位后，他非要将首都定在十年九旱的家乡，大臣怎么劝阻都不听，花了大量人力物力，建了九年，后因他事作废。他受尽贫苦，从小没有得到父母太多的关爱，甚至由于缺少照顾而差点死亡，所以他对自己的子孙后代表现出过分的关心和保护。他为子孙后代规定了林林总总的规矩，详细到不用他们自己做任何思考的程度。他规定自己的后代不必工作，享受终身福利。结果到明末社会经济情况恶化，无力供应皇族时，这些没有谋生技能的子孙只能去当仆人甚至乞丐。他出身赤贫，处于社会底层，做了皇帝之后虽然生活上比较俭朴，但排场上一丝也不能含糊。他特别强调等级尊卑，一旦有谁不注意越了规矩，处罚非常严厉。

弗洛姆: 你们两个人的分析都很精彩，但我想着重指出一点：任何一种精神问题其起源都是复杂的，一个简单的模型不能说明所有因素。在我看来，朱先生的问题至少还有两个侧面：虐待狂，也就是反社会型人格，以及囤积心向。

从你们的叙述中可以很明显地看出来，朱先生难以控制他的暴力攻击、污辱他人倾向，并且行为中缺乏道德标准，没有羞耻感。他充满强烈的虐待狂冲动，他从使他人遭受不幸与受其统治中获得满足，寻求欢乐，这是反社会型人格的重要特征。造成这种人格障碍的应该是早期情感剥夺、社会歧视两大因素。朱先生起义前很长一段时间半流氓式生活对他的一生也具有很大影响，这一点不容忽视。

中国的小农社会造成社会心理中的囤积心向，在这一点上，朱先生也有明显表现。有囤积心向的人的特征是重秩序和条理，他们的安全感建立在囤积和节省上。在他们看来，外部世界在威胁、冲破其牢固的阵地，井然有序意味着已控制了外部世界，为了免受被侵犯的危险，就须把一切东西放置、保存在适当的位置上。朱先生为自己的子孙和人民制定了那样多的规定，限制人民自由外出，我想可以用这种观点来解释——他想把一切固定住。他对人民的活力有一种天然的恐惧。有囤积心向的人，他们那种强迫性的清洁是要摆脱与外部世界接触的另一种表现。在自己藩篱之外的任何东西，他们都认为是危险和"不清洁的"。他们通过强制性的洗涤，以消除有威胁性的接触所带来的"污染"。所以，朱先生采取了一定的闭关锁国政策，在历代伟大的君主中，只有他对扩张领土没有任何兴趣。相反，他对外国保持了高度警惕，并且把"里通外国"这样莫须有的罪名强加在他想清除的大臣头上，以此强化人民对外部世界的恐惧。与他人建立亲密的关系被视为一种威胁，只有远离或者占有他人，才被看作是一种安全。从他这一代开始，中国明显地内向化了。

朱元璋： 刚才诸位先生说了那么多，我大略听懂了。先生们都是好意，为了我的病。可是有些话，说得我心里不服。譬如，说我是虐待狂，说我无德。我的确嗜杀，但那都是不得已而为之啊！身为一国之君，过于仁柔，如何摧并强暴，护助弱小？我正是为了维持天下道德才杀人的。弗先生说我杀人时快乐，对天发誓，我从没有过，我只是生气啊！

弗洛姆： 这涉及一个基本的心理学常识——文饰作用。朱先生的话，我可以理解。受到基本价值观的影响，人们当然不会承认自己有施虐倾向，所以人们会在心理上抑制这种"不道德"的冲动。然而，弗洛伊德已经揭示，受到抑制的冲动依然会发生作用，只不过这种作用是隐蔽的，行为者自己往往还蒙在鼓里，不知道究竟干了些什么。虐待狂患者就不会察觉到他的虐待狂冲动，很有可能还满以为他统治他人是出于对其关心，让他们获得最佳利益，他这样做是出于强烈的责任感。

张宏杰： 由于时间关系，我们的讨论不得不结束了。现在的问题是，我们能给朱先生什么样的帮助呢？就我所知，人格障碍一旦形成，就难以改变。这就是所谓的"江山易改，本性难移"。

卡伦： 通常心理分析是最有效的治疗方法。因为患者的心理问题大部分是在早期经历中形成的，我们通过帮助患者回忆和分析自己的经验，可以部分达到心理矫治的目的。然而，在这个病例里，我们遇到的最主要问题是文化障碍。事实上，坦率地说，中国文化中的许多成分，在我看来就是心理症状的表现。例如，刚刚弗洛姆所说的囤积心向问题。中国人的世界观是静态的，这必然导致囤积心向。而且在中国文化中，互不信任是一个根深蒂固的传统——"逢人只说三分话，不可全抛一片心"，"害人之心不可有，防人之心不可无"。我到朱先生时代的中国去旅行的时候，最深刻的感受就是每个城镇都花了极大的人力物力去修筑了坚固高大的城墙。这些城墙，是中国人猜疑心理的极好象征。朱先生屠杀大臣，何尝不是"斩草除根"这一古训的忠实体现呢？因此，在一定意义上说，朱先生的心理问题，就是这个民族的心理问题；另外，朱先生个人，对整个民族心理疾病的恶化又起了很大的作用。面对这样的现状，我想，解决的办法还应该是中国式的，那就是相信时间，时间和耐心能给我们以最大帮助。

张宏杰: 对朱先生个人，我们能有什么最有效的治疗方案？

弗洛姆: Carbamazepine（卡马西平）和 Diazepam（安定）显然是最有效的办法，它们能在最短时间内解决狂躁和焦虑症状。另外，我们还建议朱先生多参加体育锻炼，进行户外活动。其实，最好的办法是忘掉这个帝国，让太孙接管政务。这样，我们就有充分的时间进行沟通，我和卡伦甚至可以到宫中去和您住在一起，一直为您服务。为了科学，我们宁可冒这个险。可惜这只是个富于刺激的设想，据我所知，起码今生您不会接受这个建议。

第六章
正德：不愿做皇帝的人

———————— • • • ————————

　　自从登上皇位的那一天起，他唯一的渴望就是逃离：逃离这把龙椅，逃离这座皇宫，逃离这座京城。他愿意做将军，愿意做武士，甚至愿意做一个驯兽师，但就是不愿意做皇帝。上天赋予他的是多血质性格：活泼好动、反应敏捷。对于皇帝这项工作来说，这种性格无疑是最不适合的。

一

二十七岁那一年，皇帝再也憋不住了。他决定，无论如何也要到边疆走一趟，感受一下蒙古大漠的风霜，看一看传说中骁勇无敌的蒙古骑兵。

那是正德十二年（1517），也就是说，他大权在握、乾纲独断已经十三年了。可是在自己的帝国之内遛个弯儿，似乎仍然是不可能的任务：祖制规定，没有战争、送葬、祭陵等重大事件，皇帝不得出京。如果必须出京，则必先聚会群臣，颁发诏书，明告天下。可是，这样的诏书一下，朝廷马上就得开锅，反对的折子一个时辰之内就会把他的书桌淹没。在那些蝎蝎螫螫老婆汉像的文官想象中，通往宣府的路上步步都是危险：骑马摔了，被塞外的风吹感冒了，遇到土匪了，水土不服病了，路上突然蹿出个野兽把皇帝惊吓着了……没有人能承担这个责任。他们会引用若干个圣人的话，告诫他"千金之子，坐不垂堂"，告诉他"皇帝者，天下安危之所系也，一举一动，当千虑万虑，至慎至当"……一想到这些，他就脑仁疼。

为了出关，皇帝煞费苦心。八月初一这天清晨，皇帝换上了一件事先淘弄来的衣领已经磨破了的蓝色半旧长衫，带着十来个同样市民打扮的太监，混在百姓中骑马溜出了德胜门。史书记载，有生以来头一次出京城的皇帝如同出了笼的鸟，看什么都觉得新鲜，一路游山玩水，在马背上颠簸了六天，才遥遥望见居庸关。这是通向蒙古草原的必经之路。可是打头的探路太监纵马来到关前一看，心已经凉了半截：崇山峻岭之间的这座雄关关门紧闭，关上甲兵林立，剑戟鲜明。关门之下，满脸书生气的守关御史张钦怀抱一把利剑，端坐在正中。很显然，皇帝出京的消息早已传到这里。探路太监索性拿出平日在京城摆惯了的凌人盛气，来到张钦面前，高声宣布："皇帝巡视宣府，着张钦开关迎接！"

白面书生张钦纹丝不动。他很清楚皇帝微服出京是违祖制的行为。制止这种荒诞不经的行为，是一个御史的基本责任。他板着脸对探路太监说："你应该懂得规矩。皇帝出巡这样的大事，必然诏告天下，按照祖制，先修御道，再修行宫，然后带着全副銮驾按照规矩一站站前行。因此，想要出关，请拿经内阁发下的盖有两宫御宝的诏书来！如今你们青衣小帽轻骑潜行，只有两种可能：或者是冒充皇上，或者是违祖制而出。不论真相如何，我万死不敢奉诏！"

▲ 正德皇帝画像

太监还想说什么，张钦一拉宝剑："再多说我就杀了你！"

太监吓得浑身一抖，拨转马头飞驰而去。（《明武宗实录》卷一百五十三）

听了太监的汇报，皇帝也无可奈何。他有心硬闯过去，不过身边这十来个人显然不是守关官兵的对手。没有办法，他只好顺路折返到昌平的御马房玩了一天，第二天闷闷不乐地起驾返程。

这不过是登基十几年来与文官的连绵斗争中一次小小的失败，对于这种挫折，他早已经习惯了。

二

他是大明王朝的第十代皇帝。本来，他也应该是大明王朝最有福气、最安闲快乐的皇帝。

上天给他铺设的是笔直宽阔的人生之路。大明弘治四年（1491），他作为大明王朝开国一百二十三年来身份最为贵重的孩子降生于紫禁城中轴线上的交泰殿。之所以说"最为贵重",有如下六种原因:第一,他是皇子;第二,他是皇长子;第三,他是皇后亲生的嫡长子;第四,他在皇帝成婚五年后才在全国臣民的苦苦盼望中出生;第五,由于后来唯一的弟弟夭折,他成了皇帝的独生子;第六,大明开国一百二十三年来,由于种种阴错阳差,从来没有哪个皇帝能兼嫡子和长子身份于一身。也就是说,他们或是皇后所生,却不是皇帝的长子;或者是长子,却是"庶出"。这对最重宗族礼法的大明皇室来说一直是一个遗憾。因此,如果他能顺利长大,继承大统,那将是王朝开辟以来第一个以嫡长子身份登上皇位的人。这对大明王朝来说,无疑是一个大吉大利的好兆头。

似乎是为了突出他命运的这种与众不同,上天为他选择的降生时刻也是独一无二的。如果按照中国旧时的八字算法,他出生于申时、酉日、戌月、亥年,"申、酉、戌、亥"恰是地支的顺序。这种命相在八字中叫"贯如联珠",属于绝对大富大贵的极品星相。巧合的是,开国皇帝朱元璋的星相也是这样的"贯如联珠"。

更何况这个皇子长得"粹质如玉,神采焕发",十分漂亮。史书记载,他生下就不像别的孩子那样经常啼哭,而是十分爱笑。只要一逗,那双乌黑的眼珠就滴溜溜转动,反应比普通孩子要迅捷得多。

出生仅仅五个多月,皇帝即颁发圣旨,封这个还不会爬的婴儿为皇太子。这在大明王朝历史上是空前绝后的。皇帝给这个皇子起名为"厚照",并且解释这个"照"字的含义说:"四海虽大,人民虽众,无不在此子照临之下。朕之江山,永为得人。"(《明武宗实录》)饱读经史的大臣由衷地相信,这个孩子将成为大明王朝前所未有的最幸福的皇帝。因为经过列祖列宗的九世经营,大明王朝现在正处于前所未有的平稳期。外无边患,内无灾荒,经过百多年运转,大明帝国的政治车轮磨合得恰到好处。这个婴儿未来的命运就是做一个四平八稳的太平天子。

直到弘治十八年(1505),一切情节还都按上天的布置顺利进行。这一年,弘治皇帝突然去世,太子顺利登基。虽然十四岁对于皇帝这项工作来说稍小了些,但是正是这个年龄使他绕过了专制政治中通常会出现的父子猜忌、宫廷斗争,避免了封建政治中许多太子接班路上通常会经历的坎坎坷坷,因此,这其实正是新君的运气。人们期待着有着特殊"八字"的正德皇帝会把他的运气贯注到国运当中,给万民带来一个安定和富庶的时代。

然而，谁也没有想到的是，事情从此出现了偏差，而且越来越离谱。

首先是人们发现十四岁的新君不爱在大内居住，隔三岔五就要到南苑去放鹰走马，行围打猎。

还没等大臣上书劝谏，新皇帝又被爆出"单骑轻出宫禁"，也就是说，新皇帝单人匹马，龙衣黄袍，出宫遛弯儿。这是一则大新闻，弄得举国哗然。人们都知道，皇帝的一举一动，都须谨守祖制，这种不带随扈轻易外出的行为绝对是祖制所不许的。

到了正德二年（1507），皇帝干脆搬出了大内，在太液池边盖了座豹房，离群索居，从此再也没有回到皇帝应该居住的乾清宫。

正德九年（1514），人们在北京的红灯区内一处戏院发现了微服外出的皇帝，并且听说皇帝经常微服出宫，来此听戏。这是史书上明确记载的皇帝微服出行的第一次。

这不，到了正德十二年（1517），又闹了这场皇帝私自出京的特大新闻，震动全国。

继位十几年来，这个皇帝不知道怎么回事，就是坐不定金銮殿，住不惯紫禁城，似乎皇宫大内里头有什么让他坐立不安的邪祟鬼怪似的。这十二年间，他一次次往外跑，而且越跑圈越大。这个最初被臣民寄予厚望的新君，现在已经成了全国人民茶余饭后的谈资。人们实在搞不懂：这个皇帝到底怎么回事，为什么放着人间最辉煌壮丽的宫殿不住，非得搬到海子边上的一个局促小院？为什么放着万乘之尊不享，非要一个人单骑独马，独来独往？为什么放着皇帝一顿饭九十九道大菜不吃，非要跑到街上吃大排档里的鸡毛小菜？为什么放着皇家乐队的丝竹之声不听，非要听戏园子里的低俗小戏？为什么放着皇家园林的清幽景色不游，非要到长城以外的荒凉大漠去顶风冒雪？莫非他被什么魔住了不成？

三

离北京越近，皇帝的心绪就越低落。他像一个逃学归来的孩子，不得不再次回到课桌和书本旁边。他强忍着不耐烦，一言不发地接着出城迎接圣驾的大臣一拨拨行礼。"人臣不可一日无君"，见到皇帝平安归来，这些大臣如同孩子见到父母（成年孩子找到了走丢了的父母），女子找回情郎（一个过于花心的情郎），一个个满脸欣喜，如释重负。如果依着他，直接从德胜门进神武门，片刻工夫他就可以回到公廨。可是这些满怀欢喜迎接圣上归来的大臣已经按礼制把卤簿大驾准备好了。没办法，他只好下了马，登上御辇，在四百一十七人组成的庞大仪卫队伍的护送下，绕道正阳门，进入大明门。午门、太和门、中右门、后右门、乾清门……一重重大屋顶迢递而来，一层层沉甸甸碾压过他的头上。皇帝露出惯常的忍耐表情，如同泥塑木雕一般，任由他们抬着游街似的游完了规定的路程，折腾了一个多时辰，才回到豹房公廨。

每个人都有自己的梦想或者说狂想。如果你问皇帝的梦想是什么，他会毫不犹豫地告诉你：不当皇帝！

皇帝是天下最幸福的职业，这是天下流传最广的谬误之一。如果反过来说，也许离事实更近一些。十二年来，他一直忍受着这个职业。在他看来，太和殿那个宽大的紫檀木宝座，简直就是一副特殊的刑具。

与我们想象的皇帝可以随心所欲不同，皇帝是整个帝国机器上最重要，也是运转最为规律的零件。他的日常生活套在由一整套任务、惯例、礼仪组成的重轭之下，如同一座刻板的时钟，每月、每天，甚至每个时辰，需要做什么，都有严格的日程规定。皇帝的主要社会责任之一，就是出席并主持一个又一个复杂庄重的典礼，祭天、祭地、祈谷、祭太庙、祭社稷、谒陵、册封、封赏……这些典礼都是历代相沿，日期、形式、程序都有严格规定，不得有任何变化，比如，每年正月诣奉先殿、祭祖，到后宫向两宫皇太后祝贺，在皇极殿受百官朝贺，在乾清宫开笔，写"正大光明"。正月间祭太庙、祈谷、宴外藩、宴近支宗族、宴廷臣，二月则有祭社稷、行籍田礼、开经筵……所有这些我们在今天看来假模假式、矫揉造作、形式浩大、劳民伤财的典礼，在那个时代的人看来都是意义绝对重大，关系到天理人心，关系到天下治乱，所以这些规模巨大为时长久的活动，皇帝自始至终都应该认认真真一丝不苟，在祭坛上一站就是几个时辰。平心而论，这是一个不轻的体力活，要求有不平常的耐心。从这一点看，做皇帝实在不是那么容易。

皇帝就是大明社会这座金字塔的宝顶，是礼仪和秩序的象征，围绕皇帝所制定的种种烦琐而严格的礼仪制度都体现了神圣不可侵犯的秩序精神。就以穿衣服为例，宫内建立了一种专门档案叫《穿戴档》，详细记录皇帝每天服饰的穿戴情况。每季、每月、每天穿什么样的衣服，都有严格的规定，丝毫不得紊乱，甚至一天之内，皇帝也必须换三次以上衣服：上朝要穿朝服，下朝要换常服，就寝前要穿寝服……

吃饭也不能随心所欲。吃饭的时间、地点都有祖制明确规定，后世皇帝不得擅自更改。御膳的食谱每天由内务府大臣划定，每月集成一册。每次传膳，都要按皇帝仪制，上菜近百种，虽然大部分菜皇帝根本不动，但是也必须摆上。为了防止近侍掌握皇帝饮食规律不利于安全，祖宗规定，每种菜最多只能吃三口……

皇帝甚至连睡觉也没有自由。皇帝到哪个宫中就寝，都会有尚寝局事先安排。就寝顺序，也有严格规定，比如妃子必须从皇帝的脚下爬进被里，接受皇帝的宠"幸"。"幸"到规定时间，比如说三十分钟，门外值守的太监就会高声喊喝："请万岁爷节劳。"这也是祖制所定，为的是防止皇帝纵欲过度，伤了身子，耽误第二天日理万机。

在一定意义上说，皇帝简直就是世上最可怜的囚徒，他的刑期是无期。并不是所有的人都适合皇帝这个位置，它的最佳人选应该具有超人的耐性和自制力。最好性格内向，反应迟钝，或者年纪已长，血气已定。

很不幸，除了血统以外，不论从哪方面看，朱厚照都不是皇帝的恰当人选。

四

朱厚照天资十分聪明，这有多种材料可以证明。

但是，上天赋予他的是多血质性格：活泼好动、反应敏捷，但是注意力不容易集中，兴趣和情绪多变，这样的人最难忍受按部就班的刻板生活。对于皇帝这项工作来说，这种性格无疑是最不适合的。

而后天教育又强化了他的性格缺陷。

凤子龙孙接受的当然是最好的教养，这是多数人头脑中的另一个谬见。事实几乎恰恰与之相反，如果按照现在的标准衡量，大明王朝的皇子们所处的，是帝国内最恶劣的教养环境。

皇子当然都是被溺爱的，而大明开国以来最尊贵的皇子朱厚照受到的溺爱比别人又深了一层。半岁的太子受到了天下最为精心的照顾。他是在一种绝对顺从、纵容的氛围中长大的。他拥有上百名的保姆、太监、差役为他服务。他们对他照顾得无微不至，尽量顺从他的任何要求，不管这一要求是合理的还是乖戾的。他一啼哭，他们都会如临大难；他破涕一笑，他们才如释重负。

对于明朝人来说，皇族的优越即在于不受限制地享乐的权力。皇子越被照顾，得到越多的物质享受，就越为幸福。他们根本不懂儿童期受到一定的约束和训练对一个人自我控制能力形成的重要性。由于永远处于关心和溺爱的中心，由于所有的要求都会得到毫不延迟的满足，这个孩子的人格基部不可避免地埋植下了种种重大缺陷：他极端任性，想要什么就必须得到什么。他想到一种玩具，整个东宫的人都要连夜出动，去给他寻找。他耐挫能力极低，不能接受任何挫折。他的十多个乳母轮流休息，二十四小时值班，以备他什么时候想吃奶就吃。他自私，永远以自我为中心，不知为他人着想。刚刚学会射箭，他就发明了一种游戏：用小箭专射太监的屁股，看着他们痛得龇牙咧嘴，他高兴得手舞足蹈。似乎太监的屁股与他的屁股不同，天生就是用来被射着玩的。

与过于宽松随意的家庭教育比起来，突如其来的学校教育又过于严格刻板。太子的教育关乎国家根本，因而受到了大明帝国空前的重视和关注。传统的启蒙教育是反人性的，而传统的帝王教育则更是令人窒息，它由双重沉重构成。第一，它由一系列刻板的规矩连缀而成。为了昭示太子读书的重要性，大明王朝为太子上学制定了一套烦琐严格的礼仪：每天早上九时，太子的侍卫接班站好后，太子出阁，讲官们行四拜礼后，鸿胪寺官请太子升文华殿，由执事官引导升座。待太子坐好，鸿胪寺官宣布进讲开始，一名讲官从东班出，另一名讲官从西班出，到讲案前并立叩头。展书官上前给他打开书本，东班讲官到讲案前报告今天讲四书中的某一部，西班讲官报告讲经史中的某一部……还没有正式开讲，这些烦琐的仪式就需要太子规规矩矩在座位上枯坐半小时。（《明史·志第三十一》）第二，它由一系列沉重的功课组成。因为太子身份的特殊，所以给他准备的课业也远比一般儿童要重。除了四书五经之外，还有历代皇帝圣训、《历代通鉴纂要》、天下地理形势等内容。（李洵《正德皇帝大传》）这些内容，一个成年人也不见得能感兴趣，更何况一个七岁的孩子。

我们可以想象，原本无拘无束的太子突然被套进这样沉重的"笼头"的感觉。要把那些佶屈聱牙的完全不解其意的汉字一个个强行塞进大脑，对太子来说，无异于一种精神酷刑。从开学第一天到最终停止学业，他几乎没有一天对学习产生过真正的兴趣。在老师的苦口婆心、威逼利诱、软磨硬泡下，他有时候会勉勉强强学上一会儿，不过更多的时候却是拖延、哭闹、逃席和以打瞌睡为主要形式的消极反抗。七年的学习生活就是七年的与书本的

▲ 明代宫廷画《朱瞻基行乐图》中的蹴鞠

斗争史。面对这样的特殊学生，那些博学多才的老师还真是老虎吃刺猬——无法下口。他们既无法用打手板之类的手段来对付这位尊贵的学生，也想不到用更为生动有趣的教育方式来激发太子的学习兴趣。他们一切努力的结果只是使朱厚照离书本越来越远。七年的教育下来，他连一本《论语》都还没有读完，至于什么《大学衍义》《历代通鉴纂要》就更不用提了。按照旧社会的教育标准，太子的教育也就刚刚达到小学毕业水平。

当然，整整七年间，太子所做的事不是仅仅背下了半部《论语》。上课时间越是难熬，放学后的游戏就越是快乐。在课堂上，他是一只病恹恹的猫，回到自己的寝宫，他立刻变成了活蹦乱跳的小老虎。一分一秒地熬到下课，他立马投入游戏当中，踢球驯豹，熬鹰走马，花样翻新。他的游戏排场越来越大，带领太监玩战斗游戏，动不动就组织起上千人的队伍，喊杀声震天，鼙鼓动地，几乎把一座东宫翻个底朝天。父亲后期荒怠政务，整日饮酒听戏，顾不上朱厚照的教育，太子的游戏也就越来越没有节制，经常是夜以继日，秉烛夜玩，一闹就闹个通宵，第二天到课堂上去打瞌睡。传统教育采用蛮不讲理的填鸭式，一个重要目的，就是通过这种方式，磨去孩子身上的活力和"火气"，使他们变得少年老成，按部就班。可是，在朱厚照身上，这种意图产生了相反的效果。他的顽皮好动、强横任性不但没有一丝收敛，反而愈演愈烈。

可以想象，这样一个太子登基，将会给帝国政治生活带来什么样的变化。

五

大明弘治十八年（1505）五月，弘治皇帝在三十六岁的盛年突然去世，十四岁的朱厚照成了新皇帝。端坐在奉天殿那尊巨大的宝座上，这个顽皮的孩子有点手足无措。昨天他还因为和太监们玩顶牛游戏输了哭了一鼻子，今天他却成了整个帝国的新当家的，帝国的所有重大事情都要听候他的裁决才能施行。

朱厚照的第一个感觉是当皇帝"不好玩"。他再也不能随心所欲地想睡就睡，想起就起。每天早上六点，他就得被太监叫起来，准备早朝。整整一个上午，他都被铺天盖地的奏章和千头万绪的政务所包围，听那些头发花白的老头子絮絮叨叨地讲那些他根本听不懂的繁杂政事。早朝之后，便是日讲，也就是两个小时的学习。午膳之后，更要习字，练习批阅奏折。直到晚饭后，他才能有一点自己的时间，到后海泛泛舟，到工匠处看看木匠做活儿。可是一到戌正，也就是晚上八点钟，他就得回宫睡觉了。更要命的是，不论他到哪里、做什么，身边都跟着文书房的太监，记下他的一举一动、一言一行，是为"起居注"，将来要编成《实录》，传给后世臣民，供他们借鉴"学习"。

刚刚上任，朱厚照摸不着水深水浅，咬着牙坚持了一个多月。一个多月过去，他终于熬不住了。他起床越来越晚，上朝时间越来越短，日讲学习也越来越敷衍。据正德大臣的笔记记载，在登基一个月后，经常日上三竿，皇帝还不起床。那些站在宫门前等候皇帝的仪仗队实在坚持不住，横七竖八地"坐卧任地"，三三两两地坐在那儿闲聊。那些太阳还没出来就进宫的大臣更是腰酸膝软，他们大多年事已高，"弃杖满地"，不断捋着胡子长吁短叹。威仪严整的朝堂一片狼藉，如同候车大厅。好不容易等皇帝出来了，敷衍一个时辰，就早早地宣布退朝。（蓝东兴《明武宗评述》）退朝不久，人们就会发现皇帝带领一队太监驰出宫门，或者去南苑打猎，或者去西海泛舟。

六

整个帝国都陷入了忧心忡忡之中。那些受先帝顾命之托的朝廷重臣更是心急如焚，片刻难安。在他们看来，大明王朝的前途已经岌岌可危。

在专制社会，皇帝对于整个国家的影响实在是过于巨大了。在中国式政治结构之内，权力集中在皇帝一个人之手，天下所有重要事情都要由皇帝一人来决定，所谓"天下之事无小大皆决于上"。整个国家的兴亡都在他一个人身上，他的任何一个细微的举动都会对天下产生重大影响。黑格尔认为，中国式专制的缺点在于，只有皇帝一个人对整个国家的前途命运负责，其他人都缺乏责任心。皇帝必须担任这个庞大帝国的那个不断行动、永远警醒和自然活泼的"灵魂"。"假如皇帝的个性竟不是上述的那一流——就是，彻底道德的、辛勤的、既不失掉他的威仪而又充满了精力的——那么一切都将废弛，政府全部解体，变成麻木不仁的状态。"（黑格尔《历史哲学》）

皇帝也应该是全国人民伦理道德的表率。"神圣者王，仁智者君。"在旧社会，人们真诚地认为有幸登上皇位者都是由上天的神秘力量选中的"真命天子"，应该具有凡夫俗子所不具备的大德大智。在十分重视礼法之治的旧社会，皇帝对全国人民的道德榜样作用甚至重于他在政治生活中发挥的作用。人们相信，皇帝的一举一动都会对世道人心产生重要影响，如果他克己守礼，则天下百官万民都会翕然响应，父慈子孝，奉公守法，天下大治，所谓"一人正而天下正"也。如果他胡作非为，名分混乱，则人心失散，王纲解纽，大乱将至。

按照儒学标准，一个好皇帝应该"高居深拱，垂裳而治"，像个木头牌位似的坐在大殿之内，神情庄严地阅读经史，批阅奏章，把全部精力贡献给政治事业。他不但不能纵欲妄行，更不应该有属于自己的兴趣爱好。不但嬉戏游观这样的低级爱好应该戒除，而且连书法绘画这样的高雅艺术都应该严格限制。

明朝万历二年（1574）闰十二月十七，十二岁的小皇帝朱翊钧下了学之后，因为老师夸奖了他的字写得好，就高兴地挥笔写了一条幅，赐给当朝宰相张居正，希望能得到老丞相的夸奖。孰料第二天张居正专门上了一个长长的奏折，批评皇帝不应该花太多的精力在书法上。张居正说，对于一个皇帝来说，长于文艺，往往不是什么好事。因为陈后主、宋徽宗都是诗画大家，然而又是著名的亡国之君。皇帝"应把全部时间都用于研究治国之道上，学习那些圣帝明王。至于写字一事，不过借此消闲放松一下，即使写得好过王羲之，对一个帝王来说也没有意义"。此后，小皇帝再也不敢向大臣炫耀他的书法了。

因此，新君上任不到半年，就耽于游戏，懒于上朝，在大臣看来，是极其危险的行为。"欲不可纵"，"渐不可长"，三位顾命大臣经过商量，联名起草了一道分量很重的奏折。这道奏折说，皇帝登基几个月来，犯了如下几条错误：

一是上朝太晚，为政不勤；

二是到内府的工匠处观看工匠做活儿，有失身份；

三是到海子上去泛舟，不顾安危；

四是经常外出行猎；

五是内侍所进的食物，不经检验，就随意食用。(《明武宗实录》)

其实，对于一个少年来说，以上这些行为十分正常。要让一个十四岁的孩子突然对政治感兴趣无疑是不现实的，而到工匠处观看工匠干活儿不过表现了他正常的好奇心而已，打猎和泛舟偶一为之对于精力充沛的他来说也不算过分。至于让身边太监买来一些宫内吃不到的新鲜小吃，似乎也不应在国家正式公文中被忧心忡忡的顾命人臣提及。可是，和我们的看法截然相反，在明朝的文臣看来，对于一个皇帝，这些都是不可姑息的罪过。他们语重心长地说，皇帝是万乘之尊，他的安全关系到整个国家的安危，所以不应该玩任何不安全的游戏，更不能随便吃外面的东西，万一有个三长两短，如全国人民何！几位大臣详细地剖析了产生这些行为的原因以及将给帝国带来的严重后果。他们说，皇帝耽于游戏，不爱理政，都是因为"人欲"蒙蔽了"天理"。他们充分发挥从一个鸡蛋到万贯家财的中国式逻辑，宣称如果这样下去，国家纲纪将受到破坏，邪恶战胜正义，后果不堪设想。"若为君之人，人欲战胜天理，天长日久，将三纲尽沦，国法尽坏，朝廷中的君子将受制于小人，中国的疆土将尽入于夷狄，国破家亡，就在目前。"

这是小皇帝继位后受到的第一次劝谏，也是有生以来第一次受到如此严厉的批评。父亲临终前，曾经拉着他的手让他给这些顾命大臣行揖礼，告诉他以后要听他们的话。对于这些冷若冰霜、不苟言笑的白胡子老头，他心里还是有几分惧怕的：刚刚当上皇帝，他摸不清他们的底细，也不知道和他们闹翻会是什么后果。接到这份奏折，他又打起精神，老老实实在宫内憋了几天，认认真真上了几天朝。

可是他的耐性实在是有限。不过半个月之后，他又故态复萌了。而且，这次是变本加厉：他干脆开始"逃席"。皇帝的早朝次数逐渐稀少。有许多次，文武百官集合在宫门之外等候了很长时间之后，却等来了司礼监太监那不男不女的难听声音："圣上身体不豫，早朝免！"可是不久之后，后宫就会传出鼓乐和喊杀之声。人们知道，皇帝又开始玩那些骑射作战的游戏了。

七

顾命大臣决定动真格的了。他们认为，皇帝如此荒嬉，主要是由于身边太监的引诱和纵容。这些太监为了讨皇帝欢心，日夜不断地给皇帝出歪主意，千方百计为皇帝发明嬉戏的花样，其中最有名的是八个人，号称"八虎"。

正德元年（1506）八月，内阁三大臣会同九卿上了一道严厉的奏折：

> 臣等伏睹近日朝政日非，号令失当。
>
> 中外皆言太监马永成、谷大用、张永、罗祥、魏彬、丘聚、刘瑾、高凤等，号为"八虎"，造作巧伪，淫荡上心，击球走马，放鹰逐犬，俳优杂剧，错陈于前。乃至引万乘之尊与宫外人交往，不顾礼体，日游不足，继之以夜。遂使天道失序，地气不宁，雷异星变，桃李秋华，恐非吉兆……伏望陛下奋乾纲，割私爱，上告两宫，下谕百僚，明正典刑，潜消祸乱之阶，永葆灵长之祚。（《明通鉴》）

读罢这份奏折，朱厚照的心沉了下去，脸上的稚气被愁云驱走。这是他登基以来遇到的最严峻的挑战。他知道事态的严重性：这封奏折是内阁三大臣会同九卿所上，代表了全体朝臣的意志，如果他不同意，那就是与全体朝臣为敌。可是，杀掉八个与自己最亲近的太监，于情于理都是他绝对不能接受的。

这八个人，几乎可以说是他的亲人。

在朱厚照的成长过程中，父亲日理万机，几乎没有时间分给儿子。按照明代贵族传统，皇后对他的"抚养"不过是偶尔来看视一下，每天赐他几样食物。真正和太子朝夕相伴的是太监。伺候太子的太监是百里挑一的。他们有着超出一般人的机灵乖巧，有眼色，会来事。他们对太子忠心耿耿，事事从太子角度考虑，极尽体贴关爱之能事。太子不高兴，他们比谁都着急；太子开心，他们比太子还开心。能被分到太子身边，是他们三世修来的运气，和太子爷建立起亲密的感情是他们切身利益之所在。

日久天长，他们和太子建立了亦主亦仆、亦亲亦友的关系，这种关系甚至比血缘关系还要亲密无间。朱厚照有什么心里话，不和自己的父母说，却会对身边的太监说。太监也早摸透了他的脾气性格，他们和太子在一起，经常没上没下，没大没小。他们不懂游戏会破坏"圣德"，影响"圣学"，危及"天理人心"，甚至危及大明王朝的安全。他们的任务是让太子活得舒服，玩得开心。"八虎"个个是哄孩子的好手，他们可以弄来各式各样新奇好玩的玩具，可以发明种种新的游戏，他们有的是骑马射猎的好手，有的是蹴球下棋的行家，有的人擅讲评书，有的人会唱鼓词。他们挖空心思，变着花样的目的只是赢得太子的好感，博得太子一笑。

尽管有着这样那样的缺点，但是朱厚照是一个非常重感情的人，让他杀掉"八虎"，简直是不可想象的。

更为重要的是，他对社会上普遍存在的对太监的偏见不以为然。在人们的普遍观念里，太监没好人，似乎人一阉割，立刻就从正常人变成了恶魔。但在朱厚照的生命经验里，太监也是人，他们天性中的善良、忠诚和热情不比寻常人多，也不比寻常人少。在历史故事中，太监从来都是负面角色，似乎太监的一切所作所为，都是处心积虑要祸国殃民。朱厚照却绝不这样看。他认为，绝大多数太监对皇室成员是忠心耿耿、百依百顺的，就如同听话的狗。如果说出现什么错误，那也是主人的错误指令导致的，与狗何干？每听到大臣们进言太监祸国，他都要反驳："天下事难道都是叫太监坏的？那文官里我看十个也有四五个是坏事的。"（《明史·刘健传》）

不过，他知道自己讲理讲不过这些文官。一个是他的知识没有他们渊博，表达能力不如他们，再一个他深知这些人都是一条道走到黑的主儿，认死理儿，有理也跟他们讲不清。

这道奏折在宫中留了好几天。据明朝稗史记载，朱厚照在这几天时间里茶饭不思，经过反复思考，他决定向大臣们让步。大臣们的力量太强大了，他们是一个整体，而他孤身一人。他无法想象自己站在全体朝臣的对立面。刚刚坐上皇位的他对政治这架复杂的机器还是一头雾水，国家大政的运转全靠这些文臣。同时，他也知道社会舆论站在文臣一边，确实自己这一阵玩得太疯了。如果他拒不改正，就会把自己置于"昏君"的位置，受到天下人的一致指责。痛定思痛，为了大局，他咬着牙有生以来第一次向他人屈服。他基本接受了大臣们的意见，只不过把对这些太监的处分由杀掉改为发往南京官中闲住。这已经是他的极限，让他杀掉这几个人，是根本不可能的。他决心从此以后改改自己的性子，好好上班，多看看折子，省得他们成天在耳边啰唆。

然而，大臣们并不满意。他们坚持斩草除根，除恶务尽。这些书呆子只相信书本，不顾及什么感情。相反，他们认为感情是人的敌人，因为感情常常导致人们的行为偏离天理。三位顾命大臣再次上书，如果皇帝不听从他们的建议，他们将集体辞职，撂挑子不干了！由于明太祖朱元璋定下的文化高压政策，有明一代成为中国历史上意识形态最为纯洁的时代。明朝的知识分子对孔孟之道的信仰最为真诚也最为教条，教育过程中反复单调的灌输使得大部分人具有卫道士的狂热气质。他们自以为掌握了放之四海而皆准的真理，便有一股浩然正气充斥于胸，便有了天不怕地不怕的勇气。只不过，虽然他们精通圣人之道，能够极广大而尽精微，充满了为国为民的献身精神，却不知道游戏是儿童的天性，不知道皇帝也是有感情的人，而情感的力量对一个少年来说常常会超过理智的力量。他们只是一厢情愿地相信自己根据圣人之道所进的谏言会打动皇帝的心，因为他们以为，圣人之道是根植在每个人心中的。

这份最后通牒连夜被送进宫中，他们认为，此举一定可以使皇帝屈服。然而小皇帝的反应大出他们意料。他们不知道这个十五岁的少年的性格是吃软不吃硬，看到这份奏折，他勃然大怒。这种露骨的威胁又让几天以来困扰他内心的两种势力的斗争有了结果，他发布命令：他收回以前对这八个人的处分决定，并且要升他们的官，由他们来掌管宫中最重要的八项事务！

这道诏书充分反映了贯穿朱厚照一生的那个明显的性格特点：易于冲动。他轻易地选择了道德上的恶名来换取自己的意志舒畅。放荡子弟无所顾忌的作风在这道挑战性的诏书中暴露无遗。

诏书一下，群臣汹汹，纷纷到朝门外请愿。三位内阁顾命大臣立刻上交了辞职书，一时间整个北京城都乱了。

朱厚照性格中缺乏很多东西，却唯独不缺胆量，既然做了他就有魄力做到底。十五岁的小皇帝以大臣们意想不到的果断应对这一局面。他命人驱散请愿者，批准三位大臣的辞呈，任命新人入阁。

说实话，一时冲动过后，朱厚照对自己的行为也忐忑不安。他不知道发布这些诏书会引发什么后果，也不知道事情会发展到什么地步，不知道这些气势汹汹的大臣会做出什么反应。甚至，他不知道自己的皇帝能不能当得下去。

局势平息之快出乎他的意料。他的命令得到了不折不扣的执行。三位大臣很快打点行装，回了老家。几个太监按他的意愿升任宫中的新职。朝政继续运转，大臣们照常上班。虽然谏官呈了无数奏折批评他的行为，可是他们无法改变既成的事实。而且朱厚照已经知道该如何对付这些批评了，那就是把他们的奏折"留中不发"，根本不予理睬。

当了一年多皇帝的朱厚照终于发现了运用权力的秘密。他发现：他真的拥有无限的权力，只是看他怎么去用它。虽然有祖制、成法、规矩，可那些毕竟都是软约束。而一旦他一意孤行，却不会遇到真正的阻碍。不管他的命令多么乖谬，只要他撕开脸面，坚持到底，就会最终得到执行。庞大的、学识渊博的、理直气壮的文官集团实际上却是虚弱的。虽然他们拥有道义上的一切优势，可是他们受制于一条最基本的道理：他是君，他们是臣。不管他多么无知无能、昏庸无道，他的话还是圣旨，他们这些最聪明最正直的人还是得无条件地去执行，否则，就是大逆不道。他们可以喋喋不休，可以叩头出血，却不能改变他的最后决定。

朱厚照也知道，从现在起，他在这些博学多才的文官眼里，已经是一个昏庸失德的皇帝了。虽然他们表面上对他三跪九叩，毕恭毕敬，但实际上，他们已经对他丧失了信心，内心里瞧他不起。他不在乎。他甚至发现，在丢掉那个做好皇帝的理想之后，他活得更舒服自在了。

八

一旦撕破了脸皮，朱厚照发现当皇帝堪称轻松愉快。

在这次政治斗争取得胜利之后，他下的第一道命令，就是取消文书房记录皇帝日常生活的"起居注"制度，同时废除尚寝局的"就寝档案"。这样，他就解除了身上的两大枷锁，自由自在，想起就起，想睡就睡，想住在哪儿就住在哪儿。（蓝东兴《明武宗评述》）

他做的第二个重要决定，就是把普通政务交给略通文字的司礼监首领太监刘瑾。大臣们所上奏折，经刘瑾初步处理后，再挑出最重要的几件交给他亲自裁断。这样他仍掌大权，同时又大大减轻了工作量。

做出这两项决定之后，他就开始肆无忌惮地大玩特玩。他不断地把宫外的戏班子召进宫中为他表演。与其他好开"堂会"的天潢贵胄不同，他偏爱听评书、大鼓、地方戏，特别是那些地蹦子、草台班子粗俗诙谐的"粗口"，让他笑得前仰后合。

除了这些帝王生活中常见的声色之好，他还玩出了前无古人的花样。他在宫内开了个自由市场，让太监们充当小贩，在街道两边摆上一个个小摊，卖什么的都有：锅碗瓢盆、衣服鞋袜、胭脂宫粉、水果蔬菜……琳琅满目，热闹非常。太监们一个个站在摊前，学着市井

▲ 正德皇帝皇后夏氏画像

之人，高声叫卖："卖砂锅啰！""磨剪子来！""皮薄肉厚的大白梨啊，瞧一瞧，看一看！"

皇帝穿着普通人的衣服来赶集，挑了一块花布，和小贩讨价还价。扮小贩的太监知道皇帝的性子，故意和皇帝软磨硬泡。皇帝费尽口舌，怎么也讲不下价来，急得抓耳挠腮……（《明通鉴》载：正德"身衣估人衣与贸易，持簿握筹，喧嚷不相下。更令作市肆者也"。）

在正德皇帝的一生中，对市井生活异乎寻常的热爱是贯穿始终的一大特点。在明代人的笔记中，传说弘治皇后其实不能生育，正德是她偷偷抱养的市井小民的私生子，所以这个皇帝终生除不去骨子里的"低贱"。

其实这一"反常现象"很好解释。很大程度上，皇帝的这种嗜好不过是对刻板单调的宫廷生活的逆反。皇宫是天底下最不自由的地方。这组迤逦壮阔的大屋子，座座象征着严密的礼仪。这里每一寸空气中都充满了禁忌，每一寸土地上都林立着规矩，每一举手一投足都必须斟酌再三。生活在这里面的人，生活得按照事先写好的剧本进行："宫里头无论上上下下全是假的，像一台戏。"（《宫女谈往录》）就像这组建筑，修筑的本意是为了昭示政治秩序

而不是为了舒适地生活一样，那些高雅严肃的宫廷大乐，也不是用来愉悦人的感官的，而是用来把自然的人性引入天理的轨道的。

与宫廷生活的假模假式和程式化相比，平常老百姓的生活其实是那么丰富、自然、健康。朱厚照永远记得自己第一次微服出宫的感受，从皇宫来到市井的太子简直如同从穷乡僻壤进城的农民孩子，傻了一样张着嘴，贪婪地盯着他看到的每一样事物。有生以来头一回，他发现人们见到他不是立刻跪下去，而是并不拘束，一切如常。也是有生以来头一回，他看到这里的人活得那样自由、随意，他们表情生动，高声大叫，随意谈笑，完全不像皇宫中人平日都鸦雀无声，板着面孔。他看什么都觉得新奇，看什么都觉得好玩。

终其一生，正德皇帝一直难以改掉微服出行的嗜好。而且他特别喜欢逛市场，钻小巷子，体验普通人家的生活。那些土里土气的叫卖声在他听来简直是最好听的音乐，那些带着泥土的白菜萝卜也显得清新健康，那些平常巷陌中普通百姓们的吵嘴骂架，在他听来也比官中那千篇一律的对话更有意思。

九

除去逆反心理之外，这种"市井情结"也反映出朱厚照的趣味、观念和行为方式深受周围太监的影响。

文盲出身的太监、乳母不但是朱厚照的生活伴侣，还是他的精神塑造者。其实，天潢贵胄的朱厚照是在浓厚的底层文化氛围中长大的。终其一生，朱厚照的精神世界一直没有冲破底层文化特别是市井文化的束缚。

这听起来像是天方夜谭，却又千真万确。

在偌大的明代宫廷之中，皇帝一家其实人数无多。太监、杂役、乳母之类出身社会底层的服务者才是构成了宫廷社会的多数人。明代太监之多，居历代之冠，最高峰时达十七万人。皇室生活的方方面面都离不开他们，可以说，宫廷中的皇室成员，更像是漂浮在太监之海中的一个个孤岛。这些出身社会底层的人，无疑会把底层社会的观念、性格、行为习惯带入宫中，在皇宫之中形成浓厚的底层文化氛围，从而对生活在他们中间的皇室成员产生潜移默化的影响。

具体到朱厚照身上，这种影响就更为深刻。在他十几年的生活经历中，与他朝夕相处的，除了太监，就是乳母。明代规定，太监不许识字。乳母又多是选自平民小户。所以，朱厚照实际上是在文盲圈中长大的。这些文盲友伴也自然而然地把自己的兴趣、嗜好、观念传染给了太子。他的文化趣味偏于通俗，欣赏水平与太监、乳母基本一致，最喜粗俗浅白的文艺形式。他虽然在宫内建立了乐队，演奏的却不是阳春白雪的雅乐，而是民间流行的通俗小曲，比如什么《抬花轿》《入洞房》《一枝花》……他还亲自创作了一首《杀边乐》，也属热闹火爆类型。据史书记载，"歇落吹打，声极洪爽，颇类吉利乐"。（李诩《戒庵老人漫笔》）

底层出身的人固然质朴、单纯、明快，却又粗俗、单调、愚昧。上层文化提倡"制欲""淡泊"，强调对生命意义的形而上的追求，底层人的生命目标却完全锁定于物质享受，毫不克制地追求感官满足。上层文化讲究规则法度，讲"天理"，讲"千秋万世"，而底层文化是实用主义的，只重今生，只重眼前。更为要命的是，许多太监进宫前都是走投无路的混混，他们把明代底层社会浓厚的流氓气带进了宫中。他们做事缺乏规则意识，善于走捷径、钻空子，没有大局观念。他们崇拜的是韦小宝之类的精细鬼和伶俐虫，嘲笑的是"忠厚传家久""诗书处世长"这样的"迂腐"古训。

学校教育的失败，导致儒家哲学的那套"天理""人欲""天道""人心"的精致理论，从来没有真正介入过朱厚照的精神构建。朱厚照的精神世界基本上停留在市井平民水平。他缺乏对国家和社会的责任感，他对国家政务的理解和处理的原则，基本上来自评书演义。有一次他甚至发布诏书，禁止天下养猪，理由是他既姓朱又属猪，算命先生说，如果百姓杀猪，将威胁到他的健康。他精明机敏却又目光短浅，为追求享受不择手段，肆无忌惮。在后来南巡之争中，他甚至拿出泼皮作风，拿刀架在脖子上，声称如果文官们再阻拦他，他就要抹脖子。他在人际交往中也遵循市井方式，做事爽快自然，不重形式，讲究哥们儿义气，人情味相当重。他跟与他脾气相投的大臣们在一起，没大没小，喝多了就把他们当枕头枕在他们身上睡觉。他甚至模仿黑社会老大的做法，一次收了一百四十多个义子干儿……（《明武宗实录》）

有明一代，像朱厚照这样带有流氓作风的天潢贵胄不止一个。因为朱元璋本身出身流氓，更因为他为他的后代规定了专做寄生虫的生活目标，那些在仆人堆里混大的不学无术的朱氏子孙，多表现出一脉相承的穷极无聊的流氓相。明代社会的流氓化趋势鲜明地体现在贵族生活中。朱元璋的第十三子代王，"早年做了多少蠢事就不必说了，到晚年头发花白了，还带着几个肖子，窄衣秃帽，游行市中，袖锤斧杀伤人，干些犯法害理的勾当。末子伊王封在洛阳，年少失教，喜欢使棒弄刀，不肯待在宫里，成天挟弹露剑，怒马驰驱郊外，人民逃避不及的就亲手斫击，毫无顾忌。又喜欢把平民男女剥得精光，看人家的窘样子，高兴发笑"。（吴晗《朱元璋传》）

吴晗提到的伊王传了六代到了六世孙朱典楧时，居然还酷肖其祖。有一次他忽然把洛阳城门关闭，派人在城中大抢民女，共抢得七百多人，留下九十人供他玩乐，其余的则叫其家人用银子来赎。

鲁王府的朱观炡平常最爱嫖娼，有时在府中命下人裸体杂坐，以为戏乐。朱观炡性情残暴，左右稍忤其意，就立即用锤斧击杀。

越到明代晚期，这种贵族流氓化的倾向就越加明显。弘治年间，代王朱桂的后代，辅国将军朱仕壔，强占寺庙财产，被僧人告到地方官那里，巡按御史因此上书参了他一本。朱仕壔闻听此事，怀里藏了一把小刀，直奔巡按御史衙门，要求御史为他平反。御史不准，他从怀中抽出小刀，麻利地割下自己的右耳，扔到御史怀里，然后一个"撞羊头"把御史老爷撞个倒仰，把这位御史老爷弄得狼狈不堪，无法招架。最后还是衙门里人多，连推带劝，总算把这位瘟神弄走了。（李洵《正德皇帝大传》）

十

不过，仅仅把朱厚照定义为"纨绔"是不恰当的。虽然有百种不争气，千个不着调，他身上却有着一样远远超越常人的地方：武勇。

在朱厚照的诸项天赋之中，最突出的是运动天赋。

因为天赋的神经类型和肌肉类型的优势，他的反应速度比寻常人快，协调能力也比寻常人好，从小就非常好动。他第一次骑马，就能在马身上控驭自如；初学射箭，练几次就能射中红心。孝宗皇帝对他好武是鼓励的，因为文武双全，才是一个合格的继承人。所以，孝宗皇帝指示为太子请了几位武师，教他学拳弄棒。他不爱读书，练起武来却能吃苦，也下过真功夫，加之良好的天赋，他的武功当时确实在一般武将之上。他对别的书不感兴趣，但独独对兵书战策能看得下去。

除了武功不俗外，朱厚照的胆量更是常人难及。他天生喜欢冒险，身子骨刚刚长成，他就迷上了一种特别刺激的游戏：搏虎驯豹。他身上不戴任何护具，也从来不让别人在旁边保护，只身进入虎豹笼中，凭自己的敏捷和力量只手把它们制伏在自己的身下。不久，他就成了一名熟练的驯兽师，不论哪里进贡来的猛兽，在他手下很快都变得服服帖帖。不过，再高明的驯兽师也有失手的时候，他唯一的失手是在正德九年（1514），他在训练一头新来的老虎时，本已驯服的老虎突然野性大发，把他扑在身下。等太监冒死把他救出来时，他的胳膊大腿上已经被抓伤了好几处，伤口鲜血淋漓，有一处甚至深可见骨。然而，这次历险并没有吓倒他。经过几个月的休养之后，他再进虎笼，到底把这头不听话的老虎彻底制伏了。

朱厚照身边最亲近的人有两类，一类是太监，另一类就是军人。对于太监，朱厚照亲热是亲热，但一直以家仆视之；但对于军人，他亲近之中，还包含着尊敬和欣赏。当了皇帝之后，他把那些驻守边疆的著名将军轮流召入宫中，与他们较量武艺，畅谈兵书战策。在这些将军中，最有名的是江彬。此人因在镇压农民起义中战斗英勇而得到朱厚照的赏识。这位富于传奇色彩的将军身上有箭痕三处，其中一处贯穿面颊直到耳根。朱厚照和他一见如故，很快就同出同入，形影不离，形成了一种近乎哥们儿的关系，平时相处，根本不讲君臣之礼。

在各种游戏当中，朱厚照唯一乐而不疲的是领兵打仗的游戏。做太子时，他就经常把太监分成两拨，相互攻杀。做皇帝后，他的军事游戏玩得更为壮大。明代祖制，"边兵不能调内"，因为边兵粗犷难制，怕他们到了内地难以控制。可是朱厚照登基不久，就命令宣府兵和京城兵对调。因为开国日久，长期生活在城市的京城兵身上已经没有多少兵味。只有那些饱经风霜、粗犷强悍的边兵才对朱厚照的胃口。他把这些边兵分为"侍卫上直军"和"内操军"，共计一万余人。他常常在皇城内举行大型内操，披坚执锐，指挥士兵，演习战法。皇城附近的人们经常能听到从城里传出的雄壮的喊杀声。

如果说朱厚照对皇帝的职责里的什么真感兴趣的话，那就是军事了。《尚书》说："其克诘尔戎兵。"在远古，天子的职责是"唯祭与戎"，即主持祭祀和领兵打仗。朱厚照从小踢球、射箭、骑马、打猎之所以受到孝宗皇帝的纵容，也是因为有"练习武功"这个大幌子。每一个孩子都有自己的志向，朱厚照的志向从来不是做守成帝王，而是做指挥千军、横扫敌阵的大将军、大元帅。从当皇帝的第一天起，他就幻想着有朝一日，能够亲率大军，征讨不服，立下赫赫战功。

应该说，朱厚照的这一理想与大明帝国的现实有某种契合之处。蒙古人一直是明朝的主要威胁。明成祖朱棣曾经五出塞北，也未能根本解决蒙古人的威胁。明成祖死后二十多年，他的重孙明英宗就在亲征蒙古的战役中被蒙古人俘虏。在那以后，边患问题始终没有解决，蒙古兵时常长驱入塞，大肆抢掠。正德十一年（1516）七月，蒙古兵又入寇白羊口，深入保安、新城一带，破城堡二十余座，杀掠三千七百四十九人，掠去牲畜两万三千五百头。（《明武宗实录》）这次入寇，使朱厚照决意亲征塞北，彻底打击一下蒙古势力。

应该说，正德年间也是打击蒙古势力的恰当时机。因为此时蒙古势力已经从全盛期跌落下来，正处于动荡不安的内斗之中。入寇明朝边关的，就是其中一支在内斗中失利的部落。如果抓住这个战略机遇，狠狠打击一下蒙古骑兵，对于明帝国的长治久安无疑是大有好处的。

他这次前往边境，就是为了有机会观察敌情，以解除蒙古势力对大明王朝安全的威胁。这个事实说明，如果在他的兴趣和能力范围之内，他还是愿意履行皇帝的职责的。

十一

但是，和历次一样，群臣一致反对朱厚照的想法。

事实上，满朝大臣对朱厚照的练兵习武从来没有给予过肯定。在他们看来，守成之君和创业之君不同。守成之君的职责应该是固守祖宗基业，遵守祖宗成法，小心谨慎，保持天下在以往已经定型的轨道上安稳运转。对于已经享有一百多年长治久安的大明王朝来说，多一事不如少一事，精力充沛对于此时的皇帝不一定是好事。所以，他们对少年皇帝的舞刀弄棒一直不以为然。而且，文官的这种态度里还包藏着集团的利益。他们认为，即使时有边患，也是枝节之事，不足大虑。治理天下的关键是宣扬圣教，使人心向化，遵规守纪，这是文臣的职责。而一旦大兴兵戈，势必导致重武轻文的局面，这是他们所不能容忍的。

反对的浪潮再一次包围了朱厚照。六科给事中黄钟进谏说："臣闻控制夷狄，古有成法。况且皇帝的主要职责并不是带兵。《祖训》中说：'后世子孙不可倚中国富强，贪一时之功，无故兴兵，杀伤人命。'蒙古人并不是心腹大患，皇帝何必自轻天子之尊，冒极大的风险，轻易出塞呢？万一皇帝有个意外，如何向天下万民交代？"（《明武宗实录》）

所以，在皇帝第一次出京的时候，朝廷迅速把消息通报给了居庸关的御史，才出现了皇帝被灰溜溜挡回来的一幕。

朱厚照并不放弃。他已经习惯了和文臣斗智斗勇。他把心腹太监叫到一起，总结第一次失败的经验教训。半个月之后，他们又一次出发了。

这次他们选择了半夜时分，神不知鬼不觉地潜出京城。出了城，他们再也不敢像上一次那样优哉游哉地游山玩水了，而是策马直奔居庸关。他们早已打听好，这几天御史张钦到白羊口巡视，不在关上。朱厚照派人与居庸关的分守太监刘嵩事先建立了秘密联系，做了布置。果然，当他们来到关门时，居庸关关门大开，皇帝一行人顺利通过。过了居庸关，皇帝下了手敕，命令随行太监谷大用把守居庸关，守关官兵一律受谷大用节制，任何官员不许出关。

朱厚照这样做的目的是防止京城中的大臣们到塞外来追他。

回头看着被甩在身后的雄关，朱厚照哈哈大笑。这显然是一次漂亮的胜利。

十二

五天之后，皇帝一行人来到了塞外孤城宣府。不久，从宣府传来消息，说皇帝在宣府调度部队，准备和蒙古人作战。在大家将信将疑之际，一道诏书从宣府传来。

"近年以来，虏酋犯顺，屡害地方。今特命总督军务威武大将军总兵官朱寿统率六军，随带人马，或攻或守。即写各地方制敕与之，使其必扫清腥膻，靖安民物。"（《明武宗实录》）

这道奇怪的圣旨让大臣们摸不着头脑。"总督军务威武大将军总兵官朱寿"是谁，怎么谁也没听说过？经过传旨太监的解释，大家才恍然大悟，原来，**威武大将军**是当今圣上给自己封的头衔。朱寿，就是朱厚照给自己起的新名。

四天之后，又一道谕旨送到了兵部。敕谕说："总督军务威武大将军朱寿，亲统六师，为扫腥膻，安民保众，神功圣武，宜加显爵。今特加威武大将军公爵俸禄。仍谕吏户二部知之。"（《明武宗实录》）

这道圣旨更是让全北京城经纶满腹的大臣头疼不已。在这道谕旨里，皇上自己给自己加大将军总兵官衔不算，又加封自己为公爵——镇国公，而且还要吏、户二部给自己发俸禄。俸禄定为岁支米五千石，在后军都督府带俸。

这两篇文字把大明王朝的官僚体系推进了一个不尴不尬的死角。不伦不类的圣旨仍然是圣旨。臣民弄不清他们这位皇上是神经有问题还是存心拿天下人开心。不论是哪种情况，结论都不容乐观。因为这个嘲弄礼制的人正是礼制社会的主人。这个蔑视纲常的人却是遵守纲常的天下人无条件服从的对象：君为臣纲。因为天经地义的规矩，他们的一切，包括生命，都为这个以破坏规矩为乐的人所有。大明王朝的臣民一瞬间有点迷茫了。

十三

逃到宣府的朱厚照感觉真是太好了。在这座塞外孤城，他总算摆脱了那些讨厌的文官。"镇国府"里，他终于逃脱了那些规矩和排场。他告诉手下人见他的时候不用参拜，他到哪儿去也不用前呼后拥，自己带上一两个随从随随便便就去了。他经常带着一两个人在这座小城的大街小巷或者荒郊野外随意走走。他喜欢北方质朴粗放的原野，喜欢这里格外开朗雄浑的天空，喜欢这里清洌的空气。

特别是刚刚给朝中大臣发去的两封诏书，他想起来就想笑。他完全能想象得到大臣们阅读时脸上的迷茫表情。他要的就是这个效果。

虽然登基十几年了，他对文臣们的心理，一直也没有从上学时候形成的顽童对付老师的角色心态中转变过来。对这些迂腐可笑处处与他作对的书呆子，他既好气又好笑，既讨厌又无奈。时不时地和他们开开玩笑，耍弄耍弄他们，是他生活中的重要乐趣之一。

当然，开完了玩笑，他马上便投入到了军事准备当中。他一刻也没有忘记他到宣府来的主要目的。刚到宣府不久，他就带领随从，巡视了千里边关。旧历的九月相当于公历十月，这时长城以北已经十分寒冷了。就是在这样的天气里，朱厚照一直乘马暴露在风霜里，腰系弓矢，顶风冒雪，风餐露宿。虽然官员们给他准备了舒适的车辇，但他只命随行，从不乘坐。从出北京城那一天起，他就一直是这样。不少随行人员都因长途困顿而病倒掉队，他却始终精神抖擞，不以为苦。终于，正德十二年（1517）十月，两个月之后，朱厚照如愿以偿，等到了蒙古人。

当蒙古骑兵的面孔在晨雾中渐渐清晰的时候，朱厚照身体一阵战栗。他催动胯下的战马，跑在了队伍的最前列，似乎是为了尽可能地看清蒙古人长什么样。身后的队伍立刻潮水一样随着他向前涌动了一轮。虽然大臣和百姓对这个好动的皇帝不以为然，但是边疆的军人却欣赏这个直爽果断、有着军人气质的君主。由于近一段时间的风霜磨砺，朱厚照明显黑了瘦了，但双目显得炯炯有神。他一甩鞭子，马撒开腿小跑着。立刻，明军庞大的队伍启动了，裸露在寒冬里的大地表层在马蹄声中绷紧了，士兵们渐渐越过皇帝，迎向蒙古人。

这次，是蒙古人又一次试图南下，进行抢掠，朱厚照亲自带兵拦击，先后在山西应州附近的绣女村、五里寨、涧子村迎战，其中以涧子村一战最为激烈。这一战蒙古兵为五万，明军为六万，从辰时（上午七时至九时）一直战到酉时（下午五时至七时），历十二小时，交百余合。十多万人在北方荒野里角斗厮杀。朱厚照被一种极度的兴奋攫住了，反而感到格外镇定。他有条不紊地向身边的太监下达着一个又一个命令，不断骑马在各个侧翼巡视。他到达哪里，哪里的士兵就越发英勇，和皇帝并肩作战对士气的鼓舞是巨大的。蒙古骑兵的脸上显出惊惶的神色，他们头一回遇到如此顽强的明军。一整天的战斗未分胜负。战后蒙古军全部撤退，明军也疲惫不堪，而且天气突变，第二天起了沙暴，追击未果，听任蒙古军逸去。（李洵《正德皇帝大传》）

从整个兵力部署、作战次序来看，朱厚照的指挥是称职的。这次战役是16世纪前后明蒙之间一次较大的战役。五万蒙古大军没能突破明军的口袋限，南下的企图破灭，而明军达到了阻止和打击蒙古骑兵的战略目标。在此之后，终正德一朝，蒙古人未再发动大规模的入侵，应该说，这次战役是达到了预期目的的。这次军事行动，反映出朱厚照并非一无所能，只会放荡享乐。他在战争中身先士卒，还亲手格杀了一名蒙古骑兵。除了朱元璋和朱棣外，明代皇帝还没有谁敢于这样深入战争第一线。

十四

朱厚照对这次胜利非常重视。对于文治，他不感兴趣，对自己也不抱希望。至于武功，他自认为还是可以和列祖列宗，甚至历史上的所有皇帝比一比的。他希望历史能因为这一战刻下他的名字。

正德十三年（1518）新年刚过，朱厚照回京，一路上踌躇满志。这场战争一定能让那些瞧不起他的文臣大跌眼镜，也一定大大出乎普通百姓的意料。他认为，这次胜利应该能够洗刷掉他身上一半"荒唐无道"的罪名，向全国人民证明他有能力为人民带来福祉。在回朝的路上，他发布指示，要所有朝臣都穿上"曳撒大帽鸾带服色"。为此，他命令礼部头一天发给每位迎驾官员大红苎丝、罗纱各一匹，按品级发给彩绣，一品为斗牛，二品为飞鱼，三品为蟒，四品为麒麟，五、六、七品为虎彪，翰林科道不限品级，以便官员裁制。这种服装长可拖地，头上是宽檐彩帽，还要扎上长长的鸾带，穿上之后整个迎驾队伍五颜六色，显得热闹非凡。

正月初六黄昏，皇帝大驾到达北京。皇帝身穿铠甲，头戴银盔，腰佩宝剑，骑乘在一匹枣红大马上，威风凛凛，神采飞扬。群臣匍匐道左，高呼万岁。大学士杨廷和代表大臣进酒一杯，表示祝贺。皇帝一饮而尽，对杨廷和高声说道："朕在榆河曾亲斩虏首一级！"杨廷和赶紧叩头，赞扬道："皇上圣武无比，臣民倍感欣幸！"朱厚照闻言大笑，催马穿过人群，回到内宫。（《明武宗实录》）

每个人都看得出，皇帝心情十分好。一直懒于出席各种祭祀仪式的他还没有充分休息，就精神抖擞地出席并主持了南郊祭天大典。在典礼上，他显示出前所未有的耐心，毕恭毕敬，行礼如仪。也许这是头一次，在这个面对上天的场合，他感觉自己对得住皇帝的身份。紧接着，皇帝在奉天门下举办了一场"展览会"，陈列了他在战场上缴获的蒙军兵器、盔甲及大车等物，命群臣参观。

皇帝简直是在炫耀了，就像小学生到处显摆自己好不容易得到"优"的作业本。表面上放浪形骸对什么都满不在乎的他，实际上对自己的声名还是非常在乎的。然而，满朝文臣表面上称贺不绝，内心里却不以为然。京中普遍流传着一种论调，说皇帝此次取胜，完全是因为运气好，连日的大风沙让蒙古兵睁不开眼睛，所以才无奈退去。还说，皇帝在这次征战中单身冲入敌阵，差一点儿做了蒙古兵的俘虏，只是身边的卫士冒死相救，才逃了回来。如果不是运气这样好，大明朝已经又演了一次"土木之变"，国家早就陷入一场巨大的危机。正像对皇帝的昏聩深信不疑一样，文臣对蒙古骑兵的强悍也抱着根深蒂固的迷信。他们无论如何也不能相信朱厚照有本事打败成祖皇帝都无法打败的蒙古人。在他们看来，这场侥幸胜利的战争是完全不应该也完全没有必要打的，除了劳民伤财之外没有任何益处。

更为离奇的说法是，这场大战，蒙古军才死了十六人！所以这场战争很难说是一场胜利，事实上更接近一次失败。实际上，后来明朝正史的叙述居然也采信了这种传闻。据后来明朝官方记载说，这次应州之役，蒙古兵仅死十六人，而明军死伤巨大，并且说战斗中"乘舆几陷"。从常识判断，这几乎是不可能的。应州之战的几次战役前后进行了五天，双方投入兵力约十一万，其中绣女村与涧子村之役都相当激烈，多次反复，包围与反包围贯穿始终，阵线并不是很清楚，这都是正史所承认的。而在这样大规模的战役中蒙古方竟然只死十六人，明军的死伤数字却是蒙古军的几十甚至上百倍，那又如何解释蒙古军不是乘胜追击而是迅速撤退呢？

朱厚照完全不知道官员中流传的这些说法，更预料不到他的战绩会被这样载入历史。为了酬谢百官的称贺，他在奉天殿大宴群臣，遍赐群臣银牌：一品官银牌重二十两，二、三品者十两，上面都刻有"庆功"二字；四、五品官及都给事中五两，左右给事中四两，给事中三两，上面都刻有"赏功"二字。这是正德朝臣头一次得到皇帝赐物封赏，大部分当然都欣然接受，然而，却有一些耿介之士，不给皇帝面子。兵科都给事中汪玄锡、贵州道御史李闰等共同上书，不肯受赐，他们说，前日皇帝亲征之役，蒙古骑兵杀掳人民众多，我军也损兵折将，得失相较，实在称不上什么大不了的胜利，希望以后皇帝不要再这样草率亲征，而是要"充扩天理，遏绝人欲，深居九重，恭默思道"。（《明武宗实录》）

朱厚照像往常一样，把这样的奏折留中不发，然而却大为扫兴。与此同时，那些负责探听市井舆论的太监也不断向他汇报，说百姓们都相信官员的说法，认为皇帝此次其实是打了个大败仗，只不过留了条命回来而已。

朱厚照默然无语。他发布命令，因为连日劳累，休息十日，谁也不见。十天之后，朝中传出消息，说皇帝打算再次出京，这次的目的地是南方。这次巡游的计划十分庞大，据说皇帝打算遍游江南，在外面待个年把再回京。

十五

这次文官们表现出了前所未有的坚定和团结。上次一不小心，让皇帝跑到宣府，他们已经后悔不已。这次他们决定不惜任何代价，把皇帝留在自己身边。三月十三日，在朝的科道官员为了谏止南巡，全体"伏阙请命"，跪在官中进行示威请愿。他们对这个坐不住的皇帝大加威胁恫吓，他们说：人心的善念其体甚微，外界利欲的侵袭，不胜其多。所以静常吉而动常凶。皇帝不断出巡在外，被亡命之徒得知行踪，有可能变生不测。而且江南乃财赋重地，近来灾情不断，南巡将加重百姓的负担，有可能激起民乱。再者，皇帝南巡，北京空虚，蒙古人极有可能乘机南下，如果蒙古骑兵占据北京，则皇帝有家难回。

这次请愿从早晨持续到下午，朱厚照头一次遇到这样的场面，官员们不走官里没法关门，他派太监宣谕，说可以考虑他们的意见。谏官们见皇帝有了反应，也见好就收，退出官去了。

朱厚照表示同意考虑之后，却没了下文。百官于是纷纷上书谏阻，分别有兵部郎中孙凤等十六人，吏部郎中张衍端等十四人，礼部郎中姜龙等十六人，刑部郎中陆俸等五十五人。谏阻官员规模之大，为朱厚照当皇帝以来第一次。奏折语言之激烈，也前所未有。比如，什么朱厚照领兵与蒙古人作战，"首开边事，以兵为戏，竭四海之财，伤百姓之心"，什么"祖宗纲纪法度，一坏于逆瑾（指太监刘瑾），再坏于佞幸，又再坏于边帅之手。盖荡然无存矣"，什么"陛下已成骑虎之势，不乱不止"，什么"将自取覆亡为天下笑"。（《明史·列传第七十七》）

朱厚照的忍耐终于到了极限。他从继位开始，对言官科道基本上持听之任之的政策，因为他知道自己和他们辩论只能失败，只好把他们当作落到老虎身上的苍蝇，轻轻拂去就算了。可是现在他们发展到近乎谩骂的程度，借这个机会，对他当政以来的所作所为进行全面批判，一副气势汹汹的模样。尤其令他不能容忍的是他辛辛苦苦征战蒙古取得了自己颇为自豪的战功，却被这些官员公开评价为"首开边事，以兵为戏，竭四海之财，伤百姓之心"。压了许久的怒火终于爆发了，这位容易冲动的皇帝的雷霆之怒被证明是一场灾难。他迅速发出命令，把言辞最激烈的黄巩、陆震等六人执送到刑部，严刑掠打；其余一百零七名上书反对的官员在午门前罚跪五天，每天由早晨五点一直跪到傍晚七点。于是，在大明朝政治中枢部位的这片广场上，每天从黎明开始，就黑压压地跪了一大片蓬头垢面的孔孟之徒，他们在日晒风吹中屈身俯首，一整天滴水不进，不断有人昏倒。这一切，都是因为他们对皇帝发自心中天理的诚挚的爱。两天后，三十三名为这些官员鸣冤叫屈的大臣同样被投入监牢。五天之后，罚跪期满，朱厚照依然怒气不消。于是，就在午门之外，这些平日文质彬彬、风度翩翩的官员被扒下裤子，每人被痛责五十棍。太监们知道皇帝的心思，所以下手格外重。几棍下去，便血肉横飞，哭喊之声响彻紫禁城。当天，主事刘校和照磨（元代以后设置的掌管宗卷、钱谷的属吏）刘旺就毙于杖下，后来又有十一人因杖伤不治而死，有更多的人因此而终身残疾。

这是明朝开国以来最严重的一次文官集体被惩事件。

发了一通火之后，打死了一批人，朱厚照也无可奈何了。他也有点后悔自己的火发得大了点。平生第一次，他主动让步，取消了南巡的计划。文官集团终于获得了一次难得的胜利。不过，他们似乎很难高兴得起来，因为他们忙于同僚的丧事以及自己的疗伤。这一胜利真的是来之不易。

十六

可是，大臣们以十三条性命换来的胜利不过是暂时的。原定春天举行的南巡在那年秋天终于成行。和平时一样，朱厚照依然保持自己的作风。他放弃自己专用的卤簿，却常常和亲信太监挤在一辆大车上。他不穿皇帝服装，和身边人上下不分，以致巡抚设宴时，他的席上竟然没有筷子。巡抚官员惊恐不已，他却一笑置之，还当成笑话讲给别人听。这些后来在野史小说里都成了他的可笑之处。

然而，南巡却并没有给他带来多少快乐。从历史的记载来看，朱厚照此行的心绪十分混乱。他几乎放弃理智，一任种种昏天黑地的追欢逐乐来麻醉自己。他在路上几乎每天都把自己灌得人事不省。他在保定和大臣抓阄比酒，自己输了却不认账。他在扬州城到处追逐处女和寡妇，在清江浦把自己钓的鱼卖给臣下，要价奇高，弄得有的大臣几乎破产。他是为了江南青山碧水而来，美丽的风景却没有像他想象的那样有效地安慰他的心灵；相反，他却觉得一切都更加了无兴味。只有胡闹才能暂时让他开一下心。他最怕的就是醉后的那一刻清醒。在这种时候，他心里苦恼得一刻也不能承受，他分不清这些苦恼是从何而来，他也不想分清，他只好再找来美酒，把自己弄醉。

在回京的路上，心不在焉的皇帝在湖上落水，等人们七手八脚把他救上来，他已经在十月的冷水中泡了很久。这一路肆意糟蹋，他的身体已处于严重的亚健康状态。经此一激，遂成重病。据史学家推测，他死于因肺炎引发的心肺功能衰竭，终年三十岁。

十七

朱厚照被文臣谥为"承天达道英肃睿哲昭德显功弘文思孝毅皇帝"，意即发扬天道，英武睿智，道德功业都很显赫，文治也很有成绩，并且十分孝顺。这可不是讽刺，而是依照祖制惯例，本着为尊者讳的精神制定的。生前对他那么痛恨的文臣还是很有修养地既往不咎，用这些千篇一律的有固定格式的词汇把他打扮得尽量体体面面，送入太庙供后世万民参拜。他们做这一套得心应手。

第七章
嘉庆：从伟大到平庸的滑落人生

———— • • • ————

从亲政初期的伟大，到谢幕时的尴尬，嘉庆的滑落曲线如此令人叹息。在全面盘点嘉庆皇帝的统治时，历史书给出的词汇是"嘉庆中衰"，他二十多年的统治，前面连着"康乾盛世"，紧接其后的，则是"鸦片战争"。大清王朝的不幸，就在于需要伟大人物的时候，坐在这个位置上的却是一个平庸的好人。

接班

一

老皇帝又一次在凌晨三点多就醒了。贴身太监早就料到这一点，皇帝轻微的鼾声一停，他就从地上站起来，开始给乾隆一件件穿好衣服。然后，老皇帝就垂衣静坐在御榻之上，耐心地等待三个小时后的阳光。

▲ 乾隆皇帝画像

这已经是近年来的常态了。乾隆皇帝的身体是有史以来中国帝王中最好的，然而，自然规律毕竟不可违抗。《大清乾隆皇帝实录》记载，乾隆五十岁之后，睡眠即开始减少，"年高少寐，每当丑寅之际，即垂衣待旦，是以为常"。

更何况今天的日子是那么特殊。就在三小

时前的交子时分，大清帝国使用了六十年的乾隆年号永远地成为了历史。今天已经是大清嘉庆元年（1796）正月初一。乾隆比平常更早醒了近一个小时，就是因为心中惦记着今天的"禅位大典"。生性周密的他在心中把所有的环节又盘算了一遍，再一次确认，万无一失。

二

从乾隆中期开始，接班人问题就成了全大清帝国关心的焦点。

虽然有清一代，严禁皇子与大臣交结，然而通过皇子师傅这一渠道，朝野上下对四位皇子也并非毫无了解。几位皇子都各具才华，却大多缺陷明显：八阿哥喜爱酒色；十一阿哥的吝啬出了名；十七阿哥则轻佻浮躁，胸无大志。只有年仅十三岁的皇十五子，声名最好。当时出使天朝的朝鲜使臣回国后，向他们的国王汇报见闻时多次说："第十五子嘉亲王颙琰，聪明力学，颇有人望"，"皇子见存四人，八王、十一王、十七王俱无令名，唯十五王饬躬读书，刚明有戒，长于禁中，声誉颇多"。

岁月不待人，年过花甲的乾隆必须做出决定。他在传位密诏中小心翼翼地写下了颙琰的名字，不过放下笔后，他一直不能驱走心中的忐忑。毕竟，十三岁这个年龄对于一个继承人来说，是太小了，这棵看起来不错的幼苗能否长成参天大树，谁也不能确定。乾隆三十八年（1773）冬至，六十三岁的老皇帝到天坛祭天，跪在圜丘中心，默默向苍天祷告：

"我已经秘密立颙琰为皇储，然而此子年仅十三，性情未定。如果颙琰有能力继承国家弘业，则祀求上天保佑他诸事有成。如果他并非贤能之人，愿上天让他短命而死，使他不能继承大统。我并非不爱自己的儿子，只是为祖宗江山计，不得不如此。"

虽然感情丰富，然而在这个政治超人心中，儿女之情与帝王的责任感比起来，恰如鸿毛之于泰山。

好在上天似乎对颙琰也比较满意，从乾隆三十八年到六十年（1773—1795），颙琰一直身体健康，他的表现也越来越得到乾隆的肯定。到了举行禅位大典的这一刻，乾隆心中为这个接班人打了八十分。

让乾隆满意的有四点：

第一，从性格上看，皇十五子少年老成，他性格中最大的特点是自制力强。他起居有常，举止有度，学习勤奋，办事认真，从不逾规矩一步。这是最让乾隆欣赏的。

第二，此子品质"端淳"，生活俭朴，为人谦逊，特别是富于同情心，待人十分真挚，善于为他人着想。

第三，从学业上看，经历了二十多年严格、系统、高质量的帝王教育，颙琰对儒家心性之学颇有心得。他的修养是建立在学养的基础之上的，因此根基牢固。另外，此子武功骑射成绩虽然比不上他的父亲和曾祖父，但在兄弟当中也是首屈一指。

第四，从外表看，颙琰是清朝历代皇帝中长得最端正、最上相的一位。他中等身材，皮肤白皙，五官端正，一副雍容华贵的相貌。脸形介于方圆之间，显示出他性格的平衡和理智。经过从小就开始的仪表训练，他在出席大的场合时，总是举止高贵，镇定自如，讲话不慌不忙，富有条理。

另外，这一年，嘉庆三十六岁。这个年龄的他，既精力充沛又富有经验。生命由青春期的青涩、青年期的热烈，转为中年前期的稳健有力，正是主掌一个庞大帝国的最佳年龄。

让乾隆担心的，只有一点，那就是这个孩子性格过于老实端方，似乎就缺了那么一点机智圆滑，或者说缺了一点就通的那么一点"灵犀"。比如，在当上了"皇帝"之后，是否知道如何处理与他这个太上皇的关系，乾隆就不是十分有把握。不过，凡事不能求全，在成功地统治了六十年之后，能够找到这样一个让他基本满意的接班人，乾隆认为自己这一生已经称得上完美了。

配合乾隆的好心情，嘉庆元年（1796）正月初一举行的这个盛大典礼仪式盛大华美，气氛祥和安宁，连天气都是如此晴朗灿烂。上午九点整，头戴玄狐暖帽、身穿黄色龙袍衮服、外罩紫貂端罩的乾隆，坐上了太和殿宝座。殿前广场上，翎顶辉煌、朝服斑斓的上千名王公大臣在庄重的"中和韶乐"中，如潮水一般拜兴起跪。九时三十二分，随着坐在宝座上的乾隆把手中那颗宽三寸九分、厚一寸的青玉大印"皇帝之宝"微笑着递到跪在他面前的嘉庆皇帝手中，中国历史上的一个空前的纪录诞生了：中国历史上最平稳的权力交接顺利完成。千百年来，权力授受之际，曾发生过多少腥风血雨、骨肉相残，甚至天下动荡、民不聊生。只有乾隆帝独出心裁，想出这招"生前传位"。历代王朝权力交接之际的血腥、紧张、能量自我冲突都被乾隆巧妙化解。这确实是一个空前绝后的创举，堪称中国专制政治史上一个辉煌、伟大的瞬间。

三

直到真正禅让了皇位之后，乾隆才发现他选的这个接班人其实是应该打一百分的。

虽然为传位准备了很多年，但是当禅让大典的日期越来越近，乾隆心中还是不免浮出丝丝紧张。毕竟，自古及今，还没有一个太上皇是幸福的：

唐高祖李渊还没当够皇帝，就被儿子李世民用刀逼下了皇位，当了九年寂寞的太上皇之后，悄无声息地死去。唐玄宗成了太上皇后，日日在儿子的猜忌中胆战心惊地生活，身边的大臣和朋友一个个被流放，最终自己被儿子软禁，郁郁而终。中国历史上的另几个太上皇，比如宋徽宗、宋高宗、明英宗，也无一不是悲剧人物，下场都十分悲惨。

因此，在举行禅让大典的同时，乾隆皇帝已经为了保证自己不落入囚徒境地，做了无数准备：

在退位之前，他就明确宣布，自己只将那些接待、开会、祭祀、礼仪之类的日常工作交给皇帝，至于"军国大事及用人行政诸大端"，"岂能置之不问，仍当躬亲指教，嗣皇帝朝夕听我训导，将来知所遵循，不至错误，岂非天下之福哉"。

在退位之后接待朝鲜使臣的时候，他又明确向各国宣称："朕虽然归政，大事还是我办。"

他规定，退位之后，他仍称朕，他的旨意称"敕旨"，文武大臣进京陛见及高级官员赴任前都要请示他的恩训……

虽然在退位前花费巨资修建了宁寿宫，可是真正退位之后，他并没有从象征着皇权的养心殿搬出来，用他的话说："予即位以来，居养心殿六十余载，最为安吉。今既训政如常，自当仍居养心殿，诸事咸宜也。"

一句话，虽然退了位，但他还是处处昭示自己仍然是一国之主。

握了一辈子权柄的老皇帝对权力爱如自己的眼睛，防卫过度，眷恋到了近乎失态的程度。

事实证明，老皇帝过虑了。正当盛年、血气方刚的嗣皇帝比他想象的要聪明乖巧，十分清楚自己的地位和角色。他十分恭谨地做着大清国的皇帝，每天早睡早起，认真出席每一个他应该出席的活动，却从来不做任何决定，不发任何命令，不判断任何事情。他十分得体地把自己定位为老皇帝的贴身秘书，所有的事情，他都是一个原则：听皇爷处分。

朝鲜使臣的记述，把嘉庆韬光养晦的状貌描绘得跃然纸上："（嘉庆帝）状貌和平洒落，终日宴戏，初不游目，侍坐太上皇，上皇喜则亦喜，笑则亦笑。于此亦有可知者矣。"赐宴之时，嘉庆"侍坐上皇之侧，只视上皇之动静，而一不转瞩"。《清史稿·仁宗本纪》也记道："初逢训政，恭谨无违。"

人们常说，老年意味着智慧和练达，老年其实更意味着身体和精神上的不可逆转的退化。不论多么英明伟大的人，都不能避免老化给自己的智力和人格带来的伤害。乾隆皇帝一生刚毅精明，到了晚年，却像任何一个平庸的老人一样，分外怕死。或者说，他比一般的老人更怕死。他畏惧与死亡有关的字眼、器物和消息，认为这些会带来晦气和不吉祥。嘉庆二年（1797）二月，嘉庆的结发妻子、皇后喜塔腊氏病故。嘉庆帝十分悲伤，然而他十分清楚太上皇的心理。继位后，他第一次单独做了一个决定：他命令礼部，皇后的葬礼按最简单迅速的方式处理，虽处大丧，皇帝只辍朝五天，素服七日。皇帝还特别命令大臣们，因为"朕日侍圣慈（我日夜侍奉在太上皇身边）"，"朝夕承次，诸取吉祥（凡事都尽量营造吉祥氛围）"，凡在大丧的七日之内来见太上皇的大臣，不可着丧服，只要穿普通的素服就可以了。

时人记载，国丧的七天之内，嘉庆皇帝从不走乾清宫一路，以防把丧事的晦气带到太上皇日常经过的地方。皇帝去皇后灵堂时，俱出入苍震门，不走花园门。去奠酒时，他一直走到永思殿才换上素服，一回宫立即换回常服，随从太监也穿着天青褂子，不带一点丧气。"且皇上其能以义制情，并不过于伤感，御容一如平常。"

太上皇有意无意间，会把和珅叫过来，问问他皇帝的心情怎么样，有没有因为妻子去世而耽误国事。听过和珅的汇报，太上皇闭上眼睛，微微地点点头。

儿子如此"懂事"，乾隆的心很快放了下来。他一如既往地继续着他六十年的秉政生涯，生活几乎没有任何变化。整个大清朝的人也很快明白，所谓"嘉庆元年"，不过就是"乾隆六十一年"。

初显身手

一

嘉庆三年（1798）腊月底，八十九岁的太上皇得了轻微的感冒。新年将至，朝野上下，谁也没有在意。嘉庆四年（1799）正月初一，皇帝和诸王贝勒及二品以上大臣依惯例来给太上皇拜年，太上皇还能如常御座受礼。不料，正月初二，病情转剧，身体各器官出现衰竭征兆，陷入昏迷。初三早晨七时，太上皇停止了呼吸。

正在欢天喜地过年的大清国臣民不得不穿上丧服，进入全国性的哀悼期。不过，没有多少人真正悲痛欲绝。让大家真正感兴趣的是，新皇帝到底是怎么样的一个人。

虽然已经当了三年皇帝，可是嘉庆在全国人民的心目中还是一个谜。除了他那张总是带着和蔼微笑的脸和几道没有个性的圣旨之外，人们对他一无所知。不过，新皇帝的种种表现，似乎表明他是温和、稳健之人。朝廷大政，短时间内不会有什么大的变动。

然而，事情的发展出乎所有人的预料。乾隆去世的第二天，也就是正月初四上午，嗣皇帝就发布了一条让全国人民都大吃一惊的谕旨：免去乾隆皇帝驾前第一宠臣和珅兼任的军机大臣和九门提督之职，命令他和福长安二人守在太上皇帝灵前，一心办理丧事，不得任自出入。朝廷上下，一片惊疑。

初四下午，皇帝又下了一道耐人寻味的谕旨，谈到太上皇帝晚年，白莲教起义之所以迟迟不能荡平，是因为有奸臣当道，做贪腐官员的总后台。

初五，王念孙、广兴、刘墉等先后上书，举报和珅种种不法之事。

初八，皇帝宣布逮捕和珅，对他进行审查。同时，一场规模巨大的抄家行动展开，令人惊愕的巨额财宝在和府地窖中显露出来。

仅仅十天之后，审判完毕，正月十八，皇帝发来一条白练，赐和珅自尽。

一切如同一部情节紧张环环相扣的电影，让人目不暇接。一场重大的政变，在新皇帝的谈笑之间就完成了。康熙爷当初诛鳌拜，尚且准备了七七四十九天，嘉庆帝诛和珅，却只动了动小指头。古往今来，完成得这样干脆、迅速、漂亮的权力战役，并不多见。

举国上下，对这个影子一样悄无声息的皇帝刮目相看。可以说，诛和珅是新皇帝处理政治危机能力的一次成功展示。

二

其实，嘉庆皇帝对这场战役，已经准备了太长时间。

嘉庆与和珅之间的恩怨情仇，并非如一些史书所言，是因为和珅聪明反被聪明误，送给嘉庆的那柄如意，也不仅仅是因为嘉庆嫉妒和珅手中拥有的朝珠比皇帝还多。

嘉庆对和珅的痛恨，是基于对大清王朝的责任感。他对和珅的不满，实际上代表了他对乾隆后期朝政的不满，在嘉庆看来，和珅是乾隆晚年以来朝政日非、腐败日甚的一个标志。

确实，乾隆皇帝在统治前期，勤于政事，能谋有断，在康熙、雍正两朝余烈的基础上，把大清王朝推向了中国历史上前所未有的极盛时期。然而，中期以后，乾隆皇帝志得意满，放松了警惕。特别是到了晚年，他生活越来越豪奢，吏治越来越宽纵，为腐败的滋长提供了巨大空间。与此同时，乾隆年间大清经济的高速成长也为腐败提供了充分的物质基础。乾隆中后期，政治腐败如同细菌遇到了适合的温湿度和酸碱度，在号称英明的乾隆皇帝眼皮底下，以惊人的速度发展起来。仅仅十余年间，乾隆朝就完成了从清前期政治纪律严明到清后期贪腐无孔不入的转变。在繁荣的表象下，大清王朝的全盛之局已经千疮百孔了。

由于官员集体腐败，百姓民不聊生，嘉庆元年（1796）正月初七，就在乾隆得意扬扬地举办禅位大典七天之后，川、楚两地爆发了白莲教大起义。起义席卷五省，大清王朝一时岌岌可危。

当太上皇这三年，乾隆几乎只做了一件事，就是忙于镇压白莲教起义。然而，太上皇虽然"犹日孜孜"，一日不停地调兵遣将，起义的烈火却越烧越旺。原来，上至军机大臣和珅，下至小小吏员，厕身这场战争的每一个人，都把战争当成了捞钱的机会。特别是和珅，精力充沛、欲望无限的他一天二十四小时都张着鼻孔，嗅着从权力缝隙中传过来的任何一丝利益的味道。他利用太上皇的宠信，不停地弄权舞弊，大肆聚敛钱财。他的所作所为，无疑使官场贪风刮得越发猛烈。

虽然取消了嘴巴的功能，但是嘉庆的眼睛和大脑一分钟也没有停止工作。乾隆皇帝后期的昏聩之举，他看得一清二楚。然而，由于身份特殊，他只能眼看着和珅等大肆贪污，眼看着政局一点点腐烂，眼看着大清王朝这驾马车向万劫不复的深渊越来越快地奔驰，却不能发一言采取任何行动。焦虑之火，三年之中，几乎把他的五脏六腑烤成了炭灰。父亲刚刚咽气，他就十万火急冲向驾驶台，拉动了刹车手柄。

应该说，诛和珅这步棋，是非常高明的一招。面对如火如荼的起义烈火，乾隆帝只知一味愤懑和仇恨，而嘉庆则能冷静分析出大乱之源是"官逼民反"，正如嘉庆自己所说："白莲教的起因，乃在于官吏多方搜刮，竭尽民脂民膏，因而激变如此。然而州县官员剥削小民，不尽是为了自肥，大半也是为了趋奉上司。而督抚大吏勒索属员，也不尽为私贪，无非结交和珅。""是以层层剥削，皆为和珅一人。而无穷之苦累，则我百姓当之。"嘉庆看得很清楚，腐败已经成了关乎大清王朝生死存亡的问题。如果要熄灭起义的烈火，必须刹住朝廷上下贪腐相尚的风气。而要刹住腐败之风，就要从和珅抓起。这高屋建瓴的一招充分显示了嘉庆皇帝把握和处理复杂政治局面的政治智慧。

三

以诛和珅为开端，一缕缕政治新风，绵绵不断地从紫禁城吹散出来。

亲政后第二个月，皇帝发布谕旨，今后皇帝出宫祭天及谒陵，随行仪仗减半，皇后和嫔妃不必随行，以减少出行费用。

这道谕旨显示了新皇帝与老皇帝截然不同的务实作风。

几天之后，皇帝再次发布谕旨，禁止大臣们向他进贡古玩字画。大臣们向皇帝进奉贡物以邀宠这一不良风气是乾隆晚年迅速发展起来的。从乾隆六十大寿开始，各地大臣争相向皇帝进贡奇珍异宝、名贵字画，以博皇帝欢心。嘉庆直言不讳地说，大臣向皇帝进贡古玩，除了助长贪风，别无益处。这些古玩，"饥不可食，寒不可衣，真粪土之不若"，却又价值高昂。名义上是官员贡献，实际上羊毛出在羊身上，搜刮自民脂民膏，"必下而取之州县，而州县又必取之百姓，稍不足数，敲扑随之。以闾阎有限之脂膏，供官吏无穷之朘削，民何以堪"（《清实录嘉庆朝实录》）。从今而后，谁再贡献，不但不收，反而还要严惩。

这道谕旨发布不久之后，他接到大臣的汇报，说上年底从叶尔羌采解入京的一块特大玉石正在运送途中，因为道路难行，难以按规定时间抵达京城，请皇帝批准延期。皇帝下发了一道让全国人民都目瞪口呆的谕旨："一接此谕，不论玉石行至何处，即行抛弃。"因为玉石虽美，无益民生，皇帝并不喜爱。

撰写圣旨的军机大臣简直都不敢相信自己的耳朵，看来皇帝是动真格的了。通过这道谕旨，新皇帝的节俭形象一下子树立起来了。

皇帝需要的就是这样的轰动效应。大清天下有太多事需要拨乱反正了。他所做的这些，不过是小小的铺垫而已，实质性的举动还在后面。

第一件是"求直言"。

在专制社会，统治者了解情况最主要的方式就是依靠臣下的进言。乾隆皇帝晚年刚愎自用，拒谏饰非，真实情况不能上达，眼皮子底下的问题不能发现。嘉庆深知此弊，他决心在自己的任内，充分发挥建言和进谏的作用。

刚诛了和珅，皇帝就下诏鼓励官员直言，揭露朝中弊政。皇帝说："求治之道，必期明目达聪，广为咨取，庶民隐得以周知。"在皇帝的鼓励之下，大清王朝一时间出现了"下至末吏平民，皆得封章上达，言路大开"的局面。虽然大多数奏折见解平庸，但也确有有识之士，向他指陈了朝廷用人行政中存在的一系列严重问题，揭发了一批贪官，让他对大清政局有了更深入、更全面的了解。

第二件是掀起反腐浪潮。

诛和珅的根本目的是扼制腐败。在广泛听取官员意见的前提下，一批乾隆时代即以廉洁著称的大臣进入了朝廷中枢，而与和珅同期的大部分省一级高官被撤换。嘉庆四年（1799）初尚在其位的十一个身居要职的官吏中，六个被迅速撤换，他们是驻南京的总督、陕甘总督、闽浙总督、湖广总督、云贵总督，以及漕运总督。次年又撤换了河道总督二人。（《剑桥中国晚清史》）

借诛和珅的东风，一次反腐高潮在全国兴起。在"求直言"运动中，一大批贪官被揭露出来，受到严惩：湖南布政使郑源涛公开卖官，并且定下官职售价，被定罪斩首；云贵总督富纲在任内索贿，被判绞刑；湖北安襄郧道台胡齐崙在镇压白莲教过程中，贪污军需银三万两，被抄家处绞；武昌同知常丹葵，以办匪案为名，任意勒索百姓，被人举报，丢官罢职……

当然，大事中的大事，还是白莲教起义。自从登基以来，熊熊燃烧的起义烈火一刻不停地灼痛着他。太上皇乾隆调集了十七省的兵力，三年间先后花费军费七千万两，可是起义烈火不但没有被扑灭，反而有越烧越旺之势。嘉庆深知，这是关系大清王朝生死存亡的大搏斗。事实上，他不惜冒违反"三年无改"之教的风险，雷厉风行地全面扭转父亲的政策，核心目标就是除掉这个大清王朝的心腹大患。求直言、惩腐败，也都是围绕这一核心而展开的布局。

通过惩办贪污和人事调整，一个更强有力的后勤保障体系初步建立起来。通过百官的直言进谏，皇帝对军队中长期存在的腐败、权力分散、战略失当、军纪涣散等问题有了更深入的了解。川楚军营的腐败在此时已经发展到了几乎不可收拾的地步。统兵将领无不滥支军费，纳入私囊。由于军费被大肆侵吞，士兵甚至到了难以存活的程度，赴陕的豫兵，因四十五天不发粮饷，集体逃回河南。湖北巡抚长期克扣兵粮，士兵只好靠抢劫百姓为生。

皇帝整顿军事，首先从治理贪污开始。亲政不久，他就把阵前最高统帅经略大臣勒保撤职查办。据人举报，这个统兵大员居然在阵前带着戏班子，成天喝酒听戏。皇帝怒不可遏，勒保被判死刑，他手下的一批贪污不法的亲信也被从重治罪。

在深入调查研究的基础上，朝廷的战略方针也发生了重大转变。在太上皇的指挥下，官兵的作战方法是一味追击，往往陷于被动。皇帝则命令各省推行"坚壁清野"政策，切断起义军的后勤保障来源，削弱了起义军的战斗力。另外，皇帝还对起义军实行剿抚兼施的政策。一方面实行严厉镇压；另一方面，只惩首义者，其他人以抚为主。

经过不懈努力，镇压白莲教的军事战争终于出现了重大转机。嘉庆七年（1802）底，额勒登保、德楞泰与四川总督、陕甘总督、湖广总督等联名，用黄绫表外、里内朱红的折子，六百里加急驰奏："大功底定，川、陕、楚著名首逆全数肃清。"镇压白莲教的关键战役取得了胜利，嘉庆帝激动万分，热泪盈眶。他的新政，终于结出了鲜艳的果子。

何去何从

一

带着初政成功的喜悦和自得，嘉庆七年（1802）秋，皇帝骑着骏马英姿飒爽地出现在了坝上。小时候，他曾经多次随着父皇来这里围猎，古木参天的茂密森林，万人围猎的壮观气势，猎虎斗熊的紧张气氛，让他一直魂牵梦绕。

在镇压白莲教的关键战役胜利之后，皇帝做的第一件事是拜祭祖陵，一路之上，他常常想起自己的曾祖父康熙皇帝。他感觉自己的命运和这位曾祖父有很多相似之处：康熙擒了鳌拜，而他闪电般地诛了和珅。圣祖平三藩，而他也平定了白莲教。回顾历史，在平定三藩后，圣祖励精图治，把被战争破坏得千疮百孔的江山经营得井井有条，开启了百余年的康乾盛世。那么等待着他的，将是什么呢？在镇压白莲教取得关键胜利之后，歌功颂德的奏折铺天盖地迎面而来。对这些奏折，他只是淡淡一笑就放在一边，还远不到歌功颂德的时候。消灭白莲教不过是嘉庆皇帝政治目标中的第一个环节。等自己带领大清全面走出乾隆晚年的颓势，重新焕发了青春，那个时候，再享受歌颂，他才心安理得。

从懂事开始，大清那些功业不凡的先祖就是皇帝心中最伟大的英雄，向他们学习，是他最主要的精神动力来源。从继位那天起，皇帝在每一个政务

▲ 反映乾隆皇帝木兰秋狝的《清高宗围猎图》

细节中都注意继承先祖的传统。他相信，只有把爱新觉罗家族与众不同的雄武强毅特点保持下去，大清王朝才不会陷入汉族王朝帝王一蟹不如一蟹的困局。因此，在镇压白莲教的战争取得决定性胜利之后，他马上把"木兰秋狝"提上了议事日程。圣祖康熙开创的这个旨在联系外藩、保持武备的传统活动，在自己即位后还一直没有来得及举行。今天，他终于夙愿以偿了。

然而，离木兰围场越近，皇帝的心情就越异样。这还是他记忆中的围场吗？围场周围的木栅东倒西歪，缺口处处。围场里参天的古木不见了，砍剩的木墩如同一个个让人触目惊心的伤口。地上纵横着运木大车的车辙，有的地方因为车辆往来过频，俨然成了光秃秃的大路。处处是盗木者搭建的窝棚，地上经常出现燃剩的树枝，有的还冒着微弱的青烟。很显然，这是盗木者生火做饭的痕迹。皇帝后来回忆他感觉到的震惊说："百余年秋狝围场，竟与盛京、高丽沟私置木厂无异。"皇家猎场，居然成了盗木贩子任意横行的木材产地。管理人员的失职显而易见。

修养极佳的皇帝没有立刻发火。他强抑怒火，按照父皇行围的路线，中规中矩地带领一万骑兵，打了一天的猎。过去，父皇每次出猎都能打到几只老虎、黑熊等猛兽，狐狸、麋鹿、獐子等小动物更是数以十计百计，猎物每天都要装满十多辆大车。可是他辛辛苦苦寻找了一整天，只打到了两只小小的狍子！不是他射术不高明，也不是骑兵们不听指挥，而是猎物太少了：一方面是林场遭到破坏，猎物逃散；另一方面，盗猎者趁皇帝不来的这些年，一直在与皇帝分享这个皇家猎场，十分之九的麋鹿、香獐等物，都成了他们的口中餐。

回到热河行宫，皇帝按旧例，把这两只狍子中的一只供奉在后楼祖宗御像前。过去，这座宽达三米的巨大供桌上往往会摆上十多只野兽，而今，却孤零零只摆着一只小小的狍子。不知道列祖列宗看了会是什么感想？皇帝感觉自己脸上一阵阵燥热。

羞愧过后，皇帝不得不感慨，大清王朝毕竟是今不如昔了。全盛局面已经一去不复返，朝政的败坏远比他想象的要严重。从努尔哈赤到乾隆，谁的治下会发生这种荒唐可笑的事情？要恢复旧日的辉煌，看来不是一日两日之功。

皇帝第二天停止了行围，开始彻查围场管理失职之事。以内务府有关官员庆杰、阿尔塔锡第为首的十数名官员被处以降职、罚俸等惩罚。

这仅仅是无数让皇帝惊讶的事情中的第一件，还有更大的意外在后面等着他。

嘉庆八年（1803）闰二月二十日，皇帝由圆明园起驾回宫办事。皇帝的车驾刚进神武门，一名衣衫褴褛的男子不知从哪里冲了出来，直奔皇帝的御轿，手里还握着一把明晃晃的短刀！事发仓促，皇帝身边庞大的扈从部队居然没有人做出反应，还是轿边的定亲王绵恩下意识往前一挡，用自己的袖子缠住了利刃，身边的侍卫这才一拥而上，拿获了这名男子。

这是大清开国以来的第一起皇帝被刺案。在中国历史上，这样的重案也屈指可数。按常理，这绝不是一件简单的凶杀案。一个庞大的审问集团立刻组成，要揪出这个男子背后的黑手。各种酷刑都用尽了，审问的结果却出人意料。

原来，这件案子还真是十分简单，背后没有任何主使。凶手陈德，是北京近郊的一名失业人员，他妻子于去年去世，上有八十岁的瘫痪岳母，下有两个未成年的儿子，他找不到生计，受尽欺凌，遂对社会产生仇恨。这一天他突发奇想，既然生不如死，为什么不死得惊天动地，于是怀揣一把小刀，直奔皇宫而来。连他自己也想不到的是，皇宫卫兵并没有按规定出现在岗位上，他得以顺利潜伏进神武门西厢房里，差点就完成前无古人的壮举。

这一行刺案反映了两个问题：一个是包括皇家守护部队军纪在内的官僚体系的政务废弛，已经到了直接威胁皇帝生命的程度；另外一个，失业者的大批出现，说明社会已经无法承受人口的迅速增长。百姓的生计问题，成了威胁大清朝稳定的根本政治问题。

二

成功平定白莲教的兴奋，因为这两桩意外事件而消失得无影无踪。亲政以来，嘉庆皇帝的注意力全部集中在战场上。现在他终于有时间细心俯瞰一下大清政治的全局，这一细看，皇帝简直不敢相信自己的眼睛：白莲教起义不过是帝国躯体上的一个疮口，大清王朝体内的病症比外在表现出来的要严重得多。

最严重的问题，当然是腐败。

只要没有蔓延开来，腐败就并非不治之症。局部的、零星的腐败现象，在任何时候、任何体制下，都会存在。然而，一旦蔓延开来，成为普遍现象，治理难度就呈几何级数增加。

乾隆中后期，腐败已经呈现集团化的趋势。乾隆四十六年到四十九年（1781—1784），朝廷一连查出了五起贪污大案，都是"办一案，牵一串；查一个，带一窝"。一人败露，则与他有关的关系网上的数十名乃至百十来名官员就全部被揭露出来。常常是一人犯案，一省官僚体系随之瘫痪。甘肃冒赈大案就几乎把甘肃全省县以上官员都牵连在内。他们上下联手，相互配合做假账，把八百多万元国库银吞入私囊。如果全部查处，甘肃全省政府运作将立刻瘫痪，乾隆皇帝不得不定下一条两万两的"死亡线"。即使如此，前后被处死者仍达五十六人之多。

嘉庆亲政抓的第一件事就是反腐败。虽然早就认识到这个问题关乎大清的生死存亡，然而他还是大大低估了反腐战争的艰巨性。他以为，如果"掐断了和珅的庇护制网络结构的花朵，它的根株便会自然枯萎"，杀掉了和珅，清除了和珅的党羽，再掀起一个惩贪高潮，腐败的势头就会应声而止。

可是形势的发展远远出乎他的意料。

虽然杀了和珅，虽然在全国十一个总督当中，有六个被他撤换，虽然在他为配合镇压白莲教战争发起的惩贪高潮中，官场贪风一时有所收敛，然而，高潮过后，一切如旧。各地官员，从上到下，从大到小，仍然无人不在收礼送礼，买官卖官；各地衙门仍然无处不懈怠昏庸，除了部门利益之外，对一切民间疾苦都漠不关心。官僚集团对腐败已经不以为耻，反以为常。"大抵为官长者，廉耻都丧，货利是趋。知县厚馈知府，知府善事权要，上下相蒙，曲加庇护。故恣行不法之事。"（《朝鲜李朝时录中的中国史料》）甚至嘉庆皇帝亲手树起来的廉政模范，时间稍长，也一个接一个地陷入腐败之中。最典型的是当初率先揭发和珅的谏官广兴。此人因为揭发和珅，深得嘉庆信任，被委以掌管四川军需的重任。他不辱使命，清正自持，扫除贪风，每年为国家节省数百万两白银，嘉庆帝多次号召全国官员向他学习。然而，就是这样一个人，在就任兵部侍郎之后不久，也陷入贪污的泥淖，短短一年，就贪污了四万两之多。

白莲教军报刚刚从他的案头搬走，数不清的贪污案卷又已堆满了他的书桌。乾隆时期已经花样百出的腐败，到此时又呈现出许多新特点：腐败向底层全面扩散，所有的基层干部都成为权力寻租者，一些普通公务员甚至成为腐败案的主角；潜规则变成了明规则，社会上所有大事小情都需要用钱开路，否则寸步难行。嘉庆十年（1805）前后发生的一些案件，实在令人触目惊心：

直隶省布政使司承办司书王丽南，是直隶省财政厅的一个小小办事员，顶多是股级干部，按理说并没有什么权力。可是从嘉庆元年（1796）起，数年之间，他居然贪污了三十一万两白银。他贪污的手段非常简单，那就是私刻了从财政厅厅长（布政使）、处长直到科长的一整套公章，然后任意虚收冒支，把国库银两大把大把装入私囊，近十年间，居然没有受到任何怀疑和调查。大清王朝的监督体系这张破网已经烂得形同虚设。甚至湖北财政厅（布政使司）的一个银匠，利用政府官员的糊涂马虎，不断私藏银两，几年下来，居然也贪污了五千两之多。

自从嘉庆亲政开始，黄河几乎年年决口。每年朝廷下拨相当于全国财政收入四分之一的巨额经费用于治河，可是收效甚微。那些治河的官员，每天公然在河督衙门里喝酒听戏，一桌酒席，居然所费千两。治河经费，大多数落入了这些官员的腰包。至于治河的工程，则处处偷工减料。应该用麻料的地方，掺杂了大量沙土；应该建造秸垛填石，秸垛建好了，却根本不往里放石头。结果，洪水一来，处处决口。

嘉庆年间，各地还出现了一种奇怪的现象，那就是大量"编外衙役"或者说"编外警察"充斥基层。各县级部门借口人力不足，大量招聘"临时衙役"，不占编制，不开工资，利用他们处处设卡，到处收费，以弥补财政经费的不足。他们的数量，往往超过正式编制数倍，甚至数十倍。比如直隶省正定县，"编外衙役"多达九百多名，而浙江省的仁和、钱塘等县，居然多达一千五六百人。他们横行乡里，巧立名目，一遍遍向农民收取各项税费，如果谁不缴，就关入私牢，严刑拷打。他们在城市里勒索小商小贩，经常闹出人命案子，官司有的甚至一直打到皇帝面前。

从乾隆晚期开始，有些地方就出现了"财政亏空"，即地方政府财政收入不敷支出，不得不负债经营。到了嘉庆年间，这已经成了各地的普遍现象，几乎每省每县都出现了财政亏空。为了维持政府运转，为了给官员开支，各地政府不得不四处借债，有的甚至向地下钱庄借高利贷……

三

除了腐败之外，大清王朝还有太多难题没有答案。乾隆皇帝带着"十全老人"的荣耀，光荣地进入了历史，他积累起来的一系列深层次的结构性矛盾，却像定时炸弹一样，在嘉庆任内一个接一个地爆炸。

首先，大清王朝面临着前所未有的人口压力。

清以前的历史上，中国人口一直在一亿以下徘徊。乾隆六年（1741），第一次全国规模的人口普查结果是共有人口一亿四千万，由于经济繁荣，农业发展，到乾隆六十年（1795），人口增至二亿九千万，远远超过中国历史上任何一个时期。乾隆之后，虽然国力大衰，但是人口还是沿着它固有的规律发展下去。嘉庆十六年（1811），人口达到了三亿五千万。

这么多人的吃饭问题，是中国历史上从来没有遇到过的。人口增长使得人口与耕地的矛盾激化，越来越多的底层人口陷入了绝对贫困化，大批人口脱离土地，四处游荡，使得社会处于不安定的边缘。数十年来聚集在楚、粤、赣、皖、黔等省的数以百万计的无业流民，正是白莲教起义的主因。白莲教起义虽被镇压了，可是流民问题仍然没有解决，起义随时有可能再次发生。陈德行刺案是这个问题的一个注脚。

与人口问题相伴的，是大清王朝严重的财政危机。

由于人口增长，粮食紧缺，加上美洲白银大量涌入，嘉庆年间，物价已经比乾隆初年上涨了三倍。然而，由于固守康熙皇帝做出的"滋生人丁，永不加赋"的承诺，清王朝的财政收入却没有同比例增长。也就是说，到了嘉庆时期，政府的财政收入比乾隆初年实际上是减少了三分之二。这是各级政府出现巨额财政亏空的一个重要原因。

财政危机又导致了乱收费问题的加重。

为了弥补财政缺口，各地政府只能拼命向老百姓层层加码，于是各种千奇百怪的收费项目都出现了。虽然朝廷规定不加赋，各地政府却利用各种借口，不断加重农民负担。农民承担的额外税负比正税要多出数倍、十数倍。各地百姓上访的案卷堆积如山，然而官员们根本不以为意，因为"州县亦熟知百姓之伎俩不过如此"，民与官斗，永远是输家。大清王朝社会矛盾处于激化边缘，轻则民众聚集，演化成暴力事件，重则揭竿而起，"是以往往至于激变"。

四

责任心极强的皇帝几乎夜夜不能安眠。他在御榻之上辗转反侧，苦思解决之策。

他决心加大"新政"力度，对贪官发现一个，撤换一个，绝不手软。

从嘉庆七年到十年（1802—1805），几乎每个月都有重要的人事调整。全国的省部级高官都被轮换了个遍。大大小小的贪官，又查出了几十个。可是腐败的势头，仍然没有丝毫减弱。各地基层政府的财政亏空，仍然越来越多。

很显然，运动式的惩贪，到了嘉庆时期已经不能起到实质性的作用。原因之一，是与腐败官员的总数比起来，被发现和惩处者不到百分之一甚至千分之一，腐败收益实在太高，而腐败风险实在太低。原因之二，是腐败已经成了官僚体系的常态，贪污成了官员生活的主要来源。一个人如果不贪污，则无法打点上司，结好同级，甚至无法在官僚体系中生存下去。在这种情况下，朝廷"打老虎"已经演变成"水过地皮湿"，震慑力越来越低。事实上，举朝官员从乾隆晚年开始，对惩贪风暴的反应就已经十分麻木了。乾隆皇帝生前就曾经多次哀叹："外省总督和巡抚，一见我惩治腐败，当时也未尝不稍稍警惕一下，但是事过则忘。这种痼习相沿成风，身陷法网而不知后悔，真是没有办法。"到了嘉庆时期，官员的腐败热情已经高涨到了"前仆后继"的程度，前任头一天因腐败落马，继任者第二天继续腐败。

耐心极好的皇帝也渐渐陷入焦躁。上谕中开始出现连篇累牍的斥责、抱怨甚至痛骂。他自认为已经非常凌厉的手段和措施，经过"死猪不怕开水烫"的官僚体系的层层减震，到了基层，竟然已经如同抚摸般温柔。他发现自己面对的是一个巨大的混沌，自己的记记重拳打上去，都如同打在了棉花团上。

"新政"看来挽救不了大清。他该何去何从？

方针已定

一

深秋的辽东大地，枫叶鲜红，松柏苍翠。嘉庆十年（1805）九月，嘉庆皇帝率领宗室及重臣，经过艰苦跋涉，来到满族的龙兴之地。在祭奠了新宾永陵之后，他们向西直抵盛京，祭奠了福陵（清太祖努尔哈赤之陵）和昭陵（清太宗皇太极之陵）。

在陵寝的隆恩殿、启运殿中，皇帝认真参观了先祖留下来的遗物。努尔哈赤用过的桌椅，看起来是那么简陋；皇太极用过的鞭子，也不过是普普通通的牛皮鞭，没有任何装饰……这些珍贵的文物，昭示着祖先创业的艰难历程。皇帝在这些遗物前久久驻足，常常陷入沉思。

皇帝这次东巡，是顶着巨大压力进行的。众所周知，皇帝出巡，花钱必然如流水。因为体制所关，皇帝的随行队伍至少万人，一路的物资供应，花费巨大。虽然嘉庆宣布此行不带任何嫔妃，一切从俭，内务府初步预算，也需要耗银两百万两。镇压白莲教，耗光了大清的家底，要凑齐这两百万，实在是太难了。因此，皇帝东巡计划一出台，反对声就不绝于耳。大臣们普遍认为，国步艰难之际，像这类不急之典，当能缓则缓，能罢则罢。

然而，异常节俭的嘉庆这次却一反常态，坚持出巡，并且不顾以言罪人之名，一连处分了好几个反对出巡的大臣。

皇帝之所以如此坚持，是因为在他的政治布局中，这次东巡意义十分重大。经过对帝国整体形势的评估和对"新政"的深刻反思，他终于确定了大清未来的行政方针，那就是"守成"和"法祖"。这次东巡的主要目的，在于向全国臣民正式宣传他的这一方针。在东巡中，皇帝一路作了许多诗文，一再强调大清江山来之不易，号召全体文武大臣继承祖先艰苦奋斗的优良传统。皇帝在《御制盛京颂并序》中写道：

> 此次敬观弓钺，遍抚旧迹，心中感慨良多。缅维我祖宗昔日开创艰难，栉风沐雨，艰难祖业，永守毋忘……

皇帝在《守成论》中说，他多次阅读中国历史，感慨良多。他发现，一个王朝在建立之初，往往都建立起了十分完美的规章制度。但是到了王朝中叶，往往有大胆的子孙，自作聪明，任意变乱成法，想拆了祖先建起的大厦，自己另起炉灶。结果，旧房子拆掉了，新房子也没建起来。国家往往因此埋下了灭亡的种子。"亡国之君皆由于不肯守成也。"

皇帝说，这段时间，他常常想起父皇留下的"敬天、法祖"的遗训。对比以往的历代王朝，大清子民应该很容易发现，有清以来的历代君主，每一个都称得上是雄才大略，成就显赫。他们树立了一系列良好的作风，建立起了一系列"良法美意"，事无巨细，都给出了如何处理的先例。这些智慧资源，足够他借鉴和利用。

大清政局现在之所以萎靡不振，关键的原因就在于"庸碌官僚因循怠玩，不遵旧制"。这些官僚沉溺于私欲，把列祖列宗关于"艰苦奋斗""勤政爱民"的教导忘于脑后。

皇帝说，虽然大清现在抚有四海，国力强大，但是祖先艰苦奋斗的精神一日不可丢。八旗官兵，当常思当初满族军队是如何吃苦耐劳、奋发进取的，力改"武务不振、军务废弛"的现状。全体文臣，当经常想想现在的生活要好于祖先创业时多少倍，清廉自持，俭朴为政，这样才能永远保持大清的统治。

二

嘉庆皇帝的这一决定，在今天的读者看来，无论如何不能理解。站在今天的历史高度回望，我们可以清晰地看到，嘉庆面临的问题，用"祖制旧法"是不可能解决的。

站在康乾盛世基础上的嘉庆，所遇到的社会问题，已经超出了几千年间中国所有政治经验范围。康乾盛世是旧中国历史上最后的也是最大的一个盛世。这个盛世，几乎在所有方面都达到了旧时政治治理水平所能达到的极限：无论是从权力制度的稳定性，还是物质财富的丰盈程度，抑或是国家疆域的最大化上，都已经达到了旧时政治的理想化境界。这一传统盛世的形成，已经耗竭了社会的所有动力。

与此同时，这个史上最大的盛世，也带来了史无前例的一系列问题，最主要的就是经济总量和人口总量的猛增使社会机制的承受能力达到临界点。要把这个盛世延续下去，唯一的可能就是突破旧时政治经验的范畴，在"祖制旧法"之外寻找全新的出路。事实上，任何挑战，同时都是机遇，比如人口问题。

人口问题当时不仅困扰中国一国，更是世界各国遇到的普遍现象。自地理大发现之后，玉米、番薯、土豆、花生等新品种由新大陆向旧大陆传播，导致了一个多世纪的时间里世界人口几乎同步增长。18世纪，世界人口从六亿四千一百万增至九亿一千九百万，增幅比例为百分之四十三点三七；中国人口则从一亿五千万增至三亿一千三百万，增幅比例为百分之一百零八点六七。

亘古未见的人口问题对世界各国提出了严峻挑战。然而，正是这种挑战推动了发展。世界许多国家的历史表明，人口与资源的紧张往往会推动由农业文明迈向工业文明、由传统社会迈向现代社会的第一步。欧洲国家正是通过大力发展工商业来吸纳过剩人口，以工业化和城镇化来解决人口压力，从而逐步走上了现代化的道路。如果中国能够顺应历史潮流，把发展对外贸易、发展工商业、发展海外殖民作为解决人口问题的方法，那么中国完全有可能搭上刚刚启动的全球化之车，使中国主动从传统走向现代的大门。

因此，历史对嘉庆帝提出的要求，不是全面退守传统，而是主动大胆出击，全方位地对传统政治框架进行改革。那么，为什么亲政之初作风清新的他，却比以往任何皇帝都坚决地举起了"守旧"的大旗呢？

三

从根本上说，"接班人"心态，导致他做出了这样一个今人看来难以理解的选择。

"接班人"的性格特征，是"安全第一"。

从十三岁那年被秘密立为储君，到三十五岁那年从父亲手中接过传国玉玺，这二十二年间，我们不知道嘉庆是何时知道自己已经成为大清帝国的继承人的。唯一可以肯定的是，和其他几个兄弟一样，从始至终在表面上都装得淡泊无比。因为储位既是天下最诱人的位置，也是世上最危险的地方，更何况自己有这样一个精明、敏感、犀利、苛刻、强大的父亲。一个过于英明的父亲，其羽翼下不可能出现同样锋芒毕露的儿子。在自己盯着皇位的同时，他深知，老皇帝也在紧紧地盯着自己，观察着自己的一举一动。只要他表现出一点点对皇位的渴望，立刻就会被老皇帝侦知。

从父皇的种种举动中猜到自己已经被确定为接班人后，他更加小心翼翼，如履薄冰。风险与收益共存，这是永恒的真理。太子这个职位，因为预期收益最大，所以现实风险也就最大。从古至今，一帆风顺的太子屈指可数，担惊受怕，险象环生，几上几下，身陷囹圄，甚至身首异处的倒是比比皆是。这样的例子实在不胜枚举，就以大唐王朝的太子们为例吧：

大唐王朝第一个太子李建成死于弟弟李世民之手。李世民的太子李承乾与父亲反目成仇，谋反被废，幽禁至死。唐高宗和武则天所立的前三个太子李忠、李贤、李弘，都被武则天杀掉。唐玄宗的太子李瑛先是被废为庶人，随即赐死。自唐宪宗以后，皇帝生前所立太子几乎无一能即位，大抵老皇帝一死，太子就被宦官杀害……

有清一代的权力交接，虽然不如唐代那样血腥，也同样问题多多。祖父雍正皇帝那辈，也正是因为争储而兄弟阋于墙，血流成河。在自己的兄弟辈里，因为这个太子之位，也已经让两个人身亡：大阿哥永璜因为年龄居长，又不够聪明，在乾隆的嫡子早夭后表现得不够悲痛，所以被多疑的乾隆皇帝指为"图谋大位""幸灾乐祸"，忧惧过度，在二十三岁时一病身亡。虽然一句话吓死了大儿子，乾隆也心有内疚，但是他严防皇子皇孙觊觎权力的决心并没有因此稍衰。乾隆四十一年（1776），乾隆非常喜爱的皇长孙绵德与一京官互送礼品之事被他得知，他立刻削去绵德的王爵，罚他去守泰陵。同年七月，一个山西小吏向出继出去的四阿哥投信，被凌迟处死，四阿哥也因此背了个黑锅，于几个月后忧惧而死。乾隆皇帝不断地通过强硬的举动，向所有人证明，任何歪门邪道、阴谋诡计都是自取灭亡。

嘉庆深知，通往皇位的路是一座独木桥，一失足就会粉身碎骨。对一个接班人来说，不犯一个错误比做一百件正确的事情更重要。历史上无数太子的悲惨命运提醒他，必须把自己脾气中的任何火气都磨去，把性格中任何任性的冲动都束缚住。漫长的"接班人"生涯，对嘉庆皇帝的性格造成了不可逆转的伤害。在二十多年的储位生涯中，他养成了凡事四平八稳、面面俱到的性格，做事信条是安全第一，不犯错误、不留辫子，做人风格是中庸平和，不标新、不立异、不出怕。换句话说，总是瞻前顾后，畏狼怕虎。政坛上任何一点风吹草动，都会让他紧张半天；任何一方政治势力的态度，他都会考虑和权衡。"稳健"，他自以为是自己的最大优点，实际上也是他的最重枷锁。

四

除了"安全第一"的性格局限外，头脑和观念也是重要的原因。作为一个从书斋中成长起来的皇帝，一登上帝位，他手中除了"圣人心法"和"祖宗旧制"，没有任何新的利器。

大巧若拙，大智若愚。颙琰知道，在这个洞察一切的老皇帝的时代，通向皇帝之位的唯一道路是"只问耕耘，莫问收获"，修身养性，克己制欲，用自己的道德表现和学业水平做唯一的通行证。

所以，自从懂事起，颙琰即以勤学闻名。皇十五子自认为天赋平常，所以学习起来异常用功，三九寒冬，深更半夜，还经常手不释卷。在他的诗集中每有这样的诗句："夜读挑灯座右移，每因嗜学下重帏。""更深何物可浇书，不用香醅用苦茗。"

乾隆时期的皇子教育被后人称为是最严格、最系统的，也是最成功的。

乾隆曾经说过："皇子读书，唯当讲求大义，期有裨于立身行己，至于寻章摘句，已为末务。"嘉庆的读书生活，主要是一个"讲求大义""修身养性""存天理灭人欲"的过程，也就是说，是一个建立"正确世界观"，使自己成长为一个中规中矩的儒家圣徒的过程。

按照传统的标准，嘉庆皇帝的教育是非常成功的。在乾隆的严厉督责和师傅的严格要求下长大的颙琰，品格端方，为人勤勉，生活俭朴，待人宽厚。标准化的教育，成功地一点点锤炼出他体内的种种杂质，成功地封闭了嘉庆皇帝的头脑，使他形成了静态的中世纪的思维方式。"道之大原出于天。天不变，道亦不变。"世界上所有现象，都已经被圣人解释了。一个人活着，只要按照圣人和祖宗指示的无所不包的道理，一丝不苟地执行，则一切问题都会迎刃而解。他顺利成长为一部"正确格言"的词典，什么"亲贤臣，远小人"，什么"成由勤俭败由奢"，什么"由俭入奢易，由奢返俭难"，什么"成人不自在，自在不成人"，什么"只要功夫深，铁杵磨成针"，什么"生于忧患，死于安乐"，什么"一动不如一静"，什么"其身正，不令而行；其身不正，虽令不从"……

清代皇子的教育，除了圣人心法外，还有一个非常重要的内容，就是"祖宗旧制"。三十年间，嘉庆熟读了历朝《实录》，那些被史臣不断圣化甚至神化，显得无比高大的祖先的雄才大略、丰功伟绩让他心仪不已，他衷心钦佩他们的聪明、坚毅、敏捷、气魄。他认为，祖先们留下的一卷卷《实录》和圣训，就是放之四海而皆准的真理，是永远取之不尽用之不完的智慧宝藏，一切问题，都可以从中找到答案。乾隆四十八年（1783）他随父皇东巡福陵时，所写数篇诗词都以守成为主题。如"守成继圣王，功德赡巍峨。永怀肇造艰，克勤戒弛惰"，"尝祭思开创，时巡念守成。待瞻豳洛地，大业缅经营"。

嘉庆继位之时，已经三十六岁。人类的悲哀就在于，他不是一种能永远自我更新的动物。一个人的基本构成，永远是青少年时期的教育和经验。只有蓬勃的青春期是一个吸收、消化和成长的黄金时期。过了这个时期，即使学习的欲望再强烈，外界刺激再鲜明，他的接受能力也已经大打折扣。

虽然他亲政之后接触到的事实和他头脑中的经验是那么不同，他却已经丧失了重新思考的能力。刻板的儒学教育如此成功地塑造了他，使他不论遇到什么事情，都只会按照固定的模式去思考和处理，他的思维创造力早已经处于抑制状态，直觉能力和想象力已经大大衰退，已经没有可能再像青年时期那样，心灵洁净，如明镜一般地反映现实。

五

作为一个在锦衣玉食中成长起来的接班人，嘉庆皇帝虽然足够聪明、足够敏捷，也足够有耐心，却缺乏两样对一个伟大帝王来说是根本性的东西：勇气和魄力。事实上，在父亲尸骨未寒之际诛了和珅，对他来讲，完全是在镇压白莲教这个火烧眉毛的任务重压下采取的非常措施。实行一些有悖于父亲方针的"新政"，也是危急情况下不得已而为之的"特殊政策"。出如此重手，支撑他的心理能量是在漫长的储位生涯中积累起来的焦虑感和危机感。白莲教危机一旦过去，他身上优柔寡断、忧谗畏讥的老毛病就立刻复发了。

他不是不想改革，而是不敢改革。他十分清楚大清朝的危机严重到了什么程度，清楚这具表面看起来还有几分体面的躯体已经病入膏肓。然而，正是这种可怕的病象吓倒了他。他生怕自己一着不慎，让这个如重病之人的大清朝葬送在自己手上，这是他绝对不敢承担的历史责任。

嘉庆帝熟读经史，他十分明白，在中国的文化背景下，改革是一项风险极大、成功率很小的选择。北宋王朝的变法、明朝中期的改革不仅没有解决好问题，反而使既存的矛盾进一步激化，加快了王朝的垮台。中国历史上那些伟大的改革家，从商鞅、王安石到张居正，最终的下场无一不是身败名裂。拆掉祖先建起来的百年老屋，全盘重新建造，对他来说简直是要求一只羚羊向狮子发起进攻。这绝对不是他的行事风格。

不但大规模的改革不是他所敢于承担的，甚至连小规模的"新政"都已经让他惶恐不安。

"从来帝王之治天下，未尝不以敬天法祖为首务。"清代历代皇帝施政原则的第一条都是"敬天法祖"。他们用人行政，总是上天皇考不离口，动辄引据"成宪"。连最著名的改革皇帝雍正也从来不承认自己是改革家，而是自诩"唯以皇考之心为心，以皇考之政为政，宅衷图事，罔敢稍越尺寸"。在"新政"后期，他已经开始禁止人们使用"新政"这个词。他生怕人们认为他的"新政"是刻意翻父亲的案。"不孝"这个罪名是这个品质"端淳"的人万万承担不起的。皇帝宣布说，父皇乾隆晚年虽然做了些糊涂事，但总结他的一生，错误和成绩应该是二八开。父皇晚年之所以犯错误，正是因为他背离了自己早年的正确方针。所以，自己的政策，本质上是回归父皇的正确方针，而不是和父皇唱反调。

当"新政"推行到末尾时，他的一系列政策被证明对扭转大清王朝的现状并无多大作用时，他开始不断地自我怀疑。而"洪亮吉事件"更让他惶恐不已。

洪亮吉在乾隆时期，就以大胆敢言闻名，在嘉庆"求直言"的鼓励下，他上了一个言辞激烈的奏折。在奏折的开头，洪亮吉就语出惊人：大清王朝现在出现的问题，根子在乾隆时期。今天的大清国政治之败坏，已经百倍于十年、二十年以前，大清王朝越来越滑向悬崖边缘。洪亮吉描述当时的社会现实是，国家"风俗则日趋卑下，赏罚则仍不严明，言路则似通而未通，吏治则欲肃而未肃"。当时的大清王朝，"各省官员，贪者十居其九"，与朝廷宣传的相反，大清王朝的绝大多数官员现在都是坏的或者比较坏的。腐败之癌已经到了晚期，癌细胞扩散到了全身。天下大乱，指日可待。

洪亮吉说，皇帝的"新政"，手段又过于"仁柔"，惩贪表面上轰轰烈烈，但查处的都是撞到枪口上的倒霉蛋。由于监督体系实际上已经失灵，国法对于贪官已经没有什么约束作用："国法之宽，及诸臣之不守国法，未有如今日之甚者！"因此，洪亮吉提出乱世须用重典，人心懈怠至极的情况下，必须痛下杀手，加大惩贪力度。现有行政官员，大部分都要淘汰，大批起用新人进入官场。只有这样，大清才有希望。

这封奏折让皇帝十分震动。内心深处，皇帝觉得洪亮吉的许多话说得不无道理。可是，皇帝坚决不能同意洪亮吉对大清政局的整体判断，他尤其反感的是洪亮吉的遣词用句和表达方式。

在皇帝看来，大清社会现在确实面临着许多严重的问题，但这些问题毕竟是局部的、暂时的、可以克服的。即使从乾隆晚期算起，大清的统治成绩仍然是主要的，老百姓的生活基本上是温饱的。否则就解释不了为什么大清王朝能够平定白莲教，为什么经历了战争，人口仍然创了历史纪录。洪亮吉这个奏折的最大错误，是宣称大清朝廷的官员十有其九都是贪官，认为大清政局的腐败已经到了让老百姓无法生存的地步，所有祖制旧法都要推翻。这是"公开诋毁乾隆以来大清取得的成就"，不但彻底地否定了嘉庆，而且彻底地否定了其父皇乾隆，甚至还变相地否定大清的列祖列宗。嘉庆认为，这是一个极其错误同时也极其危险的思想化身。如果说大清天下已经一团漆黑，那岂不是说明大清如大明一样应该被人推翻了？

因此，这封奏折表面上慷慨激昂、正义凛然，实际上是一个极为危险的信号。它的出现，说明在大清社会出现了一股试图彻底否定大清历朝统治成绩，进而否定爱新觉罗家族统治合法性的异端思潮。洪亮吉在上这个折子之前，已经把底稿广为传抄和散发。这在皇帝看来，并不是一个善意的举动。在专制政治中，有些话，皇帝可以说，但大臣们不能说。有些事，皇帝和高层可以知道，但普通百姓不能知道。虽然皇帝比任何人都清楚大清王朝的腐败已经到了什么程度，但是他绝不愿意把大清的病状向世人公布。洪亮吉的这一奏折，无疑是一份着意制作的宣言书。

作为一个成熟的政治家，一个时刻以大清王朝的"安全第一"为念的守护人，皇帝对这样的苗头当然不能放任不管。他从洪亮吉奏折中的几处小小的措辞错误入手，抓住他的小辫子，把他发配到了新疆。

洪亮吉案的发生，实际上标志着"嘉庆新政"的终结。这一案件的发生让嘉庆十分警醒。他认为，正是他"不自量力"，"妄更成法"，"自以为是"，才导致了这个危险苗头的出现。如果按照"新政"之路走下去，最终的结果势必是洪亮吉这样的"全盘否定派"得势，大清王朝必然走上一条"邪路"。

痛定思痛，与洪亮吉建议的大动干戈相反，他最终选择了中国旧式的气功加太极的保守治疗方式。他采用东巡的方式，来宣布"守成"思想，就是要告诫满朝大臣，对于大清这样一个奄奄一息的病人，千万不能乱搬乱动，乱下药方。对这样的重病病人，唯一可取的治疗方案就是"徐徐进补"，"固本培元"，用温和的药物一点点滋润这具干枯的病体。这种疗法，其一需要极大的耐心，其二需要对症的补品。耐心、自信是他的长处，而补品他手中也有，那就是用来"培植正气"的一系列"祖宗心法"和"圣人之道"。

守成种种

一

"守成"的大方向一定，那么，各种具体措施就应运而出。它们就像一套套早已经准备好的工具，整整齐齐地摆在祖宗留下的工具箱里。

皇帝每日早起洗漱之后，别的事放在一边，恭敬端坐，阅读先朝《实录》一卷，除巡狩斋戒外，天天如此，寒暑不间。

针对腐败问题、财政问题、人口问题，他一一根据祖先的遗训，提出了一套中规中矩的治理方案。

在运动式惩贪失败后，皇帝认识到，仅仅靠杀头已经解决不了问题。他把反腐的重心放到了教育上。皇帝扭转官场风气的主要办法是选拔清官，通过榜样的力量来引导人、教育人，启发人的天良。

他在自己所作的《才德说》中明确宣布了选择人才的标准："夫才德全备之人上也，德优于才者次也，才过于德者又其次也。德优于才犹不失为君子，若才过于德，终恐流为小人矣……宁可使才不足，不可使德确歉也。"

皇帝同意洪亮吉的说法，即现在官场作风非常之坏。但是，皇帝认为，通过思想教育可以扭转风气。皇帝说，"小民皆有天良"，官员自然也不例外。之所以有"恶者""贪者"，根本原因在于"教化不行，不明正道"。抓好教育，官员就能保持住"天良"或重新人性归善。因此，选好朝廷的中枢大臣，树立一系列良好的榜样，上行下效，来带动整个朝廷政治风气的转变，是他整顿吏治的核心思路。

嘉庆一朝的中枢大臣，突出的特点是道德操守不错，办事谨慎小心。乾隆留下的老臣王杰因"忠清劲直，老成端谨"而十分受嘉庆欣赏，称赞他"直道一身立廊庙，清风两袖返韩城"。刘墉也因向称"清介持躬"而得到重用。另一名重臣董诰也是谨慎持正的人，史书称其"父子历事三朝，未尝增置一亩之田、一椽之屋"。戴衢亨则"性清通，无声色之好，办事谨饬清慎"。

然而，他们还有另一个共同的特点，那就是缺乏杰出的政治才华，少有远大的政治目光和创新精神。对于嘉庆一朝严重的社会问题，他们没有一个人能提出略有新意的解决办法。宁用平庸之徒，不用"有才无德"或者"躁进好动"之人，是嘉庆的用人原则。虽然号称法祖，实际上这一用人标准与他的先祖并不相同。且不说清朝兴起时大量任用"操守有亏"的汉族降臣、叛臣，就是康雍乾时期，皇帝用人，也首重能力，不拘小节，所以才造就了一百多年的辉煌。咸丰年间，大臣张集馨与咸丰皇帝纵谈乾隆年间事，有一段有趣的对话。咸丰说："老辈督抚要钱厉害。"意思是说，乾隆年间的大臣都很腐败。张集馨却认为，乾隆年间，督抚虽不免贪黩，然其才具皆系大开大阖手笔，每遇地方事体，无不举办；今则督抚才具似不如老辈，而操守似亦胜于老辈。这一说法，也适用于嘉庆时期。

二

教育式的反腐，其实是缘木求鱼。因为大清王朝此时的腐败是典型的制度性腐败。

僵化的财政制度、失灵的监督体系、贪黩文化是嘉庆时政治腐败的三大原因。其中最主要的则是财政制度。如前所述，从雍正时期到嘉庆时期，由于美洲白银大量流入，大清物价上涨了三倍。按道理，物价上涨之后，官员俸禄起码也应该同步上涨。然而自雍正养廉制制定之后一直到嘉庆年间，乾隆和嘉庆以"守祖制"为由，没有给官员们加过一次薪。乾隆五十八年（1793）马戛尔尼使团的副使英国人斯当东对此看得很清楚，他说，"最近一个世纪以来，大量白银从欧洲流入中国，因此中国物价显著提高。物价提高了，但官员们的薪金仍然是固定的，这就使他们的收入同应有的开支比例失调"，"中国官吏的薪金不高，使他们容易接受礼物的引诱"，"据说大部分衙门里都还有贪污，中国官吏薪俸很低，但许多贪官污吏可以弄到巨大家产"。因此，要解决腐败问题，就要与财政改革结合起来，摆脱祖制"不加赋"的桎梏，大幅增加财政收入，通过给官员加薪，把灰色收入变成白色收入。

然而，嘉庆皇帝坚决反对财政改革。

他害怕增加税收会造成社会不稳定。明朝万历皇帝为了战争加派"三饷"，剜肉补疮，动摇了大明帝国的根基。所以，清朝历代皇帝一再强调，明朝不是亡于崇祯，而是亡于万历。这一点，嘉庆印象非常深刻，所以他决心凛然恪守"不加赋"的祖训。不但不加赋，甚至由于经常豁免灾荒地区的税收，嘉庆年间的税收比祖制还有所减少。虽然人口增长了近一倍，但嘉庆十七年（1812）的田赋、盐课、杂赋收入，只有4004.4万两，同乾隆十八年（1753）相比，前后六十年间只增加百分之六点三。财政收入严重入不敷出。

治理财政，嘉庆皇帝的方针是大力提倡节俭。他在嘉庆十年（1805）说道："朕唯厚生之道，在乎节俭。国家重熙累洽，生齿日繁，日用所需，人人取给，而天之所生，地之所长，只有此数。若再性好奢华，不思撙节，势必立见匮乏，何以保生聚而庆盈宁……当自知谨身节用，崇尚简朴。"也就是说，大地上所能出产的物品是有数的。人口比以前增加了，能分到每个人身上的物品就减少了。所以道理很简单，在人口增长的形势下，每个人都必须以节俭为尚，社会才不至于起冲突。他以身作则，希望文武百官能够效仿，使百姓的生存之资不被过分地剥夺，为百姓留一线生机。所以，他的节俭不只是私德，而且是治国大法。

可惜，这种做法，后来被证明对解决财政困难作用不大。

三

解决人口问题，一个重要的手段就是发展工商业。可是嘉庆皇帝却毫不犹豫地掐断出现在他眼前的任何一根工商业之苗。

其实，康雍乾时代几任皇帝除了鼓励垦荒等传统型政策外，已经在东南沿海某些省份采取了一些富有近代性内涵的新政策。

雍正年间，中国人口压力最大的地区是东南沿海的福建和广东两省。为了解决百姓生计问题，雍正解除了南洋贸易之禁。闽广等沿海省份华商前往巴达维亚（今印度尼西亚雅加达，当时为荷兰统治）的贸易重新兴旺起来，从而解决了与外贸有关的那部分人口的生计，同时，与南洋贸易又带动了东南沿海地区外向型手工制造业的发展，也吸纳了部分过剩人口。

乾隆则在雍正的基础上，解除了广东的矿禁，让民间力量可以开采铜矿，以吸纳剩余人口。广东解除矿禁标志着清代国家产业政策一次具有某种崭新意义的重大调整，其影响远远超出广东一省。18世纪初期中国闽广地区在人口压力下最先出现的解除海禁和矿禁，从某种意义上讲，可以看作农业社会的中国迎来工业文明的一抹熹微的曙光。

如果嘉庆能在雍正乾隆的基础上继续解放思想，这一抹曙光也许会演变成朝晖。

然而，嘉庆帝是坚定的禁矿者，稳定是他心中的头等大事。他在这个问题上是毫不动摇的。

嘉庆四年（1799）四月十九日，皇帝下旨说，宛平县人潘世恩和汲县人苏廷禄，向地方官要求在直隶邢台等县开采银矿。这个事可不可办？今天我表个态。

皇帝说，开矿不是小事。开矿需要聚集众人，经年累月。以谋利之事，聚集游手之民，聚众闹事，势在必然。即使是官方经营，也难以约束这么多人。如果听任一两个老百姓，集众自行开采，更是非常危险。

皇帝说，朕广开言路，不是要开言利之路。国家经费自有来源，怎么可以穷搜山泽之利呢？

潘世恩、苏廷禄这两个人，以开矿为由，思谋其利，实属不安本分，俱令押送原籍地方，交地方官严行管束，不许出境闹事。给事中明绳竟然把这样不合规矩的事上报给朝廷，明显是受了这两个人请托，希望事成之后，分肥利己，实在卑鄙，必须严加惩处。

凡事以稳定为最高目标，导致嘉庆做出了这个错误决策。这一决定，是对雍正乾隆时期新政策探索的开倒车。它堵死了大批剩余劳动力的出路，加剧了社会动荡。

缘木求鱼

一

如果综合评价起来，嘉庆帝可能是清代帝王甚至中国历代皇帝当中私德最好的。

▲ 嘉庆皇帝画像

他是个禁欲主义者，不给个人享受留一点空间。甚至到木兰围场围猎，都完全是出于"遵守祖制"的需要，而不是因为自己喜欢打猎。他严格按照先祖的时间、路线，一点也不走样，打上两件猎物，就立刻赶回去看奏折，绝不因景致优美而多耽搁一刻。"欲望"在他看来是最危险的东西。他的一生，从没有被声色、珍玩、不良嗜好所迷。

他也是清朝除了康熙以外最有人情味的皇帝。他心地确实很善良，也很善于用小细节表现自己的爱心和温情，为自己营造一个"亲民""仁慈"的皇帝形象。

每次出巡路上，只要遇到百姓拦轿喊冤告状，他一定停下来，细细询问，批示有关部门迅速办理。他说，老百姓敢于拦御轿，那么一定是有比较大的冤屈，自己再劳累也要及时处理。东巡盛京时，他甚至还亲自审问民案，为百姓做主。

他待人非常平易。有一年提督湖北学政杨怿曾回京觐见皇帝，正值酷暑，皇帝正挥扇不止。一见杨怿曾进来，皇帝立即将扇子放在一边，非常详细地向他问起地方上的种种情况，虽然汗出如雨，浸透纱袍，皇帝却没再拿起扇子。因为按体制，大臣在皇帝面前不可以挥扇，所以皇帝宁愿与大臣同甘共苦。杨氏晚年在回忆录中写到此事时，仍然感动得痛哭流涕。

嘉庆皇帝的心非常之细。亲政不久，他就下诏说，乾隆皇帝曾赐一些功高的大臣紫禁城骑马的特殊待遇，然而，满汉大臣有所不同，满洲蒙古大臣平常习惯骑马，汉大臣却很少会骑马的。所以，那些享受紫禁城骑马待遇的汉大臣，特别是那些年迈力衰或体弱多病之人，可以乘车到紫禁城。

甚至在他最粗暴的一次表现中，仍然含有温情的成分。虽然他对洪亮吉的奏折十分恼怒，但是在洪亮吉被关进刑部大牢后，他仍不忘专门派太监到刑部，传达一句"读书人不可动刑"，让刑部善待这个政治犯。这句话让洪亮吉感动了一辈子。

在他去世后，朝中大臣无不对他充满怀念。

二

在二十多年的统治中，嘉庆皇帝一直保持着良好的政治作风。

即使不说嘉庆皇帝是清朝最勤政的皇帝，也得说是"之一"。他深得乾隆皇帝真传，生活起居，如同钟表一样精确。在位二十五年，他没有一天不早起。读完《实录》后，天往往还没亮，他就秉烛批阅奏章。他事事躬己总揽，早膳后召见大臣，往往多达十余人，批览奏折几十件，常常忙得忘记吃午饭。遇到外出巡视时，他更要早起数刻，提前把一天的公事办完。在这点上，他颇有祖父雍正皇帝"事业狂"之作风。

从皇子期间养成的每天大量脑力劳动的习惯，使工作已经成了他的第一需要。一天不办公，不理政，他就浑身不舒服。嘉庆中期的一天，他早起参加一个祭祀典礼。典礼完成后，才上午十点钟，他决定回到乾清宫接见大臣。不料一问御前侍卫，侍卫说今天没有官员请求接见。皇帝有些怀疑，为何今日如此空闲？一问军机司员，这才知道，本来是有几名大臣要奏事的，可是睿亲王考虑到皇帝参加典礼，已经很累，况且天气十分炎热，为了让皇帝节劳，私自把他们安排到第二天引见。

得知此情，嘉庆皇帝勃然大怒。他申斥睿亲王说："朕年方四十，虽日理万机，从不以此为劳。引见这么几人，本来也不足为劳。睿亲王如此大胆，擅自改动官员引见日期，意欲何为？"一番训斥之后，将他交宗人府严加议处，睿亲王好心没好报，被降职罚俸。

和其他皇帝不一样的是，别人是"靡不有始，鲜克有终"，而嘉庆帝从来没有出现"倦勤"的情况。他的耐性、毅力，古今无二，天下无双。一直到临死，他还是保持这样的敬业精神，没有出现过任何懈怠。嘉庆十年（1805）十二月，他依照惯例到中南海的瀛台观看冰技，碰巧那日没有奏折递进来。皇帝回宫后，无公事办，十分生气，下旨给大臣说：朕每日孜孜不倦，勤求治理，即使外出，也必早起数刻，办完事才出去。你们这帮大臣，怎么能上行而下不效？我去看冰技，也是祖宗传下来的规矩，大冷天有什么好看的？你们倒趁机在家睡懒觉，畏避早寒，年长者尚可宽恕，年少者就大可恨。于是传旨，将满汉文武大小衙门的官员，一概严行申饬。

节俭也是嘉庆皇帝坚持一生的品质，他牢记父亲晚年的教训，对奢侈浪费一直深恶痛绝。嘉庆十六年（1811），皇帝五十一岁寿辰时，御史景德奏请依照前代皇帝做法，在皇帝万寿时，于京城演剧十日，并请以后每年都以此为例。嘉庆览奏，勃然大怒，说：朕亲政以来，唯以民生休戚为念，从无崇奢浮侈之事。况且朕就是真想大办庆典，你作为言官也该劝阻才是，而你反以这种事上奏，实在太可气了。于是将景德以"溺职"罪革职，发往盛京（今沈阳）去当苦差。景德这个马屁重重地拍在了马脚上。

嘉庆皇帝二十余年中，始终未曾仿效其父南巡，也没有极尽奢华地筹办寿筵，他展示给臣民的只有一道道崇俭去奢的谕旨。嘉庆的节俭在历史上留下了深刻的印记，声名已经达于外国。据出使清朝的朝鲜使臣徐龙辅记载，嘉庆朝"大抵以勤俭见称。观于宫殿之多朴陋，可谓俭矣"。

朝鲜使臣对嘉庆帝的行政评价很好，例如，"平居与临朝，沉默持重，喜怒不形。及开经筵，引接不倦，虚己听受"，"御极以后，锐意图治，早朝晏罢，屏退奸党，升庸名流，惩于和珅，权不下移"；又如，"正月亲政以后，总揽权纲，振刷风俗，发号施令，多有可观"。

三

然而，就是这样一个仁慈圣明的皇帝，御极二十多年，除了亲政初期意气风发过一阵外，越到后来，就越深陷无奈、愁闷、苦恼之中。他自以为稳妥的"守成之法"，并没有如他所期望的那样使大清帝国慢慢恢复元气，重现荣光，反而使大清帝国越来越积重难返，不可收拾。在他统治的后期，令他尴尬不已，甚至羞愧落泪的事，不止一件。

嘉庆十八年（1813）九月十六日黄昏，皇帝正在由避暑山庄返回北京，抵达北京城外的白涧时，接到了一个惊人的消息：两百多名天理教教徒，兵分两路，于头天上午攻进了紫禁城。他们与一些信教的太监里应外合，一直攻打到皇后寝宫储秀宫附近。幸好皇子绵宁带领守卫部队全力抵抗，最终全歼起义军。

皇帝在行宫中看罢皇子绵宁草成的汇报，泪流满面，当天一夜不眠。邪教教徒攻入皇宫之内，并且差一点攻到了皇后面前，这在中国历史上的承平年代，是从来没有出现过的，实在是"汉唐宋明未有之奇事"。皇帝很清楚，这样天大的丑闻，一定会在历史上永远记载下去。这个污点，是永远洗不掉的，自尊心极强的皇帝深受刺激。第二天，皇帝向全国臣民下发了朱笔亲书的《遇变罪己诏》。皇帝说：

我大清国一百七十年来，列祖列宗爱民如子，深仁厚泽，我虽然能力平庸，却也没有做过害民之事。然而，这汉唐宋明未有之奇耻大辱，却发生在我的任内。

细细思量，问题还出在大臣因循怠玩，不能体我的苦心，悠忽为政，怎么教育都不能清醒！

从今以后，我当然要自我反省，改正自己身上的不足之处，上答天命，下解民怨。诸大臣们，如果你们愿意做大清国的忠良，就请你们赤心为国，竭力尽心，以匡正我的失误，纠正不良的社会风气；如果你们自甘卑鄙，那么就请你们挂冠致仕，回家养老，千万别尸位素餐，增加我的罪过！

《遇变罪己诏》最后八个字是：随笔泪洒，通谕知之！

古今中外，如此动情、如此委屈的圣旨，独一无二。此后数月间，他的诏书中一再出现抱怨、悲叹、感慨之辞。他为此作了许多诗，有句云"从来未有事，竟出大清朝"，深感自己对不起列祖列宗。他在《报天恩肃吏治修武备谕》中感慨地说："为君难，至朕尤难！"

四

紫禁城之变是大清衰势的一个特殊表征。在它的背后，是大清深层次问题的不断恶化：人口压力没有丝毫减轻，流民越来越多，土匪四起，邪教横行。除了天理教之外，什么静空天主、老佛门、一炷香、红阳教、清茶教、大乘法门等教门，接踵而出，目不暇接……

嘉庆皇帝实际上已经尽了他的观念范围内最大的努力。他对每一个问题的处理都是尽心尽力，既耐心又坚决。二十多年中，他就犹如堂吉诃德，一刻不停地和风车搏斗，然而却丝毫于事无补。腐败问题没有丝毫好转，政令出不了紫禁城。政府工作作风昏庸懈怠至极，种种离奇之事一再出现。

嘉庆晚期的一年，他去祭扫东陵，路上兵部尚书突然向他奏报，带在身边的兵部大印不知道被谁偷走了。皇帝大为震怒，部印失盗，不但不成体统，而且极为危险，试想皇帝外出期间，如果发生意外，皇帝都没办法调兵遣将。皇帝下令调查，调查的结果更让人吃惊：大印居然是三年前就丢了，一直被随从的司员隐瞒到此时。虽然百般鞠问，最后此事仍然没有结果，不了了之。

嘉庆二十三年（1818）武科考试后，皇帝按惯例为武进十举行传胪大典。这一天皇帝起了个大早，早早就位，隆重的典礼按时开始，可是第一名和第三名，也就是武状元和武探花却怎么等也等不到，大典只好中止。事后一调查，原来是太监忘了开宫门，武状元和武探花四处找门，也没找到……

虽然一再发生行刺皇帝、杀入皇宫的事件，可是宫门门禁这个小小问题怎么也解决不了。嘉庆二十四年（1819）四月，又有一名普通老百姓，乘守门者不当班，潜入紫禁城，一直走到内右门，深入大内，才被太监发现。

有一次皇帝出门散步，发现宫门处居然有人放羊，这些羊群就在皇帝眼皮底下悠然自得地漫步吃着"御草"。宫门鹿角之上，有人乘凉闲坐，不远处树林里有小贩举行野餐，席地喝酒吃肉。皇帝一追查，原来这些羊是太监养来换外快的，那些小贩都是太监的朋友，想来看看皇帝住的地儿什么样。

乾隆以前，对皇室宗亲要求极严，约束极细，天潢贵胄是整个大清社会素质最高、修养最好的一个群体。嘉庆中期之后，八旗子弟已经彻底腐化，宗室队伍中，出现了越来越多的败类。在清查天理教起义的过程中，嘉庆皇帝惊讶地得知，宗室之中，竟然也有加入邪教者！宗室奉恩将军庆遥、宗室举人庆丰、宗室海康都是天理教的外围组织红阳教的成员。天理教徒进攻紫禁城的计划，早就通知了他们，他们欣然决定参加，以便在起义成功后当上大官。只不过当天由于意外，没能"共襄此盛举"。

后来导致了一场重大战争的鸦片，在嘉庆时期就已经成为重要社会问题，宗室之中，吸食此物者极多。嘉庆二十四年（1819）朝廷举行大典，宣布这一年科举考试成绩。按理，充任导引官的贝子德麟应该早早来到太和殿前带领新科进士站排行礼，可是太阳已经三丈高，他还没到场，导致大典无法按时进行。皇帝很奇怪，命人查找，结果发现此人正躺在家中吸食鸦片，飘飘欲仙的快感让他忘了自己身上的这个要差。

皇帝大怒，当即下令把他拉到宫门外，重责了四十大板，革去爵位。

可是就在这事发生几天之后，又有人重蹈覆辙。御前侍卫安成出任庶吉士考试的监考，由于没过足烟瘾，考试快完事了他才来，被皇帝革去了御前侍卫之职。

除此之外，宗室之中还有开赌场的、嫖娼的、依仗宗室身份四处招摇撞骗的。甚至那些被皇帝宣布圈禁起来的有罪的宗室成员，居然都能找到门路，让人把妓女送入监狱里供他们享受。凡此种种，严重败坏了爱新觉罗家族的声誉。

皇帝忧心不已。为了扭转这种局面，他煞费苦心，花了好几天时间，写成了一篇鸿文《宗室训》，发给每个宗室成员。这篇御制文章说，宗室风气败坏已极，许多宗室成员"所为之事，竟同于市井无赖"。

和以前一样，皇帝的这篇教育文章不过是重复了一系列道德教条。说什么"若问予立身之要，曰孝悌忠信礼义廉耻；若问予应为之事，曰国语骑射读书守分"。

皇帝命令，每个宗室成员都要有一本，让他们好好学习，改造思想。为了保证学习效果，皇帝还命令宗人府组织了一次考试，考试内容就是默写《宗室训》。据宗人府报告，考试成绩不错。

可是这一教育运动开展了很长时间，宗室风气竟无一点好转。皇帝很奇怪，有一天特意召见散秩大臣，宗室奕颢、成秀、敬叙三人，问他们学习《宗室训》的心得。不承想这三人瞠目结舌，居然不知道有学习《宗室训》一事，更没读过一个字！

皇帝大吃一惊，感觉"实出意想之外"。然而除了痛骂宗人府官员"丧尽天良"之外，他再也不知道该做什么了。

五

嘉庆皇帝的二十多年统治，就在这一日日抱怨、迷惑、痛苦、尴尬中过去了。

二十多年间，虽然经常心灰意懒，但是他从来没有放松过权柄，一直到去世前一天，还在不倦地处理政务。

其实，这种勤奋已经成了一种惯性，成了一种"懒惰"着的勤奋。他弄不明白为什么他越努力，形势就越糟。他不明白他已经在中国历史上找遍了所有药方，为什么还是不见效。越到后来，皇帝越对扭转社会大势丧失了信心，他已经成了做一天和尚撞一天钟。表面上，他一天到晚，一刻也不休息。实际上，他已经习惯于不动脑子，让祖宗为自己动脑子。"体皇考之心为心，本皇考之治为治。"只要祖宗说过或做过的，他都依样画葫芦地执行贯彻。

到了晚年，他的"守成""法祖"已经升华到如此高度，那就是每天都死按《实录》办事。

嘉庆二十年（1815），礼亲王昭梿因小事将其属下人等禁押在王府之内，严刑拷打，手段非常残酷。皇帝闻知十分生气，判昭梿革去王爵，圈禁两年。嘉庆二十一年（1816）六月，皇帝早起恭阅康熙《实录》，看到内有平郡王纳尔图打死无罪人又折二人手足一事，当时康熙的处理方案是革去王爵，免其监禁。礼亲王案远较之平郡王案轻，于是皇帝当日下旨，改变前判，"敬承家法"，将昭梿释放。

嘉庆二十四年（1819）十月十九日，宫内文颖馆失火。火势不大，内宫太监鉴于天理教血染紫禁城的教训，怕引来坏人混入宫中，没有开宫门命护兵入内救火，而是由太监们亲自扑灭。按理说这事处理得不能算错。可是嘉庆皇帝在八天之后读乾隆二十六年（1761）九月《实录》，内载乾隆帝规定，凡宫内园庭遇失火等意外之事，即行开门放外边人等进内扑灭。于是皇帝根据这一记载，以违背乾隆指示为由，下旨处罚有关官员。

正是在这种不论时间地点一律按《实录》办事的原则下，大清朝一天天走向了万劫不复的沉沦，皇帝也在迷茫中一天天老去。

嘉庆二十四年（1819），孔子后人、第七十三代衍圣公进京面圣，回来后把皇帝的谈话一丝不苟地记载下来，使我们得以一观这位皇帝晚年的精神面貌。皇帝一见面就说："我想到曲阜去，不能，你知道不？山东的水都过了临清了，这个怎么好？真没法。圣庙新修的，我等到七八年后去，又残旧了，怎么了？"

过几天辞行，皇帝又旧事重提，絮絮叨叨地说："我登基已是二十四年，总不能去（祭孔），是缺个大典。我从前虽然随着高宗（乾隆皇帝）去过两回，到底不算。我到你那里去容易，就是路上难，水路吧亦难走，旱路吧亦难走……你看河上水这么大，山东民情亦不好，到底怎么好？弄得真没法，了不得！"

一口一句"真没法""怎么好""怎么了""了不得"，似乎已经成了皇帝的口头语，焦头烂额之态毕显。帝王生涯现在对他来说，简直是一种刑罚。在撒手而去的时候，他的最后一丝意识也许不是留恋，而是轻松。

六

从亲政初期的伟大，到谢幕时的尴尬，嘉庆的滑落曲线如此令人叹息。在全面盘点嘉庆皇帝的统治时，历史书给出的词汇是"嘉庆中衰"，他二十多年的统治，前面连着"康乾盛世"，紧接其后的，则是"鸦片战争"。正是在嘉庆皇帝的统治下，大清王朝完成了走向万劫不复的衰败的关键几步：腐败之癌由乾隆晚期侵蚀到国家肌体的几个重要器官，演变成了嘉庆晚期的沦肌浃髓，全面扩散。国困民贫交织在一起，大清帝国已经被掏空了精华，成了风中之烛，所以在他之后，昔日强盛的大清帝国才那么容易地沦为任人宰割的对象。这个辛苦了一辈子的皇帝，后来是作为一个彻底的失败者进入了历史。

失败的原因，是一直标榜"法祖"的嘉庆，在最核心的地方背离了祖先的传统。

清朝历代雄才大略的帝王一以贯之的特点，一是"现实精神"，二是超凡勇气。皇太极说过："凡事莫贵于务实。"雍正皇帝也说："本朝龙兴关外，统一天下，所依靠的，唯有'实行'与'武略'耳。我族并不崇尚虚文粉饰，而采取的举措，都符合古来圣帝明王之经验，并无稍有不及之处。由此可知，实行胜于虚文也。"从努尔哈赤到多尔衮，正是因为他们头脑不受束缚，一切判断从现实出发，因势利导，灵活实用，才成功地从东北走到了北京。从康熙到乾隆，也正是在现实精神的指导下，才出现了持续百余年间多次不拘定势的政治创新，生机勃勃、充满进取精神的政治态势，不断生长、修正、完善的制度演变，才导致了康乾盛世的诞生。他们高举"法祖"之旗，法的正是祖先的现实主义精神和宏大气魄。

恰恰是从高喊守成的嘉庆开始，清朝皇帝丢掉了祖先的精神内核。对失败的恐惧，已经注定嘉庆是个失败的皇帝。因为一个没有缺点的人，注定是平庸的人。一个不敢承担任何风险的统治者，注定不能成大事。在这"千年不遇之变局"前，要想挽救大清朝，最关键的不是勤奋，不是仁爱，也不是节俭，而是眼光、观念和勇气。

可惜，嘉庆皇帝缺乏的，就是这样一双能发现问题的眼睛和解决问题的勇气。大清王朝的不幸，就在于需要伟大人物的时候，坐在这个位置上的却是一个平庸的好人。

第八章
洪秀全：上帝第二子的前世今生

———— • • ————

　　19世纪中叶，中国历史巨流之所以出现那个惊天大弯，仅仅是因为被一个乡下年轻人的怪梦轻轻撞了一下腰。这个梦是如此离奇、如此绚丽、如此怪异，又如此惊悚。它似乎是上天的一个预言，预示着它将把整个中国带入一个同样惊悚而狂乱的迷梦当中。

一个梦的家当

一

其实用不着太多的心理学知识，我们就可以基本解析这个人类史上最重要的梦。

1837年3月1日的洪火秀（洪秀全的原名），心理确实已经到了崩溃的边缘。

他从小被家人和乡邻寄予了太高的期望。在这个闭塞落后的小村子里，火秀是最聪明的孩子。虽然不怎么用功，可他在私塾里的功课却回回第一。上学路上，谁遇见了火秀都要摸着他的脑壳夸奖几句。老师们说，这么多年还没见过这么聪明的学生，莫不是官禄㘵村几百年来头回要出秀才了？既然先生们都这样下了断言，大家更纷传，莫说秀才，看火秀这个聪明劲，恐怕连举人也中得！将来点翰林做宰相，要享大福哩！"老师和父老们都交口称赞他，以为取功名如拾芥，行见他显父母光宗族了。""有几个老师因见他家贫好学，竟免收学费，族人也有馈赠。"（罗尔纲《太平天国史》）供洪秀全上学，竟成了宗族情结极重的客家人全族的事业了。

集宠爱与希望于一身，虽然出生在赤贫家庭，火秀却称得上娇生惯养。所有的家务活都不让他沾手，别的孩子吃野菜糊糊，他却总能吃饱红薯。他们有理由确信，现在吃进火秀肚子里的每个红薯，将来都能屙出同等体积的银锭。事实上，谈论孩子的学业，预想未来的荣光，成了洪镜扬最大的精神享受。"就连平时聊天也喜欢以他的幼子为话题。每当听到别人赞许洪秀全聪颖可爱，他便眉飞色舞，兴头上还会邀请对方到家中做客，继续唠叨他所感兴趣的话题。"（《天国的陨落》）

然而官禄埗村的农民们不知道他们的见识是多么浅陋。他们不知道，这个穷山沟私塾的教育水平，根本支撑不起洪氏家族的庞大梦想。从洪秀全后来所写的那些诗文来看，他本也算不上天生才俊，只不过在这个小山沟的孩子们里算是拔点尖罢了。

洪秀全当然更不知道这一点。正如自己是家中的宠儿一样，在潜意识里，他也觉得自己是上天的宠儿。上天对他格外垂青，上天理所当然要对他格外垂青。他比谁都坚定地相信，自己的将来会一帆风顺，出将入相，功名富贵，做顶天立地的大人物。

然而，从十六岁那年起，阳光灿烂的日子被突然截断，挫折不由分说地一次次降临到这个人身上。十六岁那年，洪秀全首次出击，去考秀才。原以为会如探囊取物，不料结果却是黯然落榜。如果说十六岁毕竟还小，失手一次也没太大关系，但二十三岁再次落榜，就使他的命运变得风云难测了。从小没经过什么挫折的他其实是相当脆弱的，一个无比可怕的前景已经隐隐铺在他面前：难道他会成为一个进不了学又耕不了地的废人？本来活泼开朗的他日渐沉默寡言，世界在他眼里变得越来越阴暗，越来越狭窄，越来越可怕。

所以1837年，也是二十四岁那年第三次落榜后，他晕倒在榜前也就顺理成章了。从心理学的角度来讲，很显然，他无法直面他人和世界，只有逃避到高烧和梦魇中去。而这一巨大的打击，使郁积多年的本我冲动喷薄而出，他经历了一次终生难忘的梦幻过程。这个梦是如此瑰丽，如此神奇，又如此真切，使他多少年后回忆起来还恍如昨日。

梦的焦点是那个奇怪的老人。他身着中西结合的服装，外貌明显具有西方人特点："头戴高边帽，身穿黑龙袍，满口金须，拖在腹上。相貌最魁梧，身体最高大，坐装最严肃，衣袍最端正，两手覆在膝上。"

《太平天日》写于洪秀全创立"拜上帝教"多年之后，为了符合神化自己的需要，洪氏想必对梦境做了后期加工。做此梦时，洪氏尚不知上帝为何物，把这位老人称作"上帝"，是多年之后的事。当时，他只是模模糊糊知道，这位老人是天上的主宰。这位老人告诉洪氏，他洪秀全并非凡夫俗子，乃是他的儿子。

梦是愿望的达成。出身贫寒是洪秀全对上天最大的不满。而如今，他从贫农洪镜扬之子变成了上帝的孩子，拥有了最有权势的父亲。这个父亲要远比贫农洪镜扬有威严，见到洪火秀的第一件事，就是教他"坐装衣袍要齐整，头要轩昂，身要挺直，手要覆在膝上，脚要八字排开"。

这才是大人物的姿势。这一姿势，想必是洪火秀在看书中那些古代将相的画像时记住的。洪火秀现在已不是凡夫俗子。在梦中，上帝赐他一个名号，叫"天王大道君王全"。他的两个哥哥后来回忆他高烧时的种种呓语："朕是真命天子，尔知么？""天下万郭人民归朕管，天下钱粮归朕食。""太平真主是朕的，朕睡紧都坐得江山，左脚踏银，右脚踏金。"

掌握了绝对权力的洪火秀在梦中痛快淋漓地报复了这个世界。他第一个报复的是孔子。就是这个孔丘，开创了儒学，害得他寒窗十年，尝尽了辛苦，最后却一无所获。在梦中，上帝把孔子叫到面前，斥责道："尔作出这样书教人，尔这样会作书乎？"然后，把孔子按在地下，打了一顿屁股，"鞭挞甚多"，"孔丘哀求不已"。"上帝乃念他功可补过，准他在天享福，永不准他下凡。"

两个哥哥后来回忆洪秀全的病状时说，他在高烧之中大喊大叫，一会儿喊杨家将，一会儿喊赵玄郎，一会儿喊打，一会儿喊杀。洪秀全自己回忆说，那是在"天爹"和"天哥"的带领下大战妖魔。妖魔林林总总，红眼睛四方头，"妖头甚多变怪，有时打倒在地，倏变为大蛇矣；又将大蛇打倒，倏又变为别样矣，能变得十七八变，虽狗虱之小亦能变焉"。

这有点像《西游记》的故事了。在昏迷之中，他仿佛进入了神话故事中，连日连夜地与妖魔作战，而且还有杨家将、赵玄郎助阵。声嘶力竭，大汗淋漓。

洪火秀一病就是三十多天，一家人围在床前心急如焚，洪镜扬欲哭无泪。孩子病成这样，看来是没救了，没想到一家人二十多年的心血和希望就这样一朝幻灭。他们默默地给火秀准备了棺材，安排后事。

第四十天，洪火秀的病突然有了转机，高烧退去了，也不再大喊大叫了。一家人大喜过望。只是他神志还是不清醒，迟迟不愿从美妙的梦中回到现实，说出话来让人莫名其妙。睁眼看见洪镜扬，他就说："朕是天差来真命天子，斩邪留正。"姐姐洪辛英从婆家赶来探望，他拉着姐姐的手说："姊，朕是太平天子。"洪镜扬见他胡说八道，骂了他几句，他却说："朕不是尔之子，尔骂得朕么？"

四十五天之后，洪火秀终于起床了。他按梦中老人的指示，把自己的名字改成了"秀全"。全者，人王也。

二

"一个鸡蛋的家当"当然只是笑话，然而回顾洪秀全的一生，我们可以发现，这个梦，其实就是他最大的一笔"家当"。

这个梦如此离奇而真实。他坚信这个历历如绘的梦一定别有深意，一定是上天给自己的某种启示。和那些从一开始就蓄意欺诈的宗教家不同，这个梦使洪秀全在创立"拜上帝教"时真诚地相信自己是一个超自然的存在。而正是这种发自内心的真诚，使他拥有了一种特殊的气场。这种气场对于他后来的"传教"事业来说是非常重要的。一般来讲，民间宗教领袖必须具有足够的狡诈和敏捷，才能愚众惑民。以洪秀全原本朴质方硬的性格，本不适合这种事业。但是他的身上散发着的这股不容置疑的自信，征服了最初一批信徒。事实上，洪秀全比谁都清楚这个梦对他的重要性。他后来在诗文中屡屡强调其真实性："真言语，不铺张，予魂曾获升天堂，所言确据无荒唐。"（《原道救世歌》）

19世纪中叶，中国历史巨流之所以出现那个惊天大弯，仅仅是因为被一个乡下年轻人的怪梦轻轻撞了一下腰。这个梦是如此离奇，如此绚丽，如此怪异，又如此惊悚。它似乎是上天的一个预言，预示着它将把整个中国带入一个同样惊悚而狂乱的迷梦当中。

从废人到神

一

虽然二十四岁就受到了神启，然而洪秀全却是六年之后才走上了革命之路。

梦中的许诺毕竟是虚幻的。醒过来后，洪秀全又拾起了书本，打算继续在科举之路上奋斗。毕竟他才二十四岁，这条路还没有完全堵死。我们不能肯定秀才是否可以让洪秀全满意终生，但几乎可以确定，如果拥有了一个举人的头衔，他一定别无所求了。

很可惜学政无法预知历史。所以苦学了六年之后，洪秀全又一次揣着家里人东拼西凑来的路费进城赶考，结果当然还是落第。事实上，以他的文笔，如果真的成了秀才，倒是对大清国文化教育水平的讽刺了。

　　这次落第使洪秀全的人生之路彻底明确了。他已经考了十五年，如今年已三十岁，功名这条路显然是走不通了。学习别的手艺也已经来不及。他肩不能担，手不能提。除了那个离奇的梦之外，他的一切都相当平庸：无论是文笔、能力还是性格。从他后来的人生表现来看，我们很难相信他能在其他领域获得什么引人注目的成功。

　　在抑郁无聊之中，他收拾旧书，发现了几本《劝世良言》。这是六年前那次赶考时一个传教士送给他的。既然不要钱，他就留了下来。此时闲来无事，就坐下来翻翻。如前所述，他突然想起了那个梦：这里面描写的上帝，和他梦中的那位老人怎么那么相似？

　　一个念头电光石火般在洪秀全脑中闪过。走投无路的他仿佛突然看到了一条金光大道。他兴奋地告诉自己的家人，他是"上帝之子"，是"天下万物之主"。

　　"拜上帝教"从此诞生。被命运逼到了墙角的洪秀全抓到了最后一根稻草。不，不是稻草，而是打开一个全新世界的金钥匙。他的那个"异梦"，找到了生根发芽的土壤。

二

　　从表面上看，历史之所以好玩，是因为它的创作者是一位把"偶然"运用到了极致的戏剧大师。不过，历史的深奥或者悲哀实际上在于，每一个偶然背后都隐藏着巨大而沉重的必然。太平天国因为它"中西结合"的特殊方式，在中国历史上显得相当怪异。其实，在这张怪异的面孔下，它的每一个细节都不过是漫长而复杂的中国历史的重复。

　　"一个梦的家当"这种异事，并不是只发生在洪秀全身上。我们随手翻检史书，在他之前和之后，都可以找到相似的例子。

　　乾隆三十九年（1774），山东清水教起义的领导人王伦在起义之前，曾经"梦见是龙"，因此预测自己"将来大贵"。（《钦定剿捕临清逆匪纪略》）这个梦坚定了他起事的决心，后来又被广泛宣传，成了教徒们信心的来源。

　　嘉庆年间天理教起义的重要首领李文成，之所以始终坚信自己能成大事，也是因为一个奇怪的梦。"夜梦魔神语之曰：君乃十八子明道震宫九教主也，得东方生气，居河洛之中，协符大运。文成惊异，益自负。"（《靖逆记》）

甚至在洪秀全的伟业烟消云散一百多年以后的新中国，这种事还曾经多次重复。比如1980年左右，四川巴中县青山乡曹家沟一个二十出头的青年农民曹家元做了一个怪梦，梦见他爷爷坟前坐着一位白须老人，老人头上有一条一丈多长的金龙腾飞。老人说："我是你爷爷，把这个坛子给你吧！"他打开一看，里面都是黄澄澄的金子。

不久之后，他又做了一个怪梦，梦到他进了县剧团，演出"黄袍加身"的戏，宫娥彩女排成两排，站在他的身后。

这两个梦使他相信他有皇帝之运，因此自命不凡。后来1982年春节扫房时，他又在木仓中偶然拾得《五公经》一本，读了这本书更加相信自己就是书中的应运之人。遂从此不再劳动，专心研究《五公经》，投入民间"宗教"事业，学会了"出神""走阴"，在发展了一批信徒之后，于1982年5月16日在曹家沟自家院中举行了"登基大典"。信徒八十一人跪拜在地，在小小的山村里场面相当壮观。当然，不久后此事就被公安机关侦知并迅速剿灭。(《帝梦惊华》)

三

洪秀全经历背后隐藏的另一个规律是，那些民间宗教的创立者，起初往往都在俗世的奋斗中屡屡受挫。

在新中国成立之后破获的许多起会道门案件中，这个规律表现得很明显。20世纪90年代初在苏北盐阜创立了黄坛教的朱良美，在创教之前是一个四十多岁的老光棍。他因为长相肥丑又不务正业，被人称为"猪郎公"。被命运逼到角落后他狗急跳墙，宣布自己是观音菩萨的儿子，创立黄坛教，以此奇招一举扭转了人生的颓势。他以"狐仙附体帮人治病"的方式，发展了附近六十户二百五十余人入教。原本娶不上老婆的他成为教首后给自己设了三宫六院，在信徒中挑选"娘娘"，前后封了"正宫娘娘""东宫娘娘""西宫娘娘"及"贵妃"共计十七人，过上了帝王级的豪华性生活。(《帝梦惊华》)

1990年在河南嵩县老曼场创立"万顺天国"的李成福的命运与朱良美异曲同工。他因为家境贫困又不务正业，一直没娶上老婆。直到三十四岁，才和一个带着孩子的寡妇订了婚，订婚不久，那个水性杨花的寡妇又移情于他的弟弟，成了他的弟媳。悲愤之下，李成福离家出走，背井离乡，发誓要改变自己的命运，衣锦还乡。在挖了两年山药之后，他凭着自学的看风水算卦的本事在异乡获得了山民们的尊重。他手持几本《奇门遁甲》《推背图》，向山民们宣布，这个"朝代"快完了，他要执掌江山。巧舌如簧的他居然成功地发展了一批骨干，创建了"安民党"，筹建了"万李起义军"，并在1990年正月的一个晚上宣布"万顺天国"正式成立。可惜他远没有洪秀全走运，"天国"成立不久他就进了监狱。

当然，中国历史上最典型的例子，还是嘉庆年间天理教起义的总导演林清。这次起义因为起义军传奇般地攻入紫禁城而名垂青史。起义总首领林清的命运转折，生动地向我们演示了民间宗教是如何"变废为宝"，"点石成金"的。

林清乾隆三十五年（1770）生于北京近郊。父亲是衙门里的一名书吏。他的前半生几乎完全是由大大小小的失败串联起来的，这些失败之间甚至没有什么缓冲地带。

林清"少无赖，（其父）先本捶挞之，不克悛，屏处药肆"（《靖逆记》）。读了几年书后发现不是读书的材料，于是在十七岁那年，父亲把他送到一家药铺里当学徒。三年学习期满，他学了点中药知识，"并略懂医病"，于是走上了社会。

走上社会之后，他的第一份工作是在三里河一个药店里当伙计，本来这是一份不错的职业，不幸的是，他刚走上社会就染上了嫖娼的恶习，得了梅毒，长了一身的毒疮，"被药铺逐出"。

他的第二份工作收入又低又不体面：在顺城门外大街打更。这一般是老头们干的活儿。不过也有好处，打更都是深更半夜出来，不怕人瞧见他的毒疮。不久之后，父亲去世，他的毒疮也好得差不多了，就回乡顶替父职，任黄村巡检司书吏。

书吏虽然工资低微，有的甚至没有工资，但是因为连接着官僚体系与民间社会，所以拥有操纵潜规则的空间。那些心黑手狠而又"门儿清"的书吏中，不乏发财致富者。可惜林清发财之心过于操切，当上书吏不久，他就因为私扣民夫工资而被革退。这是他第三次失业。

被"开除公职"之后，他并不服输，决定自己创业，投身商业，用没被官员查出的那部分贪污款与他姐夫一起在黄村合伙开了个茶馆。一开始，他跑东跑西很卖力气，茶馆经营的势头不错。怎奈他做事只有三分钟热度，事业刚开头，他就开始陷入赌博之中，不久就把自己的这份本钱输得精光，被姐夫撵了出去。这是他第四次失业。

遭遇了这连续四板斧后，他对人生并没有失去信心。他的长处就是从不服输，"大不了从头再来"。他怀着"风萧萧兮易水寒，壮士一去兮不复还"的悲壮，偷越边墙，潜入被大清皇帝们圈为禁地的热河。在那里他凭着一条三寸不烂之舌和曾经经管河务工程的"工作资历"，获得了一位管理皇家工程的"汪巴大人"的信任，参与管理"布达拉石作工程"。工程项目自古至今都是贪污腐败的最佳渠道，这次工作是他职业生涯中最成功的一次，很快他就赚了一大笔钱，"衣锦还乡"，大摇大摆地在人们惊讶的目光中回到了黄村。

然而好景不长，财主日子没过几天，由于赌博和嫖娼，他很快把这笔钱败光了，再一次成了穷人。

不过，见识过花花世界的他已经知道了外面的世界很精彩，于是他再度外出，南下苏杭。在苏州他谋到了一份在"四府粮道衙门"当长随的工作。《靖逆记》记载："清有口给，能营贿赂所得，即散去若粪土。及事觉，官绳以法，清潜逃。"也就是说，他又一次因为过于大胆地贪污枉法而失业。这是第五次。

这次失业的后果十分严重，因为这是遥远的他乡，举目无亲，他连家都回不了。想来想去，只好靠记得的几个药方当上了游方医生。游方医生其实比乞丐强不了多少，居无定所，饥一顿饱一顿，更谈不上能攒下钱了。没办法，他平生第一次当了苦力，在粮船上给人拉纤。这份工作的好处是他可以沿运河一路北上，回到北京。不过当粮船到达北京时，他已经形同乞丐。

回到北京之后，他又卖过鹌鹑，当过鸟雀铺店员，也因为好吃懒做，都没干长久。还因为将鸟雀店本钱花光，"险些被人送官"。只好灰溜溜回到黄村，落脚在外甥董国太家。

总结前半生，林清换了十来种工作，除了热河那一次外，基本上都以失败告终。这一方面固然说明"大清盛世"中社会底层的生存状况并不如王朝自己宣传的那么安稳；另一方面也说明林清本人性格中存在着致命的缺点：好逸恶劳，性情浮躁，做事没常性，大手大脚，花钱散漫。

直到加入民间宗教后，这个"屡战屡败""百无一能"的"废人"的命运才发生了一百八十度的重大转折。嘉庆十二年（1807），三十七岁的林清在走投无路的情况下加入了荣华会（即八卦教中的坎卦教）。

我们没有足够的证据证明林清加入荣华会是因为真正的信仰，《靖逆记》说"清之初入教也，意图敛钱，无大志"。这个说法根据的是林清自己的供词："我起初倡会，原是意图敛钱。"

然而，林清马上就发现他终于找到了适合自己的终身事业。他发现他简直就是为宗教而生的，他具有成为一个"伟大民间宗教家"的一切条件——

第一，他有极好的口才。《靖逆记》说"清有口给"，知道怎么讲教理讲得深入浅出而又神乎其神，非常适合传教和辩论。走南闯北的经历，又使他的三寸不烂之舌更加油滑熟练。

第二，他见多识广，脑筋灵活，又生性慷慨，善于结交。如前所述，《靖逆记》记载他得来的钱，"即散去若粪土"。

第三，他略懂医术，而免费治病是民间宗教传教的最好方式。他经常走街串户，以行医为名进行传教活动，比一般人更容易获得成功。

所以入教不久，他在教内地位就节节上升，迅速取代了原来的教首郭潮俊，此人虽然资格较老，然"性怯懦，遇事畏葸"，教门一直打不开局面。林清做事有魄力，敢闯敢干，在他成为教首后，因他"有大刀阔斧和勇于进取的作风，从而改变了以往教门的保守势态。使坎卦教不再屯于大兴县农村、乡镇的一隅之地，走向了北京内城、京边诸县以及直隶地区；教徒也从单一的农民，发展到各个阶层"。

林清雄心勃勃，很快就依仗实力，统一了这一区域范围内的白阳教、红阳教诸教派，成了冀、鲁、豫三省交界处最大的宗教首领。他把自己宣传成"弥勒佛转世"，全称是"掌理天盘八卦开法后天祖师"。教徒们认为他是"文圣人"，"就同孔圣人一般"。他向每个教徒收取"根基钱"，迅速成为巨富，过上了"食有鱼出有车"的生活。

林清第一次尝到了真正的成功滋味。他在民间宗教中，不但获得了温饱和金钱，更重要的，是获得了地位、尊重和信任，体会到了以前世俗事业中从来没有体会过的成功感。这种感觉实在太甘美了，人们惊讶地发现，原来的二流子林清几乎变了一个人。《董国太供词》称"自从掌教，据说他不嫖赌了"。他的眼里闪耀着光辉，他的身上笼罩着严肃。他不再赌博，也不再嫖娼，举手投足，完全是成功人士的模样，浑身上下，一派威严的"圣人"风度。

四

相比之下，洪秀全其实远没有林清的天分和才干。所以，他的事业起初远不如林清之顺遂。

他首先在自己的同学中传教。由于成绩出类拔萃，所以他在同学中还蛮有威信。加上道光十八年（1838）的那场大病尽人皆知，所以说动了同学冯云山和堂弟洪仁玕。

然而，再往下，他的事业就难以为继了。官禄埗村附近的人都是看着他长大的，知道他到六岁还尿床，九岁时偷村东头黄阿公家的红薯被追得哭爹喊娘，不可能相信他是什么真命天子。有一次他到邻村传教，居然被人当成犯了疯病，按到担架上给抬了回来。屡受挫折，他只好和冯云山相约"云游天下"，到外面碰碰运气。洪仁玕对科举还有一点幻想，忙着赶考，没有参与他们的冒险。

两个人首先想到了大城市广州，那里人烟繁盛，应该有戏。然而，广州人根本没耐心听这几个乡下人说"胡话"，整个经济发达的珠江三角洲都走遍了，连一个人也没动员到。没有办法，他们又回头北上，进入消息闭塞的山区，这里倒多少有了点收获。历经磨难，他们终于掌握了中国秘密宗教的传教规律：一、只有在偏僻落后的地区，那里的人们消息闭塞，头脑质拙，容易屈从于命运和鬼神，因此容易入教；二、免费治病，是传教的最佳手段；三、教主应该尽量神化自己，减少与教徒近距离的直接接触，以避免被人发现其口臭、六指儿之类的暴露其凡俗属性的细节。于是，他们干脆长驱西进，来到大山丛中的广西，寄居洪秀全的表兄黄盛均家。

1845 年前后，广西桂平、贵县的山村中流传着这样一个消息：从广东来的一个洪先生，曾经上过高天，见过天帝，被天帝封为太平天子，来到这里，劝人向善。洪先生

▲ 英国人呤唎于 1866 年出版的《太平天国》一书中洪秀全画像（左）

有特异功能，"能令哑者开口，疯瘫怪疾，信而即愈"。不管多么重的病，只要找他摸一摸头顶，口里念诵念诵，就会霍然而愈。求洪先生治病的人越来越多，不过洪先生很难见到，通常都是由一个叫冯云山的人传话。这位洪先生平时居住在深山之中，来去无踪，一般人轻易见不着。据说有一个打柴人在山上遇到洪先生，他卧在一块大石头上睡着了，变成了一条盘在石上的白龙。据说这位洪先生还会腾云驾雾，一日行千里。

洪先生和冯云山到处劝人敬拜上帝，劝人修善。"云若世人肯拜上帝者，无灾无难，不拜上帝者，蛇虎伤人"，还说，几年之后，天下将会大发瘟疫，信教的平安无事，不信的得家破人亡。

五

虽然费尽心机，发展了一百多个信徒，可是洪秀全的生活却没有多大改善。因为深山中的这些穷苦人根本无力供养他们的教主。表兄家连着几个月的红薯粥实在倒了洪秀全的胃口。这样当教主，还不如回老家继续当"孩子王"。于是他对冯云山说："表兄家苦，甚难过意。"意思是别传什么教了，还是回家过安稳日子吧。冯云山意志坚定，不同意撤退，二人"语言有拂逆"。洪秀全一甩袖子，撇下冯云山，自己回老家去了。

如果没有几年后意外获知冯云山在广西传教获得巨大成功，洪秀全也许就此抛弃宗教家的身份，重归正常社会秩序之内，继续做大清朝的顺民了。如恩格斯所说，历史需要巨人就肯定会产生巨人，那么这个巨人不会是意志薄弱的洪秀全。

回到花县之后，洪秀全继续做起了私塾教师。然而"孩子王"的生活过了不久，他又厌烦了。他已经屡屡被证明是一个做事没有常性的人。他突然脑筋急转弯，既然自己对基督教这么熟悉，为什么不加入真正的教会，做一个领工资的职业宗教工作者呢？对于一贫如洗的他来说，这也是一个非常诱人的前景。

1847年3月下旬，洪秀全来到广州，到传教士罗孝全那里学习基督教理。罗孝全对于一个中国人主动来"寻求真理"十分高兴，留他学习几个月后，组织了对他的面试，以决定是否让他受洗。洪秀全的前几个问题都回答得还不错，但是在一个不怎么重要的问题上，他却犯了错误。

罗孝全说："成为教堂的一名成员并不是某种雇佣，也与金钱无关。我们不应出于邪恶的动机而加入教堂。"

那意思就是说，入教不是为了谋生，也不是为了发财或者改变自己的社会地位。

这一下，洪秀全慌了。"受洗后获得教堂职位的薪金，在当时是正常的事。"(《太平天国的文献和历史》)别人都有工资，难道偏不发给我？他马上说："我穷，没有生活来源，加入教堂将丢掉我的职业，我不知以后将怎样维持生活。"(《太平天国的文献和历史》)这句话坏了事，教会认为他动机不纯，没能入教。

懊悔不已的洪秀全只好收拾行囊。他不想再回家面对那些笑容中暗含讥讽和怜悯的父老，于是决定重回广西去找冯云山，继续拿山寨版基督教碰运气。一路上他都在后悔自己的愚蠢应对。细想一下，他提的根本不是个问题：入了教，教会自然会给自己资金。还是自己脑子太笨了！

因为这一偶然，"洪秀全与基督教会擦肩而过"。如果他顺利入了教，很有可能以一个温饱而体面的传教士了此一生，这个偶然推动了他命运的又一个转弯。"这是洪秀全一生中的一大转折点，对洪秀全本人乃至近代中国的历史进程都产生了重大影响。"(《天国的陨落》)

起义

一

中国的农民起义，是世界历史上独一无二的现象。

自秦始皇以来，每隔百十年，华夏大地上就会有一次农民起义来"沉重打击地主阶级的统治，调整生产关系，迫使后继王朝调整统治政策，推动历史前进"。那些大规模的农民起义我们耳熟能详：陈胜吴广、红巾、黄巾、瓦岗寨、梁山泊、李自成、洪秀全……除去这些大型起义之外，地区性、局部性的起义更是遍布中国历史的每一页。据学者们统计，仅清代，清初以后二百多年间，散见于《清实录》的农民起义在三百次以上，平均每年逾一次半。

然而，略略翻一翻世界史，我们就会惊奇地发现，"农民起义是历史前进的动力"这一规律似乎主要在中国有效。西方的农民起义为数甚少。西欧从8世纪起，史书上才出现农民起义的记载，从那时起到16世纪的八百年间，几十个国家里数得上的农民起义总共不过七八次。西方没有一个王朝是被农民起义推翻的。西罗马帝国存在了一千多年，内部矛盾也曾十分尖锐，但没有发生一次导致改朝换代的全民族革命。

过去中国的农民起义的使命是改朝换代，规模巨大。而西方农民起义则更像是一种社会运动，破坏性远较中国的农民起义为小。公元 1024 年的法国布列塔尼起义，以恢复古老的村社制度为目标。1524 年爆发的德国农民战争，主要目的是宗教诉求，为了增进"上帝的荣耀"，实现"基督教兄弟之爱"。997 年，诺曼底农民举行过一次大起义。一位编年史家记载说，这次起义的原因是农民要"按自己的法规来使用森林附属地和水源"。

如果把起义简单地等同于革命，我们几乎可以推导出这样的结论：中国农民是世界上最革命、最尚武、最关心政治的农民。

可事实显然不是这样。众所周知，中国农民是"世界上最好的老百姓"，是世界上忍耐力最强、最能吃苦、最能承受社会不公正的一个群体。

他们甘愿以生命为代价来选择起义，解释只能有一个：别无选择。

二

古代中国农民被称为"民""百姓"，而西方农民被称为"农奴"。从字面上看，古代中国农民的社会地位远高于西方农民。然而，事实却是相反。

古代中国农民是世界上被控制得最严密的一个群体。

早在商鞅和孟子的时代，政治家们就已认定，只有让农民处于既不"转死沟壑"，又无"余粟""余力""余智"去"舍本而事末"，使他们世世代代"死徙无出乡"，才能保证天下太平。从极早开始，中国政治家们就发明了"户口制度"和"保甲制度"这双重控制体系，统治范围内的每一个村庄、每一个家庭、每一个人，都被毫无遗漏地织入国家行政网络之内。在这个控制体系中，居民们一生下来就被登记注册，不许随便迁移，不许随便改变职业，并且相互监视，实行连坐。一家有罪，邻里遭殃。

这种控制，实际上比西欧那种庄园农奴制度对农奴的束缚要严密得多。

与此同时，历代政府又坚持不懈地阻断民间社会自发形成的渠道，严厉打击民间的宗教组织和集会结社行为，使农民在政治上永远处于一盘散沙状态。比如，元朝政府禁止汉人划龙舟、赶集、夜间点灯。靠白莲教红巾军起家的朱元璋登基后立刻取缔了白莲教。大清律则明确规定，百姓之间结拜兄弟是犯罪行为。

如此严密的社会控制，当然是为了"万世一系"，为了能够最大限度地剥夺农民们的财富以供养统治者自己。古代朝廷对农民征课的各种租税，实际上总是远远超过官方字面上的"十五税一""三十税一"之类的限额。从战国到明清，两千多年间，中国的农民，只有在农民起义后建立的一个新王朝初期三十年内，能够温饱之后，略有所余。而其余大多数时期里，都处在为温饱而奋斗终生的处境之中。中国农民的生活水平和欧洲农奴比起来要低很多。据学者推算，中国农民去掉赋税后，人均占有粮食通常低于六百四十斤。而中世纪欧洲一个农奴的年粮食消费量就达到一千零七十斤。而且，就连这低水平的生存，也多次被大的自然灾害和社会动乱所打断。

专制权力发展的规律只能是越来越贪婪。尤其是每当一个王朝进入它的中后期，庞大的官僚机器和官僚队伍总是要像肿瘤一般进入无法抑制的膨胀阶段。与此同时，人口越来越多，人均占有资源越来越少，越来越多的人掉落到基本生活水平线下。饿殍遍地，鬻儿卖女，是每一个王朝末期必然出现的悲惨景象。

三

西欧的农奴不仅比中国商、周时候的"众人""农夫"具有高得多的独立性，就是较之秦汉以后的"百姓"也拥有较大的自主活动余地。他们吃的是面包和肉。他们虽然也有可能受到过度的侵害，但是由于西方社会从来没有发展到如中国这样高度一元化和高度刚性的程度，农民们在与领主利益发生冲突时，往往有各种反抗的渠道，比如，联合起来向国王进行请愿。欧洲国王们的王权是脆弱的，国王也需要依靠普通百姓的力量，来与贵族博弈。这样，统治者和被统治者形成一定程度的契约关系。当内部矛盾发展到一定阶段时，被统治阶级有渠道表达诉求，不同利益集团会坐到一张谈判桌上来协调各方的关系。这就是西方社会没有中国这样多而且剧烈的农民起义的原因。

中国农民却没有类似的诉求渠道。他们是被取消了嘴巴并且被分割成一盘散沙的"沉默的大多数"，是社会中最容易受损害的群体。他们没有组织起来推举自己的代言人来与其他阶层博弈的可能，而"青天大老爷"在史书中出现的次数又太少。拦轿喊冤，进京上访，不但困难重重而且成功的概率实在太小。在忍无可忍之时，他们也会自发选择聚众示威甚至小规模暴乱等手段来进行抗争。然而，不幸的是，他们的抗争几乎从来没有成功过。这种自发组织起来的行为，触犯了历代统治者的大忌，帝王们对这类行为从来都是严厉打击，决不手软。

让我们来看一个典型案例。

乾隆皇帝统治时期，由于人口激增，地租迅速上涨，在全国许多地方出现了佃户要求减租的社会风潮。一开始，这种诉求是和平的，以直接向县令跪求，或者罢市的方式进行。然而，官府不是不闻不问，就是敷衍过去。

于是，有的地方的佃户采取了比较激烈的行动。乾隆十一年（1746），福建人罗日光等人"聚众会议"，暴力抗租。

群众性的暴力事件触动了帝国最敏感的政治神经，这一事件立刻被报告到皇帝那里，乾隆很快专门下达了谕令：

> 罗日光等借减租起衅，逞凶不法，此风渐不可长，著严拿从重究处，以惩凶顽，毋得疏纵……

乾隆皇帝本人是一个非常重视民生的君主。他当政时，曾多次普免天下钱粮。甚至，在诗文中对饥肠辘辘的百姓也颇具同情、怜悯之心，至于"所愧泽未溥""展转增叹息"一类悯农自责之句更是比比皆是。但是，当"安定"与"百姓疾苦"发生冲突时，他毫不迟疑地选择了前者。他担心以下抗上的"刁风"一开，会威胁到"纲纪"，逐渐动摇大清的基础。对此类群众闹事，他必亲下谕旨，屡屡强调"此等刁风，不可长也，当严拿务获首犯奏闻"，"严行究治，以惩刁风，毋得稍存姑息"，"刁风由兹斯长，不可不为远忧也"，要求各地官员务必把动乱因素消灭在萌芽状态。

关于民众与政府的纠纷，乾隆帝讲过一句至为精彩的话："州县乃民之父母，以子民讦其父母，朕岂肯听一面之词，开挟制之风。譬如祖虽爱其孙，必不使其恃恩反抗父母，此等刁风断不可长！"

官员是民之父母，那么皇帝自然是民之祖父了。祖父虽然爱孙子，但是绝对不会助长孙子反抗其父母的恶习。因为，你今天反抗了父母，明天你就会反抗祖父。

这就是君主专制统治的逻辑传统。

在这种思维的禁锢下，政府面对百姓，永远是一副严厉的面孔，绝不认错，从不退让，永远保持着不断逼近的姿态。百姓面对官府，永远是一种恐惧、躲避和驯服的表情，永远只有不断退却，无限度忍让这一种选择。一方过于蛮横，缺乏约束；另一方过于懦弱，缺乏自我保护能力。在这样一个没有自我纠错能力的旧社会里，当官进民退到逼近生存这一底线时，只剩下造反这一种可能。

<h1 style="text-align:center">四</h1>

"造反"，在旧时代的语言里，是最丑陋、最罪恶、最让人避之不及的两个字。

造反不仅意味着一个农民要冒满门抄斩的风险，而且要与他自己的世界观、道德规范或者说"纲常"为敌。与我们高喊的"造反有理"相反，广大农民们受的教育是"造反有罪"。正如宋江所说：上山入伙，"上逆天理，下违父教，做了不忠不孝的人在世，虽生何益？"

只有死到临头时，农民们才会把手伸向身边那本来伸手可及的粮食。

> 民有不甘于食石而死者，始相聚为盗，而一二稍有积贮之民，遂为所劫，而抢掠无遗矣。有司亦不能禁治，间有（被捕）获者，亦恬不知畏。曰死于饥与死于盗等耳。与其坐而饥死，何不为盗而死，犹得为饱死鬼也。（马懋才《备陈大饥疏》）

反正怎么都是一个死，相比之下，饿死和做强盗被杀死相比，还是被杀死为好。因为死前，毕竟能饱食几天。

中国的农民起义，更多的时候是一种叫天天不应、呼地地不灵后的歇斯底里，而不是一种有计划、有意识、有组织的行动。

一人带头，群起响应。在大多数情况下，缺的只是"出头的椽子"。

这些"起义领袖"们，很多不过是被饥饿折磨得丧失了理智的人。他们中的很多人也许并没有想到自己的行为是"起义"。然而，从抢到第一袋米开始，他们就成了盗贼，成了最罪恶的人，他们稀里糊涂中，发现自己居然成了整个社会的敌人和猎物，成了官兵围剿的对象。他们只好随手拿起身边的菜刀和锄头，试图抵抗一下。

于是，"起义"开始了。

皇帝梦

一

阅读了多如山积的原始资料之后，我不得不说，许多书籍过多地强调了历代起义者的天理，有意识地忽略了他们的人欲。似乎每一个起义者都是怀抱着"民胞物与""解放全人类"的雄伟理想揭竿而起的。

事实上，几乎每一次农民起义背后的主要推动力之一都是对财富和地位的向往。这种向往光明正大、顺理成章，本也毋庸讳言。人欲就是天理。当一个不合理的社会秩序不能满足大多数人的温饱之时，他们有天然的权利来改变这种秩序。

在关于洪秀全的研究中，人们充分注意到了他创立宗教时对"四海一家""天下为公""清平好世界"的追求，但却有意无意地忽略了他谋生的考虑。

回到紫荆山区的洪秀全惊讶地发现，他这个教主已经今非昔比了：冯云山在这里已经发展出了两千多名教徒。

在洪秀全走后，冯云山进入大山，靠给人家担泥、拾粪、割田、打谷等谋生，锲而不舍地惨淡经营。由于洪秀全不在现场，冯云山的造神运动少了许多干扰，进展得更为方便顺利。终于以紫荆山为中心，形成了一股相当大的宗教势力。

洪秀全这次真正尝到了做教主的滋味。在他的信徒中，不光有穷人，还有一些实力雄厚的地主。比如曾玉珍一族，"全族人丁繁盛，各有田产屋宇，境况已颇富裕"（《太平天国的历史和思想》）。韦昌辉家也"颇有田产"，"每年可收入稻谷六万斤"（《太平天国史》），入会后，"不惜家产，恭膺帝命，同扶真主"。钟礼芳"居乡贸易钱米"，多次为"拜上帝教""礼献钱米"。（《太平天国的历史和思想》）洪秀全和其他宗教上层领袖已经可以过上顿顿吃肉的上等人生活了。更为重要的是，洪秀全发现自己已经成了一个真正的"神"。教徒们对他顶礼膜拜，眼中充满了敬畏和虔诚。他的每一句无心的话、每一个下意识的举动都被认为是有意义的。他用过的每一件东西都成了圣品，被信徒们珍藏。他只消点一下头，这些可怜的人就会毫无保留地向他献上珍馐、财产直至自己的女儿。他凭几句话就建立起了"公库"制度，信徒"已经将田产房屋变卖，易为现款，交给公库，每人的衣食都由这笔钱支付，平均享用"。从《天父天兄圣旨》及《北华捷报》相关报道推测，在太平天国起

义之前，洪秀全已经有了十五位左右的"娘娘"。(《天父天兄圣旨》，王庆成编注)

洪秀全大喜过望。直到这时，他才确定宗教之路是正确选择：宗教把他从一个无价值、无地位、无尊严的绝望之渊中拯救出来，使这个"高不成、低不就"的"失败者"变戏法一样成了天底下最有价值、最有地位、最有尊严的"神"。

仅仅几个月之前，做一个有工资的教堂工作人员就能让洪秀全感激涕零，如今，这种小国王式的生活当然让他飘飘欲仙心满意足。如果不是遇上广西群情鼎沸、烽烟遍地的"革命大潮"，洪秀全很可能满足于这种地下的富贵，以一个秘密教主的身份终此一生。这种事情，在中国历史上有许多先例。

二

民间宗教或者迷信与农民起义的结合，自始至终是中国历史的一个定势。东汉末年黄巾军大起义，凭借的是张角创立的"太平道"。北宋的方腊起义和钟相、杨幺起义，利用的是"摩尼教"。元末红巾军起义的主要精神力量是白莲教。这一宗教后来生命力如此强大，以至于明、清两代的所有农民起义，几乎都有白莲教背景。

但我们并不能由此得出结论，那些创建宗教的人，都想推翻政府，称王称帝。虽然欲望是没有边界的，但理性却使教主们不得不小心从事。事实上，在历史上更多的教主满足于"温饱"。他们稳健而谨慎，狡猾而现实，把教门经营成了一桩兴隆的"地下买卖"，境界最高者甚至创建了子孙世袭的"地下王朝"，既回避了风险，又获得了最大化的利益。这其中的典型就是清代中前期"八卦教"(也就是"荣华会""天理教"的前身)首领刘家。

山东单县人刘佐臣在康熙初年创立了八卦教。这个教门杂糅儒释道三家，而以儒家思想为主旋律。刘佐臣宣传，宇宙三世分别由李老君、释迦如来佛和孔夫子掌管。他说自己是孔子转世，也就是宇宙的最后主宰。

这一教门的最大特点是特别善于敛财。它的组织体系实际上就是一个庞大的敛钱系统，其原理与传销异曲同工：各地分支机构像地主收租一样，定期收取教徒的"会费"，说是"以出钱多寡定来生福泽厚薄"，说这些钱是"往西天取金沙费用"。这些会费层层盘剥，层层上交。谁发展的下线多，谁抽的头也多。当然，最大的抽头者是刘佐臣，所有的钱，最后都有一部分会层层汇总到山东刘家。

配合这种敛钱体系，刘佐臣在教门内部推行"儒教专制化"。他用儒学纲常为教内纪律服务，强调分尊卑，明长幼，要求信徒们"非礼勿听，非礼勿视，非礼勿言，非礼勿动"。他在教内建立了严格的层级体系，按官位大小，依次分肥。到嘉庆年间，这个教派的层级体系发展完善到与一个王朝相似："秋仕"相当于秀才，"麦仕"相当于举人，"号官"相当于县官，"法官"相当于知府，教主当然就相当于皇帝，教内形成了专制小朝廷。教主到各地视察，有专人打前站，见面时"文武大臣"分列两旁，山呼"万岁"，对"皇帝"唯命是从。甚至"皇帝"说自己流下的鼻涕是玉浆，信徒们也抢着吃。

这一教门的另一个特点，也是最与众不同之处，在于它是一个世袭的宗教。刘佐臣精明无比，一开始就将这一教门设计成刘氏家族的"吃饭本儿"。他既称自己是孔子转世，又称孔子世世代代在刘家转世下去。因此从康熙初年至嘉庆二十二年间，虽然屡遭政府打击，但他的后代始终充当八卦教教首，传承六代，历时一个半世纪，几如一个王朝。

为了保持既得利益，这一教派一直保持地下状态，从不公开活动。它满足于事实上的"小王朝"而绝不对现实秩序发动任何挑战。不但不挑战，它还地上地下两不耽误。刘佐臣死后，他儿子刘儒汉继续经营，刘家已经积累了相当多的财富，刘儒汉已经不再满足于充当地下邪教教首，还想获得现实世界的"功名利禄"。于是他在康熙四十五年（1706）捐官，花了银子一千七百两，外加一千零四十担大米，共合四千六百余两白银，"旋由捐纳选授山西荣河县知县"，走马上任去给大清朝服务去了。直到康熙五十八年（1719）"犯案"，"参回原籍"，他一共做了十几年清朝的地方官。

及至乾隆年间，刘家的财富积累得更多。乾隆皇帝打击这个教门，抄家时起获大小贮银罐二十七个，共计白银一万二千四百二十七两，黄金一小锭，二两五钱。此外，还有"田庄数处，地数十顷"。这当然都是教徒们的奉献。

当然，世袭现象并不是八卦教的专利，明清时期这样的教门层出不穷，比如黄天教的李家、江南斋教的姚家、清茶门的王家等。他们的家族统治有五代有十代，长达一二百年甚至二三百年之久。和王朝的统治者一样，这些世袭宗教教主都热爱稳定，即使在动乱之时，这些家族也很少有揭竿而起者。这种不参与被事实证明是十分明智的。林清等少数几个违背八卦教传统举起造反大旗的人，最后的结果无一不是殒身灭族。

<h1 style="text-align:center">三</h1>

在开始创立"拜上帝教"时，洪秀全并没有想到要公开造反。王庆成在《太平天国的历史和思想》中令人信服地证明，洪秀全首次去广西传教时，并没有任何革命思想，他"所宣传的并没有超越《劝世良言》的范围。谁都承认，《劝世良言》不是一本革命的书；相反，它实际上是一本教人不革命的书"（《太平天国的历史和思想》）。回到花县之后，洪秀全写了一些阐述其教义的文章，比如《原道救世歌》《原道醒世训》等。与我们猜测的不同，这些文章宣传的不是造反，相反，它们批判造反。王庆成说，《原道救世歌》"糅合了基督教和儒家的思想、用语，苦口婆心地劝世人拜上帝，学正人，捐妄念。如诗歌的题名所示，这是当时的洪秀全为了拯救邪恶社会的'救世'方案。这个方案，也没有任何反对现存统治秩序的革命倾向"（《太平天国的历史和思想》）。这首诗歌中甚至谩骂李自成、黄巢、项羽这些起义领袖为草寇，诅咒起义和战争：

> 嗜杀人民为草寇，到底岂能免祸灾？
> 白起项羽终自刎，黄巢李闯安在哉！
> ……

很显然，第二次进入广西之前，洪秀全还是只想收徒敛钱，建立秘密天国，以地下温饱富贵为满足。但是第二次入广西后，形势与前次已经大有不同。

道光三十年（1850）的大清王朝，从各个方面都已经显露出彻底崩溃的征兆。特别是在天高皇帝远的广西，政府的控制力已经下降到极点。广西本来就是会道门遍地之处，国势衰微，越来越多的人试图一逞。"道光二十七八年间，楚匪之雷再浩、李元发两次阑入粤境，土匪陈亚溃（贵）等相继滋事，小之开角打单，大之攻城劫狱，浸成燎原之势。"（《论粤西贼情兵事始末》）道光三十年（1850）夏秋，陈亚溃（贵）等起义军一度攻占荔浦、修仁、迁江县城。广西形势大乱，各地乡绅纷纷组织团练，镇压本地的会道门。"拜上帝教"也在团练们敌视的范围之内，数次发生冲突。所谓树欲静而风不止，"拜上帝教"想安安静静地建设自己的地下天国已经不可能。

不过洪秀全及其高层干部还是权衡了很长时间。毕竟，造反的风险每个人都知道，前车之鉴更比比皆是。比如，天理教起义就是一个错误。林清本来可以像他的前辈刘佐臣一样，自己广置妻妾，吃香的喝辣的，把天理教经营成世袭教派。可是，人心不足蛇吞象。野心过度膨胀的结果是他被凌迟处死。

但是，此时的形势和林清之时确实有所不同。大清王朝的灭亡已经是可以预见的事，而这时"拜上帝教"信徒已经发展到了一万多人，趁乱起兵以图大事，似乎已经有了资本。更何况，除了"救民于倒悬"的"革命大志"外，毋庸讳言，洪秀全的"皇帝梦"和高级部下的"将相梦"潜伏多年，此时像一头跃跃欲试的小兽，早已经按捺不住了。

四

"做皇帝"恐怕曾经是旧时代每个男子的白日梦的内容，这是旧时中国人尘世梦想的极峰。这不足为奇，世界上任何一个国家的男人恐怕都梦想过当皇帝当国王。问题是，将这个梦想付诸实际操作的中国人，肯定多过世界上其他国家之总和。事实上，漫长的中国历史中，每一个朝代，不管是国力强大还是空虚，统治清明还是混乱，都有许多被"皇帝梦"所驱动的人试图一逞。清末民初有一个叫张相文的人，搜索历史上的成王和败寇，写成两卷的《帝贼谱》。他草草搜罗的结果是七百余人。我们可以确切地说，这只不过是九牛之一毛。过去的一千多年中，中华大地上每年都会有将皇帝梦付诸实践者。这个论断建立在这样一个事实之上：在早已推翻了帝制，人民生活有了很大改善的新中国，每年做"皇帝梦"的人仍然数不胜数。我们仅举其中几例：

1950年2月，山东人李懋五在北京召集"九宫道"道徒开会，宣布"我是太阳，日光菩萨，明年日出，太阳出头就是我出头"，于当年5月5日，李的生日那天就任"明道大皇帝"。

这只是20世纪50年代镇压会道门时破获的"皇帝案"中的一起。这些案子数以千计，内容雷同，从解放初一直持续到"文革"中。而改革开放后的"皇帝案"内容往往更为离奇：

1981 年，盲人丁兴来在大别山区创建了"道德金门教"，不久后"称帝"，封"正宫娘娘""西宫娘娘""宰相"等二十一人，赐"仙印"四十一枚。由于交通闭塞，此人在山区当了十年"皇帝"后才被发现并被乡政府处理。

1982 年，四川省巴中县六十多岁的老农民张清安在巴中川剧团大楼"称帝"，张清安任"正皇帝"，另一位叫廖桂堂的人出任"副皇帝"，宣布建立"中原皇清国"。他们的政治构想规模甚为宏大，甚至远及台湾，故精心准备了一道册封谕旨，将蒋介石（他们不知道蒋介石已经驾鹤西游）册封为"威国王"，给他准备了《皇清圣诣（旨的别字）职字第五号》文件，准备通过邮局寄到台湾，联合蒋介石起事。当然，还没等邮寄，他们就被县公安局给灭了。

1984 年，四川一名读过几本古书的农民曾应龙，因为对计划生育政策强烈不满，率众建立了"大有国"。他穿上了用白布染就、农妇描成的龙袍，率领千余名抵触计划生育政策的"臣民"，杀入县城，攻陷县医院，俘全部医生、女护士，将所有计划生育用品搜出并销毁。后被我人民解放军迅速平定。我人民政府念其无知，从宽判处无期。这位老兄还不服，在狱中不断申诉。不过同时改造颇为积极，在狱中读了"四川函授大学"，准备出去后为人民服务云云。（《帝梦惊华》）

1986 年，山东潍坊农民、前妇女队长、小学文化水平的晁玉华自创"青华圣教"，建立了"大圣天朝"，自称"女皇"，招童男，建"后宫"。后被县人民政府镇压。

直到 1991 年，还有一贯道徒龚贤哲凭《金母血书》招徕信众，在云南乡下建"中华国"，改年号"顶古永和"……

仅仅新中国成立后几十年间，这些案件加起来就不止千百。由此我们可以推测，在漫长的中国历史中，将皇帝梦付诸实践者的数量当然更为惊人。

阅读其他国家历史，我们极少发现类似的"皇帝案"。王学泰先生在一篇文章中说："一位同事从日本游学回来，谈到日本民俗时说到，他曾问过日本学者，日本人有没有想当天皇的。那位日本朋友很惊讶，说那怎么可能呢，天皇是神啊。"欧洲历史上也出现过许多次农民或者说农奴起义，但是这些农奴起义的领导者极少称王称帝，"他们的理想是回到古老的农村公社去，以恢复被农奴制度贬低和摧残了的自身价值"，而不是像中国农民这样，建立新的王朝。我们也许有充足的理由说，"皇帝梦"是中国这块古老土地的"特产"之一。

五

中国社会自秦始皇以后，就与众不同。用程歗先生的话来说就是"中国农民和欧洲农奴的反抗斗争就具有不同的心理基础。欧洲农奴的生活方式产生不了以夺取皇权为目标的反抗意识，而中国的农民起义……无不是企图依照传统王朝的权力模式，建立农民的理想王朝"（《晚清乡土意识》）。

世界上其他传统社会，大多缺乏流动性。无论是西欧和日本的封建社会，还是印度的种姓制度，各阶级都藩篱森严，大门紧闭。贵族永远是贵族，农奴永远是农奴，武士永远是武士。人们缺乏奋斗意识，更愿意听从命运的摆布。

而中国独不然。秦始皇早在两千年前就扫灭了贵族阶层，除皇帝外，一定程度上"人人平等"。唐太宗又成功地运行了科举制，建立了最"公平"的官员选拔机制。因此中国旧社会很早以前看起来就十分"现代"，存在着社会垂直流动的大量机会。"就传统官僚专制社会所具有的社会流动程度而言，中国可以说是人类前资本主义社会中最具阶层开放性结构的社会。"（潘维《中国党政体制——现行政体的由来》）

这种流动性，用文雅的词汇说，"君子之泽五世而斩"（《孟子·离娄章句下》），用老百姓的话来说，则是"富不过三代"。相对其他文明来说，中国社会中没有不可突破的森严壁垒，每个人都有通过自己的奋斗改变命运的一线之机，所以中国人的奋斗意识是世界最强的。

中国人改变命运，无非以下几种方式：一是通过克勤克俭的努力，发家致富，由贫农而富农而地主而大地主；二是通过供孩子读书，"十年寒窗"后一朝中第，"朝为田舍郎，暮登天子堂"，带得全家鸡犬升天；三是奇迹般的"发迹变泰"。这是宋代以后流行于民间社会的演义评书中最受听众欢迎的内容。

而"发迹变泰"故事中，最为刺激的当然是由一介平民而成为天子。事实上，这种故事由刘邦第一个讲述后，历代效法者无穷，特别是唐代以后，中国的皇帝们多是起自底层。这种示范效应令"发迹变泰"故事在民间四处流传，导致了"皇帝轮流做，明年到我家"的流传。

事实上，"做皇帝"以及"拥立皇帝"已经是旧时中国人的奋斗途径之一。

中国历史上重复过无数次的一个雷同情节是，一些人发现身边的某人"有异相"，遂死心塌地地跟随他谋大事，以图"泼天的富贵"。

冯云山这个有一定文化素养的人那么迅速地成为洪秀全最坚定的信徒，

一个重要的原因是洪秀全的面相。冯云山会相面，他"少与洪秀全同学，尝谓秀全多异相，豁达大度，有王者风。因历举古今成败事说秀全，教以起事。以故二人深相勾结"。

王伦之所以起义，除了因为"梦见是龙"外，精于相面的梵伟对他的持续鼓动也功不可没。史载梵伟"妄谈天文谶纬"，善于巫术，他经常对王伦说："予阅人多矣，莫有如君者。即若辈位至督抚，衣锦食肉，能生杀人，亦徒拥虚名，按其才与貌，终出君下。予以君擘画，十年当为君姓上加白，毋自弃也。"

前面我们提到的河南嵩县老曼场"万顺天国""皇帝"李成福，他用来宣传自己神异的仅仅是两个证据：一个是他姓李，所以他是唐朝皇帝的后代；另外一个他手相特殊，"一只手的纹是命子旗，另一只手的纹是乌纱帽，这是天子相"。仅靠这两个证据和几本《奇门遁》《推背图》，再加上巧舌如簧，他就成功地网罗了高峰村前任生产队长谭振军、会计谭某、村医张某以及另外一个村的万玉忠等骨干。酷爱诗歌的万玉忠还在李成福的笔记本上"题诗"四句，以示忠心："我与富贵处今春，相互情谊沧海深。四海为家干事业，万里征途永鹏程"。

与皇帝梦相配套的是"将相梦"。皇帝只能出一个，大臣的职位似乎更"现实"一些。乱世之时，投身军旅，拥戴新君，由布衣而为将相，那也是相当地诱人。在新中国发生的"皇帝案"中，一个引人注目的特点是这些人都颇有"群众基础"。1950年，自称"紫微星"的山东人石东林"出世定国"，参与的各路会道门徒多达三万多人。1955年的"浩天尚国"事件，封了一百多名高级官员。1983年的"农合佛国"，分封了一百九十九名"宰相""国师""娘娘"。许多农民为了将来享受福贵，争相投靠，争做"宰相""国公""保国将""九省元帅"等大官，更有不少妇女，主动投怀送抱，争相做"妃子""娘娘"。1978年，四川人蔡昌诚以"验体选妃"为名，使得二十多名妇女主动投入他的怀抱。

六

虽然披上了基督教的外衣，"拜上帝教"和基督教的精神实质几乎没有任何关系。基督教的落脚点是彼岸，而"拜上帝教"和所有中国民间宗教一样，神秘的外衣下隐藏着的是炽热无比的现世欲望。

经过反复衡量思考，洪秀全终于决定起事。道光二十九年（1849），他写下了这样一首诗：

近世烟风大不同，知天有意启英雄。

……

明主敲诗曾咏菊，汉皇置酒尚歌风。

古来事业由人做，黑雾收残一鉴中。

明主指朱元璋，汉皇指刘邦。这两位由布衣而为天子者，是天下所有男人的超级偶像。

道光三十年（1850），正当广西各教门纷纷聚众起事之际，洪秀全发布"团方"令，要求所有信徒携带所有家口，烧掉自家房子，到金田镇集合。所谓"团方"，是"团圆""团聚"之意，洪秀全发布团方令时只是说要他们来参加宗教仪式，并且恫吓说：

道光三十年，我将遣大灾降世，凡信仰坚定不移者将得救，其不信者将有瘟疫，过了八月之后，有田无人耕，有屋无人住。

为了躲避这场"大灾"，这些人才被各路教首带领来到金田，他们根本想不到自己这次团方要拼上身家性命。直到和官兵打仗的前一天，他们还不知道自己将要参与中国近代史上最伟大的一次起义。一万多人的队伍中，只有洪秀全、冯云山、杨秀清等六人知道"天王欲立江山之事"，其他人都是稀里糊涂就成了伟大的"起义"者。

要把这样一群毫无准备的"顺民"变成英勇的"革命战士"，洪秀全的动员方式之一是许诺这些追随者，起义成功后，他们都将是世袭的官僚。

凡一概同打江山功勋等臣，大则封丞相、检点、指挥、将军、侍卫，至小亦军帅职，累代世袭，龙袍角带在天朝，……威风无比……享福无疆。

太平天国教育干部的《天情道理书》说得更明白：

试问尔等，当凡情在家之时，或农，或工，或商贾，营谋衣食，朝夕不遑，手足胝胼，辛苦备当，孰如我们今日顶天扶主，立志勤王，各受天恩、主恩及东王列王鸿恩。升及荣光，出则服御显扬，侍从罗列，乃马者有人，打扇者有人，前呼后拥，威风排场，可谓盖世。

在入"拜上帝教"之初，许多信徒把家产贱价出售，破釜沉舟全家入教。邻居们表示不理解，这些广西老兄弟解释说："我太守也，我将军也，岂汝辈耕田翁耶！"其妻子也说："我夫人也，我恭人也，岂汝辈村妇女耶！"（《紫荆事略》）显然，美好的蓝图引导他们毅然走上了革命之路。

这也是旧式起义的基本规律之一。用金钱、土地、爵位对农民进行诱惑，远比宣传空疏的"天下大同"更有效果。

正如它的名字所揭示的，林清加入的"荣华会"的主要宗旨就是使信众"荣华富贵"。教首们向教徒口授"真空"八字诀，并叫他们每日朝太阳叩头。声称只要念"真空"八字诀，一可以消灾免祸，二可以不受穷。

"荣华富贵"的念头迷惑了许多人，其中甚至有一位大清帝国的高级武官。曹纶加入荣华会，被嘉庆皇帝称为汉唐宋明以来从未有的"奇之又奇"之事，因为此人出身名门，曾祖、祖父和父亲都是品级不低的官员，曹纶本人也是大清王朝的四品武官。这样一个高级武官入教，原因非常简单，那就是想摆脱穷困。曹纶的父亲在知府任上死于苗民起义，家产也毁于战火。曹纶携父柩回京后，囊中尽空，家徒四壁，甚至"衣衫褴褛，不能出门当差"。嘉庆十六年（1811）升任正四品的独石口都司时，因为这个官位没有什么油水，仍然穷困潦倒。林清在这个当口及时出手接济，让他能有体面的衣服和车马去官府当差，又宣传说"荣华会"的咒语可以对抗穷神，使他的财运迅速改变。曹纶遂拜林清为师入了教。天理教起义失败后，曹纶交代自己的入教动机时说："实在穷极无奈，贪图富贵，料得林清事成后，自然给我一、二品。"（《清代八卦教》）

事实上，林清的事业发展得如此蓬勃，主要就是因为他抓住了人们改变命运的渴望，在传教手段上有所创新。开始他宣传，加入他的宗教是一种一本万利的投资。如果你交一份"根基钱"，那么将来，你会得到这个数额十倍的回报。后来他更敏锐地抓住普通农民对土地的渴望，承诺如果你交一百个大钱，那么以后就会"得地一顷"。

通过这个办法，林清"得到了广大农民的热烈拥护"，河南和直隶的农民

"相从者众"（《钦定平定教匪纪略》卷二十五），只河南滑浚一带"于号簿内按名登记"者，就"共计男妇大小三千八百余名"。（《军录》《刘第五供词》）这些对未来充满幻想的人成了日后起义的中坚力量。

林清的"条件"不光吸引了普通农民，而且对一些富人来说也极有诱惑力。天理教为壮大势力，利用富人们对权力的渴望，许诺交"粮食数石，许给官职，填写号簿，并开写合同纸片，交与本人做据"。有的财主出银一百两，得到了将来事成后可做总督的承诺。清代宗室黄带子海康，也是因为听到"如林清事成，给伊大官职"的承诺慨然入教。

这种手段并非林清的独创。发放原始股并承诺巨额回报，在中国起义史上屡见不鲜。乾隆初年，冯进京、王会的收元教，直接和教徒们签订"合同"。"合同"的内容是根据徒众交款多少，承诺将来的官职多大。那条件真是极其优惠：交二两到十余两者，将来成事后就可以封王；交一千钱，就可以封大将军、总兵；交几百文者，就可以封兵备道。分封太滥，以致"有妇女幼孩而称总兵者，有给钱数百两而称为王公者"，其荒唐把清政府官员都逗乐了，地方当局认为，这实在"有类疯癫，其非素蓄逆谋可知"。（《朱批档》，乾隆十八年八月初三日直督总督方观承奏折）

七

"皇帝案"的制造者都有一个相同的特点：他们想象力特别发达，特别享受沉醉在无边无际的白日梦中的感觉。但与此同时，他们也显得特别幼稚，特别急功近利，迫不及待。在起事之初，他们就沉醉于大封爵位、大订"礼仪"，而把更重要的"革命准备"置于脑后，使惊天大事沦为一场场笑话。

1950 年自称"明道大皇帝"的山东人李懋五是一个颇具浪漫主义气质的幻想家。起事之前，他做的最主要准备工作是规划新朝代的国号、国旗以及行政区划。他经过冥思苦想，想出了"大顺国"和"日月龙凤旗"为国号、国旗。又筹划在河南、河北方圆八百里左右的地方建立一座中京和十道城。他花费了许多时间，津津有味地为自己设计了九宫十八院的皇宫，并画好了蓝图，设计了建筑细节，准备日后细细兴建。他还废寝忘食地为自己构想了二百一十六名妃子的后宫，设立了九相十八卿以及二百一十六名群臣的官僚体系，同时修订了日历，设计了新朝的服装，消耗了无数脑细胞。在设计这一切的时候，他一定沉浸在了做白日梦的巨大愉悦之中。（《北京市人民法院

案例选编》)

"中原皇清国"的老"皇帝"张清安在起事前也已经详细制定出新朝的法律和制度。他于6月22日至28日间,以毛笔写出了"新王朝"的大纲大法,即四万多字的《天律森吏》。这部文件分为国令、国法、国政、国史、信财、三乘九品、薪玉案等七个部分。国令说:"清锋鐾铖安天下,无忠不孝要斩杀。还清山河不完税,天下同胞世(应为是)一家。"国法则设"孝悌忠信礼义廉耻"八条。国政中把人分成十一等,画成"安位天下图"。接着他又写出《三乘九品》《五律归亲》《四祖礼本》《古玉观》等关于新朝礼制、文化建设的许多大作。

另一个重要的准备就是给骨干们大封官爵,让他们提前享受一下"发迹变泰"的快感。他不光封了一个建筑公司工人为"副皇帝",还封了"武侯王""西蜀王""巡府"(当是从巡抚联想而来)"国翁""通天师"等一大批官。此外,他设立的官员体系中还有"贤臣""清相""先行"等闻所未闻的名目。封高兴了,他甚至顺手把远在台湾的蒋介石封为"威国王"(他不知道蒋介石已死),并发布了《皇清圣诣(旨的别字)职字第五号》。

封完爵后,张清安又兴兴头头雕了十八颗大印,发给各级重要官员。皇帝的玉玺玺文为"皇清玉帝",二寸见方,由心灵手巧的张清安亲自设计亲手雕成。其余十七方,按级别尺寸有严格区别:朝廷一级的一寸五见方,府州一级的一寸见方,县乡级的零点八寸见方,材质皆为梨木。

八

洪秀全的心理状态,与上两位异曲而同工。作为一个社会底层走来的落魄童生,洪秀全在革命过程中最关心的就是划分等级,明确身份,显示自己至高无上的权力。做这些事,他可以说是迫不及待,心醉神迷,完全不管军情紧急不紧急,形势允许不允许。

起义军攻占的第一个"大地方"是一个叫东乡的小镇。占了小镇后,虽然四周已经被清军围得水泄不通,但整个东乡镇却忙忙碌碌,热热闹闹,原来,洪秀全正忙着举行登基大典,正式登基,做了天王,自称为朕,群下对他称"主"。起兵不到三个月,刚刚占领了一个小镇子,在敌人日渐合围的艰险时刻,就开国登基,树起大招牌,实在称不上明智之举。

太平军攻占的第一个城市是县城永安。一万乡下人进了城,感觉自然和东乡大大不同。洪秀全仍然一如前例，关上城门，准备固守，一心一意做起天王。一进永安城，他就命令人们把州衙改为"天王府"，大加修缮，墙上用杏黄纸裱糊，地上铺满红毯，厅前排列着花盆。"天王府"的各门分别悬挂"第一朝门""第二朝门""第三朝门""第四朝门"的牌子，门上都涂上皇帝专用的明黄色，画上龙虎图案。

住进"天王府"，洪秀全先给自己选了三十六个女人，封为三十六个娘娘，然后就开始大封王爵。封杨秀清为东王，"管制东方各国"；萧朝贵为西王，"管制西方各国"……

素质问题

一

行文到此，也许需要做一个说明，"农民起义"这个词不可随便滥用。判断什么是"农民起义"，什么是"暴乱"或者"案件"，本文标准是以 1949 年为界。

阅读这些"起义""暴乱"或"案件"资料时，让我最难理解的是，为什么这些荒诞不经的宣传和漏洞百出的承诺，能够召集那么多信众。

历史上许多起义领袖的说辞，都是非常幼稚的。山西先天教教主曹顺在道光二十四年（1844）声称自己是"释迦佛转世，知人前生"，并捏称教中人"各有来历"，或是罗汉转世，或是燃灯佛转世，或者是海瑞、魏延、徐庶、杨业、哪吒、孙悟空转世，梦想坐朝登基，决定扯旗造反，"恐人畏惧枪炮"，又捏说他"有法术能避火器，不怕枪打"，以壮其胆。这简直就是义和团的预演。这种幼儿园水平的宣传，居然也使他成了小小领袖。

乾隆十七年（1752），湖北发生过一起"马朝柱谋反案"。此人对众人宣称自己十六岁时，曾梦到神仙降临，指点他到某处拜了名师，学得了一身法术，可以撒豆成兵，剪纸为马。他又对大家宣称，从上天处获得了一把神奇的撑天扇，用此扇，"能行云雾中，三时可抵西洋。并称西洋不日起事，兴复明朝"。这样荒诞不经的说辞，竟骗得众人纷纷相信，交给他银钱，记名入伙。

新中国成立后的案件，骗术也十分可笑。

"中原皇清国""皇帝"张清安的动员手段其实十分简单。他只是四处对当地老百姓宣传说："我是孝子，玉皇派我做中原皇清国皇帝，下凡来普救众生，今年七月有大难，我叫谁活谁才活。"他到枣林公社清滩村，对村民们说："枣林公社的干部和恶人要死定，全公社只留二百一十三人，你们村只留十八人，你们队只留三人。"经过一通神乎其神的吓唬，好几个人就做了他的信众。六十多岁的张清安甚至还以这套说辞骗得十八岁的处女雷某上床，事后封之为一品夫人。

攻占了县医院，拘留了医生护士，毁灭了计划生育用品的"大有国皇帝"曾应龙在新中国"皇帝"中算是颇有"雄才大略"的。他的"雄才大略"也不过表现为在起事前先编造了"假龙沉，真龙升"等民谣，为自己"登基"进行秘密宣传，并编造了娃娃鱼献瑞等故事来证明自己的"不凡"，同时还策划了一班大臣千里赴河南迎驾，拥戴他"登基"的大戏。

如果说旧中国教育不普及，资讯不发达，人们容易被皇帝梦所迷惑的话，那么新中国国民整体受教育程度较以前已经有了质的提升。新中国成立前，全国百分之九十的人处于文盲状态，如今成人识字率已超过百分之九十七。特别是在改革开放后，资讯更大为发达。何以还经常发生这样的事？

我们不得不说，在旧中国文化中，并非只有温文尔雅的孔孟之道，也有《三国演义》《水浒传》这些民间智慧以及数不清的杂乱无章的迷信传说。构成我们这个社会主体的农民，千百年来"属于低度文化、浅层思维的社会群体"（《晚清乡土意识》）。他们的生活方向，主要以习俗、直觉、群体无意识、群体情绪为主导，很多时候缺乏理性精神和分析能力。

由于缺乏教育，很多中国农民自我意识薄弱，社会认知结构简单。他们可以轻易相信他们的领袖具有神通，"刀枪不入"，相信洋人"剜人眼睛做药"，相信"耳屎可以致人哑"，相信种种奇奇怪怪的偏方。他们不能深入分析社会痛苦的来源，只能用自身的笼统感觉、狭窄经验以及迷信传统来分析世界，以"劫难说"来解释一切。

直到今天，许多农民的思维结构与旧时代的农民相比，并没有发生太大变化，他们乐于相信种种神怪现象，愿意把命运交付给神灵掌握。

二

由这样一群人组成的队伍，没有番号、旗帜，没有盔甲、武器。他们穿着各式各样千奇百怪的衣服，手里握着菜刀、锄头、扁担，前头还赶着自家的一头小毛驴，驴身上坐着老婆孩子。一位曾经被农民起义军掳入军中的读书人这样回忆他的见闻："又服饰不经，或戎服，以白缯缠首；或纱帽补服，文武九品互用；或取神庙金色幞头及龙袍着之。而其下参游都守备则尤不伦，有衣冠至璀璨者，有褴褛类乞丐者，每朔望则杂沓而至。"

相对正规军，他们的组织能力、军事技术和战术水平显然都相当业余。他们的军事教材，就是《水浒传》《三国演义》，他们的军事领袖，都是自学成才，在失败中逐渐成长。他们不需要后勤部门和装备部门，打到哪里抢到哪里。如果有饥民大批来投，他们当然欢迎。如果没人来壮大队伍，他们也不发愁。东晋时孙恩起义，"所过城邑，焚掠一空，单留强壮者编入队伍，妇女老弱，皆投诸水中"。关于明末的起义队伍，也常有这样的记载：他们想发展队伍，就把一村一寨的房屋都烧光，强迫一村的青壮入伙。他们拿着刀一个一个逼问，是想回家还是想留下来。如果这个人不识相，说想回家，那么他们便说："那好，我就送你回家。"一刀砍了完事。如果愿意留下来，他们还要追问你家里有没有老婆孩子。如果说有，还要问："想不想他们？"如果回答是想，那么，对不起，也得一刀砍了。如果谁被逼入伙后又逃跑，那么抓回来不是割了耳朵就是割去鼻子，以为警诫。

三

这样一支军队，如果缺乏出色的领导，那么结果当然会一败涂地。中国历史上农民起义虽然千千万万，但成功的不及万分之一，主要的原因不在于"反动势力的强大"，而在于革命者出人意料地缺乏能力。

道光三年（1823）马万良父子起义就是一出闹剧。直隶清河县人马万良、马进忠是八卦教教首。和林清一样，发展了一定信徒后，他们父子做起了皇帝梦。他们做的第一件事，是在三十多个教徒的拥戴下直接称帝。父亲马万良后来在供词中是这样交代的：

> （十月）初一那一天，到了三十余人，摆了桌供，小的坐在当中，继子（马进忠）穿上黄袍，说请老主让位。小的下来让继子坐下，就算登基。众人磕了头，起了"天心顺"年号，封小的为明天教主，刘允中之女刘氏、侄媳李氏及董顾氏们九人为三官六院；又封刘允中们为将军、

六部、四丞相，郭浩德为护国军师；又分七十二贤、十二差官名目。那日男女徒弟并未到齐，有当面封的，有未到先封的，也有十一月二十五日继子回家在那里封的。

导演完这场"登基"闹剧以后，马氏父子毕竟也知道农村土炕算不上"龙廷"。为了实现帝王梦想，马进忠决定实施攻打临清、清河的"计划"。但是计划实在太雷人了：他们打算道光三年十二月十五日在临清城外会合，"暗进临清西门，夜晚动手，乘人不备，光抢文武衙门，得了枪炮再回去抢清河县城。有了人马器械，再商议二月初取龙抬头吉日起身，一路打抢北上。众各允从"。他们以为凭几百个人，赤手空拳，就可以顺利抢得枪炮。抢了之后，还要回家顺顺当当过完年，过完正月，再从容不迫地去北京做皇帝。这样的计划岂非痴人说梦？事实上，马进忠并没有为攻打临清做任何现实的物质准备，而是在"登基"之后，二十四日，忙着头扎红绸、身披黄绫，同"皇后"刘氏一同"衣锦还乡"，回到了清河县。在大事招摇不久后，便为地方民人告发。清地方当局逮捕了三百多名明天教徒，经过严刑审讯，将马进忠、马万良等二十余人凌迟处死。马进忠从"登基"到被逮捕仅两个月，一场"皇帝"的美梦，就这样破灭了。

那些大型的农民起义，战略水平也十分低下。因为想登基坐殿，享受帝王滋味，在嘉庆十六年（1811）左右，林清就和骨干们准备起义事宜。他们早早地定下了起义时间，那就是两年后的嘉庆十八年九月十五日午时。一般来说，起义需要根据当时的形势因势利导地决定时间地点，为什么早早就决定了两年后某一天的具体时日呢？原来，嘉庆十六年八月，"彗星出西北方"，教首们认为"星射紫微垣，主兵象"，从而推算出起义日期"应在酉之年，戌之月，寅之日，午之时，故以十八年九月十五日午时起事"。（《靖逆记》卷五，《李文成》）

嘉庆十八年（1813）七月，林清召集骨干力量在河南道口召开了一次会议，部署起义事宜。他们议定，京畿和直、鲁、豫三省于九月十五日同时举行反清起义，起义军总人数数万，由林清、李文成、冯克善分别夺取紫禁城、河南、山东，然后李、冯率师抵京，与林清会合，共同坐殿。

然而，由于目光短浅，组织松散，领导无力，这次起义进行得毫无章法，最后以惨败告终。

我们先来看看山东的起义。山东教徒按计划准时于九月十五日午时举行了起义，趁着清朝地方官员毫无准备的机会占领了两座县城。但是在杀了县官，劫了监狱后，起义军就忠实地听从"发财"这一教旨的指导，集中精力于"抢当铺、钱铺"，然后"仍出城各分股散逸"，四散而走，"游奕于定、曹、单三县之间，劫掠村庄、食物"。(《朱批奏折》)"从九月十日至九月末，山东八卦教徒仅只贪眼前小利，劫掠商号、抢府库，根本没有任何战略意图，结果坐失良机。"

清政府的正规军杀到后，发现这些起义军不堪一击。他们"不但没有任何战备意图，更要命的是缺乏统一的领导、严明的纪律和经过训练的兵源。不少人属于被临时裹胁，仓促上阵的普通百姓，而军事首领仅知抢劫财货，以饱囊橐，不知死已临头"。官军发现"该逆匪并无纪律，亦无技勇……其被胁之人，一见官兵，即将刀杖抛弃，拼命奔逃。并有脱衣跪地者。其剿残零匪，俱逃往曹县之启家集"。这些革命者很快被清地方军队消灭了。

河南起义进行得比山东严肃认真，因为它的领导者是号称"李自成转世"、进行了多年精心准备的李文成。河南因此也成为这次大起义的主战场。

因为事机泄露，李文成部于九月六日提前起义，并顺利攻下了滑城县城。李文成在城内建立政权，称"天王"，树"大明天顺李真主"的大旗。接着，起义军又攻占了附近的道口和桃源两个象，与滑城形成掎角之势。起义的开头有声有色。

但是紧接着起义军就暴露了他们对军事的一无所知。一般农民起义的惯技是主动出击，流动作战，避实就虚。这是历代农民起义的成功规律。如果李文成此时挥兵山东，与山东八卦教联合作战，利用山东、河南多年荒旱的机会，本可以掀起翻天巨浪。但是李文成却率领起义大军屯守他攻下的这三处城镇，准备在此建立地上天国。这种"固守老家，等敌上门"的战略明显是重大失策。造成这种局面的原因主要有二：一是他们没有人懂得军事；二是李文成等人在滑县附近拥有大量的土地房产，恋土怀乡之念很重。

前来镇压的清军将领一开始十分紧张，及至看到他们固守滑城，就放下心来，知道是乌合之众，不足为敌。"贼初起时，余告当事者，即忧其四出奔突，难以追逐。后闻其据城自守，已知其无能为。"因为"孤城致毙，此兵法所最忌者"（礼亲王昭梿）。事实也是这样，嘉庆十八年十二月底，滑县城的起义军在清军四面包围下经过了道口、司寨、滑县三战轻松被消灭。

直隶起义军规模最小，组织领导水平也不高，当然也没逃过失败的命运。虽据守潘章镇多日，最终还是被托津指挥吉林索伦军镇压。

四

不过，最荒唐的还是这次起义的最高潮——天理教教首林清亲自指挥的攻打紫禁城之战。

将三省的起义任务分配好后，林清就开始准备攻占紫禁城，直接到金銮殿去"坐殿"。

令人难以想象的是，这么大一个行动，他的准备却只限召集了一百来人，打造了几十把大刀。

李得曾叫人在雄县白沟河打过刀六七把，……在新城县新利庄打过刀三把，……在新城高各庄打过刀五把。李得自己在马庄行粮上打过刀三把。所打之刀，"送交林清散给会中使用"。

这就是他的全部准备工作。

林清本来的计划是与李文成北上部队在北京彰义门会师后，一同进攻紫禁城。然而，因为被困于滑县，李文成根本没有派部队北上。按理这种情况下攻打紫禁城计划只能取消，林清却异想天开，认为有自己的聪明机智，又有太监做内应，仅凭一百来人，奇袭紫禁城也能成功。而一旦他们"坐了殿"，那么一切都好说了。"九月十五往京中闹事，官兵们措手不及，必能得手，我们据了京师，就好说了……我们据了京师，不怕皇上不到关东去。"

九月十五日，林清派一百四十多人，兵分两路，从东、西两个方向"围攻紫禁城"。然而这个计划一开始就大打折扣：许多人一边杀向紫禁城，一边心里打鼓。结果一路弃刀逃跑者多达七十余人。也就是说，只有七十多人参加了"紫禁城之战"。

攻打东华门的大约三十多人，他们手持大刀冲到门口。守门卫兵大吃一惊，急忙关大门，只有五六个人跑得快冲了进去，其他二十多个人望着大门只能大眼瞪小眼，瞪了一会儿，四散逃跑了。攻进去这五六个人当然很快"寡不敌众，惨遭杀害"。"东路的进攻失败了"。

西华门一路比较顺利，因为有太监杨进忠在门口迎候，全队四十多人全都冲进城内。他们不想着肃清宫内守兵，占据要津，控制局面，却一门心思要奔到金銮殿上去"坐殿"。所以发生了这样荒唐的一幕：翰林院编修陶梁正在文颖馆中校书，忽听门外有人喧哗，出门一看，一伙持刀的农民杀了进来，一见他就问："金銮殿在何所？"得知"坐殿"要由隆宗门进入后，他们就一起跑到了这座门前，他们事后供说："我们的人用两根杉槁撞门，撞不开。后来官军隔着门射出箭来，大家都往北跑。出了甬子，见官兵从北来，弓箭刀枪抵敌不住，又回来往南走，到西华门上了马道。"

他们上了马道，登上城墙，打开上书"大明天顺"的白色大旗，向外摇动大喊，希望河南同教前来接应。然而，此时河南的起义军被围在河南滑县一带，离此数百公里之遥，当然没有听到他们的声音。正在宫内读书的皇次子绵宁得到汇报，急忙集合守军，用几支鸟枪就把起义者轻松击败了。接着又进行搜捕，两日之中，共有七十二名天理教徒被擒被杀。轰轰烈烈的攻打紫禁城起义，至此彻底失败。

留名史册的"林清起义"过程虽然如此荒唐，但是结果却非常惨烈。山东仅扈家集一战就有二千余起义军被杀。河南起义军死亡更为惨重，道口一役中，起义军被杀者六千余，被烧死于镇中者四五千人。整个镇压过程中，总计数以七八万的起义军死亡，直、鲁、豫三省交界处数十州县荒无人烟，像是一片人间地狱。第二年春天，这一带瘟疫大起，百姓甚至官吏染疫者大半，死亡无数。

五

和天理教起义一样，太平天国起义也十分缺乏章法。实际上，在各路人马纷纷向金田集合之时，六位领袖也是胸无定见：到底是先攻打自己的老对手团练报仇，还是攻取富庶的镇子搞点钱粮？他们迟迟没有定下具体的战斗方案。虽然太平天国将领后来在"战争中学会了战争"，在天国后期，李秀成等"围魏救赵"创造了许多高明战例，但是总的看，太平天国的整体战略水平无疑是很低的。

就在洪秀全们举棋不定之时，官兵来了。官兵原本不是冲"拜上帝教"来的，他们是来围剿"天地会""三合会"等更猖狂的"教匪"的。等到杀散了其他教门，才发现原来这儿还藏着一个前所未知的教门。于是搂草打兔子，准备顺便把他们消灭。

所以，这场起义，一开始就是被迫应战。连洪仁玕后来都说："本不欲反，无奈官兵侵害，不得已而相抗也。"已经骑虎难下的"拜上帝教"领袖只好组织教徒们突围。

没想到一接仗，气势汹汹的官军竟然不堪一击。这些下乡游击的官军都是三板斧作风，一旦发现对方吓唬不住，他们马上就先没底气了。官军的进攻很快就被破釜沉舟的教徒们打退。

这一仗给了洪秀全极大的信心。此役过后二十多天，他才借自己生日的机会，正式宣布起义。

然而，这个义怎么个起法，攻打什么地方，附近有什么战略要地，他心里一无所知。他只知道自己要"坐天下"，"食天下钱粮"，"管天下人民"。如何实现这个目的，却毫无头绪。

在首次战役之后，十多天里，太平军一直待在金田，等着官兵围困，不知朝哪个方向进发。直到附近大湟江口的敌人向他们发起进攻，他们才奋起反击，乘胜占领了大湟江口。然后，在交通便利的大湟江口一驻扎就是两个月，还是没有制定出下一步战略目标，似乎要死守此地。敌人乘这两个月时间把大湟江口团团围住，这时太平军才不得不拼死突围。损失惨重之后，才突出重围，来到离武宣县城二十里的东乡。武宣县官民弃城逃跑，"一县皆空"，然而，太平军却没有攻取县城，而是在东乡就地驻扎下来，一面称王封爵，一面挖沟筑垒，又要固守这个小小的镇子，在这里永远停留下去。

可以说，起兵的头三个月，太平军一直是漫无目的地被动挨打，找到一个喘息之地就固守不动。也难怪，整个太平军中，除了洪秀全和冯云山两个老童生，其余都是文盲，他们根本不知道什么叫战略战术，完全是跟着感觉走，走到哪儿算哪儿。

洪秀全驻扎东乡忙于称王，给清军以喘息机会，地方官员也大大松了一口气。他们从容调动军队，将太平军围得水泄不通。当了天王，树大招风，敌人越聚越多，太平军得不到粮食，开始陷入饥饿。在东乡苦守了两个多月后，只好又一次突围，突围成功后，还是不知道应该向什么地方去，干脆，又挥师跑回了金田！

太平军在起义的头半年里，四处游走，却仍然漫无目的。在盲目流窜的路上，萧朝贵代"天兄"传言，要大家"尽忠报国，到得小天堂，自有大大封赏"。从他们占据一地，就顾头不顾腚地挖沟固守来看，他们确实是想割据一小块地方，建立自己的"小天堂"，自己的世外桃源。这和李文成的想法异曲而同工。

结果一目了然，敌人不可能让他们在金田建立"小天堂"，只好又是一路突围，一路裹挟贫困农民北上，于八月初一日攻破永安州城。

城里的生活实在太好了，以至于他们在这里驻留了六个半月之久。洪秀全忙着册封给了清军以充分时间，清政府迅速调动兵力。从各省调来四万六千余人，终于把永安城四面围住。从军事上看，完全没有停留这么久的理由。"为什么在这里长期停留？休整补充，不可能需要半年多的时间。由于敌人的牵制而不得脱身？这也不是事实。太平军克永安后，清军虽尾追而至，但直到这一年年底的三个多月里，清军的进攻软弱无力，并没有形成包围。"（《太平天国的历史和思想》）唯一的理由当然是"在永安建都立业"。因为"永安虽小，但对长期在荒村小镇盘桓的不少起义农民来说，已经是一个巨大的世界。……这种情况正是起义农民初兴阶段视野狭隘的反映"。（《太平天国的历史和思想》）

虽然小朝廷滋味不错，可形势却让洪秀全不得不暂时清醒。因为在清军的围困下，物资供应已断绝，"粮草殆尽，红粉亦无"，太平军把永安城内的所有粮食、财物一律没收，还是没能支持多长时间，只好拼命突围。

在清军的围困下没有办法，还得走老路，突围！损失了一半人马，洪秀全丢弃了刚刚住了不长时间的天王府，艰险万状地从永安突围出来。从此以后，太平军终于找到了进军的方向，那就是：大城市！从永安的经验，他们知道大城市里有吃有喝还有丰富的物资，一旦打下来，就可以享受几个月。于是，他们挥师省城桂林，一路上，洪秀全用这样的前景激励群众："脱尽凡情顶高天，金砖金屋光焕焕。高天享福极威风，最小最卑尽绸缎。男着龙袍女插花，各做忠臣劳马汗。"

此时的桂林城内兵马不到两千，然而，太平军从来没有进行过这样的攻坚战，围了桂林一个多月，还是没有攻下来，而此时，清军却从四面八方赶来，又对太平军形成了合围之势。没办法，只好再次突围。突围之后，去哪儿呢？还是没人知道。这时，湖南天地会起义军被打败，余部投奔太平军而来，建议他们进攻湖南。杨秀清点头应允，于是大军北上，进入湖南，扑向长沙。

不过，攻打长沙的战役却进行得毫无章法。"太平军经过在湘南的休整扩编，战兵已达五万人，但萧朝贵只有一千几百人进攻长沙，大军仍留在湘南。"长沙虽无守备，但凭一千多人就想攻下一个省城，无疑不现实。直到萧朝贵在战斗中死亡，杨秀清和洪秀全才率大部队北上。然而此时，清军调集了三万守兵，已经做好一切防守准备。

长沙战役打了八十一天，坚苦卓绝，太平军死亡无数。然而，战火纷飞中，洪秀全却把军事全权交给了杨秀清，从此大撒把。毕竟，打仗太费脑子太累了。不过他也没有闲着，他做什么呢，他在长沙南门，在隆隆炮火中，在战士们的喊杀声中，兴致勃勃地监造起玉玺。他在这儿找到了一个技术很好的作坊，自己亲自画图样，亲自监督，津津有味地看着工匠们给他造了一个奇大无比、设计鄙俗的大玉玺。他还专门成立了诏书衙，派人专门记录他平日的一言一行……

▲ 太平天国玉玺

长沙最终没攻下来，在稍后攻打岳州时，太平军得到了一个意外的收获，"意外地得到了几千艘民船"。这一意外的收获使他们得以建立水营，"行军作战条件有了改变，因而他们就变更了原定的进军路线"，顺江而下，很快攻下了武昌。

到了武昌，他们才第一次定下了"战略"，那就是直奔南京，建立"小天堂"。"'略城堡，舍要害，专意金陵'的方针，只是在这时才真正确定下来。"（《太平天国的历史和思想》）有了水师，也积累了战斗经验，占领南京，倒是顺理成章。回顾太平军的兴起史，他们一路之上，是占一城，丢一城，直到打遍了半个中国，占领了南京，他们手中也只有南京、镇江、扬州三座孤城。如果太平军在此时乘胜北上，直捣北京，拿下北京城也很有可能，因为那时清朝皇帝已经慌了手脚，准备迁都热河了。可是，洪秀全和杨秀清二人根本没有这个眼光，来到了"六朝金粉之地"，他们又迫不及待地关上城门，陷入烟花丛中，享受起"小天堂"的日子了，而把北京置之度外。"金陵刚刚建都，他们就说：'方今真主灭妖，十去八九。'……他们缺乏'犁庭扫穴'、夺取全国政权的观念，简直把直隶省排除在视野之外，说什么这是'沙瘴之区''罪奴之地'，甚至说'至于妖穴，取之不足以安人民，弃之不足以伸武勇'，对北伐不以为意，不加重视。"（《太平天国的历史和思想》）直到享受了十一年之后，南京被包围得很严实，终于无法突围，轰轰烈烈的太平天国运动就此陨灭，结束了占据—固守—突围—占据下一个据点的循环。

从"万众一心"到"人心离散"

一

虽然战略水平不高，但前期太平军却能一路摧枯拉朽。除了清朝正规军已经烂透了这个因素之外，"拜上帝教"的宗教力量也不可忽视。

关于太平军的士气和精神状态，以钦差大臣身份主持广西军务的赛尚阿深有感触。他说：

> 粤西股匪虽多，本以金田会匪最为顽狡……此股会匪与他游匪迥不相同，死党累千盈万，固结其坚。……一经入会从逆，辄皆悍不畏死，……所有军前临阵生擒及地方拿获奸细，加以刑拷，毫不知所惊惧及哀求免死情状，奉其天父天兄邪谬之说，至死不移。（太平天国文献史料集）

时人对太平军的这种精神状态记述颇多。比如，《武昌纪事》也说：太平军"或临阵，或患病，举凡一切事，皆对天祈祷，口喃喃'求天父默佑，所谋遂意'，祝毕，赴汤蹈火在所不顾"。（《太平天国》）《金陵纪事》则说："其胆皆泼，心多入魔，目直视若痰迷者。"（《丛编简辑》，第2册）

这种精神力量显然来自对宗教的虔信。太平军坚信他们的事业是正义的，因为这也是上帝的事业，"正义的事业是任何敌人也攻不破的"。金田起兵以来，那些看似强大的清朝正规军在他们这些装备落后的泥腿子面前一触即溃的事实，更加强化了他们这种信念。史书记载，太平军中的思想政治工作是这样做的："万事皆由天父排定，尔等都要练得正正真真，不怕妖魔一面飞一面变，都难逃天父手内过。……务要放胆放草（草指"心"），自有天父看顾，天父自然大显权能。尔想在永安时尚蒙天父救出，此时还怕妖魔何事？"（张德坚《贼情汇纂》）

在宗教力量的驱动下，前期太平军士气高涨，豪情满怀。1853年6月，美国人戴作士来到镇江考察了太平军的营地。他印象最深的是太平军"对事业的正义性和最终赢得胜利充满信心"。

二

自从黄巾起义之后，中国历史上几乎所有大的农民起义都与民间宗教紧密相连。这是因为除了宗教外，很少有力量能把中国农民发动起来。

除了动员作用外，宗教还能提供起义所必需的组织纪律性。传统农民通常眼光狭隘，又一盘散沙，不习惯组织和纪律的约束。一般来说，只有宗教能使农民克服散漫性。民间宗教通常都是权威主义的，强调对教主的绝对服从，宗教组织内部一般都采取等级分明的专制体系，这为将中国农民团结成磐石般坚强提供了最便捷的路径。而"拜上帝教"的一神教性质又使它较那些土产的多神教更有利于建立绝对的专制秩序。在明清历次起义中，我们通常会看到各地起义者各奉一神，甚至孙悟空、铁拐李等都纷纷下凡，形成无数个小山头，相互难以统属。而在太平天国，只有洪秀全这"独一真神"，其他所有"邪神"一律销声匿迹，这是太平军超越明清诸农民起义形成如此巨大规模的重要原因。

在中国历史上，太平天国是将宗教力量运用到极致的一次大型农民起义。洪秀全们深知宗教对太平天国运动的重要性。太平天国规定，加入太平军后第一件事就是要掌握教义："凡兄弟俱要熟读赞美天条，如过三个礼拜不能熟记者，斩首不留。"虽然战事倥偬，但是他们坚持每天早晚都要敬拜上帝，每七天举行一次集体礼拜。礼拜之时一定要虔诚郑重，"凡闻锣不至或稍涉嬉戏者杖责数百，无故缺席三次则斩首示众"。太平天国还建立了"讲道理"制度，即定期将军队召集在一起训话，以通俗的语言，"理论联系实际"，来进行深入浅出的思想动员，要求他们放弃杂念为天国事业忘我牺牲。张德坚这样记载太平天国的"讲道理"仪式：他们在空旷之处搭起高台，宣讲人上台，讲天父上帝生出天王东王来给我们做领导，这是我们多大的福气！我们只要好好干，将来都会享福无穷……宣读了一通革命的好处后，又告诫士兵不得开小差："切不可反草（即"反心"）变妖逃走。天父曾说，任尔三更逃黑夜，难逃天父眼睁睁。……现立卡房多处，谅尔等难逃，一经捉获，五马分尸，尔等放着天福不享，自寻死路，真是被鬼迷被鬼捉，真下贱矣！"

宗教的魅力在于它神秘主义的本质。它可以针对种种现实需要，随机应变地给出各种"解释"。它许诺战士们，因为有上帝的关照，刀枪伤不到他们。及至有人阵亡，它又可以解释说，这是上帝接这个人提前上天享福。出发之前，它鼓励大家，上帝承诺这场战役一定胜利。及至失败，它又解释说，这是因为他们的队伍中有"不肯真心顶天之人"，惹得上帝生了气。"众兄弟切不要慌，兄弟们升天乃是好事，胜败常事，总是兄弟中多有不肯真心顶天之人，才被妖魔侵害，此是天父磨炼我们的。"中国农民有着强烈的合群从众心理。无论成败顺逆，这些频繁的、深入浅出的、集体催眠的思想政治工作，都能起到安抚人心、维持士气的作用。

三

宗教作为一种精神资源，成本极低而效用极大。它的成本只是教主的大脑，功用却像一颗精神原子弹，可以在短时间内激发出一个群体的极大狂热。

然而，宗教宣传毕竟是虚幻的而非真实的，它提供的是迷幻剂、兴奋剂乃至安慰剂，可收一时之效，却不能长久依恃。

更何况"拜上帝教"有着严重的先天不足：它的理论漏洞太多。说到底，"拜上帝教"是一种欺骗性宣传。要长久地对信徒进行精神控制，需要教主具有超乎一般的理论构建能力和逻辑思维能力，而这些能力洪秀全并不具备。所以，在他构建的"拜上帝教"理论中，矛盾之处比比皆是。

按洪秀全的说法，他出生过两回。第一回是在天上，由上帝和天妈所生，"未有天地之先，既蒙天父上帝原配即是天妈肚肠生出"。第二回，则"由天上另一位亚妈肚肠而生，以便入世"。就是说，他钻回另一个人的子宫又出生了一回，不论哪一次出生，都与他的生父洪镜扬毫无关系。这不免让洪氏族人感觉有点丧气。

在中国旧文化中，龙是神圣、威严的象征，而在西方文化中，龙却是邪恶的魔鬼。《圣经》中就提到过一条可怕的七头十角的红眼睛大红龙。在创立"拜上帝教"时，洪秀全也依照《圣经》记载，宣布龙是众多妖魔之一。然而定都天京后，天王宫中却依照传统处处用龙来显示天王的威仪：金玺上铸有龙头，宫殿中建有金龙殿，黄袍上绣有九龙，洪秀全所颁诏书上也都绘有龙凤图案。不久之后，有人提醒洪秀全，以妖为饰似乎不太合适，洪秀全这才惊觉这一矛盾。想来想去，洪秀全独出心裁地命令匠人们在所用之龙的双眼上各插一箭，名曰"射眼"。他说，射过眼的龙，龙就被镇住邪性，不再是妖魔了。不过过了些日子，眼看着金碧辉煌的大殿顶上盘踞着残疾的龙，毕竟让人心里别扭，洪秀全干脆又下诏宣布，太平天国所用之龙是"宝贝龙"，不是《圣经》中所说的妖，不用再射眼了。于是又派人爬到殿顶，拔下箭头……这样改来改去，众人皆知，形同儿戏，不免也让广大太平军心生怀疑。

甚至对于"拜上帝教"的立教之基《圣经》，洪秀全也随心所欲，任意更改。

与我们想象的不同，洪秀全在创立"拜上帝教"之初，并没有读过《圣经》。如前所述，他是通过一本叫《劝世良言》的传教小册子来了解基督教和《圣经》的。这本《劝世良言》问题很大：它的作者梁阿发是一个只读过四年私塾的工匠，这本书是他写的布道用的相当蹩脚的通俗小册子。它用语俚白粗陋，结构杂乱无章，其中既有基督教义，又包含了许多中国旧文化的内容。所以洪秀全对《圣经》的了解一开始就有许多偏差。

在读到《劝世良言》四年之后的1847年3月，洪秀全去广州试图加入基督教会，才第一次读到真正的《圣经》。《圣经》的西方文化特质与中国文化传统格格不入，只有对西方历史文化背景有着深入了解的人才能真正领会其中的微言大义。洪秀全对西方文化一窍不通，读书又缺乏耐心和毅力，这次阅读只是囫囵吞枣，并无太多心得。从后来发生的删改《圣经》一事来看，洪秀全这次读《圣经》连许多基本概念都没有搞清楚：

传说鉴于异教徒将猪作为献祭的圣物，上帝命以色列人不吃猪肉。因此，在犹太人眼里，猪是不洁的。然而"拜上帝教"教徒却不知道这一点，公然用猪肉祭拜上帝。

基督教的上帝是一个无形无体的"纯灵"，而洪秀全却告诉大家，上帝是一个老男人，满口金须。基督教的上帝与基督是一体，均非世俗的存在。在洪秀全构建的"拜上帝教"里，上帝却是典型的中国大家长，不光有妻，还有许多妾。洪秀全说，上帝不光生了耶稣和他两个儿子，还生了许多女儿，也就是他的"众小妹"。儿子都娶了媳妇，小妹们有些也成了亲。洪秀全信誓旦旦地说，上帝的大儿子耶稣在天上给上帝生下了第三代，而且性别都说得有鼻子有眼：三女二男。

基督教认为，天堂是上帝、天使和信徒们灵魂的居所，大家熙熙和乐住在一起。洪秀全却认为，天堂也是等级分明的，共分三十三层，"其中上帝居住在头顶重天，那里风景独好，是一个威风快活、享福无边的所在"（《天国的陨落》）。

这三十三层天的概念，显然是来自佛教的"三十三天"。不过，凡事不求甚解的洪秀全误读了佛教经典：佛教的三十三天并不是指三十三层。佛教认为，轮回五道分为地狱、饿鬼、畜生、人、天。天又分为三界诸天，即欲界六天，色界十七天，无色界四天。而"三十三天"是欲界六天之一。佛教认为，这些天均处于"迷界"，并非解脱，只有涅槃才是最高境界。洪秀全望文生义，才闹出了这样的笑话。

四

定都天京后，为了统一思想，洪秀全焚毁所有中国经典，大力印行《圣经》："计有四百人不间断地从事复制郭士立《圣经》译本的工作，并免费散发《圣经》。"（《天国的陨落》）然而，这种轰轰烈烈的印行工作却因为一次洋人的偶然来访戛然而止。

1854年6月20日，也就是太平天国定都天京一年多之后，英国驻上海领事馆官员麦华陀、包令等人访问天京，试图全面了解这个新成立的"国家"。一到天京，他们就发现了"拜上帝教"教义中与《圣经》记载的众多明显不同之处。他们给东王杨秀清写信，引经据典，质问了他一系列关于宗教的问题。他们说，《圣经》明明说上帝无形无象，没有高矮也没有宽窄。你们怎么能说出上帝的高矮胖瘦呢？

上帝在《约翰福音》第一章第18节里，你会找到这样的记载："从来没有人看见过上帝。"还有，《约翰福音》第四章第24节里写道"上帝是个灵"，等等。再就是《约翰福音》第五章第37节里写道："差我来的圣父……你们从来没有听见过他的声音，也没有看见过他的形象。"似这样怎么能说上帝有高矮宽窄呢？

既然上帝和耶稣是一体的纯灵，怎么可能广娶妻妾生儿育女呢？

上帝是个灵。怎么能说他结婚呢？关于他的儿子，在《路加福音》第一章第35节里你可以找到这样的字句："天使回答说，圣灵要降临到你身上……因此所要生的圣者必称为上帝的儿子。"后来耶稣的母亲嫁给一个叫作约瑟的犹太人，为他生儿育女，但从未被称作过圣母。上帝除了耶稣之外没有别的儿子。

《圣经》并未告诉我们耶稣生活在我们中间时是否娶过一个妻子。他升天以后，是个灵，和上帝是一体。《启示录》第十九章第 7 节中提到"羔羊婚娶"，谈及基督信徒与基督的婚姻，是用作比喻。

他们还注意到了三十三重天的问题：

> 《圣经》并未告诉我们天有多少重。《哥林多后书》第十二章第 2 节里"被提到第三层天上去"那句话，仅仅意味着被接纳入最高天堂，并无有几重天存在，一天在另一天之上的意思。
> ⋯⋯

提完了上述问题，英国人特别提醒太平天国的领导层好好阅读《圣经》："不管怎样，让我向你强调一下查阅《圣经》作为参考的必要性。基督告诉我们：'研究《圣经》吧，在那里你会认为你已经永生，它们就是我的预言的证明。'"

英国人的这封信在太平天国内部引起了一场不小的精神地震。太平军虽然大多数是文盲，但是他们也都知道《圣经》是从西方传入中国的，洋鬼子们比他们信上帝还早几百年，所以他们称洋人为"洋兄弟"。在宗教问题上，这些"洋兄弟"显然更有发言权。一些识字的太平军按洋人的说法去翻查《圣经》，发现洋人所说句句是实。于是，"全城一时间传得沸沸扬扬"，太平军上下议论纷纷，"拜上帝教"信仰受到空前冲击。那些对太平天国的某些政策——比如男女馆制度——不满的人，借机纷纷传扬，说洋人"言尔我同教，何以尔分男女馆？"意思是洪秀全篡改了正宗教义，欺骗了大家。（《天国的陨落》）

洪秀全和天国上层领导们都惊出了一身冷汗。面对如此巨大的精神危机，洪秀全他们的应对方式倒是出奇的简单直接：接到英国人信件八天之后，杨秀清又一次"代天父上帝下凡"，对人们下了一道"爆炸性指示"，说番邦洋人传过来的《圣经》，"多有记讹"。所以"此书不用出先"。也就是说，洋人粗心大意，传过来的《圣经》里把上帝的许多话都记错了。洪秀全亲自上过天，杨秀清又多次"代天父下过凡"，所以他们所传的话才是正确的。洪秀全宣布，停止出版《圣经》，等他根据记忆，把里面的错误一一改正再说。

外国人走后，这件事成了洪秀全的重大心病。于是在几年之内，他抛弃国事，对《圣经》从头到尾研读，对其中"记讹"部分一一进行"改正"。把《圣经》中与自己原来的说法不符的地方统统删除或者改掉。

《圣经》认为"三位一体"，基督与上帝本是一人。洪秀全对此加以驳斥说："尔偏误解基督即上帝，上天合为一。……缘何朕上天时，将见天上有天父上帝、天母老妈，又有太兄基督、天上大嫂，今下凡又有天父天母天兄天嫂乎？"同理，他证明上帝有形有体的方式也十分轻松："百闻不如一见"，我都亲眼看到了，那还能有假吗？

除了教义上的修改外，洪秀全还首次注意到《圣经》中有许多故事反映出的西方古代社会的伦理道德与中国传统道德有很大差异。对这些，他也从维护"世道人心"的角度大加删改。比如，中国人认为"万恶淫为首"，而西方人的人性道德远不如中国人之严峻，《圣经》中记载有许多按太平天国道德标准来说是"淫乱"的故事，比如亚伯兰娶同父异母的妹妹为妻，流便与父亲的小妾通奸，阿南娶哥哥的遗孀为妻，犹大与儿媳苟合生出一对双胞胎。洪秀全对此全本着"父女妹嫂不可训"的原则，全盘改写。改写之后，"登徒子居然能够坐怀不乱，而耐不住空房寂寞的寡妇竟然变得恪守妇道，也实在有趣得很"。(《天国的陨落》)

删改《圣经》花费了洪秀全极大的精力，也损害了他的健康。对这三十四万字的经典，"洪秀全逐字逐句审阅，并在必要处对经文加以批注和删改，个别章节甚至重新编写，足见他为之所耗费的心血。……在写给艾约瑟牧师的一道诏旨中，他略带伤感地说：'因视力不好，朕不能一一批改尔等所呈的书文。'长时间从事这种文字工作无疑是导致洪秀全视力减退的主要原因"。(《天国的陨落》)

删改之后，《新圣经》重新印行。然而删改《圣经》的效果却远不如洪秀全期望的那样好。绝大多数太平军是文盲，读不了《圣经》。"太平军普遍文化程度较低，很难直接阅读书籍。因此，对于太平天国内部来说，这些经籍的刊行并没有什么实际意义。"这样大规模的停止出版，删改再版的举动，作用只是在太平天国内部更广泛地宣传了他们信奉多年的经典原来曾经是错误的这一事实。而对于那些稍有文化者，看到洪秀全这样儿戏一样地将"神圣的经典"改来改去，只能让他们进一步滋长对"拜上帝教"的怀疑。

五

任何一种宗教宣传发挥作用，都是因为它契合了人们心底里的基本诉求。太平军之所以从广西一路跟从洪秀全们到南京，并非仅仅因为他们害怕和敬畏上帝。更主要的原因，是被洪秀全许诺的巨大的世俗利益所吸引。他们追求的是天父庇护下的天下一家、无灾无难、公平正义和威风快活。

　　然而，到了南京这个小天堂后，广大的太平军战士发现他们并未能"男着龙袍女插花"，成天吃香喝辣。相反，他们发现自己沦落到了社会底层。原来，洪秀全们进入天京后，抛弃了当初许下的"兄弟平等""亲如一家"的诺言，建立起了极为森严的等级制度，只有中高级干部才能高高在上，享有特权。大多数"老兄弟"仍然是平头百姓，生活待遇没有什么改善。基于战时需要而建立起来的男女分馆制度仍未取消，男行归男行，女行归女行，太平军战士过着离妻别子的清教徒生活。偶尔有人过夫妻生活，马上被斩首不留，使广大战士只能靠同性恋，俘虏小男孩"奸小弟"来满足生理需要。与此同时，高级将领们却公然在天京广娶妻妾，甚至每逢诸王生日，天京城内都要进行大规模选美。各女军中十二到十五岁的处女都要受选，经过严格的层层筛选后，每年献给天王、东王各六人，北王二人，冀王一人……

▲ 洪秀全与随从在南京，法国《世界画报》1864 年刊载

面对广大太平军战士的不满，洪秀全仍然祭起"讲道理"这个宣传工具，四处派人"讲道理"，以消除太平军内部的"错误认识"，使他们"顺天知命"，安于自己的卑贱命运，不得反抗上帝。

对于为什么高级领导可以多妻，而普通士兵夫妻不许团聚，洪秀全们的解释很简单：这是上帝定的，至于为什么，上帝也没说，反正大家遵守就是了。洪秀全宣布上帝的旨意说："今上帝圣旨，大员妻不止。""爷今又降圣旨曰：妻子应娶多个。""婚姻天定，多少听天。"上帝既然这样说了，那肯定就有上帝的道理，所以大家一定要顺从上帝旨意，"不要忌妒"。（转引自《天国的陨落》）

至于选美，洪秀全的解释是"谓天父怜各人劳心过甚，赐来美女也"。

因为群众对选美这件事特别反感，一到选美之时，纷纷逃避，太平天国三年十月，洪秀全命人在南京贡院专门举行了一次规模很大的"讲道理"，纠正人们的错误思想，洪秀全的表兄黄期升上台主讲说：

> 尔等幸有天王，天王为天父第二爱子，救尔等世人，尔等俱要报恩。报恩若何？打仗杀妖是第一报恩事也。现在无妖可杀，无以报恩，细思尔等有女，各要献贡天王。勿匿，匿则杀。（《天国的陨落》）

就是说，你们的身家性命，一切的一切，都是天王的。原来打仗的时候，需要你们杀敌来报天王的大恩。现在无敌可杀，所以你们就要贡献女儿来报天王之恩。

针对许多战士抱怨说他们在革命中立下了汗马功劳，现在却没有得到回报，洪秀全解释说，太平军势如破竹，全是因为天父的安排，而不是因为官兵们的牺牲贡献，"有天不有人"。如果没有上帝的旨意，你打仗再勇敢，也不能获胜。所以功劳应该记在上帝和天王头上，大家都是受益者受恩者，不应该以功臣自居。"自金田而至天京，势如破竹，越铜关而扫铁卡，所向无前，岂人力所能荡除，实天功之所歼灭！"

进入南京后，强敌环伺，兵火连天，物资供应一度紧张，底层士兵生活非常困难。洪秀全和其他高级将领却大兴土木建设豪华府第。由于人手不足，抬砖、凿池、修塘等重体力活都由女子承担，那些原本大门不出二门不迈的南京闺秀们一个个蓬头垢面在街上扛木头，搬砖头，这一情景史无前例，惹得人们议论纷纷怨声载道。对此，洪秀全和杨秀清又专门组织人"讲道理"，他们说："然今日之事，皆是天事，我等同为上帝之子女，以子女而趋父事，自是份所当然，理所宜然。"

洪秀全不能理解，太平天国前期的"讲道理"效果显著，主要不是因为"泥腿子"们容易愚弄，而是因为这种宣传与广大太平军心底渴望胜利、渴望"龙袍角带在天朝"的愿望相契合。"上到小天堂"之后，洪秀全本应该致力于兑现部分承诺，让追随者享受到一部分利益，以利于他们有更大的动力去"解放全国"。然而，他却一味迷信宣传愚众的效果，不想牺牲任何一点实利。任何一种宣传如果完全沦为为私利服务的工具，则无论你怎么样巧舌如簧，效果也难免大打折扣。更何况，太平天国后期的宣传是这样的蛮不讲理、信口雌黄。如此繁重而不人道的体力劳动在讲道理者的口中被轻描淡写地说成了"些微劳苦"，自己食不果腹的情况下要为高级将领修建豪宅，被说成是"份所当然，理所宜然"。这样"讲道理"没有任何说服力。(《天国的陨落》)

事实证明，洗脑绝不是万能的。在太平天国后期，"讲道理"等宣传方式不但不能像前期那样产生巨大鼓动效果，很多时候甚至起反作用。越到后来，这种离谱的宣传就在人们的头脑中引起越大的怀疑。

六

导致太平天国军民信仰最终破灭的是"天京内讧"。在太平天国神话里，杨秀清是上帝第四子，且最受上帝信任，不时代上帝发言。韦昌辉则是上帝第六子。如今，在第二子天王的命令下，第六子起兵杀了天父的化身第四子。上帝他老人家眼睁睁地看着自己这个大家庭家破人亡，却没有任何办法，对于"拜上帝教"教义来说，这真是莫大讽刺。连最执着、最昧然的底层信众，在此事过后对"拜上帝教"的信仰也彻底动摇了。

天京事变后，支撑着太平天国运动的那股神奇的宗教力量彻底失去。太平军内部流传起"天父杀天兄，江山打不通，长毛非正主，依旧让咸丰"的民谣。各地太平军将领拥兵自重，"各有散意"，全力以赴经营自己的小地盘，上下指挥不灵。支撑太平军作战的唯一动力，就是升官发财这些现世欲望了。洪仁玕说："我天朝初以天父真道，蓄万心如一心，故众弟祇（只）知有天父天兄，不怕妖魔鬼……今因人心冷淡，故锐气减半耳。"（洪仁玕《资政新篇》）太平天国的命运，至此已经无可挽回。

底层文化的狂欢

一

如果你能时空穿越，在1860年前后进入太平军控制区，你会发现你来到了一个奇怪的国度。这里的一切，都散发着一种特别特殊的气息。

首先，大街上来来往往的人，服装十分怪异。

太平天国普通士兵穿得光怪陆离、五花八门。他们全身的衣着，从头到脚，都是一路上陆续从大户人家抢来的。上流社会的华贵服装，穿在革命战士身上显出一种颇为离奇的混搭效果：许多男人穿着大户人家妇女的阔袖皮袄，大摇大摆在街上行走。更有的士兵把大户人家小姐的内裤误当成某种新式帽子，堂而皇之套在头顶。满街琳琅，让人眼花缭乱。"有贼妇而着男子马褂，穿厚底镶鞋者，有男贼而着妇人阔袖皮袄者，更有以杂色织锦被面及西洋印花饭单裹其首者，青黄红绿，错杂纷披。"（《贼情汇纂》卷六）"以女子亵衣围项，裙裤蒙头。"（柯超《辛壬琐记》）

至于各级官员，服装更是斑斓夺目。太平天国称清代满族式的官服为"妖服"，拒绝使用。但是大汉民族的官服如何制作，他们也不清楚。所以一开始，太平天国官员基本上都是抢戏班子的戏服作为官服的。由于官多衣服少，所以每攻克一地，太平军最首要的事就是四处寻找戏班，没收行头。这种现象在许多材料中都有记载，比如涤浮道人在《金陵杂记》中说："初入城时，曾掳戏班中衣服穿着。"定都天京之后，洪秀全亲自设计天国的官服系统。官服总体上仍然采用戏服风格，马寿龄在《金陵癸甲新乐府》中说："莫言臆造无蓝本，村落戏场颇常见。"天国的高级官员穿黄缎袍，中低层官员则穿红缎袍。

太平天国官服有一个与中国历代官服都不相同的特点，那就是把官名直接写在官帽官服上，以突显官员阶层的威严荣耀。比如，洪秀全的帽子"上绣满天星斗，下绣一统山河，中留空格，凿金为'天王'二字"。至于衣服，则将官名绣在马褂胸前的团花上。"自伪王至两司马，皆绣职衔于马褂前团内。"

对，您没读错，是马褂。洪秀全要求太平军见到穿清代官服也就是"妖服"的人一律杀掉，但是由于常识的缺乏，他和他的战友们居然不知道马褂是彻头彻尾的满族衣服，所以明文规定，在官服的长袍外面，必须套上马

▲ 南京的太平军首领和士兵们，英国《伦敦新闻画报》1853年11月5日刊载

褂。故马寿龄接下来讽刺说："其实马褂及袍袄，依旧用我王朝仪。"

这种误会不光发生在官员身上。客家女子为了劳作方便，从不穿裙子。客家人出身的太平天国领袖们误以为裙子也是满族人传入中原的"妖服"，定都天京后，传谕"全国"，女子一律不得穿裙子，违者痛打。另外不知何故，太平军误认为江浙民间常见的毡帽也是满族服饰，立法严禁。所以，当时有歌谣说："初破城，即下教，女子去裙男去帽。"

二

这个国度内的另一个怪异之处在于，这是一个绝大多数人没有性生活的国家。

因为相信"淫为万恶之首"，迷信"性"会降低战斗力，所以太平军实行男女分开，严禁发生性行为。"要别男营女营，不得授受相亲。"（《太平条规》）一旦和异性发生关系，"如系老兄弟定点天灯，新兄弟斩首示众"。"凡夫妻私犯天条者，男女皆斩。""无论是过夫妻生活也好，两相情愿也罢，只要是和异性发生了性关系，便一律格杀勿论。"

为了隔绝男女，太平天国内的"讲道理""礼拜"等聚众场合，一律实行男女分开。天国对女馆实行严密的监控，男人即使到女馆探望自己的家人，也一律被挡在门外，母子之间，也只能隔着门问答。有一则时人记载说，天京女馆"不准男子入探，母子、夫妻止于馆外遥相语"。（张汝南《金陵省难纪略》）这一说法在太平天国《天情道理书》的规定中找到了印证："即有时省视父母，探看妻子，此亦人情之常，原属在所不禁，然只宜在门首问答，相离数武之地，声音务要响亮，不得径进姐妹营中，男女混杂。斯遵条遵令，方得成为天堂子女也。"

为了确保男女隔离，连太平军请民间妇女缝补衣服等，也"概斩不留"："如有官兵雇请民妇洗衣缝纫者，概斩不留；其有奸淫情事者，男女并坐。"（《国宗韦、石革除污俗诲谕》）在这种严厉政策下，太平天国内的所有公共场合，比如街市茶肆等，男人女人一律不敢交谈。"每入茶肆，但男女不得交谈。"

这样严格的男女禁忌，在中国历史上尚无先例。中国文化中的男女之大防，在太平天国时期被推上了顶峰。

三

除了生活习惯明显区别于清朝统治区外，太平天国的时间系统也自成体系。比如太平天国的壬子二年正月初一，却是大清王朝的咸丰二年（1852）十二月二十五日。也就是说，大清帝国内其他地方刚刚过了小年，太平天国却已经欢度新春了。

"奉正朔"和"改衣冠"一样，在中国文化上，不是一个简单的生活问题，而是极为重要的政治问题。对于绝大多数农民政权来说，建立之初，首先要做的，就是更改年号，以示与旧政权一刀两断。不过，创建新历法的行为却极为罕见。因为这需要专门的天文历法知识，一般的农民起义显然不具备这种条件。只有极个别的民间宗教家，为了宗教宣传的需要进行过简单的修改历法活动。比如，嘉庆年间收元教（圆教）教主方荣升就曾经创造了新的历法，每年规定为十八个月，每日规定为十八个时。这种修改，是为了使时间运转符合白莲教的教义：白莲教传说，未来弥勒佛执掌宇宙时，每年应该是十八个月，每日十八个时。但这次改历只是一个数字游戏，具体的月份推算方法，还是和旧历一样。

只有太平天国，在中国历史上第一次彻底废除了旧的历法，建立了全新的时间体系。这一工作，是由天国政权里文化水平最高的知识分子，号称上通天文下懂地理的南王冯云山亲自完成的。

出于奇特的农民式的禁忌心理，冯云山认为，中国历代沿用的太阴历，因为每隔几年就有一次闰月，所以不规整、不吉利、不完美。用罗尔纲的话来说就是："因为太平天国要求完满，要取吉祥，反对亏缺，避忌有欠缺的事物。他们宣传'太平天日平匀圆满，无一些亏缺'，一用闰法，就显露出有所亏缺，触犯了太平天国的避忌。所以天历绝对排斥用闰法。"

因为不用闰法，以三百六十六日为一年，所以冯云山创立的天历每一年就比实际的年长了十八时十一分十四秒。这样累加下来，每二十年就比实际的年多了十六天多，差了一个节气。每四十年，就差了一个月。

为了调整这个误差，冯云山的设计是每四十年为一个大的周期，减去一个月。不料这个修改方案报上来，洪秀全大不高兴。他认为，在天国之内，事事只能有加无减才吉利。他发布圣旨说："每四十年一加，每月三十三日，取真福无边、有加无已之意。"这样一来，天历不但不减，反而每四十年再加上一个月，误差就达到了两个多月。也就是说，一百二十年之后，太平天国历法规定的冬天，正好出现在一年中温度最高的时候。好在太平天国只存在了十六年，天历运行到后来，也不过与实际时间差了十来天，对天国统治区的人民生活没有出现致命的影响。

不过，一些小小的不便难以避免。比如，天历规定的中秋节，并不在农历的八月十五日。广大太平军"大摆宴席，笙歌竞作"，摆好了瓜果梨桃聚众准备赏月，发现月亮升上来后居然不圆，新参加太平军的战士大为愤怒，没想到月亮居然敢不听天父上帝的调遣，遂纷纷搭弓放箭，射向月亮。"见月之不圆也，率众射之。"

四

除了日期与清朝不同外，从外地来到太平军统治区，你还要学习一项新的规矩：聊天说话或者写信作文之时，要记住多达几百个避讳字，否则可能受到严惩。

中国人认为，直呼尊长之名是不礼貌的，所以皇帝和尊长的名字不可直接提及。这个传统给中国人带来了相当大的麻烦。不过，在普通时代，这种麻烦还算有限：你一生需要记住的避讳字不过那么几个。然而，在太平天国统治区内，这种麻烦可就大了去了。

正统王朝的避讳，只是讳皇帝的名字。然而在太平天国治下，需要避讳的名字太多了：你不但要避洪秀全的名字，还要避洪秀全父亲和儿子们的名字。你不但要避天王一家的名字，还要避首义诸王的名字，这些字加在一起，有好几十个。而且由于这些起自底层者的名字用的都是"秀""全""福""贵""云""山"之类的通俗之字，要在日常生活中完全避免提到这些字，实在需要时时留意，刻刻惊心。

事情到此还远不算为止。不但领导者的名字是禁忌，在太平天国统治区，连"君""王""臣""后""主""督"这样的字，也因为代表了尊贵和权力，居然也成了避讳。姓"王"必须改成姓"黄"，"君"字要用"上"来代替，"臣"字要用"下"来代替，"天后"改"添後""天厚"。

不但这些尊称是避讳，连"京""都""宫""阙""殿""府"这些贵族、官员居住的地方，也不许在文字中直接提起……

除了这些普通人智商可以理解的规律外，洪秀全还创造了一些莫名其妙的避讳。比如，因为洪秀全尊基督为"先师"，所以"师"字不能用，要以"司"字代替。因为《圣经》中称耶稣为"人子"，所以最常用的"子"字居然也被禁用了，《钦定敬避字样》规定："良民，不得称子民。"又因为"拜上帝教"规定耶稣是洪秀全的哥哥，所以"哥"字也不能用……

除了以上这些外，在太平天国统治区内，还有一项极具特色的避讳：迷信避讳。中国民间历来有迷信避讳的传统，比如百姓日常生活中忌讳提到"死"，改以"老"字。但是，这从来都仅是一个民间习俗而已，只有到了太平天国，这种避讳传统首次升级为国家制度。太平天国明确规定，老百姓日常生活中不许提"败"字，说到"败"时要改为"胜"，所以"战败"必须叫作"战胜"。与此相类似，"丧""死""亡""减""无"都是避讳字。"丧事"要叫作"喜事"，"减少"要叫作"斡旋"。因为"无锡"的无字不吉利，所以在太平天国之内，这个城市被改名为"抚锡"……

五

一提起上层文化和底层文化，我们头脑中往往会浮现出这样的定势：底层文化是革命的、质朴的、道德的、进步的，上层文化则是专制的、落后的、虚伪的、腐朽的。

这个定势其实并不完全靠得住。事实上，建立在贫乏的物质和智力基础上的底层文化，很多时候更听从于嘴巴和胃，而不是大脑和心灵。旧文化中那些较有超越性的内容，大都属于上层文化：什么"老吾老以及人之老"，什么"天下之行，大道为公"，什么"富贵不能淫，贫贱不能移"，都是上层文化的命题。"朝闻道，夕死可矣"，"知其不可为而为之"之类的非功利的执着精神，是底层文化所缺乏的。甚至历代农民起义者喊出的"均田""均富""摧富益贫"口号，最初也都是儒家学者提出来的，而不是造反农民发明的。

除去水浒式的热情、质朴和反抗精神外，底层文化还有它的另一面，那就是专制、保守、愚昧的一面。

底层文化从来也没有提出过改变传统等级宗法制度的要求，相反，在长期的被统治、被压迫中，积累了对统治阶级生活方式的强烈向往。一旦掌握了权力，往往表现出对财富、权力的赤裸裸的向往，对等级制度近乎变态的迷恋，对生命尊严的漠视。

六

在中国历史上，太平天国是等级制度最为森严的政权。

还早在永安时期，建国大业还八字没一撇，洪秀全就在敌人重重围困中，置敌人数万大军于不顾，兴致勃勃地开始制定等级制度。他忙着把太平军（此时不到一万人）的军官分成十六等，什么王、国宗、侯、丞相、检点、指挥、将军、总制、军帅、师帅等，名类多达三十九种。与等级地位相配套的当然是物质待遇，洪秀全专门下诏，将所有物资供应都按级别进行划分，比如他规定，天王一天可吃十斤肉，以下逐级递减半斤，直至总制以下无肉。

把一万人分成十六等之后，洪秀全又废寝忘食，耗尽心血制定了烦琐周详的《太平礼制》，规定了这十六级之间见面的称呼，相互应该行什么礼节，对他们的家属亲戚如何称呼如何行礼。他规定，人民要称王世子为"幼主万岁"，称他的三儿子为王三殿下千岁，四儿子为王四殿下千岁，如此等等。称他的长女为天长金，二女儿为天二金，如此等等。如果哪位读者有机会和兴趣，可以细读这本"奇书"，肯定会哭笑不得。

在行军过程中，洪秀全无暇完善这种等级制度的体系。进入南京之后，洪秀全终于有充分的时间发挥他的"创世"天赋了。在太平天国之内，贵贱尊卑之分远比清王朝为严为细。可以说，号称平等的太平天国社会里，等级差别的细化达到了不光是中国史上，而且是人类史上的最高水平。太平天国社会之中，人们被分为十几个等级，代代世袭，永不改变。为官者，世世为官；为农者，世世为农。各等级之间，尊卑分明，权利待遇有着重大差别。

更引人注目的是，在每个等级内部，也有精细的区分。比如，太平天国的首义诸王之间，就有明确的高低贵贱：天王为君，以下东王第一，其次是南、北、翼、燕、豫五王依顺序排列。所以天王称为"万岁"，东王称"九千岁"，南、北、翼诸王依次要递减一千岁。

这种差别在生活起居的各个细节中都明确地体现出来：天王府的宫殿中的彩绘是双龙双凤；东王府只画一龙一凤；南、北、翼、燕、豫五王府则画一龙一虎。天王冠上绣的是双龙双凤，东、北、翼王的王冠上则绣双龙单凤。这三王的凤凰也有差别：东王王冠上的单凤栖于云中，北王王冠上的单凤栖于山冈，翼王王冠上的单凤栖于牡丹花上。至于龙袍上的差别更为一目了然：天王袍上绣龙九条，东王绣龙八条，北王七条，翼王六条，燕、豫二王各五条。他们下达的文书称呼也不一样：天王文书叫"诏旨"，东王文书称"诰谕"，北王文书曰"诫谕"，翼王为"训谕"，燕、豫王则是"诲谕"。至于玺印，尺寸也有严格不同：天王玺印八寸见方，东王印长六寸六分，宽三寸三分，以下依次递减。

1853 年 4 月，英国公使文翰访问天京，派翻译官麦多士与北、翼二王会见。麦多士发现，由于两王排序有先后，所以态度上也分出明显的尊卑，"北王阶级高于翼王，故后者只注视恭听，不与吾直接谈话。北王向其注视或交谈时始开口，然亦不过寥寥一两句耳"。

太平天国的社会成员，对等级差别珍视得如同眼珠。违反这种等级差别，后果是极为严重的。

在天王府大门外高悬十余丈的黄绸，用朱红色书写了直径五尺的大字，远近数里可见，上面写的是：

　　大小众臣工，到此止行踪。

　　有诏方许进，否则雪云中。

雪云中就是云中雪，"刀"的意思。就是说任何人不得靠近，否则杀无赦。

天王府内的金龙殿，只有首义六王可以进入，其他人绝不得入内。洪秀全曾就此事专门发过指示：

天王降诏曰："顶天侯，尔今日得在金龙殿内坐宴，是天父大开天恩与尔者也。以理而论，惟朕及胞等始可在此金龙殿设宴。若至幼主以后，皆不准人臣在金龙殿食宴。设若臣有功者，欲赐宴以奖其功，只准赐宴于朝厅，断不准在金龙殿内君臣同宴，以肃体统也。此一事极为关系，当记诏以垂永远也。"

这件事为什么"极为关系"，必须明确记诏下来并且要"垂永远"，洪秀全没有说清楚。他的许多话用不着清楚，那都是天话，人民照着做就行了。

太平天国社会中，人民绝不可以下犯上。太平天国明文规定：各王驾出，侯、丞相轿出，军人百姓如不回避，冒冲仪仗者，斩首不留。除了这些高级官员，社会其他阶层也一样尊卑分明，"凡尊官自外入，卑小官必须起身奉茶，不得怠慢"。下级见到上级，必须起立致敬，违者将受到肉刑直至斩首等处罚。

有一次，负责给燕王秦日纲看马的一名太平军马夫在燕王府门前闲坐。正巧东王杨秀清的同庚叔，也就是拜把子兄弟的叔叔，从燕王门前经过。燕王的马夫忘了起立致敬，令这位同庚叔当场大怒，命人把马夫打了二百鞭子。这还不算完事，事情报告给杨秀清后，最终的处理结果是对这位敢于不遵礼仪的马夫处以"五马分尸"的酷刑。(《太平天国》)

七

正如燕王马夫的悲剧所展示的，太平天国文化中严重缺乏对人的生命的尊重。

太平天国领袖们的生活中，唯一的遗憾是没能用上太监。这并不是因为他们不赞成太监制度，而是因为太平天国没能拥有这个技术手段。事实上，刚刚进入天京，洪秀全就命人制造太监，但是没能成功。"太平军要为天王府制造一批太监，但又缺乏有经验的医生，对割什么，怎么割，敷什么药，都不了然。于是，将四千（一说三千）多童子兵胡割一通，大多数流血不止而马上死去，少数不久之后也因创口溃烂而死。"（潘旭澜《太平杂说》）对于此事，清代民间的记载说是"贼取十三四幼童六千余人尽行阉割，连肾囊剜去，得活者仅五百余人"（涤浮道人《金陵杂记》）。官方记载则有向荣在上奏皇帝的奏折中所提到的太平天国"近更阉割幼孩，死者甚众"（《向荣奏稿·覆奏洪秀全杨秀清形貌片》）。

这一直是太平天国高层生活的一大遗憾，杨秀清对天国社会的这个"不足"一直念念不忘。过了几年，杨秀清"令李俊良主持，再找一大批童子兵阉割，虽没有像第一次那样大都阉死了，但也还是以失败告终"。（潘旭澜《太平军中的童子兵》）清朝这边的记载是："癸丑八月，杨逆下令选各馆所掳幼孩十二岁以下、六岁以上者二百余人阉割之，欲充伪宦官，因不如法，无一生者。杨逆知不可为，又诡称天父下凡指示，再迟三年举行，以掩群下耳目。"（张德坚《贼情汇纂》）

太平天国政权人道精神的缺乏还体现在他们的法律中。太平天国的战斗力源自两个方面，一方面来自前面提到的宗教宣传，另一方面就来自杨秀清建立的严明的纪律。

杨秀清和朱元璋一样，都是迷信纪律的铁腕铁血人物。罗尔纲说"进入南京之初，杨秀清就首先整顿营规，立法安民。凡新克复地方，安民严令一出，何官何兵无令敢入民房的斩不赦，左脚踏入民家门口的即斩左脚，右脚踏入民家门口的即斩右脚，法立令行，严严整整，真正做到了他向人民保证过的'圣兵不犯秋毫'的严明纪律"。

事实上，这种纪律不只是严明，而且是严酷。法律学者说："天国刑律对重罪和轻罪甚至轻微过失，在量刑上几乎没有什么区别。"确实，生活在太平天国之内，你有太多机会被砍掉脑袋：

在太平天国内，如果举行"讲道理"时发现你两次无故不到，则"斩首不留"。礼拜仪式三次缺席，也"斩首不留"。如果你和别人一言不合，动手打起来，"恃强斗殴"，则"不问曲直，概斩不留"。（《太平刑律》上明文规定："凡各衙各馆兄弟倘有口角争斗，以及持强斗架，俱是天父所深恶，不问曲直，概斩不留。"）除此之外，如果在干活执勤时口出怨言，也是斩首，"凡挑濠沟筑土城，一切军中事务如有口出怨言者，斩首不留"。至于辱骂官长、私留"妖书"、唱邪歌邪戏、饮酒赌博者，一概都斩首不留，甚至连剃胡须、刮面等，也"皆是不脱妖气"，必得斩首示众。（《太平天国》第2、3、4册）

其实斩首不留在许多情况下并不是最严厉的惩罚。在《太平刑律》六十二条中，除了四十三条"斩首不留"外，还有三条"点天灯"和"五马分尸"。

所谓"点天灯",主要用于太平军中那些犯通敌谋反罪的人,或犯强奸妇女罪的老兄弟,但犯轻微过错者在长官的盛怒之下也可能被处以此刑。具体做法是"将人自顶至踵,裹以纸张麻皮,入油缸内浸片刻,倒植之以松脂白蜡堆足心,用火燃之"。

"五马分尸"则是"以笼头络颈,和发绫缠,系于马后足,四肢各系一马,数'贼'齐鞭之,瞬息肢解"。

除此之外,还有"凌迟焚灰"等更为严酷的刑罚。最为恐怖的则是关于连坐的规定:"凡有反草(心)通妖之人,经天父指出,通馆通营皆斩首",甚至"不遵条规当娼者,合家剿洗"。

张德坚对此评论说:"'贼'之灭亡,则在虐民无人理。诸伪制皆足以亡之,而尤以伪律为至酷耳。"(《太平天国》)这虽然是统治阶级的看法,但也并非毫无事实依据。

八

人们历来批评晚清政府外交政策的愚昧颟顸,特别是对外礼仪上的不识时务,其实太平天国政权在这一点上比清政府走得更远。

定都天京后,西方各国的公使对这个"新兴王朝"都充满好奇和期待。他们认为,这个信奉"上帝"的政权,应该比清政府更文明、更进步、更好打交道,因此纷纷派人前来考察。谁知道,他们看到的一切,远远出乎先前的想象。

1853年,英国驻华公使文翰兴致勃勃地率团来到南京。没想到,这个基督教政权对待"洋兄弟"的态度,居然比清政府更自大更傲慢。文翰派他的随员密迪乐作为联络员进城交涉,密迪乐刚刚进入王府见到北王,周围的士兵就大声喝令他下跪,密迪乐断然拒绝,与太平军争持起来,最后以捎回一封信作为交涉的结束。文翰打开天国给英国的这封文书,发现开头赫然写道:"尔海外英民不远千里而来,归顺吾朝。"他明白了这个政权的对外观念,只好黯然返航了。

这种礼仪之争一直成为太平天国与西方国家交往的最大障碍:太平天国认为他们是天朝上国,外国夷人前来必须是以进贡的身份,匍匐在地,乞求天国恩典,太平天国才能与他们交往。外国公使当然难以接受这种方式。后来顶天侯秦日纲在见法国公使布尔布隆时,公使要求与他并坐在大厅里,他则要求公使必须坐在他的下位，双方就这样谈崩了。

在对外公文中，太平天国又拾起清政府已经摒弃的宗主国对藩属国的居高临下的口吻，美国公使麦莲刚来到南京，就接到这样一道来自太平天国的"指示"：

> 输诚者必须备办奇珍宝物，……尔等果能敬天从主，我朝视天下为一家，合万国为一体，自必念尔等之悃忱，准尔年年进贡，岁岁来朝。

西方人本来对太平天国持乐观态度，但与天京政权接触之后，他们迅速调整了外交重心，不再理睬太平天国，而是倾向支持清政府。

过于迅速的腐化

一

一般来讲，激于旧政权的腐败而建立的新政权，总会展现出一副蓬勃向上、清新有为的崭新面貌。而太平天国这个阶段为时甚短。从一开始，太平天国政权就展露出强烈的腐化欲望。攻占武昌之后，洪秀全不是致力于考虑如何打破清军的围困，而是派出士兵在武昌大肆搜求财宝美女，在武昌又建立了天朝门、天朝殿，铸造"金龙头金玺"，令军民进贡献礼，挑选嫔妃。定都天京后，他更是迫不及待地一头扎进享乐之中。

定都天京后，洪秀全的生活过得比所有皇帝都气派。他"朝晚两食，掌庖用金碗二十四只，备水陆珍馐，杯箸亦用金镶，后尔用玉盆玉杯，群贼多效之"。

传教士富礼赐记载了他在天京访问时亲眼见到天王进膳的情形："忽然间，声音杂起，鼓声、钹声、锣声与炮声高作——是天王进膳了；直至膳毕，各声始停。"天王进膳，不但要击鼓奏乐，竟还要配上炮声，古今中外只此一例。

而杨秀清等诸王的排场也不小。外国人记载他们的见闻说："每天早上8点，有800～1000名穿着体面的女子跪在第二位(杨秀清)的门口听候吩咐。"

而杨秀清出行时的排场更为搞笑。

太平天国官员出行，仪仗上较传统有极大创新。底层农民出身的太平天国上层，将农民风格、农民气派、农民趣味发挥到极致，其中最有特色的是杨秀清的仪仗，人称"如赛会状"：仪仗队伍多达千数百人，走在前面开道的是大锣数十对，龙凤虎鹤旗数十对，绒彩鸟兽数十对，这都不算出奇。出奇的是随后还有许多人舞着一条长约数十丈的洋绉五色龙，高丈余，敲锣打鼓地在杨秀清大轿前开路，杨的大轿由五十六人抬行，轿后跟着属官近百名。队伍的最后面，仍然是一条数十丈的长龙收尾。把舞龙舞狮之类引入官员仪仗，体现了太平天国精英们不羁的创造力。"以此炫骇愚民，以为尊贵无比，若天神然。"

太平天国高层的农民趣味最典型的体现就是"黄金崇拜"。当时的英国翻译官富礼赐，在《天京游记》一书当中这样写道："天王有王冠以纯金制成，重八斤；又有金制项链一串，亦重八斤；而他的绣金龙袍亦有金纽。""身穿金纽绣金龙袍，乘坐由美女手牵的金车。"据说连天王府的尿壶，娘娘们骑马用的马镫都是用黄金打造的，洪秀全本来还计划用金子打桌子，打灯台，但是发现，太平天国控制区的所有金子都已经被用光了，只好作罢。

二

由于缺乏励精图治的意志，由于没有政治经验，更由于他们拒绝知识分子进入政权核心，所以太平天国政权自始至终是一个原始的、没能充分发育的、具有浓重底层性格的政权。在以严刑峻法为法宝的杨秀清死后，它马上变得软弱混乱。从政治纪律、管理水平、政治效率诸方面看，它都不如它的敌人——已经大大衰落了的清政权。

首先，太平天国的政权结构很混乱。它没有一套成熟的官僚体系，天京城里各王府均为小朝廷，机构重叠，系统紊乱，"纤芥之事，必具禀奏，层层转达，以取伪旨"（《贼情汇纂》），行政效率相当低下。

其次，杨秀清死后，洪秀全缺乏抓牢权柄的意志力，中央软弱涣散，党争迅速发展起来。洪秀全喜怒无常，对人忽用忽废，几派交替得势，朝事混乱无章。在这种情况下，腐败在太平天国政权从上到下迅速蔓延开来。当上帝信仰破灭后，升官发财成了这个政权运转的最大动力。太平天国后期选拔干部，一看上面有没有人，二看花多少钱。

血缘是太平天国后期用人的第一标准，杨秀清的表兄、外甥、姐夫，并无才能，均获封高官。甚至连给他治病的医生因为讨得他欢心而位高权重。而起义之初就一路攻城拔寨、战功显赫的罗大纲，却位列这些人之下。(《天国的陨落》)

钱多钱少则是第二标准。天京事变之后，买官卖官大行其道。

> 司任保官之部，得私肥己，故而保之。有些有银钱者，欲为作乐者，用钱到部，又而保之。无功偷闲之人，各又封王。外带兵之将，日夜勤劳之人，观之不忿……

强烈进取之心消退后，太平天国统治集团全部都沉醉于追求升官发财之中。洪仁玕则说，文武百官"动以升迁为荣，几若一岁九迁而犹缓，一月三迁而犹不足"(《立法制喧谕》)。时人记载，在太平天国政权后期新年拜年时，太平军相互问候，都用"高升"。拜年者进门齐喊"升官发财"，对上级祝贺"老大人高升"，上级回答"大家高升"。(《天国的陨落》)甚至宗教仪式的祝词也发生了变化。太平天国礼拜之时，人们念的赞美经最后一句本来是"魂得升天"，到了天京后，却被某官改成了"功成名就"。(《金陵癸甲纪事略》)

在太平天国官场上，晚清官场的种种弊端一应俱全，且都"发扬光大"，出于蓝而胜之。官员赴任或者升官，要部下送"开印钱"，部下则又分摊给百姓。清朝官员这是私下索送，太平天国则公开以公文索要。比如，1862年7月27日，浙江诸暨许军帅札示师帅，说："现在义大人开印，饬办各色货物，每都(都是基层行政单位)派费钱三十千。"六天之后，又发来公文，说："前奉张大人面谕，以现在首、梯二王暨余大人次第开印，每都师帅各派费洋八十元，断不能少。限于二十日缴齐，今又亲自来局坐收。"建造王府，日常应酬，吃喝玩乐，过生日，费用都要摊派给百姓。有一则记载中说，听王陈炳文的妻子做寿，单是嘉兴县王店镇就被摊派了三千两银子。

三

太平天国的地方治理能力也不算高。

在长达十多年的革命过程中，太平天国始终没有建立起正规的地方财政体系，物资供应一直靠抢劫或者"包租"。

在太平天国后期，对新占领的地区，他们先是大抢三日。"关于太平军的军饷问题。作为一条业已确立的规定，叛军士兵不领饷银，他们像海盗一样靠劫掠为生。……可能是作为一种补偿和对作战英勇的一种奖赏，似乎在业已占领而当地居民未及逃脱的城市，太平军士兵被给予整整三天的时间去做他们想做的任何事情——施展一切暴行，在光天化日之下做出一切令人憎恶的事，三天过后，所有的妇女都被禁止留在城里。……任何东西都抢，无论是实物还是现金。如果占领某城后抢掠到的物品为数极多，那么，士兵们都能从奖赏中捞到好处；相反，如果该城没有什么油水可捞，太平军便以堪做表率的耐心等待更好的时机。"（英国驻宁波领事夏福礼的报告）

抢过之后，太平军才开始在地方上建立"包租制度"。他们在地方上选择旧衙役、旧绅士或者地痞流氓来作为代理人，需要什么东西，就向他们下命令。

　　然后，附近地区被迫向叛军捐献供给物资（几乎所有的事例都是如此）。例如，宁波周围的农村被迫按照配额，交纳大米、猪、家禽、蔬菜和农产品之类的食物来供养军队。我曾经亲眼看见被迫运送这些供给物的农民将食物等东西运到城里，他们的脖子上套有铁链和绳索作为服役的标志。……

包租制肯定会产生严重后果。这些敢于替太平天国包租的人，都是铤而走险的大胆之徒，而太平军对他们又没有什么监督考核机制。所以他们的贪婪残忍，超过清政权的征收者十百倍。上面要求收一百两，到他们这儿，就可能变成二百两、三百两甚至一千两。"其收漕也，仍用故衙门吏胥，仍贪酷旧规，以零尖、插替浮收三石、四石不等。百姓大怨。"（《天国的陨落》）

定都天京后，太平天国官僚队伍迅速膨胀，官员们大肆追求物质享受，所以虽然洪秀全声明"轻徭薄赋"，但摊派下来的任务远远超过老百姓的负担能力。再加上包租者的层层加码，趁机搜括，老百姓的生存状况，远不如清政府的治下。

　　三月，菜麦勃然兴起，贼忽而要米数百石，忽而要金数百两，忽而要水木工作衣匠，忽而要油盐柴烛，忽而要封船数十，忽而要小工数百，时时变，局局新，其横征暴敛莫可名状，师、旅帅亦无可奈何，虽鸡犬不宁也……现青黄不接，挪措丝毫无告，粮食极贵，丝织无利，家家洗荡一空，已所谓室如悬磬。而贼之迫催严比，无出其右……而贼目催粮，愈加严酷，勒乡官，具限状，非捆锁，即杖枷，乡里日夜不宁。农家……甚有情极自尽。

"苏属一带，贼氛尚恶，现又借征下忙以助军饷。各户无租，仍复苛捐，知不归城主，均军、师帅取肥私囊。吕厍戏场、博局亦系师帅爪牙所开，日往花船，消耗不少。"

这些包租者的后盾是太平军的武器。"到太平天国后期，太平天国地方政权从允许地主收租，到保护地主收租，甚至派兵镇压农民抗租。"所以他们对抗租者异常残忍。嘉兴盛泽设的筹饷总局，连人们使用"洋钱"都要上税。一洋要交七十文。"有某生偶有一洋未用印，锁至公估庄内，打折胫骨。"

在太平军治下，这些包租者都发了横财。嘉兴盛泽设的筹饷总局，除了一部分定数作为军饷外，"余下者悉饱（办局者汪心耕）私囊"，仅此一项就"获银数十万"。管理税卡的沈枝珊，所收税款，上交军营的不过十之二三，"余尽归己"。"又倡言起造听土府，按出摊派一次。又倡修嘉兴海塘，又摊派一次。凡有路过伪官，必摊派居民迎送各费"，乃至"积资至数十万之多"。（《天国的陨落》）

四

很自然，在太平军的治下，民众的生活十分悲惨。《中国陆上之友》杂志在 1857 年 1 月 15 日、21 日、31 日报道了两名欧洲人的记述：

> 从南京到镇江的途中，我们看到穷人提着蓝色的黏土。侍童告诉我们，由于粮食极为匮乏，他们便用黏土掺和着大米吃。在侍童剃头的地方，我们曾见过他们吃这种混合食物。

富赐礼在 1860 年曾到过苏州，那时苏州的繁华给他留下了极为深刻的印象。而时过一年，再到苏州，他惊讶不已。

> 完全的废墟和荒芜成为太平军从南京到苏州之间进军路线的标志，无法用语言来表达对这些场面的任何感受。……我们在城门外遇到几个可

怜兮兮的人在兜售衣物和药草，但除此之外，我们没有看到任何一个当地人。在护城河里，我们居然惊飞了一群野鸭，而就在一年前，从忙于做生意和赶路的众多过往船只中找到一条通道几乎是不可能的。城里同样也是一片荒凉，所有的房屋的正面都已被毁，许多河道里满是破损的家具、腐烂的船只和废弃物。

另一个外国人记载：

他们在行军时，通常在其身后留下被杀害的农民和被毁的住所作为遗迹。偏远的广阔地区的村民为避免同他们接触而纷纷逃跑，把仅有的一些东西转移到他们认为较为安全的地方。在扬子江两岸，在荒芜的土地的另一侧，可以看到许许多多用茅草盖的大村落，它们是由不幸的难民匆忙搭建的。……人们所遭受的灾难和悲惨景象是难以描述的。大量的家庭挤在低矮、窄小、用芦苇搭成的帐篷式小屋里，刺骨的寒风阵阵呼啸，人们挤在一起取暖，老年人神情沮丧，虚弱得不能工作，瘦弱的小孩子因饥饿而表现出渴望的神情。凡是亲眼看到过这些情景的人永远也忘不了。对大多数人来说，他们仅有的问题是疲弱的生命还能支撑多少天；许多人似乎已经是行将就木了。

相反，清政府治下的地方却显得富有希望。

在仍为帝国的边境内走上一段路以后，倘若不是亲眼所见，周围景象的鲜明对比会使人感到难以置信。靠近叛军占领区的扬子江是一条巨大而又荒凉的航道，而这里的江面却布满了商船，江边延伸着精耕细作的农田。两岸星星点点地坐落着建造精巧和外观整洁的村舍。

据葛剑雄先生等学者在《中国人口史》中的最新研究成果，太平天国造成长江中下游湖北、江西、安徽、江苏、浙江五省人口绝对数量减少了六千五百万人。考虑到人口的正常增长率，"这五省在太平天国战争中的人口损失必然多于此数"。"如果再考虑到太平天国战争的其他战场湖南、广西、福建、四川等省的人口损失，那么太平天国战争给中国带来的人口损失在一亿以上。"

洪秀全的家庭问题和治国方式

一

正如"拜上帝教"教义构建过程中所反映出来的那样，洪秀全的能力相当有限。

其实不要说管理国家，就是管理后宫，都足够他手忙脚乱。阅读洪秀全留下来的文献，我们很容易发现，处理与妻妾们的关系，是洪秀全生命中的重要内容，耗用了他相当多的时间和精力。

从现有资料我们可以判断，还是在贫贱夫妻时期，有着强烈大男子主义倾向的洪秀全和结发妻子赖莲英的关系就不怎么好。成为教首之后，洪秀全和老婆更是经常打架，打老婆成了洪教主的家常便饭。由于下手太狠，经常把赖氏打得起不了床，甚至引起天上的上帝和耶稣的极大不安，屡屡"下凡"来"教导"洪秀全。太平天国起义之前，有一次洪秀全要从广西回花县老家中处理事务，大兄耶稣特意下了一次凡，殷殷嘱咐他说："洪秀全胞弟，尔回去家中，时或尔妻有些不晓得，尔漫漫（慢慢）教导，不好打生打死也。"

在太平天国正式起义之前，作为教主的洪秀全就拥有了十五位"娘娘"。然而他和这些娘娘的关系似乎不是特别和谐。虽然贵为天神和教主，然而从天父天兄的话里，我们可以看出这些女人看不起洪秀全，经常有怠慢之举。所以太平天国元年正月，太平天国刚刚起事，正与清军激烈作战之时，天兄还不得不抽空下凡来调解洪与妻妾的关系。

> 天兄恐各娘娘有怠慢天王之处，……乃指示："自今以后，各小婶有半点嫌朕胞弟，云中雪飞；有半点怠慢朕胞弟，云中雪飞。不拘那一个，凡有半点嫌朕胞弟及有半点怠慢朕胞弟者，尔一面奏明，不可隐也。"

王庆成说，天父天兄管洪秀全的家务事，为的是"洪秀全不受其众妻子的怠慢嫌弃"。以教主之威而不能获得这些身边之人的足够尊重，洪秀全的"人格魅力"可见一斑。

太平天国定都天京后，天父也为洪秀全与众妻子的关系屡屡大伤脑筋。进了天王府的洪秀全故技重演，高居垂拱，与外界隔离，数年不出天王府一步，以维持自己的神秘形象。虽然政事全部交给了杨秀清，他在深宫之内，倒也不是饱食终日、无所用心。他主要在忙着管理老婆。关于他的妻妾数量，有说八十八人，有说九十九人，还有说一百多人的。不管具体是多少，总之数量巨大，管理起来非常有难度。洪秀全一律废去她们的名字，给她们编了号，诸如第十六妻、第三十二妻之类，以便于管理。但是，即使采用了数字化手段，他和妻妾们闹矛盾仍然经常成为太平天国政治生活的重要内容。看这段《天父下凡诏书》中天父谆谆教导洪秀全如何处理妾与女儿关系的话：

> 今蒙天父开恩，娘娘甚众，天金亦多，固不可专听娘娘之词而不容天金启奏，亦不可专听天金之言而不容娘娘启奏。凡有事故，必准其两人启奏明白，然后二兄将其两人启奏之词，从中推情度理，方能得其或是或非，不至有一偏之情也。

也就是说，洪秀全有许多爱妾，也有好几个女儿。她们依仗宠爱，彼此攻击，令洪秀全时而偏听偏信时而左右为难，焦头烂额，一塌糊涂。上帝不得不教导洪秀全说，你要兼听则明，两方面的说法你都听听，然后再下判断，才不至于老是犯错误。

这次下凡中，天父又一次提及洪秀全打老婆的事：

> 又娘娘服事我二兄，固乃本分，但其中未免有触怒我主二兄。二兄务必从宽教导，不可用靴头击踢，若用靴头击踢，恐娘娘身有喜事，致误天父好生。且娘娘或身有喜事者，须开恩免其服事，另择一宫闱，准其休息，但使早晚朝见亦可。如此处待，方为合体。倘此娘娘仍有小过，触怒我主，亦当免其杖责，严加教导，使勿再犯使得。即或忤旨大罪，亦必待其分娩生后乃可治罪也。

从杨秀清这段谏言看，洪秀全对嫔妃经常因为"小过"就用靴头击踢，或是杖责，连怀孕者也不能幸免，甚至强迫怀孕的嫔妃服侍他。

及至太平天国乙荣五年（1855），洪秀全与结发妻子赖氏闹矛盾，又劳得天父操心下凡，为他们调解。这一年八月，赖氏去向自己的婆婆，也就是洪秀全的母亲请安，婆媳俩聊起家务事，聊得高兴，多说了一会儿话。不料这就触犯了洪秀全的规定。原来洪秀全早有规定，"天朝严肃地，速来速回"，妻子们不可久离官中，因此把赖氏又痛打了一顿。赖氏不服，哭天抹泪，天父不得不再次下凡到金龙殿，责备洪秀全"前诏有错"，上帝说："朕差尔治天下，以孝道为先。官内事不必拘执。媳来候母，孝敬之道也。尔记天朝严肃地，速来速回。何必如是过执乎？……"经过上帝的严肃批评，洪秀全承认了错误，这次夫妻冲突才算告一段落。

二

为了不劳烦上帝他老人家总下凡，洪秀全也一直致力于提高对娘娘们的管理水平。他采取软硬两手措施，软措施就是思想教育。洪秀全花费大量精力，写了近五百首《天父诗》，教导这些妻子怎么为自己服务。这些诗歌语言平实，内容丰富。比如：

狗子一条肠，就是真娘娘。
若是多鬼计，何能配太阳？

这是教娘娘们要一个心眼对天王，不许狡猾。
还有那首著名的"十该打"：

服事不虔诚，一该打；
硬项不听教，二该打；
起眼看丈夫，三该打；
问王不虔诚，四该打；
躁气不纯静，五该打；
讲话极大声，六该打；
有问不应声，七该打；
面情不欢喜，八该打；
眼左望右望，九该打；
讲话不悠然，十该打。

《天父诗》的内容几乎包括了日常生活的方方面面，比如，这一首是教导官内如何洗澡的：

> 嫂在洗宫姑莫进，姑理洗水嫂莫进。

教导妇人不得偷吃水果的：

> 旧果放盘到明日，新果来时平匀食。
> 新果未来有乱食，同徒奏出有重责。

还有批评娘娘们睡懒觉的：

> 因何当睡又不睡，因何不当睡又睡。
> 因何不顾主顾睡，因何到今还敢睡。

　　对妻子们的服务内容、服务水平和服务标准，洪秀全提出了极为严格细致的要求。比如夏天，娘娘们除了不断打扇外，还要及时递上茶、面巾和尿壶。"扇拨飞虫是热天，茶洁泉三样相连。"（《天父诗》第124首）献了茶之后，就要送上"洁"，也就是面巾。再过一会儿，就要送上用来接"泉"（按太平天国的避讳制，是特指"尿"）的尿壶。冬天洗澡时，每个人要拿四条干手巾。"天寒洁身最紧关，起身帕到草莫奸。四条燥帕伺候便，闲手不顾个个难。"（《天父诗》第297首）就是说，他洗好了澡起身，这边四条干手巾就马上上去擦，不许有一分钟耽搁。如果谁偷懒，那么必然大难临头。"洁嚏因何洁倒须，大胆不遵成乜妻。"（《天父诗》第393首）这一句是说，打喷嚏打出鼻涕，小心把鼻涕擦干净就好了，不许碰到胡子！如果大胆不遵，有你好看的……
　　至于硬措施，那自然就是体罚了。
　　最常见的体罚是"打入冷宫"。《洪天贵福在南昌府供词》中说："我妈与第四母不和，父亲因将两母均锁闭了好些时。"其他体罚包括打板子、抽嘴巴、罚跪、罚顶灯，等等。洪秀全性格暴烈，这些体罚经常产生严重后果，造成后妃的残疾甚至死亡。洪秀全的《天父诗》中，就有许多相关记载。比如第128首道："半星亮起烧死人，各人救亮放精灵。明知亮大偏冲起，烧死自家有谁怜。"第456首道："无亮千祈莫冲起，冲起亮来烧自己。好心顾亮替人救，免亮延烧无了止。"第387首道："因何无亮冲起来？因何亮起不救开？亮冲起来谁人受？亮不救开烧死该！"亮就是火的意思。从这些诗看来，洪秀全发火之时打死的妃子、宫女不在少数。罗尔纲说："洪秀全这些诗就是叫人莫惹起他发火，他发起火来就会杀人。在他身边的人见他发火，必须要替那个惹他发火的人去救火，以免延烧无了止。"

除了直接打杀之外，洪秀全宫中更常见的是用各种酷刑来慢慢消遣这些惹他生气的女子。有种酷刑叫"煲糯米"，就是浑身缠上布条，浇上油，活活烧死。还有一种叫"烧硫磺"，"将受刑者绑跪大锅水中，慢火煨水升温，至臀股煮烂而死"。

三

从这些体罚措施的严重后果看，洪秀全后期出现了严重的精神变态症状。

打死人之后，洪秀全自己心中也不痛快。所以他写了许多诗，教导后宫女子们，一旦见到他发火，就要想方设法来求劝，以免再出人命。《天父诗》第285首道："亮起速快求开恩，不求莫怪亮连天。见人跪求替人奏，不奏亮起在眼前。"第187首道："亮起跪求要虔诚，亮未救缩莫起身。亮红速跪速救鸟，一个起身不容情。"罗尔纲解读说："他不但要惹他发火的人跪求开恩免死罪，就是身边的人也都要替那个人跪求。当他发火未停时不得起身，如有人敢起身，就要治罪，他知道发火是不对的，但自己控制不住，须要有人给他平息。"

洪秀全明知道自己发火杀人是不对的，所以奖励那些能劝住他的后妃，并且说，谁能从他盛怒中解救人出来，谁就有功有福。《天父诗》第202首道："回回亮是谁人救？救得亮多福已求。回回救亮真月亮，真草（心）对天配日头。"第312首道："宫内最贵两十宫，因会救亮故高封。真会救亮真月亮。"第313首道："真会救亮脱鬼迷，真会救亮是真妻。真会救亮好心肠，真会救亮识道理。"洪秀全自称是太阳，所以称他的后宫为月亮。两十宫，就是他第二十个妻。

从这些诗作来看，洪秀全显然经常无法控制自己的情绪。罗尔纲认为洪秀全有轻微的精神病："他性情暴烈，心境不安，整天处于烦躁之中，这是他于二十五岁那年患的精神病的后遗症。"

四

从现有资料判断，起码到了太平天国后期，洪秀全人格上出现了很大问题。他的缺乏耐性、不能吃苦、心性浮躁越来越突出。

任何一个用宗教发动起来的起义，最终还是要落脚到解决人们的现实问题上来。如果现实需要长期得不到满足，宗教狂热势必渐渐衰落下去。所以，成功的起义运作模式是在起义达到一定势能后，就逐渐淡化宗教因素而壮大世俗因素，通过满足人们的世俗利益而维持革命势头。朱元璋就是这样操作的，虽然他投入的起义也是用白莲教动员起来的，但是他独当一面之后，却基本摒弃了宗教因素。

然而洪秀全却越来越迷恋宗教的力量。在现实世界中，洪秀全能力平庸。用兵、打仗、管理官员、处理政务，他感觉到的只是挫败、厌烦、无趣。只有在非现实世界，他不受任何限制，可以天马行空，随心所欲地创造一切，修改一切。正如阿Q所说："我要什么就是什么，我欢喜谁就是谁。"这不需要任何毅力，反而有一种小孩子玩创世游戏的快感。

起兵以来，虽然心不在焉，懵懵懂懂，却居然多次大难不死，打下了南京，到了"小天堂"，从一个人人看不起的落魄童生，成了"左脚踏银""右脚踏金"的"太平天子"，洪秀全把这一切归之于"天意"，认为自己必然是得了上天那股神秘力量的眷顾，一切在天不在人。所以越到后期，洪秀全越来越致力于与上天的"交流"。他的交流方式一般是"做梦"。就像赵本山小品中演的那样，一遇到什么难以解决的问题，洪秀全就选择去好好睡一觉，醒来后分析梦的征兆，作成文告诏书，公之天下，用来教育天国人民。太平天国后期，洪秀全就这样"以梦治国"。

天王府外城称"太阳城"，洪秀全命人在"太阳城"南门外建起了一个高四丈、宽十余丈的巨大照壁，上面雕刻双龙双凤，描绘五彩，十分艳丽。这个照壁就是专门用来宣布洪秀全的梦话的。

陈庆甲的《金陵纪事诗》写道："出诏时光近午牌，九声炮响近前街。鹅黄缎写银朱字，说尽天堂梦兆佳。"诗后自注云："每日午后放炮九声，悬伪诏于门外，所言皆天话、梦话，并无一语及人间事，令人失笑。"也就是说，隔三岔五，"太阳城"门口就会响起九声炮响，九声炮响过后，一队人马高擎数丈长的黄缎子拼成的"天榜"走出"太阳城"，"天榜"上面用朱红色大字写着洪秀全发布的"天话"诏书，悬挂于大照壁之上，令南京人民都来阅读学习。

这些"天榜"是些什么内容呢？

我们仅举一个例子。第二次西征的太平军出发后，洪秀全没有去研究具体的军事安排和战略指挥，而是在天王府里睡下，到梦中去探探吉凶。一觉醒来，十分高兴，连续发布了两次"天榜"，来描述他的两个"吉梦"。

第一个梦是梦见收取大批城池土地：

> 九月初六早五更，蒙爷降梦兆以成，朕见无数天兵将，进贡圣物宝纵横，在朕面前虔摆列，朕时含笑欢无声。今天十三早五更，蒙爷降兆收得城，朕喊天下无弃土，亲降诏旨天将听。

下面又自己加注说：

> 九月初六早五更，朕见无数天将进贡爷哥朕，虔将一概进贡宝物摆列朕面前，朕含笑欢喜。梦兆如此，今天十三早五更，朕见天将天使奏朕收得城池地土。朕命他作多营盘，又大喊这天将曰：天下无弃土，普天下大通是爷哥朕土，通要收复取回。大将奏曰：遵旨。梦兆如此，甥胞们欢喜顶江山，命史官记诏也。钦此。(《天王收得城池地土梦兆诏》)

通过这道诏书，他鼓励天国军民，此次西征一定会胜利，大家要努力"欢喜顶江山"。

另一个梦是梦见自己打死六只猛兽：

> 今早五更得梦兆，蒙爷差朕诛虎妖，该死四虎二乌狗，普天欢喜扶天朝。爷哥显圣蛇兽绝，普天臣民谢天劳。天地安息太平日，爷哥下凡神迹昭。爷哥朕幼安息王，朕今诚实诏臣僚。

下面的注解说：

> 今早五更蒙爷恩降梦兆，朕偕二妇人同行一路，见前路有四只黄色虎甚大，企身向往。朕那时见二妇人惊惧，朕心以为若向这路去，恐虎或伤二妇人，于是带二妇人回头。讵知妖虎该灭。四虎赶来，朕用手打，虎

·360·

忽变人形，未甚分明之时，猝然遽醒。朕思此梦兆关系非小，又欠分明，故求天父上帝、天兄基督再降梦指明。朕时心念二首诗。其一诗云：今有四虎尽杀开，普天臣民奏凯回。天堂路通妖虎灭，一统乾坤天排来。其二诗云：一句圣旨杀四虎，普天臣民脱永苦。有爷有哥住头上，凭据权能天作主。念皆复睡，蒙爷恩降梦兆指明。朕寻方才打虎之处，逐一寻看，寻到一处，见有四黄虎二乌狗同摊在这处，见四虎俱死，单二乌狗一条已死，有一条番生。朕用手擒住复打，狗作人声喊曰：我恐。朕曰：朕要诛死你。又被朕打死。朕用手指算明，共打死四虎二乌狗，共六兽。梦兆如此，甥胞们欢喜打江山，放胆灭残妖，命史官记诏，以记爷哥下凡带朕幼作主坐天国，天朝江山万万年也。钦此。（《天王打死六兽梦兆诏》）

这道诏书意义不是特别明确，不过大致意思，应该是预兆天国军队会诛灭几个重量级的"清妖"，也就是预示着大胜。

五

太平天国后期，内外交困，危机重重：安庆告急，中央对地方指挥不灵，朝内贪污腐败盛行，粮食紧张。对于这些，洪秀全一律不管，毫不操心。李秀成回忆说，你根本没法和他对话："天王之事，俱是那天话责人。我等为其臣，不敢与驳，任其称也。"可知即使臣下当面奏事，洪秀全也仍然大说其"天话"。

甚至到了命运末日，已经在温柔乡中习惯于不动大脑的他还是一味靠天，长期的享乐生活严重削弱了他的意志，损坏了他的智力，而欲望的极致放纵也使他觉得生活索然乏味，颓废消沉。当局势越来越恶化，天京人心无主，大家请他做出决策时，他却没心力励精图治，面对现实，只是用一些谁也听不懂的"天话"来搪塞大家。

天京随时被破，李秀成劝他率众突围，他却已经丧失了对生活的兴趣，完全被惰性所控制。李秀成和他之间，曾有过一次著名的谈话。

李秀成问：清军围困，天京眼看守不住了，怎么办？

洪秀全说：朕承上帝圣旨、天兄耶稣圣旨下凡，做天下万国独一真主，何惧之有？不用尔奏，政事不用尔理。尔欲外去，欲在京，任由于尔。朕铁桶江山，尔不扶，有人扶！

李秀成问：天京城内兵微将少，怎么办？

洪秀全答：尔说无兵，朕的天兵多过于水，何惧曾妖者乎？尔怕死，便是会死，政事不与尔干。

李秀成问：城内已经没有粮草，饿死了很多人，怎么办？

洪秀全答：全城俱食甜露，可以养生。

（所谓甜露，就是野草煮水充饥。）

李秀成说：这种东西吃不得！

洪秀全说：取来做好，朕先食之！

……

不久之后，洪秀全就因为吃这种"甜露"，很快得病。李秀成在自述中说："此人之病，不食药方，任病任好。天王之病因食甜露而起，又不肯吃药方故而死。"

其实，最后食甜露而死，应该被看作一种自杀的方式。虽然表面上振振有词，但内心深处，洪秀全并没有完全昏聩，他已经知道，一死不可避免。与其死于清军之手，不如体面地病死。至于死后洪水滔天，由他去吧！

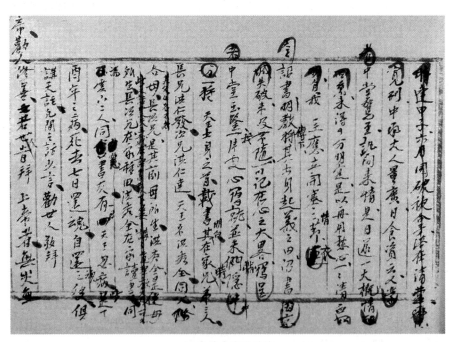

▲ 李秀成自述手稿

天生龙种幼天王

攻占永安之后，洪秀全封自己四岁大的儿子洪天贵为"幼主"，臣下须称幼主为"万岁"。这个几个月前还在山沟里流着鼻涕磕磕绊绊满地找石头、树枝玩的孩子一下子成了太平军中第二尊贵的人物。后来，洪秀全又别出心裁，在幼主的名字上加了一个"福"字，叫洪天贵福。虽然不符合中国人起名的惯例，然而天王做事一贯莫名其妙，所以就这么叫下来了。

从五岁起，这个太平天国中最尊贵的孩子就住进了金龙城，开始和爸爸一起享受天国最高待遇。然而，他受到的教育却十分差劲。老童生洪秀全用官禄㙟村农民洪镜扬当初教育自己的方式教育这个天国未来的继承人，从小娇生惯养，以致这个孩子贪玩任性，一点也不懂事。连杨秀清都看不过眼，为此专门替"天父"下了一回凡，教导洪秀全要好好管教孩子。

> 即今幼主，我天父降生，虽性本善，然亦要及时教导，方不至性相近而为习相远也。切不可作其率性而为。

怕洪秀全听不明白，杨秀清又举例说：

> 譬如天父降雨之时，幼主意欲出去游玩，若任其意游玩，是必雨淋身湿。即此一事，就要节制，使其天晴之时方可游玩。

两天之后，杨秀清见到洪秀全，又提起此事，说：

> （幼主经常把东西弄烂，不知珍惜）今将天父所赐景物戏弄破坏则可，至若既知人性，将来天父赐来宝物甚多，若是任其心性，把来故意戏弄破烂则不可。

从惊动天父千里迢迢下凡来看，这个孩子的教育确实是成问题了。

后来，这个问题是怎么解决的，结果怎么样，就没有了下文。不过，太平天国城破之后，幼天王出奔被捕，清廷曾详加审问，留下一份供词，颇有可读之处。

被捕时的洪天贵福已经十六岁，在回忆自己的教育时，他说：

老天王叫我读天主教的书，不准看古书。

又说：

读过《十全大吉书》《三字经》《幼学书》《千字诏》《醒世文》《太平救世诰》《太平救世诏》《颂行诏书》。前几年，老子（天王）写票令要古书，干王乃在杭州献有古书万余卷。老子不准我看，老子自己看毕，总用火焚。

洪天贵福被允许读的书，都是太平天国自己印的书，内容均是宣扬洪秀全的奇遇以及洪秀全的教导之类。洪天贵福说："老天王还作有《十救诗》给我，都是说这男女别开，不准见面的道理，我还记得几首。"

这《十救诗》的内容均是宣扬男女有别。要求男孩从四岁起，就不许和姐姐有皮肤接触（弟大四岁姊别起），七岁后与姐姐最少要保持一丈远的距离（弟大七岁别一丈），九岁起永远不许见面（弟大九岁永别清）。妹妹五岁后，不许皮肤接触（妹大五岁手莫摸），九岁后永远不许见面（妹大九岁永别清）。

所读都是这类内容，除此之外的书不许看，这位幼天王所得到的知识当然十分有限。

幼天王"从来没有出过城门"，生活知识十分缺乏，"九岁时（老天王）就给我四个妻子，就不准我与母亲姊妹见面。我想着母亲姊妹，都是乘老天王有事坐朝时偷去看他"。他几乎与世隔绝，所以审问之时，能回忆起来的事非常有限，他郑重其事地在供十二、十三中两次交代：

天朝内有一青鹦鹉，所住是银笼，它会讲话。鹦鹉唱云：亚父山河，永永崽坐，永永阔阔扶崽坐。

交代这些话，正像一位历史学者所说，"不大可能是此时他还不忘江山归'崽'坐"，只能说明他头脑中可供回忆的东西太少了。

然而，幼天王似乎很好地学到了洪秀全装神弄鬼的本领。在供词中，他编造自己有未卜先知等特异功能，以此证明自己不是凡人，有上天保佑，希望清朝不要杀他。他说：

（被清军追击之时）那日到杨家牌，我就说官兵今夜会来打仗，干王们都说官兵追不到了。三更时候，（果然追到）四面围住。

又说：

我与身边十几个人都挤下坑去，官兵下坑来，把他们全数都拿去了，不知何故单瞧不见我。我等官兵望前追去，独自一人躲入山里，藏了四天，饿得实在难过，要自寻死。忽然有个极高大的人，浑身雪白，把一个饼给我。我想跟他去，他便不见了。

这个极高大的人，也许就是那个上帝"爷火华"吧，按理，那是洪天贵福的亲爷爷呢。

虽然装神弄鬼得心应手，但洪天贵福应对世事毕竟太缺少常识。清朝官员骗他交代了就放他一条生路，他居然信以为真，还满怀希望地谈到了自己的未来：

我有四个老婆。现在我不要妻，二十岁再要。

又说：

广东地方不好，我也不愿回去了，我只愿跟唐老爷（审问他的一个清朝官员）到湖南读书，想进秀才的是实。

这一对奇父子，做了天朝的一首一尾，真是恰到好处。不但一样地不知世事，一样地善于编谎，而且，都与秀才这样有缘。前一个是想进秀才不成，起来造反。后一个是造反失败，又想去进秀才。

清王朝当然没让他进秀才，把他肚子那点不多的东西掏净了之后，就三千六百刀，把十六岁的他活活剐死了。

第九章
光绪：被"帝王教育"败坏的人

—————— • • • ——————

　　翻阅翁同龢的日记，我们发现，在大部分读者头脑中那个清秀、文弱的光绪皇帝，有着完全相反的另一面：暴躁、偏执、骄纵。事实上，在畸形的成长环境中，他的人格始终没有完全发育起来，许多心理特征仍然停留在儿童阶段。那场著名的改革会失败，与皇帝性格中的这种缺陷很难说毫无关系。

一

"湉"的意思是"水流平静"。以"小心""恭谨"闻名的醇亲王奕譞给长子起名"载湉",这表明他唯一的希望是这孩子一生安稳平顺而已。在不胜寒的政治高峰栏杆拍遍的他饱览风光壮美,更深知风涛险恶。对他来说,什么"雄心""功业"都是些令人厌倦的词汇,政治首先意味着的是风险和毁灭。

然而世事就是这么不可捉摸并且充满荒诞,偏偏就是这个孩子,被他的伯母兼大姨慈禧选中,要接替刚刚死去的同治,继承大清王朝的帝统。

发生在养心殿东暖阁的那一幕让所有的大臣记忆犹新:太后的话刚出口,中选者的父亲奕譞便如同被雷击了一样,当时瘫软在地,"碰头痛哭,昏迷伏地,掖之不能起……"(《翁同龢日记》)

在后来的岁月中发生的那些故事,证明了这位亲王对儿子的命运是多么有先见之明。然而,与强大的命运比起来,任何先见之明都苍白而徒劳。

二

中国历史对女性而言是不公平的。这片土地上不知曾生长过多少杰出的女子,她们冰雪聪明,鲜花一样美丽。可惜她们只能在文字之外悄悄凋零,上天赐予她们才华,却没给她们施展的领地。

叶赫那拉是为数不多有机会出现在历史聚光灯下的女人之一。据说,旗人家的女人往往比丈夫能干。许多八旗子弟在外面摆够了谱,回到家里,却要乖乖受女人的辖制。这样的女人,侄儿要叫她"伯伯",儿子不叫她"妈妈"却叫她"爸爸"。叶赫那拉就是这样的女人。在丈夫去世之初,她可能并不想成为"政治家",她介入政治的动机不过是保住爱新觉罗家的产业,以免孤儿寡母受人欺负。但是，权力这个东西就像鸦片，一旦沾上手就撒不开。对叶赫那拉这样的女人来说，人生最大的乐趣莫过于在复杂的人际关系中施展手腕，较量机锋，摆弄他人，把握局势，使自己永远站在胜利者的位置上。从这一点来说，规模庞大的政治游戏比起小小后宫的争风吃醋更适合她的玲珑多窍之心。

年届四十、正当盛年的太后，驾驭大清帝国这艘航船正是得心应手、逸兴遄飞之时，选择一个年长的王子为君，自己放手交权，当然非她所愿。

▲ 慈禧太后画像

之所以选择四岁的载湉，除了他的年龄之外，一个隐秘而关键的原因，恰恰是他那个富于远见、闻命痛哭流涕的父亲。这个以"谦谨老成"闻名的小叔子兼妹夫是一个异常合手的工具。他十分乖巧，素无野心。他会圆满漂亮地完成交给他的每一项任务，又会像她肚子里的蛔虫一样，知道怎样和权力保持最恰当的距离，以迎合这个权欲极重、猜忌心极强的嫂子。只可惜他大了一辈，要不然真是帝位继承者的最佳人选。但愿遗传的力量能起作用，使未来的皇帝能够继承他父亲的性格和识度，懂得怎样和她这个非同寻常的女人相处。

另一个原因是这个孩子的性格。在命这个孩子入宫之前，她曾经不动声色地向妹妹了解过。妹妹说，这个孩子最大的特点是"文静"，从不淘气。这极惬太后之心。众所周知，刚刚死去的同治皇帝，是清朝皇帝中最顽劣的一个，从小顽皮异常，任性乖张，长大后热衷于微服出游，泡茶馆妓院，最终染上恶疾，一病而亡。从妹妹的描述看来，小载湉起码不会蹈此覆辙。

然而，和这孩子相处了一段时间之后，慈禧就发现，她的如意算盘打错了。这孩子绝非大清皇帝的合适人选。

首先，这个孩子身体太差了。进宫之后，三天两头闹病，不是感冒头疼就是呕吐腹泻，几乎没有一个月消停过。（参见信修明《老太监的回忆》。另，《翁同龢日记》中亦常见光绪生病的记载）她经常担心这孩子活不长。就是长成了，这么单薄的身子骨，怎么担得动那么繁重的政务？

其次，这孩子太"文静"了，文静得像个女孩子一样。也许是因为妹妹爱惜过度，这个孩子胆子小得出奇。一听到雷声他就吓得大哭大叫，冷汗不止，非得大人抱在怀里，百般抚慰，才能安静下来。除了雷声、鞭炮声、锣鼓声他也怕得要命，就连见到一只虫子，他也要哭上半天。

慈禧越来越发现，这孩子不是她喜欢的类型。她和孩子性格上的反差太大了。

叶赫那拉天生刚强，性格像一团火，永远精力十足，永远兴致勃勃。就像《宫女谈往录》中老宫女回忆的一样："老太后就是讲究精气神儿，一天到晚那么多的大事，全得由老太后心里过，每天还是……总是精神饱满，不带一点疲倦的劲儿。"

而这个孩子却天生禀赋不足，精神不健旺，只爱闷在屋里拆拆自鸣钟，摆弄摆弄西洋玩具。

太后像男人一样干练，什么事都要处理得清清爽爽，一丝不苟。"老太后一生精明强干……吃东西也必定要端端正正、精精致致地像个吃的样。穿双鞋，也必定要袜线对准了鞋口，丝毫也不能对付。精明认真是老太后的秉性。"

这孩子却做事拖泥带水，又没常性，经常玩着玩着就烦了，扔下一大堆钟表零件，又去摆弄另一样东西。太后最看不上的就是这点。

太后精明聪慧，善于察言观色。这个孩子却木头木脑，缺乏灵活机变劲儿……

用古话说，她和这孩子简直生来相"克"。相处时间越长，她感觉越别扭。她十分反感这孩子期期艾艾、怯懦退缩的神情。不论从哪方面看，这个孩子都不像雄才大略的料。

没办法，这就是大清的命吧！

失望归失望，太后对这个亲外甥还是尽心尽力的。同治皇帝是在奶妈的怀中长大的，那个时候，她正忙着浓妆艳抹、争风吃醋，无暇顾及襁褓中的婴儿。现在，已经不用争宠的她把对同治的一份歉疚都还给了光绪。后来她回忆说："皇帝入承大统，本我亲侄。从娘家算，又是我亲妹妹之子，我岂有不爱怜之理！皇帝抱入宫时，才四岁，气体不充实，脐间常流湿不干，我每日亲与涂拭，昼间常卧我寝榻上，看着天气寒暖，亲自为他加减衣襟，节其饮食。皇帝自在醇王府时即胆怯，怕听到大声特别是雷声，每有打雷下雨，我都把他搂在怀里，寸步不离。皇帝三五岁后，我每日亲书方纸，教皇帝识字，口授读《四书》《诗经》，我爱怜唯恐不至……"（瞿鸿禨《圣德纪略》）

太后是一个现实主义者。选择既然不能更改，她所能做的，只有给这个孩子以最好的教育。刚刚五岁，她就迫不及待地给小皇帝开了蒙，请了状元出身的翁同龢为师，并制定了极其严格的学规。她经常召见师傅，详细询问学业进展情况。光绪十一年（1885），当发现小皇帝的作文颇有可观之处时，她当即降旨，从此之后，把"（皇帝）每日所作诗、论及对子，均缮写清本，随功簿一并呈览"。在繁重的政务之余，她还把检查批阅皇帝学业作为自己每日必修的功课。

有充分的史料可以证明慈禧太后对光绪的培养是尽心尽力的。每一个专制者对继承人的期望都是既听话又能干，活着的时候，可以绝对控制，百年之后，又可以挑起大梁。对于控制这个天性柔弱的孩子，慈禧很有信心，因此她着力更多的是发展他的才干。从很早开始，她就有计划、分步骤地培养光绪的政治兴趣和能力。小皇帝刚满十岁，她就经常在工作时让小皇帝陪伴在身边，给他讲解奏折，有时候还让他试着在折上批答。大臣们发现，在发回的奏折上，出现了一种类似儿童描红的特别幼稚的字体，虽然故作大人腔，但一望而知是儿童所拟，这无疑是"今上"的手笔。小皇帝满十三岁那年，她又让小皇帝实习政务。在垂帘听政的时候，大臣们递上奏折，慈禧总是让皇帝先看一遍，然后提出自己的处理意见，告诉皇帝为什么要这样办。也是从这个时候起，太后命皇帝的功课中加上讲解奏折一项。

事实上，直到十多年后打算更换皇帝之前，她一直是以"恩主"的心态来对待皇帝的：是她亲手把他扶到了宝座上。这个座位，被帝国内所有的男人视为最大的幸运和幸福的象征，千百年来，有多少人为之付出了自己生命甚至家族生命的代价。而他，在懵懂中一夜之间就得到了。又是她，在他的成长过程中灌注了那么多心血，甚至比对亲生儿子还要尽心。要知道，她可从来没有亲手料理过小同治的吃喝拉撒。太后常常想，长大懂事后，这个孩子没有理由不对她感激涕零。

三

然而，当长大成人后的光绪回忆起来，并不认为被选入宫是他人生中的幸运。

那是 1875 年 1 月 13 日，载湉从熟悉的家里被抛到了这个巨大、荒凉、寒冷的坟墓一样的宫殿之城。在空旷的广场上，他面对的是一群陌生的人：一大群模样怪异的太监和他们簇拥着的一个衣服华丽、高高在上、表情冷漠的女人。

这个孩子如同一块柔嫩的蚌肉，被粗暴地从亲情之蚌中剜了出来：刚刚还抱着他逗他玩的父亲，现在远远地跪在丹墀之下，成了他的臣子。与他朝夕不离的祖母和母亲泪眼婆娑地被厚厚的宫门阻挡在外，几乎永世不能再见。为了让他彻底与过去的生活告别，太后甚至不允许他的奶妈跟进宫来。

天底下可能没有比紫禁城更不适合一个孩子成长的地方了。这群辉煌的宫殿其实不是一座建筑，而是权威意志和专制观念的体现。从根本上说，这座穷极了人间物力的建筑并不是为了舒适地居住，而是为了昭示皇帝与上天的关系，传达帝王不可动摇的威严。它的整体布局象征着天上的星座：宫中有三大殿，是因为天上有三垣；后三宫连同东西六宫共为十五座，正合紫微垣十五星之数。庞大的宫殿群红墙黄瓦，不仅因为美观，更因为只有红黄二色才配得上皇帝的尊严：红属火，火主光大；黄属土，土居中央……这个权力的象征物里，批发着世界上最密集的阴谋，笼罩着世界上最严密的规矩，呈现着人间顶级的浮华和奢靡，却唯独缺乏一样东西：简单平凡的亲情。

我们无法想象进宫的当天晚上，躺在巨大空旷的殿宇之中的孩子，面对生活环境的巨大变化，心里是多么惊惶和迷惑。我们只知道，从第二天起，他的生活就完全改变了。那个原本无拘无束的孩子现在变成了帝国机器上不可或缺的一个零件。他每天得按固定的程序运转：每天四点钟就要起来，正襟危坐在乾清宫那张坚硬的宝座上，充当垂帘听政的道具。在禁宫林林总总的几百年一成不变的礼仪中，他都是必不可少的器皿，被群臣捧来捧去：到观德殿给先皇帝梓宫叩头，到奉先殿给列祖列宗牌位跪拜，去慈宁宫给太后太妃请安，往寿皇殿及大高殿祈雪、祈雨，春天到丰泽园去行耕籍礼……

他完全不知道他做这些事的意义，他只知道，在这广阔无垠的禁宫之中，每一寸空间都充满着看不见摸不着的"规矩"。在哪位太妃前应该说哪些话，在哪个仪式上应该穿哪套衣服，下跪时先跪哪条腿，跪下后龙袍的前摆放在哪里，磕头的次数、深度，跪或立的间隔，都有详尽的规定，稍有错误，就会遭到批评和训斥。

对于自己的亲姨、伯母和养母，小载湉怎么也亲近不起来。虽然这个"亲爸爸"不放过任何一个机会对他表示关爱，可是不知道为什么，他在太后身边，却从来感觉不到一个儿子在母亲面前应该感觉到的安然自在。在小载湉的心里，母亲应该是柔软的、温暖的、包容一切的。可是在他的感觉里，这个"亲爸爸"更像一个男人。她从来都说一不二，在她面前所有的人都必须绝对服从。她像一个寒光四射的巨大光球，笼罩着宫中的一切，光芒如同麦芒一样砭人肌骨。他从心底里惧怕这个钢铁一样的女人，只要她看他一眼，他就感觉浑身冰凉。

从进宫的第一天起，他总是处于太后的纠正和训斥之中。精明强干的太后在教育上却是一个失败者。对亲生儿子同治，她任母爱泛滥，过分娇纵。而对继子光绪，她却矫枉过正。在为小皇帝挑选太监时，叶赫那拉特意指出："所有左右近侍，止宜老成质朴数人，凡年少轻佻者，概不准其服役。"这个以权力为生命的女人首先要做到的，是对养子的绝对控制。从进宫的那天起，那些面容呆板的老太监，"像灌输军事知识一样"，天天教育他，"他应该永远承认太后是他的母亲，除掉这个母亲之外，便没有旁的母亲了"。（德龄《瀛台泣血记》）除此之外，太后也不放过任何一个机会，来树立自己的绝对权威，培养小皇帝的绝对服从。按照太后的要求，小皇帝"每日必至太后请安，不命之起，不敢起，少不如意，罚令长跪"（古灵后人姜斋《清外史》）。在平时，"孝钦后乘舆出，德宗亦必随扈，炎风烈日，迅雷甚雨，不敢乞休"（徐珂《清稗类钞》）。太后每顿赐给他的饭菜量都很大，即使他已经吃饱，也不得不一口口吃得干干净净。因为那不是普通的食物，那是太后的天恩和意志。

为了让小皇帝成为合格的统治者，她发誓绝不犯过去的错误，不容忍这孩子身上任何一点"毛病"，对他的每一个生活细节都精雕细刻。如果他在早晨四点钟时赖床，如果他在陪太后进早餐时碰响了餐具，如果他上朝时过多地扭动身子，下跪时忘了复杂的规矩，那么无一例外，都会受到太后亲口的或者通过太监传达的批评。太后清楚地记得同治是怎么被惯坏的。甚至小皇帝走路偶尔蹦蹦跳跳，如果让太后看到了，都会招来一顿训斥。太后告诉他，他是个皇帝，得有皇帝样，像普通孩子那样信马由缰，是没出息的表现。

教育学家说，刻板、教条、严厉的教养方式会对孩子的性格造成不可挽回的伤害。这些孩子往往拘谨懦弱，胆小怕事，同时又固执倔强，不善变通。这些人通常都是完美主义者，因为他们会下意识地时时处处以父母的要求来评价自己，对自己苛求，事事追求完美，对自己和对他人都缺乏宽容。

不幸的是，在阅读光绪的有关资料时，我们发现他性格中这些特点非常明显。

生活上的种种规矩，是小树上的层层绳索，虽然难受，尚不致命。真正对光绪构成伤害的是太后那冷冷的神情。那神情如同严霜冷雨，打得幼枝嫩叶瑟瑟发抖。

孩子的直觉是惊人准确的。虽然这个女人曾经亲手带过自己，虽然她表面上对他非常关心，可是皇帝清楚地知道，这个女人不喜欢自己。

是的，她看他的目光是空洞无物的，如同穿透一片空气。她和他说话时，也从来不用心，总是敷衍的、淡淡的。她的心思不是集中在那些奏折上，就是集中在化妆上，或者放在与后宫某个太妃的钩心斗角上。只是偶尔在自己做错了什么事，比如玩什么东西，拖拖拉拉，或者回答太后的问话过于迟钝时，太后才会注意到他，并且脸上勃然变色，嘴里蹦出几句诸如"你看你浑身上下，哪有点雄武之气"之类的训斥。

小光绪竭尽全力地去做每一件她要求做的事，可是却极少听到太后的一句夸奖。

囚禁在栅栏中的小动物神情必然紧张，生长在大树阴影下的小草注定长势孱弱。在太后身边，皇帝日益成长为一个缺乏自信的孩子。他不知道什么时候得了口吃的毛病，一见到太后就说话期期艾艾，越是害怕越说不利索。他感觉自己动辄得咎。他实在弄不明白，为什么他从亲人身边被送到这个奇怪的所在，做这些奇怪的事。他感觉到，在这个姨妈眼里，自己不过就是一个工具，一个不顺手的工具。蜷缩在深宫中的大多数夜晚，他的感觉都是非常绝望无助，在内心深处，他可能会以为自己是天底下最不讨人喜欢的孩子。在这个举目无亲之地，他多么希望讨得自己这个唯一的亲人的欢心！

四

第一次找到令太后高兴的办法，是在他开蒙读书之后。

传统的启蒙方式，很容易在第一时间就扼杀孩子的学习兴趣。同治帝就是这样。太后和师傅们费了九牛二虎之力，最终也没能把同治的"牛头"按到书桌上来。

和同治比起来，光绪实在是太听话了。虽然刚开始也曾"嬉戏啼呼"过几次，可是不久，这个性格柔顺的孩子就安然接受了不可违抗的命运，每天乖乖地来到书房和文字做斗争。他功课进展得很顺利，大字也写得越来越端正。虽然和历代的皇子比起来，他的成绩不过是中等水平，但是和他的前任同治比起来，简直好太多了。

看到小皇帝亲近诗书，太后的一颗心放下了大半。最起码这个孩子不会是同治那样的纨绔了。高兴之余，太后叫太监去传话，说皇上临的字不错，叫他以后再多多用心，并且把自己平日使用的四管湖笔赏他。

太后不知道，她这随随便便的几句鼓励在小皇帝心中引起了多么强烈的反应。

▲ 同治皇帝画像

进宫之后第一次，小皇帝发现自己能够把一件事做得很好。就像黑夜中发现了一点亮光，迷路者发现了一条小径，这一发现，对于处于惶恐不安之中的他来说，是非常重大的一次心理转折。

更重要的是，小皇帝发现，他能够做得很好的这件事，恰恰是太后最看重的一件事。文化水平不高的太后对书本有种异乎寻常的迷信。她相信经典的力量是其他任何力量所不能代替的，它可以清澈男人的大脑，强健男人的骨骼，只要真正掌握了圣人的教诲，再孱弱的男人也有可能成为安邦定国之才。小皇帝发现，虽然他仍然举止笨拙、反应迟钝，虽然他仍然胆怯、口吃，但是只要书读得好，这些都可以被人视而不见。

小皇帝学习越来越用功了。他竭力向太后展示自己的好学。据向太后报告的太监说，小皇帝不论到哪里，手里都拿着一本书，经常在走路时还念念有词。每天睡觉前，他都会背一段《诗经》才睡。听到这些消息，太后由衷地感到高兴。（《翁同龢日记》）向文字奋斗符合小皇帝的个性。随着渐渐能理解书中内容，他对书本的兴趣越来越浓。在宫中演戏之时，他常常携一卷书找个没人的地方阅读。事实上，学习是他确立自我、证明自我和娱乐自我的唯一方式。

对于小皇帝来说，读书于他还有更重大的意义，那就是使他明白了自己的使命与责任。通过书籍，他头一次明白了自己被送入宫，并非一件悲惨的事情，而是天下人都羡慕的幸运。原来他并非普通孩子，而是"上天之子"，将来要代替上天承担起抚驭万民的责任。师傅说，他肩负着上天的信任，肩负着大清列祖列宗的重托，肩负着天下百姓的全部希望。

翁师傅的教育看起来非常成功。在他的循循善诱下，小皇帝小小年纪就立誓将来要做"圣帝贤王"。师傅说，上天在芸芸众生中独独选中了他，就证明他有圣人之质。师傅说，要成为一个伟大的皇帝，说艰难当然艰难，说容易其实也容易，唯一需要的就是自制、勤奋和毅力。因为历代以来，圣人贤臣已经把治理国家的方法总结完备，从《资治通鉴》到历朝圣训，治国安邦的大经大法条条俱在。只要他一丝不差地按照圣人的教导去做，那么就会把天下治理得井井有条，他就会像周文王、唐太宗那样名留千古。

小皇帝的表现令帝国政治高层的所有人惊喜。师傅翁同龢经常得意扬扬地对人说起，小皇帝的一举一动都在效法古代圣王贤君。刚刚识字不久，小皇帝就指着书内的"财"字对师傅说："我不爱此，我喜'俭'字。"翁同龢喜不自胜，当即跪下叩头："皇上圣德！皇上有此见识，真是天下之福！"

光绪三年（1877）的冬天，很久没有下雪，小皇帝想起师傅教他的话，临睡前在心里默默祈祷，希望上天降下大雪，以利来年庄稼。没想到过了几天果然下雪了。年仅七岁的小皇帝高兴地跑到门外，立在雪中默默地向上苍表示感谢，太监们怕他冻着，担不起皇帝感冒的责任，一个劲儿地劝他回屋，让小皇帝大为扫兴。小皇帝气愤地说："你们真不懂我的心思！就像长沮、桀溺不理解孔子一样！"这个故事流传出去，被士人们传颂了许久。（《翁同龢日记》）

人人都说，皇帝将来必是一个古今少有的圣帝明王。连太后也屡屡对大臣夸奖皇帝"实在好学""典学有成"。

这些夸赞对小皇帝来说，实在是太宝贵了。这条深宫中的幼龙自卑而又敏感，太后的冰冷和轻视，在他幼小稚嫩的心灵上刻下了永远不能愈合的伤痕。他比谁都需要来自外界的肯定和赞扬，来满足他干渴得龟裂的自尊心。不要以为这个看上去怯懦退缩的孩子没有自尊心，恰恰相反，他的自尊心因为挫折而比谁都强烈。作为一个长期得不到肯定的孩子，他心中最强烈的愿望就是要向别人特别是向这个女人证明"我能行"。他知道，从进宫的那一刻起，他的生命就已不仅属于自己，更属于天下万民。系统的帝王教育，树立了他"拯民水火""澄清天下"的雄心壮志，陶育了他"人饥己饥""人溺己溺"的博大情怀，他愿意为他的子民燃烧自己的一切。他期望着用自己将来的表现，让这个女人刮目相看。

五

光绪十五年（1889）二月初三清晨，冬季的北京天空像一面镜子一样晴朗，没有一丝灰尘。光绪皇帝的亲政大典在紫禁城中隆重举行。十九岁的皇帝缓步登上太和殿宝座，御前太监在丹陛上鸣鞭三下，上千名官员在丹陛和广场上如同潮水一样起伏跪拜。

端坐在宝座上的皇帝精神焕发，神采奕奕，一举一动都显得干净有力。《翁同龢日记》中记载："仰瞻天颜，甚精采也！"

对于大清帝国的无数臣民来说，这是一个充满想象和期待的时刻。自从咸丰皇帝死后，大清帝国一直没有男主人。人们一直坚信，"牝鸡司晨"只是万不得已的变通，男人永远比女人更适合当家主政。更何况这个男人十分符合一个伟大帝王的标准。那些跪在前排的大臣发现，年轻的皇帝长相清秀俊美，举止端庄凝重，颇具帝王之姿。虽然一直待在深宫，但是关于皇帝

▲ 光绪皇帝画像

好学不倦、圣德纯粹的传闻，早已在朝野之间不胫而走。人们有理由期待他会如同他那些伟大的祖先一样，有能力带领大清摆脱困境，重现康乾时天下太平万国来朝的荣光。

太后松了一口气。说心里话，叶赫那拉当这个家当得确实有点累了。今年她已经五十五岁，白发已经悄然爬上鬓端。这二十八年里，她觉得她操够了心，受够了累。现在孩子终于长大，她也可以歇歇了。何况，通过她多年辛苦经营，大清帝国已经挺过了最艰难的时刻。她认为自己交到光绪手上的，是一个相当不错的统治基础。

在她刚刚走入政治中心的时刻，大清帝国可谓千钧一发，险象环生：朝廷之上，八名顾命大臣公然向太后叫板，政治分裂势不可免。长江下游，洪秀全领导的太平天国像失去控制的熊熊大火，把半壁江山烧得一片狼藉，大清帝国的统治眼看就要崩溃。同样要命的是，外国鬼子刚刚烧毁了圆明园，通过这场战争，他们已经看清了大清帝国没有抵抗能力，随时准备把大清分而食之。虽然对她的政绩评价不一，平心而论，被剥夺了早期教育权利的叶赫那拉·兰儿，在她的政治演出中表现的才干和能力称得上出人意料地杰出。她的表现比大部分男人刚强果断，在某些历史时刻，甚至称得上有胆有识、机智精敏。她果断利落地发动政变，清除了顾命八大臣。她开明地重用汉人曾国藩，眼看就要吞没大清王朝的太平天国狂潮在她的脚下突然退却。人们把她执政的这些年称为"同光中兴"。人们说，是她再造了帝国，使一个奄奄一息的国家重新焕发了生机。

在这权力交接的重要时刻，她的心里并不失落。虽然形式上交出了权柄，她仍然自信可以保持对皇帝的绝对控制。即使到现在，只要她一板起脸，这个孩子仍然会吓得说不出话。在老谋深算的她面前，这个心地单纯的孩子简直就是一个透明人，她可以一眼看到底。她不用凭思考，单纯用感觉就可以控制他。她的退休，实际上是一种"退居二线"，虽然摆脱了繁重的日常工作，但她仍然可以在需要的时候，靠着自己的巨大政治影响力左右大清帝国的航向。

对于自己多年来苦心培养的成果，她是基本满意的。虽然她对这个孩子的个性和气质没有喜欢过一分钟，但是像所有唯成绩论的家长一样，她仍然认定他已经是一个合格的继承人。他学业良好，能写一笔非常漂亮的正楷和一手典雅的文章，能把许多典籍倒背如流。从各个方面来说，他都是帝王教育的成功典型。"除了口吃这一先天不足外，无论在哪一方面，都远远超过了当年的同治帝。"（庄士敦《紫禁城的黄昏》）她相信，书本中记载的那些深奥的道理，会帮助任何一个男人取得统治的成功。

皇帝也深深松了口气。十五年来，他的一举一动都屈服于太后的意志。他的饮食起居，他的成长教育，甚至他的婚姻和爱情，都在她的绝对控制之中。就在去年，她还把她那个丑陋而愚蠢的侄女强行塞到他面前，宣布成为他的皇后。他对这种木偶式的生活早已忍无可忍。现在，他终于被宣布长大成人，可以拥有一定程度的自由了。更重要的是，在十五年的漫长准备之后，他终于握住了帝国巨舰的舵柄。就像一个交规考试得了高分却一直没有机会练手的学车人一样，他早已经跃跃欲试了。青年人总是不满现状，因为胸怀"尧舜之治"的雄伟理想，皇帝对大清帝国的国势比谁都痛心疾首：列强环伺于外，大臣狃安于内。国家衰弱贫困，民不聊生。虽然有人把太后执政以来的政绩吹捧成"同光中兴"，光绪却不以为然。虽然精明，虽然能干，太后毕竟只是一个没怎么读过书的妇人而已。满腹诗书给了他轻视太后的理由。读过三遍《资治通鉴》、自信深谙历朝治道的他，相信自己有能力唤醒死气沉沉、万马齐喑的中国。

六

然而，在亲政的头几年，年轻的皇帝并没有给大清帝国带来惊喜。在短暂的欢庆气氛过后，大清帝国又陷入了平沓缓慢的旧节奏。虽然已经胸有韬略，但坐到了驭手的位置上以后，皇帝发现在很大程度上是车在操纵他，而不是他在操纵车。亲政以后，天下一直风平浪静，帝国政治如同一块上好了发条的钟表，一切都按照太后执政时的成例一成不变地运行。在成例的笼罩下，他并没有多少自由发挥的空间。在亲政的前五年，皇帝不过是像太后的一个机要秘书一样，庸庸碌碌地忙于琐碎事务。

皇帝烦躁而又抑郁。慈禧政局的特点是小富即安，缺乏远见。在他看来，大清多在因循守旧的泥潭中陷溺一天，就多丧失了一分自强的机会。皇帝多么期望能有一个契机，比如一次地震式的突发事件，让他得以大展身手。

似乎是天遂人愿。光绪二十年（1894）七月，一封来自异国的电报，如同迸在皮肤上的一粒火星，烧灼得已经松懈多年的清帝国政治神经猛的一下收缩起来。这一年年初，大清属国朝鲜发生了内乱，请求清朝出兵帮助平乱，日本人也借机出兵朝鲜，挑衅清朝的宗主权。

听到这个消息，温文尔雅的皇帝拍了桌子。一个小小的日本，怎敢如此猖狂！自从道光末期以来，大清国就没断了受人欺负。开始是英国，后来是法国，再后来什么美国、德国、意大利……现在，西洋的国家轮了一个遍，居然又轮到了东洋里的小日本！对于西洋诸国，皇帝不太了解，然而身边的日本却是一向清楚的。"二十四史"里每部都有"日本传"。"考日本之为国，不过三岛，浮沉东海，犹一粟也，土地、军事俱不及中国十分之一。"熟读经史的皇帝知道，这个小国一千多年来一直亦步亦趋地学习中国，向中国俯首称臣。虽然这些年听说它开始效法西洋，搞什么维新，也弄了一支海军，但有多大能为？

气愤的同时，皇帝又感到强烈的兴奋。

振兴大清的机会终于来了！这简直是天赐良机。没有比战争更能振作一个民族的精神，而如果要进行战争，也没有比日本更合适的对手。如果打败了日本，那就是道光末期以来，中国对外战争中的第一场胜利。也许这场战争会成为大清国势的一个关键转折点，因为它将大大增强大清子民的自信心，振作久已萎靡的民族精神。"中国果能因此振刷精神，以图自强，亦未始非靖边强国之一转机也。"（《中国近代史资料丛刊续编·中日战争》）

另外，如果他能抓住这个机会，在战争中充分展现自己的才干，自然会在朝野树立起巨大的威信，有力地向太后证明自己的领导能力，促使太后进一步放权。那么，他就有机会刷新政治，带领大清走上自己设计的自强之路，次第收拾列祖列宗旧日的荣光。

对于皇帝的态度，包括师傅翁同龢在内的一大批朝臣，特别是绝大多数年轻的中下级官员，都坚决支持，一致欢呼。在他们当中，曾国藩的孙子翰林院编修曾广钧的言论最有代表性。他建议，大清此战不但要击败日本，还要抓住机会干脆把日本从地图上抹去，把它变成中国的一个省！只有这样，才能永绝后患！（《中国近代史资料丛刊续编·中日战争》）

皇帝把情况汇报给了太后，太后没有立刻表态。对于皇帝亲政五年以来的表现，太后是基本满意的。皇帝恪守成例，处理政事很有条理，越来越让人放心。退休以来，安逸的生活让太后的政治热情有所消磨。特别是进入光绪二十年（1894）以来，她的全副心思都用在准备自己的六十大寿上了。执政这么多年，她居然从来没有好好给自己过一个整生日。如今她终于可以放手国事，一门心思给自己找找乐子了。她没时间来弄清这一事件的来龙去脉，她对皇帝说，你自己看着处理吧！

七

并不是所有的人都像皇帝那么乐观，比如，北洋海陆军最高统帅李鸿章和他的部下。

其实早在二十年前，李鸿章就已经明确意识到，明治维新后的日本必将成为中国最危险的敌人。1874年，就是光绪成为皇帝前一年年底，他曾在一份奏折中提道："泰西虽强，尚在七万里以外，日本则近在户闼，伺我虚实，诚为中国永远大患。"他所组建的北洋海军，十分明确地把日本作为假设敌："今日所以谋创水师不遗余力者，大半为制驭日本起见。"（《李文忠公全集·奏稿》）

对国际事务颇有了解的李鸿章，十分清楚这个小国二十年来的发展变化。日本国的海军这些年来扩张神速。而大清的海军自从建成后，就没有怎么更新。从军事实力上说，日本绝不处于下风。特别是在成功的政治改革之后，日本国的国家效率、战争动员能力等综合国力已经远远超过中国。基于这种判断，李鸿章提出了"避战求和"的建议，他建议皇帝主动从朝鲜撤军。如果避过此战，中国就可以获得一个战略机遇期。在实力充足之后，再与日本交锋也不迟。

后来的事实证明，李鸿章这一建议是整个中日战争中最高明的一个主张。如果这一建议得以采纳，那么日本挑战中国的时间表就会被大大延后。

然而，对于这个建议，皇帝认为简直荒唐可笑。堂堂大清，一遇小小外夷的挑战，就主动示弱，成何体统！皇帝毫不留情地批驳了李鸿章。皇帝说，主动撤军，有失大清的体面，必不可行。他指示李鸿章抓紧时间，整军备战。

八

战争是一个放大器，它可以清晰全面地展示一个人的素质。

在亲政后的第一个重大决定中，皇帝暴露了他知识储备的严重不足。虽然已亲政五年，然而他对国际事务，特别是对近在咫尺的这个邻居，仍然是惊人的无知。对于一个近代国家的领袖，这无疑是致命的缺陷。

问题就出在他那被认为是非常成功的帝王式教育上。

1919年，当溥仪的英文教师庄士敦走进这座宫殿的时候，他的第一个感觉是时光倒流："1919 年 3 月 3 日，我第一次进入紫禁城。庄严肃穆的神武门，将我引进了一个空间与时间上与外界迥然不同的世界。通过这道城门，使我……从 20 世纪的中国倒退回了其历史可追溯到罗马帝国之前的古老中国。"在高大的门洞之外，是生机勃勃的喧闹的城市，而在门洞之内，却是沉寂、荒凉的像时间被锁住的另一个世界。"位于紫禁城深处的这些宫殿，与中国的共和世界在空间上相距不啻万里之遥，断非数百步之隔，在时间上相距无异千年之久，绝非共处同一时代。"（庄士敦《紫禁城的黄昏》）

厚厚的宫墙阻挡了时光的进入。虽然外面的世界日新月异，一日千里，紫禁城里却还充斥着康熙、乾隆年间的空气。如果说光绪时代，中华帝国与西方世界存在着几百年的时差，那么紫禁城内外，同样存在几十年的时差。虽然出生在鸦片战争三十一年之后，虽然在他出生前四年已经有中国政府考察团游历欧洲，虽然在他七岁的时候中国已经派出了第一批留学生，光绪皇帝接受的教育却完全是传统的。他所用的教科书也与历代皇帝毫无二致，不过是《帝鉴图说》、"十三经"、《圣祖圣训》之类的"帝王之学"。

按照时代的需要衡量，皇帝的教育其实是非常失败的。他的头脑中除了四书五经、"圣贤心法"，空无一物。他对世界大势缺乏了解，甚至连那些西方国家叫什么名字都不甚了了。因为在旧时政治教科书中，那些都是无关紧要之事。唯一重要的是"圣人之道"，老师说，只要掌握了圣人之道，就可以解决一切问题。

宫廷教育对他的影响还不止于此，他还是高分低能的典型。《瀛台泣血记》的作者德龄在叙述她经历的官中生活时写道："一个人只要在皇宫里住三五年就会变得愚蠢。"她指出，那是一个与世隔绝的地方，与外界绝少交流，见闻极为有限，生活极为刻板，极端迷信神权、迷信皇权，无形中造成一种凝固的空气。即使是一个天资高的人也会被束缚得失去聪明。在《我的前半生》中，溥仪描绘这种感受说："如果不是老师愿意在课本之外谈点闲话，自己有了阅读能力之后看了些闲书，我不会知道北京城在中国的位置，也不会知道大米原来是从地里长出来的。当谈到历史，他们谁也不肯揭穿长白山仙女的神话；谈到经济，也没有一个人提过一斤大米要几文钱。所以我在很长时间里，总相信我的祖先是由仙女佛库伦吃了一颗红果生育出来的，我一直以为每个老百姓吃饭时都会有一桌子菜肴。"

这座宫殿之城森严的封闭、保守和死寂，对光绪的成长构成了不可挽回的伤害。虽然学习成绩良好，然而除了书本知识以外，人情世故，乃至支配帝国政治的潜规则，他的大脑中却完全是空白。亲政之后，经常接触他的大臣发现，这个年轻皇帝缺乏基本的社会常识和应变能力。在复杂的晚清世事面前，他表现出令人吃惊的单纯、天真。

这个文静瘦弱的皇帝胸中的民族情感异常炽烈。启蒙不久，师傅翁同龢就经常和他谈起鸦片战争，谈起圆明园如何被毁，谈起咸丰皇帝的北狩。每当此时，翁师傅都会激动得面色潮红，鼻孔翕张，热泪盈眶。翁师傅说，天朝上国受到如此奇耻大辱，这是历朝历代都没有过的事！翁师傅说，之所以屡战屡败，原因不在于外国船坚炮利，而在于中国人心不古，大义沦亡，没有人肯血战到底。其实那些西洋小国，全加起来，也不如半个中国大，中国每个人吐口唾沫，也足以把他们淹死。

每听到这里，小光绪就忍不住和师傅一起愤怒叹息。从很小起，他心中就埋下了一个强烈的愿望，那就是等他亲政之后，一定要为列祖列宗报仇雪耻。在日本引诱中国走向战场的时候，皇帝所做的第一件事并非认真了解对手，而是听任年轻冲动的血液控制自己的大脑，仓促做出了冲上去的决定。

九

进入军事统帅状态的皇帝，抑郁一扫而光。他命令太监把记载圣祖皇帝平定准噶尔经过的《圣武记》搬到乾清宫，彻夜不眠地研究列祖列宗用兵的方略，仿照他们的口气，雷厉风行地下达着一道又一道充斥着"决一死战""迎头痛击"等雄性词汇的作战方略。亲政以来，他终于能够亲自指挥帝国航船的航向，真正担负起国家的重任，怎么能不殚精竭虑、全力以赴？

然而，精读过《孙子兵法》和《圣武记》并不证明皇帝就懂军事，特别是近代军事。战争过程与他的想象大相径庭。清军与日军第一次交锋于朝鲜成欢驿，即遭惨败，不得不退守平壤。对此小挫，皇帝不以为意，胜败乃兵家常事。此战之后，他正式声明对日宣战，命对日本"迎头痛击，悉数歼除，毋得稍有退缩"（《清光绪朝中日交涉史料》）。然而，出乎他意料的是，在正式宣战之后，清军仍然一反他的指示，节节退缩，及至1894年9月平壤之战，朝廷寄予厚望的李鸿章嫡系精兵又一次全面溃败，此后不到半个月，清军全部被赶过鸭绿江，日本不费吹灰之力就占领了全朝鲜。

皇帝大为震怒，他认为这无疑是李鸿章指挥不力的结果。这个老滑头显然缺乏战争的决心和勇气，所以他的部下才这样缺乏血性和忠勇。皇帝以李鸿章未能迅赴戎机，日久无功，拔去三眼花翎，交部严加议处，希望他"激发天良"，痛改前非，用心指挥。（《清德宗实录》）

然而谕旨还没有发到李鸿章处，1894年10月，日本军队突破由三万中国重兵把守的鸭绿江，排闼直入，兵锋直指沈阳。把守鸭绿江的是以敢战闻名的悍将宋庆，他的部下也是中国军队中装备最好、最精锐的，中国军人在鸭绿江防卫战中的表现也堪称勇敢顽强，然而在日军的强大火力面前仍然不堪一击。直到这时，皇帝才发现，问题不是清军不敢于胜利，而是中国的军事实力和日本根本不在同一水平线上。

慌了神的皇帝如同站在大堤决口旁的指挥者，第一反应就是全力以赴地试图堵住缺口。圣旨雪片一样从京师飞来，每一道都口气急迫。皇帝要求将军们竭尽全力把日本人就地截住，不得让他们前进一步。

皇帝不知道，他这样指挥，正是犯了军法的大忌。日军侵入中国境内的那一刻，李鸿章就已经明白这场局部战争已经演变成一场决定国家生死存亡的命运之战。他给皇帝上了道长长的奏折，提出了"打持久战"的战略主张。他说，形势很明显，敌强我弱，日军利于速战速决，我军利于"持久拖延"。日本的国力无法支持它打一场漫长的战争，如果中国能以空间换时间，不争一城一地之得失，把日本拖住，就能把日本人拖垮；相反，如果我们急于争锋，那么就会在阵地战中迅速消耗自己的力量。

应该说，李鸿章提出的"持久战"主张是当时的唯一取胜之道。他是中国历史上"持久战"概念的首创者，这堪称对中国军事史的一个重大贡献。（刘功成《李鸿章与甲午战争》）

然而皇帝却根本听不进李鸿章的建议，甚至连那封奏折他都没有读完。他没有这个耐心。日军在中国境内越深入，皇帝就越惊惶。他最担心的是日本人接近北京，让他和太后再上演一次仓皇北逃的惨剧。战前下的所有决心这时都已不翼而飞，他所有的心思，都放在如何把日本阻止住上面。他不能静下心来分析整个局势，没有兴趣在大脑中预演几步之后的棋局，只是如同一个低劣的棋手一样，凭着条件反射式的本能，盲目地把棋子一个个往前送。他一日不停地把各地最优秀的军队调上前线。他催战甚急，对所有的前方将帅都不满意。他对他们的态度只有两种：一种是不断地指责，指责他们不负责任，"玩误""胆怯""无谋略"；另一种是恫吓，动不动就以"有畏葸玩延情弊，即按军律惩办""军法从事""决不宽贷"的圣旨相威胁。在他的不断催促下，中国最精锐的部队不断被送上锋线，不断被日军吞噬，这正中日本人的下怀。

陆军的失败，很大程度上与皇帝的指挥思想有关。海军也同样如此。皇帝的逻辑是只要战败就是有罪。甲午战争的第一战丰岛海战之后，皇帝对海军提督丁汝昌即极为不满，认为他"畏葸无能，巧滑避敌"，要撤他的职，经过李鸿章力保，才侥幸留任，不过皇帝对丁汝昌的恶感一直没有消除。

皇帝不懂海军作战规律，但是却屡屡瞎指挥。战争正式打响后，光绪皇帝听说日军军舰深入威海、旅顺海口活动，生怕日本海军进攻天津，并由天津威胁北京，遂下令命丁汝昌："威海、大连湾、烟台、旅顺等处，为北洋要隘门户，海军各舰应在此数处来往梭巡，严行扼守，不得远离，勿令一船阑入，倘有疏虞，定将丁汝昌从重治罪。"（《清光绪朝中日交涉史料》）这道圣旨，导致北洋舰队从此放弃远巡，主动放弃了制海权，极大地束缚了北洋水师，使海军处于单纯防御、被动挨打的境地。

▲ 李鸿章照片

日军围攻威海，制定好了引诱北洋舰队驶出威海卫港，在外海歼灭的战略方针后，光绪皇帝似乎是为了配合日军作战，屡次电旨催逼剩下的几艘战舰出海作战。只是由于丁汝昌坚决不同意，才没中日本人的圈套。

北洋海军的最后覆没，与光绪皇帝赏罚失当有直接关系。几乎从战争开始，皇帝就不断下严旨，威胁要将那些不敢拼命的海军军官"从重治罪"。在皇帝的威胁下，著名勇将邓世昌、刘步蟾、杨用霖先后自杀，最高统帅丁汝昌承受的精神压力更大，"唯望死于战阵"，每次作战，他都身先士卒，站立在无保护的地方，"恒挺身外立，以求解脱"。(《甲午中日海战见闻记》)他希望用战死来解脱压力。在自杀殉国后，丁汝昌仍然被光绪"朝旨褫职，籍没家产"，儿孙流离失所。直到光绪死后，丁汝昌才被恢复名誉。(陈诗《丁汝昌传》)

中日战争中，光绪皇帝表现出了晚清统治者少有的血性，或者说，是坚定的爱国主义精神。然而，对于一场战争来说，仅仅有热血是不够的。在战争中，年轻皇帝的性情急躁、缺乏耐心暴露无遗。他的急脾气实在不适合指挥战争。

十

翻阅他的老师翁同龢的日记，我们很容易在字里行间发现一些令人吃惊的事实。我们发现，在大部分读者头脑中那个清秀、文弱的皇帝，有着完全相反的另一面：暴躁、偏执、骄纵。还是在少年时期，翁同龢就已经发现皇帝脾气之暴烈非同一般。仅仅从光绪九年（1883）二月到六月不到半年间，《翁同龢日记》中记载了十二岁的小皇帝六次大发脾气：二月十五日，小皇帝不知道什么原因，在后殿大发脾气，竟然"拍表上玻璃"，被碎玻璃扎得鲜血淋漓，"手尽血也"。又过了一个月，三月十八日，"与中官闹气"，"扑而破其面"，把太监的脸打破了。五月初二，上课时摔破一碗。六月十二日，因发脾气踢破玻璃窗。六月二十日，"颇有意气"，"余等再入诤之始平"。动不动就摔东西，甚至有自残举动，对于一个十二岁的孩子来讲，绝非寻常。翁同龢感觉到这个孩子的脾气十分不祥，他在日记中写下了"圣性如此，令人恐惧"。

虽然处在太后的高压统治之下，但是我们不要忘了，他毕竟是一个皇帝。"皇帝"这个地位给人性造成的损害，他一样也不能避免。

在王府之中，他是万千宠爱在一身的亲王长子。他的任何一声啼哭都会引来数十名奶妈、仆妇的手忙脚乱。进了紫禁城，他所受到的"过度照顾"有增无减。

从进宫的第一天起，小皇帝就立刻感觉到了身份的变化。他发现，除了太后和几位太妃之外，所有的人，不管是男人还是女人，太监还是高官，见了他的第一个动作就是匍匐在他脚下。从年轻侍卫到须发斑白的大臣，他们脸上的表情无一例外是诚惶诚恐、激动万分，有的人甚至浑身战栗，说不出话来。在太后面前，他是一个平庸的孩子。然而，对除了太后之外的所有人来说，他却是真龙天子。今天的人们也许无法理解那个时代的人对帝王近乎神灵般的崇拜与畏惧。

从进宫的第一天起，太监们就对他说，他不是凡人，是天上的真龙降到了人间。有的太监悄悄对他说，他睡着后，常常会变成一条盘在榻上的小龙。

及至启蒙，老师又告诉他，他是"天子"，他的每一个念头都会上达天听。

在《我的前半生》中，溥仪写道："每当回想起自己的童年，我脑子里便浮起一层黄色：琉璃瓦顶是黄的，轿子是黄的，椅垫子是黄的，衣服帽子的里面、腰上系的带子、吃饭喝茶的瓷制碗碟、包盖稀饭锅子的棉套、裹书的包袱皮、窗帘、马缰……无一不是黄的。这种独家占有的所谓明黄色，从小把唯我独尊的自我意识埋进了我的心底，给了我与众不同的'天性'。"和溥仪一样，紫禁城中的小皇帝时时刻刻生活在"与众不同"的暗示之中。与后世传说的连宫中太监都可以虐待小皇帝相反，"对于宫中许多忠诚的仆人来说"，"抬头看皇上一眼都是令人望而生畏的事"。(《紫禁城的黄昏》)虽然在太后面前他必须毕恭毕敬，但只要出了太后的宫门，他所遇到的就是绝对顺从，他的所有要求都会被全力满足，他的任何举动都不会受到指责。高处不胜寒，在这个过高的地位上，他没有正常的人际关系，他也没有机会培养正常的耐挫能力。这种环境对这个孩子的性格不可能不产生致命的影响。

事实上，在畸形的成长环境中，他的人格始终没有完全发育起来，许多心理特征仍然停留在儿童阶段。在成年之后，皇帝仍然表现出如幼儿一样的缺乏耐心、固执己见，每有所需就立即要求满足，缺乏等待延后满足的能力。在太后面前，他大气都不敢出。而在自己的宫中，小皇帝却异常任性、骄纵。在他处受到的压抑，可以在自己的小天地里加倍发泄，使得小皇帝的脾气中掺入了一丝乖戾。小皇帝的急脾气是出了名的。他要做什么事，任何人都不敢拦。他要什么东西，太监们立时三刻就要弄到，否则屁股不保。《宫女谈往录》中老宫女描述道："他性情急躁，喜怒无常，手下的太监都不敢亲近他。他常常夜间不睡，半夜三更起来批阅奏折，遇到不顺心的事，就自己拍桌子，骂混账。"

这一点甚至在朝廷上也不是什么秘密。在皇帝亲政之后，大臣们曾经向太后反映过，"皇上天性，无人敢拦"。虽然看上去文弱，但稍有忤逆，则激动暴怒。在太后面前，他百依百顺，然而离开了太后，任何人都必须对他百依百顺。甚至在被剥夺了权力之后，皇帝的脾气仍时有发作。光绪后期曾经服务于宫中的陶湘在写给大臣盛宣怀的信中提到这样一件事：1904年，光绪要太监给自己的卧室安上电话。太监说这种新鲜事物刚刚传到中国，北京城内尚没有货物供应，得联系进口才行。皇帝顿时大怒，限太监一日内找到，否则掌嘴。后来因为怕太后知道，这才作罢。陶湘在信中说："借此（事）可知老太太之严待非无因也，借此可知当今之难以有为。实可忧也。且闻当今性情急躁，雷霆雨露均无一定，总之，太君无论如何高寿，亦有年所，一旦不测，后事不堪设想。"（《辛亥革命前后：盛宣怀档案资料选辑之一》）

后来做过溥仪老师的庄士敦谈到对溥仪受到的教育时说："我认为，如果必要的话，任何东西都可以牺牲，而不应让他的身心健康受到伤害。假如继续把他作为一个在本质上与一般人根本不同的人来对待，那么，他作为一个人，几乎肯定将会是失败的，而且也很难相信，他会成为一个成功的君主。"

很不幸，他针对后来的皇帝溥仪说的话，在光绪身上都一一成了现实。这场战争与后来那场著名的改革会失败，与皇帝性格中的这种缺陷很难说毫无关系。

十一

战争刚刚开始的时候，太后还不以为意。她每天游湖照相，养西洋狗，读《红楼梦》，甚至自制化妆品，把退休生活安排得十分充实。（徐彻《慈禧大传》）然而她做梦也没有料到，当她把眼光又一次投到政治上来的时候，战火已经燎掉了辽东半岛，接下来就要点燃整个大清地图：到1895年初，辽东全部失守，北洋水师全军覆没。日军海陆两路，随时都能直指北京。

太后再也坐不住了。她悄悄伸出手，暗地里调整了战船的航向。在光绪帝手忙脚乱地指挥战争之际，慈禧却开始秘密召见大臣，谋划讲和。她已经看出，和前两次鸦片战争一样，这场战争清朝毫无取胜希望。

是战还是和，朝廷上下相持不下。那些经历过两次鸦片战争的老臣认为，这次战争不过是前几次战争的重演，既然最后的结果都是屈服，那么当然越早议和越有利。然而那些年轻的主战派官员却坚决不同意。他们认为，以中国之大，如果血战到底，定能取得最后的胜利。他们提出，迁都西安，以举国之力和日本周旋。

在两难选择中，皇帝陷入了痛苦的深渊，经受着地狱般的折磨。有生以来，皇帝从来没有经受过这样大的压力。他的意志品质难以适应这样一场意想不到的大规模的战争。继续这样一场战争需要的是超人的意志力，而结束这场战争更是需要超乎寻常的现实感和判断力，而这些，皇帝都没有。

皇帝选择了逃避。他把所有的兵书战策都扔到一边，前线的战报也任由它堆积如山。他不再废寝忘食了，不再聚精会神了，不再连续不断地召见大臣、开会议、下指示了。皇帝躲在后宫，长时间地翻阅诗词、戏本，或者躺在床上昏睡。他什么都不想做，什么都不愿想，他恨不得一觉不再醒来。

当皇帝再一次被战报催迫着出现在大臣面前的时候，人们发现，皇帝已经由一个坚定的主战派变成了急切的主和派，甚至比太后还要急切。对日议和中，最关键的问题是同不同意割地。老谋深算的李鸿章声称，他坚决反对割地，"割地不可行，议不成则归耳"。如果日本人必定要割地，"鸿虽死不能画诺"。连积极策划议和的太后也反对割地。当听皇帝说朝臣有割地之议时，太后大怒，愤然说："任汝为之，毋以启予也。"

然而，皇帝却很快力排众议，下定了同意割地的决心。他面召李鸿章，痛快地授予割地之权。皇帝说，如果不割地，那么"都城之危即在指顾，以今日情势而论，宗社为重，边徼为轻"。

然而，日本提出的条件之巨，还是大大出乎举朝的心理预期。不但割地要割辽南，还要割台湾全岛，并且军费达三亿元。李鸿章一阅之下，立刻愕然，他急电北京："日本所要军费过高，并且辽南为满洲腹地，无论如何不能割让。这两条中国万不能从，和约不成，唯有苦战到底。"

几乎全体朝臣都同意李鸿章的意见。太后甚至说："两地皆不可弃，即使撤使再战，亦不恤也。"

只有"光绪之意，颇在速成"。皇帝现在只有一个心思，那就是快快结束战争。只要能结束战争，什么条件他都打算答应。他被战争弄得太苦恼了。不久之后，皇帝在和议上签了字，结束了这场大清国有史以来最屈辱的战争。（刘功成《李鸿章与甲午战争》）

十二

通过这场战争，我们可以发现，皇帝的意志品质不适合承担治理国家的重任。

那些经常接触皇帝的大臣发现，亲政以来，皇帝的表现一直是两极式的：一段时间内非常振作，诸事用心，精力十足；另一段时间又无精打采，意志消沉。现存中国第一历史档案馆的光绪朝奏折中有一个引人注目的情况：出现在奏折之上的皇帝朱批，一段时间内字体异常宏大、端正、有力，神采飞扬，比如皇帝亲政的头几个月、甲午战争开始阶段以及后来的戊戌变法之中。而另一段时间则细小、倾斜、无力，经常带着虚白，看上去软弱松懈，比如甲午战争后期。特别明显的是，后一种字体只有前一种字体的四分之一大。如果不事先说明，任何人也不会相信这两种字体出自同一人之手。在清朝皇帝之中，这种情况是绝无仅有的。这说明皇帝的情绪经常处于从天堂到地狱般的大起大落之中。

国势衰微的大清帝国比任何时候都更需要一个坚强的领导者，就像一艘暴风雨中的大船迫切需要一个好船长。然而正所谓"时来天地皆同力，运去英雄不自由"，在清帝国的上升期，上帝简直像挥霍一样把顶级精英一个接一个地投入到爱新觉罗家族的谱系。从努尔哈赤到乾隆，六位皇帝都保持了非常出色的意志水平。然而，从乾隆中期以后，天下承平已久，汉化程度加深，锦衣玉食终日，爱新觉罗骨骼中的钙质不可避免地开始流失。皇帝们的身体素质不断降低，武功骑射水平一个比一个差，精神和意志一个比一个软弱，甚至连生育能力也呈急骤的下降曲线。到了晚清，皇族已经退化到了手无缚鸡之力的寄生物水平。

溥杰回忆自己的王府生活说："四岁断乳，一直到十七岁，每天早晨一醒来，老妈子给穿衣服，自己一动不动，连洗脚剪指甲自己也不干，倘若自己拿起剪刀，老妈子便大呼小叫，怕我剪了肉。平时老妈子带着，不许跑，不许爬高，不许出大门，不给吃鱼怕卡嗓子，不给……"（溥仪《我的前半生》）到了光绪皇帝，身体里的爱新觉罗氏血液几乎已经淡到若有若无了。深宫中长大的他对社会的复杂、人情的冷暖、生存的艰难一无所知。在锦衣玉食和万人呵护中长大的光绪，从小没有经历过任何艰苦，也没有经历过大事的磨炼，这使得他的意志素质不但远逊于他的列祖列宗，甚至不及中人。

然而，按照旧时的政治设计，中国的帝王必须是由超人的意志力和道德感组合起来的完美的人。因为那架庞大无比的政治机器完全要靠他只手去操纵控制，全国人民的安危幸福系于他一身。因此，中国旧文化中对皇帝的要求至高至险。宋高宗绍兴七年（1137）十月的一天，赵构与大臣赵鼎聊天。皇帝介绍自己每天的生活安排说："我居住大内，每天都有日课。退了早朝后，就阅读奏章；午饭后，读《春秋》《史记》；晚饭后，读内外奏章，夜读《尚书》，一直到二鼓。"皇帝主动伸过屁股，赵鼎当然赶紧拍马："如今寒门素士都做不到整天读书。陛下圣学如此，诚非异代帝王所及！"（毕沅《续资

治通鉴》)

连这样刻苦自励的皇帝，最后也没能以"圣君明王"的形象进入历史。从本质上说，人们不是把皇帝当成一个凡夫俗子而是当成一个神来要求。因此，"圣王教育"就是要把一个平庸的人变成完美、坚强、无所不能的"圣人"。

过高的标准使小光绪成为天下最容易体会到挫败感的孩子。"圣王教育"在小皇帝的头脑中形成了一系列的"应该"：他应该具有常人不具备的毅力，能应付别人应付不了的课程；他应该比普通人聪明，读书过目不忘；他应该机灵敏捷，举动处处符合规矩。因为这是伟大的帝王应该具备的素质。可惜，他那孱弱的身体里其实没有这些东西。虽然听话、好学，然而过于繁重的学业也常常使他想打退堂鼓，过于苛刻精细的日常生活教条也使他不堪重负。他很难长时间地恪守老师给他定下的严格标准。

然而，"圣王教育"又使他相信，毅力决定一切，完美才有价值，稍一松懈就是退步，任何妥协都是失败。因此，一个举动没达到自己的要求，在他看来，也是"不应该"的。

巨大的压力和自己过于软弱的天赋，使小皇帝的日常表现越来越两极化发展。有的时候，他能把自己的精神调动到最佳状态，把意志调动到极高水平，一丝不苟地"学做圣人"，表现得非常振作进取。然而由于身体素质以及先天缺乏刚毅气质，他难以长时间地克制自己，振作状态很难持久。一旦受挫，他又会对自己极度失望，心气因此一扫而光，陷入长期的萎靡不振状态。师傅翁同龢也注意到了这个奇怪的现象，他在日记里记道，小皇帝有的时候精神振作，学习起来势如破竹，"读甚奋"，作文也"极敏捷"。让师傅欣慰不已。然而，过了一段时间，皇帝又会莫名其妙地陷入"不能用心""少精神""精神涣散""勉强敷衍""百方鼓动不得""倦怠迁延"的状态。翁同龢焦虑、忧愁、叹息，甚至无可奈何。

用今天的话说，皇帝患有间歇性的抑郁症。"圣王教育"使他成了一个完美主义者，一件事情只有做到完美，对他来讲才有意义。在消沉时期，他极度厌恶自己，对自己不抱任何希望；在振作时期，他又相信只要自己毅然"改恶从善"，并且坚持到底，那么一切都会瞬间改观，自己也会变得异常完美，世界依然灿烂美好。他缺乏那种退而求其次的现实主义态度。他的信条是要么最好，要么干脆最坏。要么倾尽全力，把事情做得尽善尽美；要么破罐子破摔，逃避现实。在甲午战争和后来的戊戌变法等重大历史时刻，我们能清楚看到这种不成熟的心理模式给国家的前途和命运带来的致命影响。

十三

不论如何，战争总算画上句号了，那些和战争相联系的焦灼、惊惶、彻夜不眠终于结束了。皇帝像是一个从火灾现场狼狈逃出来的难民，把一片狼藉的废墟抛在脑后，长长地吐了一口气。可是，他心里却着起了悔愧的大火，一寸寸烧得这个善良单纯的人的心脏不停地痉挛。

只有在硝烟散尽后静心盘点，皇帝才看得清楚这场战争的后果是多么严重。

本来，经过所谓的"同光中兴"，大清帝国已经挺过了最艰难的时刻。通过洋务运动，中国已经初步建立起了近代海军和一大批近代化工业，大清这辆残破的老车，已驶过了最危险的路段，开上了相对平稳开阔的坦途，虽然速度不快，但总可以说是处于上升状态。对当时的中国来说，确无必要与日本孤注一掷地作战。如果没有《马关条约》，中日两国的历史走势也许会与日后大相径庭。

没想到，这个好不容易赢得的"大好形势"，却折在自己的手中。清朝有史以来最大面积的割地和最大数额的赔款，使大清犹如一个刚刚病愈的人又一次被打倒在地。甲午战争给了日本一个全面超越中国的起点，三点四亿两白银加上台湾，成了日本腾飞的强大动力。而中国则自此跌下万劫不复的深渊。亚洲和世界的格局重新洗牌，那些逡巡在中国四周的欧美列强，又纷纷亮出了利爪，向中国提出了"租借"土地的要求。中国由一个"同光中兴"的"希望之星"变成了被瓜分的对象，一时之间，中国已经到了亡国灭种的边缘。

本来想证明自己能力的一场演出，最后的结果却使全国臣民见识了自己的"无能"。本来要为国家自强雪耻，没想到却给民族带来了这么大的灾难。召开大臣会议时，太后连正眼都不瞅他，那张长得越发吓人的脸毫不掩饰地向朝廷重臣流露着对他的轻视，让他无地自容。在战争过后，太后越来越多地走上前台，直接处理政务，说明对自己已不再放心。

确实，通过这场战争，太后对皇帝的印象发生了一百八十度的大转弯。太后没想到，原本她认为已经培养陶铸得成了器的皇帝，一旦登台亮相，居然唱得这样荒腔走板。通过这场战争，她才发现，皇帝原来是如此幼稚、孟浪、轻率和脆弱。看来，自己这么多年的心血是白费了，这个孩子实"不足以承大业"。太后后悔极了，她后悔自己太大意了，一眼没照顾到，竟然酿此大祸，自己何以对得起列祖列宗！

然而悔之晚矣。在中国式政治规律下，一个皇帝如果没有失德，不管他曾经多么失策，也没有被更换的理由。何况从形式上讲，他君临天下，已经二十多年了。太后虽然精力尚存，但毕竟没有几年活头了，这个家注定还是他当下去。自己所能做的，唯有在有生之年，再多操操心，把把脉，能尽一份心是一份心吧！

皇帝的情绪步入两极化状态中的低谷。像以往一样，心绪低落的皇帝又病了。躺在病床上的皇帝一遍遍地反思着。在战争之中，他一举一动都效法列祖列宗，为什么到头来却左支右绌，一败涂地？

皇帝想起了李鸿章前几天给他上的一道奏折。李鸿章说，在中日谈判期间，伊藤博文曾对他讲："贵国之弱，在于固守旧法。如欲自强，必须将明于西学年富力强者委以重任，拘于成法者一概撤去，方有转机。"

这场战争让他见识了"西法"的强大。他没想到，日本在战争中竟然能迸发出这样巨大的能量。看来，"西法"的威力远远超过"祖宗旧制"。

年轻人活跃的思维容易跳出陈旧的枷锁，一场战争打开了他的眼界。在病榻之上，他命人进呈了驻日公使黄遵宪所著《日本国志》以及英国人李提摩太编译的《泰西新史揽要》《列国变通兴盛记》。皇帝"如获至宝"，这些书在他面前，打开了一个与"祖宗旧制、圣人之言"完全不同的新世界。他终于发现，战争的失败，并不是因为他的"无能"，并不是由于他不够"敬天法祖勤政爱民"，而恰恰是因为他太迷信圣人和祖先了。其实他们留下来的旧式武库中的武器完全不合实用。皇帝认识到，如今时代，"外洋各国是今非昔比的"，中国"一切落后，大量地做赶不上外国"，"西人皆曰为有用之学，我民独曰为无用之学"。一气之下，皇帝命人把他案头的那些性理之书搬出去，以"皆无用之物，命左右焚之"。（梁启超《戊戌政变记》）

只有"维新变法"，让大清脱胎换骨，才能扶大厦于将倾。

可是，法如何变，旧如何革，从哪里入手？他也没有答案。

十四

1895 年 6 月 3 日，皇帝在养心殿书案的众多文件中发现了广东籍新科进士康有为的一封奏折。进士直接上书皇帝，这种情况十分罕见，皇帝立刻打了开来：

近者万国交通，争雄竞长，不能强则弱，不能大则小，不存则亡，无中立之理。自大而小者，土耳其是也；自强而弱者，波斯是也；自存而亡者，印度、缅甸、安南是也……

一拿起来，皇帝就没再放下。他当天没有吃午饭，晚上又把这封奏折携带到寝宫，在灯下细细再读。

康有为用他那出色的文笔，清晰扼要地介绍了西方的政治制度是怎么回事，介绍了俄国的彼得大帝，介绍了日本的明治天皇，介绍了土耳其的国父凯末尔。他从世界大势的角度，提出了变法的总纲领；又分十个方面，系统讲解了中国应如何在政治、经济、军事、教育诸领域"全面更新之"，论述条理分明，措施详细周到。这封奏折，让皇帝感觉新奇无比又茅塞顿开。

皇帝的感觉就是四个字：天助我也。在他急切盼望变法人才的时候，这个广东进士从天而降。皇帝感觉康有为的每一句话都是那么深刻、清楚。皇帝一遍遍地揣摩着奏折中那些他不知道的新名词，就像一个夜航的水手，看到了前方一座遥遥的灯塔。现在，他要毅然掉转船头，驶上正轨，大清很快就会赶上列强，并驾齐驱，甚至超越它们。他不但会重现大清旧日的荣光，还会远远超过列祖列宗的治绩。如果那样，这场战争的失败，不过是他人生中一个小小的阴影或者说必不可少的前奏，今后的伟大事业，将使这小小的失误显得不值一提。想到这里，皇帝的情绪突然柳暗花明，阴郁和消沉一扫而空。皇帝感觉震撼，皇帝感觉兴奋，皇帝感觉狂喜，皇帝推枕揽衣，目光炯炯。第二天一早，皇帝发布命令，命军机处将此奏折抄为三份，一份存皇帝上朝时的乾清宫，一

▲ 康有为照片

·394·

份存皇帝日常处理政务的中南海勤政殿，一份由军机处抄发各省大员。康有为的奏折原件，则立刻送往颐和园，交给太后"懿览"。

十五

太后十分认真地阅读了康有为的奏折。虽然对那些新名词不太懂，但老太太显然也为康有为的爱国之心所打动。史书记载，读了康有为的上书之后，太后"亦为之动，命总理衙门总署的诸王大臣接见康有为，向他详细询问补救之方、变法条理"。（苏继祖《清廷戊戌朝变记》）

关于戊戌变法，大多数读者头脑中都有许多"先入为主"的历史"定论"，其中之一，就是以慈禧太后为首的大多数政治人物都反对变法，他们坚称"祖宗之法不可变"，发誓要捍卫大清祖制的每一根毫毛。

其实并非如此。

确实，古老的中国在外界刺激面前，觉醒的速度实在太慢了。然而，经过甲午战争之后，被砍掉了肢体吸去了血的老狮子终于痛醒了过来。绝大多数政治精英终于认识到，中国和西方的差距是全方位的，而不仅仅是器物层面。如果照过去的老路走下去，中国除了灭亡之外，别无可能。可以说，战争修正了每个人的观念，"变法"已经成了朝野上下的共识。连光绪的师傅翁同龢的思想都发生了一百八十度的大转弯。康有为等人组织起来宣传变法的强学会，不但吸引了袁世凯、聂士成这样的新军将领，一大批朝廷重臣如翁同龢、孙家鼐、李鸿章、王文韶、张之洞、刘坤一也都成了它的会员和赞助人。更为引人注目的是，连一些原来以"仇洋"著称的真正"顽固派"大臣，如徐桐、于荫霖等人，也都开始同意中国必须进行起码的改革。当时的情形正如军机大臣孙家鼐所说："今日臣士愿意变法者，十有六七，拘执不通者，不过十之二三。"（萧功秦《危机中的变革》）

至于慈禧太后，更并非一个"顽固派"。早在登上政治舞台之初，她就大力支持洋务运动，在设立同文馆等事件上表现出了坚定的改革倾向。甲午战争之后，太后也和皇上一样，陷入了日夜的焦灼中。《翁同龢日记》中曾记载，甲午战争结束不久，慈禧命上书房"宜专讲西学"，专门给皇帝讲解西方国家的知识。

因此，当皇帝来到颐和园向太后汇报他的变法构想时，太后立刻说："变法乃素志，同治初即纳曾国藩议，派子弟出洋留学，造船制械，凡以图富强

也。"（费行简《慈禧传信录》）

但是，太后对变法并没有皇帝那样信心十足。最关键的问题是，太后认为，皇帝难当此大任。

甲午战争已经证明他不是一个有能力的领导者，他的急躁、脆弱实在不适合承担这个前无古人的巨大而复杂的系统工程。要知道，这可是对中国几千年传统的全面改造。说实在的，即使康熙或者乾隆那样的圣主再世，也不一定敢进行这样的尝试。

但太后又没法反对。第一，她是一个爱惜羽毛的人。自从退居二线以后，她一直十分注意干预政治的分寸。第二，大清此时国力已经弱到极点，眼看着就要被列强瓜分，如果不实行变法，最后一搏，"死马当作活马医"，确实别无出路。第三，变法是怎么回事，她心中是一片茫然，"并无成见"。六十多岁的老太太，已经记不住那么多新名词了。她对于西方政治运作方式，对于世界政治发展趋势，都一无所知，她明白自己的知识素养不足以出面亲自领导这样的变法。

想来想去，太后决定支持变法。但是同时，太后明确地重申她必须掌握二品以上大臣的任命权力。另外，太后还要求皇帝发布上谕，调任她最信任的荣禄为直隶总督，并节制北洋水陆各军，以便牢牢地把军权掌握在自己手中。虽然对"法如何变"她不太了解，但是对于如何确保自己的权力，她却比谁都清楚。与国家安危比起来，太后更看重自己的政治安全。她深知，变法必然带来震荡，她要预先做好安全防护，一旦变法过程中出现任何偏差和问题，她都能迅速掌控全局，保证自己的大权不会旁落。

十六

透过百年时光的薄薄帷幕，回顾当初那场著名改革的前前后后，我们可以清晰地发现，中国现代化转型这至关重要的一步，并非只有失败这一种可能。变法在那时其实是大势所趋，众望所归。在变法开始的时候，形势相当乐观。太后以支持者的身份在旁观这场新奇的手术。大部分大臣也都程度不同地支持变法，起码还没有任何一个人公开反对。

当然，改革所面对的阻力也是巨大的。中国文化的强大惰性举世罕有其匹，正如鲁迅所说，在中国社会"超稳定结构"之下，想搬动一张桌子都要流血。因此，如果是一个成熟、老练的政治家来主导这场改革，他应该会选择"小步走"的方式进行。他应该化整为零，分项进行，先易后难，"徐图而渐更之"，在每项改革措施推出时，使支持他的力量总是大于反对他的力量。通过这种"温水煮青蛙"的方式，他可以成功地使人们的观念一步步更新，使改革阻力一点点化解。

不幸的是，命运多舛的中国没有遇到合适的人选。相反，无论是光绪帝，还是康有为，都严重缺乏实际操作能力。

这两个人都是典型的"愤怒青年"，血气方刚而又缺乏阅历，他们把改革看得极为简单。康有为设计的改革方案，第一个步骤就是大誓群臣，"皇帝亲自在乾清门举行大誓群臣仪式"，让所有的大臣在决心变法的文书上签字，这样"天下臣工都革心洗面，然后推行新政，自然就能令下若流水，无有阻碍者矣"。（《杰士上书汇录》）他们认为，通过这样一个戏剧性的、催眠术式的仪式，就可以摧毁数千年来积累的强大思想惰性。这无异于痴人说梦。

他们贪多求快，急于求成，想在一夜之间改变中国的面貌。经过了甲午战争之后漫长的消沉期后，光绪皇帝的精神状态处于一个井喷式的高涨期。性格急躁的他强烈希望"乘积弊之后，挟至锐之气，举一切法而更张之"。一夜之间改变中国的面貌，把中国从一个最弱的国家变成最强的国家，他相信他能够做到这一点，就像过去他无数次地相信只要自己振作起来，"痛自洗涮"，"坚持到底"，就可以使自己从一个软弱的皇帝一举而变成最坚强的无所不能的皇帝一样。越是软弱的人越迷信意志的力量。

康有为甚至比皇帝还要急切。康有为挂在嘴边的一句话是"非大变、全变、骤变不能立国"，他们认为，既然中国不敌西方，那么就证明中国的一切都是错误的，必须全盘更新，彻底改变。改革必须"用一刀两断之法，否则新旧并存，骑墙不下，其终法必不变，国亦不能自强也"。而要一刀两断，就必须大张旗鼓，疾风骤雨，连出重手。（萧功秦《危机中的变革》）

从光绪二十四年（1898）四月二十三日发布《定国是诏》开始，到八月六日，一百零三天中，皇帝共发出改革谕旨二百八十六件，平均每天近三件。其中七八月份之交的十七天内，居然下达了一百三十二件谕旨。真如倾盆大雨，轰轰烈烈，滚滚而下。诏书的内容包括了政治体制、官僚制度、裁撤冗员、新设机构、发展工商业、建设铁路、开办银行、改革财政、改革教育、更新国防等，几乎涵盖了社会的每一个方面。

为了避免守旧大臣的反对，这些上谕中的大部分都是按照康有为的建议，直接下达到有关部门执行，而没有经过任何讨论，因而大部分缺乏可操作性。

对于光绪皇帝来说，这是他倾尽全力的一次政治赌博。刚刚遭遇了巨大挫折的他希望用一次"毕其功于一役"的拼搏来证明自己能"行"。戊戌变法中的光绪表现出了前所未有的刚烈、坚强和勇敢。他几乎把前二十几年生命中所积蓄的所有精力都释放了出来。他整夜整夜地不睡，白天也只吃很少的东西。他双眼布满血丝，然而精神高度亢奋。他和康有为都天真地相信，他们只要用圣旨把按照日本和西洋诸国药方抓来的"灵丹妙药"灌入大清帝国体内，不久之后，就会使大清帝国去腐生肌，起死回生，就像康有为屡次乐观地描述的那样，只需要三年，这场变法就可以使大清"自强""自立"起来。康有为说："日本改革三十年而强，而以我中国国土之大，人民之众，变法三年而宏规成，五年而条理备，八年而成效举，十年而霸图定矣。"十年之间，他就可以令大清蒸蒸日上，"富强而驾万国"。三十年之内，中国就会化蛹为蝶，成为世界第一强国。（《康有为政论集》）

然而，在其他人看来，这种"改革"简直就像小孩子过家家。一个西方观察者说，皇帝主持的改革"不顾中国的吸收能力，三个月内所想改革的政事，足够中国九年消化"。

更为要命的是，他们的许多具体改革措施鲁莽灭裂，只图一时痛快，不计后果，不留后路，严重冲击了社会精英的根本利益。他们在所有读书人毫无准备的情况下，突然宣布从下科开始，废除八股。这一举动，一下子让大清帝国的所有准备应试的读书人手足无措，触了"数百翰林、数千进士、数万举人、数十万秀才、数百万童生之怒"。（《梁启超文集》）

改革开始之后不久，皇帝又下达命令，裁撤了詹事府等七个闲散衙门，砸了近万人的饭碗，却没有给下岗官员安排新的出路。此命一下，如同在晴空爆响了一颗炸雷，引起了官场的极大震动。

因此，在"维新变法"刚刚开始之时，就有人看出它必然失败。维新派著名人物张元济在当年六月初九给好友的信中说变法"举动毫无步骤，绝非善象。弟恐回力终不久，但不知大小若何耳"。

随着改革措施颁布，越来越多的人看出，这几个年轻人不可能成事。越来越多的中间力量开始变成改革的反对派，原来改革的支持者也开始袖手旁观。一股反对改革的大潮，正在酝酿之中。甚至连变法的核心人物都预感到了变法必将失败。七月，康有为的弟弟康广仁在写给一个朋友的信中说："我大哥康有为的计划过于广大，而支持他的同志又太少，举措太激烈，因此排挤他猜忌他的人处处都是，而皇上又无实权，变法怎么会成功？我深感忧虑。"

康广仁说，他曾力劝其兄，减缓改革步伐，以适应社会节奏，却被康有为慷慨激昂的表态反驳了回去。康有为说，死生有命，一切都有天意。康广仁无可奈何地对朋友说，我大哥思想太高迈，性格太固执，恪守书本知识，不能冲破僵化的思维，事已至此，实无他法。(《戊戌六君子遗集》)

十七

光绪皇帝和康有为所受的教育，决定了他们主持下的变法不可能不以这种"鲁莽灭裂"的方式进行。

虽然他们头脑中已经装了"西学"这种新酒，但是瓶子却还是旧瓶。他们推行的是新法，但推行的方式完全是"旧式"的。

传统的教育方式，使他们形成了一元、单向、线性的思维方式。在他们心目中，世界是由先天的"道"决定的，这个"道"放诸四海而皆准，俟诸百世而不惑。他们都相信为人行政，最根本的就是高屋建瓴地掌握这个"道"，然后从头到尾地浇灌下去。

在西方列强闯入中国之前，他们头脑中的"道"当然就是"孔孟之道"。而甲午战争之后，"西法"就成了他们头脑中新的"道"。在传统教育的影响下，他们都习惯于用宏大的纲领或思想代替改革中复杂而具体的问题，以一种神话代替另一种神话。既然有了新"道"，那么他们所要做的，就是用这个"道"去处理一切事物，那么就会"万事无不理，天下无不定"。

传统的教育没有在光绪皇帝和康有为的头脑中建立"世俗理性"，而是灌注了类似宗教性的热情。他们坚信一旦真理之光普照大地，则万惑可消，万难可解。他们从来不知道什么叫策略，什么叫迂回，什么叫复杂。他们眼里，世界就是如同圣人揭示的那样小葱拌豆腐似的一清二白。他们不理解事物的复杂性。他们天真地相信，可以把所有陈旧的、落后的、过时的、腐朽的东西留在时间门槛的那一边；可以在一张白纸上，从头开始描画最新最美的图画。在行动时，他们不习惯于采取步步为营、突破一点、逐步深入的渐进方式，而是习惯于提出庞大的纲领或计划，企图利用他们设想的模式和定律"一揽子"改造社会。这就决定了他们的改革方式是"大变""快变""全变"。

十八

光绪皇帝极端化的行为特征其实正和中国历史节律息息相通。几千年来，中国社会一直在一"治"一"乱"的两极中循环。王朝初兴，开国皇帝极端振作，废寝忘食，天下大治。不过数十年，统治者意志又会极端懈怠，一切陷入因循废弛，不久天下大乱，从头再来。

在一元化的"道"文化观控制下，中华民族的文化性格缺乏弹性，总是在两极间震荡。我们永远在追求一种"一揽子"的解决方式，希望能够"毕其功于一役"。戊戌变法的失败，宣告了康有为的全盘西化的"道"的失败。因此，以慈禧太后为首的保守势力又拾起了"中国传统"和"中国气派"，试图在诸神的保佑下驱除洋鬼子，关起门清清静静过日子。在孙大圣和二郎神失效后，被压抑的革命力量瞬间反弹，造就了全盘西化的"亚洲历史上第一个"民国，造就了华而不实、急于求成的议会制民主。近代以来，我们这个民族总是暴露出急于求成、经不住挫折的弱点。我们总是希望一夜之间就能赶超他人，一夜之间就能证明自己的落后只是暂时的，是一不小心，只要我们努力，就仍然会是天下第一，天朝上国。

就像光绪一样，中华民族作为一个群体，其行为方式的大起大落、忽左忽右，其速度之快令人愕然。一种尝试失败，我们就会立刻跳到它的反面。从一定程度上来说，我们这个民族虽然存在了几千年，但是整体性格似乎仍然不够成熟，缺乏稳健、开阔、理性的内核，缺乏一份耐心、平和、踏实。

虽然说只有越过界限才能意识到界限的存在，然而我们的问题是不仅越过了界限，而且要碰得头破血流、付出了巨大的代价之后，才能艰难转身。就像一个刻薄的学者所说，中国的运动符合牛顿三大定律：需要很大的力量才能推动中国，符合第一定律；运动起来后就不会停止，符合第二定律；碰到头破血流才会转变方向，符合第三定律。

历史充满宿命。回顾近代以来中国的发展，我们发现，打摆子式发展的起点的形成，与光绪皇帝个人性格不无关系。如果当初领导变法的人能够像年轻时代的奕䜣一样，现实、灵活、理智，也许能够取得变法的局部成功，也许那次改革就会推开中国现代化的大门，也许中国就会从那个起点开始，更顺畅地、更平稳地进行现代化转型，会更快些地通过这条"多灾多难"的狭长峡谷。可惜，集中了旧文化刻板、极端、一元化思维基因的光绪皇帝一出手就把改良之路堵死了。"愤怒青年"主导的"鲁莽灭裂"的戊戌变法的失败，让更多的人产生了这样的印象：在强大的旧势力控制下，任何局部变革都是不可能的。解决中国的问题，只有彻底决裂，只有一次性解决才有希望。由此开启了革命的序幕。从那之后，中国的历史开始上演一部又一部由"愤怒青年"主导的充满了绝望、亢奋，不断试图彻底否定自己，希望凤凰涅槃式重生的悲剧。直到多年之后，蓦然回首才发现，我们几十年来的竭尽全力、声嘶力竭、自我折磨，不过是鬼打墙般原地打转而已。

十九

阅读戊戌变法中光绪和康有为那些慷慨激昂的文字，我们不能不为他们炽烈的爱国之心、焦灼的忧国之情所打动。在国家生死存亡之际，他们置个人的生死荣辱于不顾，宁愿用个人的牺牲来换取国家的进步。光绪皇帝在要求改革时曾说，如果太后不同意进行变法，他宁可不当这个皇帝。康有为在回答他弟弟的质疑时，也说："孔子之圣，知其不可为而为之。"

和权欲过强的慈禧太后比起来，光绪皇帝的爱国之心无疑更炽烈、更单纯，改革派的一举一动更少个人算计。然而，皇权政治往往会惩罚那些单纯的理想主义者，而鼓励那些自私、丑陋的现实主义者。

"百日维新"虽然进行得轰轰烈烈，实际上却是雷声大，雨点小。正如时人所评："所谓新者，亦不过一纸诏书而已。"各地大臣多认为这些改革措施过急过快，对其中"十居七八"进行驳议。有的大臣的反驳，是一副老成持重的长辈教训不懂事的年轻人的口吻，比如说什么"为政之道，不在多言"，什么"轻改旧章，亦易以滋纷扰"。

改革的阻力远远超过了皇帝的预期。时间已经过去了两个月，诏书也发布了数百道，可是居然没有取得任何实效。皇帝的自尊心大受打击，皇帝深感愤懑。他对这些大臣太失望了。果然像康有为所说，大臣们尽皆守旧，非用霹雳手段，不足以撼此层冰。

盛怒之下的皇帝失掉了分寸。他开始像孩子一样不顾后果地蛮干起来。他因为一件小事，一下子把礼部的六名正副部长全部罢免。九天后，他又决定开懋勤殿，企图在现有政治体制之外，再设一"政治局"，由此把原有的官员全部架空。

盛怒之下的皇帝甚至没有想到太后的反应。

太后一直在全神贯注地看着皇帝的表演。改革进行不久，她就已经知道这样的改革一定会失败。不过，她不急于出面反对。通过甲午战争与戊戌变法这两件大事，她已经彻底对皇帝失去了信心。但是她要等一个适当的时机，才会出手剥夺皇帝的权力。虽然不断有大臣来向她告状，说"皇上任性乱为"，太后却仍然默不作声。只有太后的心腹荣禄明白太后的心思，他说："姑俟其乱闹数月，使天下共愤，罪恶贯盈，不亦可乎？"（老吏《奴才小史》）

皇帝罢免礼部六堂官，真正地激怒了太后。因为这公然违反了皇帝对她的承诺，剥夺了她二品以上大员的任免权。不管如何变法，太后有一道最后的防线，即不能动摇自己的权力。在太后看来，皇帝此举，无疑是一场局部政变。而皇帝要开懋勤殿，就相当于一次直接的政变了。这是对现存政治体制的挑战，更是对她本人的挑战。作为一个政治动物，太后可以放弃亲情，放弃国家的前途和命运，但绝不能放弃权力。她深知，在权力的顶峰上，一旦失手，必然就是粉身碎骨。

二十

传统的历史观点认为，慈禧太后打算借天津阅兵之机，废掉光绪帝。

这种说法，实在夸大了光绪的权力和能力。事实上，在慈禧太后看来，单纯的光绪皇帝不过是她手心的一个玩物，她只消动一动小指头，就可以把他拿下。事实也是如此，八月初六，太后从颐和园还宫，只是把光绪叫过来，当着众大臣的面训斥一顿，就完成了"政变"过程。因为那时的皇帝已经是"天怒人怨"，在政治力量对比上，完全处于孤立地位。太后对大臣们说："我早知他不足以承大业，不过时事多艰，不宜轻举妄动，只得留心稽查管束。"如今皇帝终于用行动证明自己确实"不行"，因此她不得不再次负担起政治的重任。

太后的这一举动，得到了大部分重臣的支持。

这次失败，彻底打垮了意志本不够坚强的皇帝。事实上，在"百日维新"的后期，他也意识到改革出了问题，但不知道问题出在哪里。面对铁板一块、惰性强大的官僚体系，他再一次感到自己的软弱无力，也再一次预感到自己主导的这场政治大戏将会以惨败收场，就像上次甲午战争一样。失败似乎已经成了他的宿命。检点自己的一生，他发现，除了学业之外，他没有在任何事情上取得过成功。他从来没有真正赢得太后的欣赏，也没有给国家带来真正的进步。甚至于，他没有能力给大清帝国生出一个皇子。

当太后宣布将他软禁起来之时，皇帝没有任何反抗的表示。事实上，在内心深处，他崩溃了。他也认定了自己"不行"。在此之前，他的情绪状态一直是循环式的，在大起大落的两极间跳动。而从他被软禁到他去世的整整十年间，也就是说从二十八岁到三十八岁的黄金年华，他全部是在颓唐麻木中度过的。在这十年间，他未始没有任何机会重返政坛，比如发生义和团战争之时，他也未始没有弥合与太后关系的可能，毕竟他与太后朝夕相处，可惜这个单纯的人没有这个心机与能力。慈禧太后乐于把他像一副用过的旧行头一样摆在皇位上，就像一只蜕了壳的蝉乐于把失去生命的旧壳背在背上，并不嫌累赘。因为有这样一个皇帝在身边，太后更可以证明自己亲自秉政是无可奈何的、别无选择的。在光绪生命的后四分之一时间，他虽然还在呼吸，但已经没有了内容。光绪朝的吴永介绍变法后皇帝的精神状态说，"见臣下尤不能发语"，每次朝见，"先相对数分钟，均不发一言，太后徐徐开口曰：'皇帝，你可问话。'乃始问：'外间安静否，年岁丰熟否？'凡历数百次，只此两语，即一日数见亦如之。于语以外，更不加一字。其声极轻细，几如蝇蚊，非久习殆不可闻"。(吴永《庚子西狩丛谈》)

有人说，光绪皇帝这种表现，是"韬光养晦"，然而我却看不到证据。"韬光养晦"是一种貌似被动的主动，一种建设性的退却，而光绪皇帝的表现，只能让人看到自我放弃、自我逃避和自我折磨。

《宫女谈往录》中老宫女的回忆尤其令人心痛："光绪整天呆呆地坐着，对任何人都是淡淡的，对饮食更是不挑不拣，漠不关心……最愉快的时候，是光绪和太监下象棋，很平易近人，下完棋后，仍然像一块木头，两眼痴呆地一动也不动，急躁发脾气的性格根本不见了。好像他下定狠心，不管外界如何，他只是装痴作哑。一个血气方刚的人，收敛到这个程度，也是非常痛苦了。"

光绪三十四年（1908）十月二十一日，光绪皇帝终于在压抑中痛苦地死去，结束了自己没有过一天欢乐的人生。似乎是因为这个消息而松了口气，发现自己终于完成了扭曲、压制、败坏一个人的任务，不到二十四小时之后，慈禧太后也撒手而去，结束了这互为因果的母子三十四年的恩恩怨怨。

第十章
永历：生为猎物

————— ·•· —————

　　回首一生，永历更像是上天穷极无聊的一个恶作剧。从降生的那一刻起，他注定要在既定命运之河中顺流而下，虽然倾尽一生之力去搏涛击浪，却还是不能逆流半步，最终被带向不情愿的终点。

逃难

一

天启三年（1623）十月十九日朱由榔在北京桂王府里出生那一刻，掌事房太监为朱由榔开列的衣被清单如下：

春绸小袄二十七件，白纺丝小衫四件，白纺丝小带四条，锦丝红兜肚四个，潞绸小被十八床，高丽布褥十床，蓝扣布褥一床，蓝高丽布挡头长褥一床，白高丽布挖单三十三个，白漂布挖单三块，蓝素缎挡头两块，石青素缎挖单一块，红青纱挖单一块，蓝扣布挖单十块，白漂布小挖单二十六块……

无论如何，为一个新生儿准备这么多衣服被褥都大大超出了实际需要。除了毫无必要的浪费，明代的中国人实在没有更好的办法来证明新生儿的地位高贵。怎么样来说明他血脉的不凡呢？三年前去世的神宗皇帝是他的亲祖父，当今皇帝天启和不久后继任的皇帝崇祯都是他的堂兄。天潢贵胄，支脉显赫。在朱明家族的血统树上，这是高居树端的为数不多的最高贵的几颗果实之一。为了迎接这个小王子的出生，桂王府里已经忙乱了几个月了。这种用物质来把"幸福"数字化的做法，正是朱元璋的"祖制"。

二

朱元璋是中国历史上对臣民最残酷而对子孙最慈祥的帝王。

在北京王府中度过了生命中最初五年之后，朱由榔随父亲桂王到湖南"就国"。十八岁以前，朱由榔一直平静地生活在雄伟壮丽的衡阳王府。朱元璋的"祖制"，为桂王府的生活提供了极为坚实的物质保障：

朱元璋规定，分封到各地的王爷有权挑选当地最好的土地。因此，大明天下最膏腴的田地都归各地王府所有。桂王一到湖南，朝廷就在衡阳划出三万顷土地，作为庄田。

王府中的每位正式成员，都享受着丰厚的国家俸禄。为了让后代充分享受幸福，朱元璋规定皇族所有消费需要都由政府承担。

在保证了后代的物质生活之外，朱元璋还花了整整六年时间，七次删改，用曹雪芹写半部多《红楼梦》的心血，写了一部叫作《皇明祖训》的书，专门传给他亲爱的子孙。在这本书里，朱元璋替子孙后代考虑到了几乎所有问题。从"如何行政""如何执法"的大章大法到"如何安排日常起居""如何管理后宫""皇族间如何行礼"等生活细节，规定之详尽烦琐到了登峰造极的地步。他亲自规定亲王出行时，都要带些什么东西：交椅一把，脚踏一个，水罐一个，水盆一个，香炉一个，香盒一个，拂子两把……也就是说，明朝宗室亲王，已经"幸福"到了出生时不用携带大脑的程度。

三

朱由榔的性格有点像女孩。

桂王性格淡泊，凡事都是由性格强硬的王妃主持。

朱由榔的一生都是被王妃安排好了的。一生下来，他就被安排由十几个保姆和太监侍候。从小到大在群星捧月中被呵护着长大，从来没有像别的孩子一样舞过枪弄过棒，一根寒毛也没有被碰掉过。在温室的培养下，他养成了几分女孩气质，说话和声细语。八岁那年，他被安排开蒙读了书。王妃屡次三番派人传谕老师，不可太严格了，恐累着或者吓着孩子，反正也用不着去考进士。所以，朱由榔读了十几年书，四书五经一本也背不下来。不过比起别的王公子弟来，朱由榔已经是太"出类拔萃"了。是啊，明代王族子弟，肯读书识字的极少，他们的正务是纵酒听戏，横抢民女。而朱由榔在王妃的管教下，大门不出，二门不迈，饲养金鱼是他最大的爱好。

十岁那年，他按惯例被封为郡王，号永明王，这是帝国内仅次于亲王的第二等爵位。十八岁那年，他被安排与大家闺秀王氏成婚。虽然已经是成年人了，可是他的一切衣食起居仍然都由母亲安排。他被安排每天起来到各处请安，被安排按早中晚每天换三套衣服，坐享每顿饭二十四道菜、每月二百两银子零花钱的"幸福"。

上天还给了他十分英俊的外表。他长相俊美，文质彬彬，性格稳重柔和，举止玉树临风。在母亲的教导下，他待人接物十分礼貌。大家都知道桂王有一个知书识礼、玉质温粹、聪明特达的好儿子。人们见了桂王，总要说上一句：王爷你好福气啊！

然而，这样的生活到底是不是幸福，朱由榔不知道。正如你问他爱不爱自己的妃子，他没有答案一样。因为他没有过别的选择。他只知道，上天安排给他的任务就是享用尽可能多的醇酒妇人，生尽可能多的孩子，正像大明二百年间的所有皇族一样。

确实，如果历史之流不起波澜，他的一生都将像贾宝玉向往的富贵闲人那样平安度过。然而，很不幸，他的生命中注定要遇到这场天地大变局。

四

崇祯三年（1630），也就是朱由榔开始启蒙读书的八岁那年起，他就经常听家里大人提起两个字：流贼。从大人们脸上的表情，他知道这一定是一种非常恐怖的东西。

崇祯十四年（1641）起，"流贼"势力忽然井喷，纵横天下，如入无人之境，各地皇族都遭到屠戮。

在众多消息中，最让桂王府的人惊恐的是这样一个消息：崇祯十四年（1641）正月，李自成攻克洛阳，桂王的同胞哥哥福王朱常洵被抓获。李自成杀掉福王，命人剃去毛发，拔掉指甲，又杀掉几只鹿，放在一起炖了几大锅，摆酒开宴，名叫"福禄酒会"……

消息传来，桂王与其寡母赵太妃当即病倒，赵太妃于两个月后去世，桂王则从此落下一个病根：不能提"贼""寇""李自成""张献忠"这些字眼，否则就浑身出汗，神志不清。

五

按理说，桂王一家算不上"罪大恶极""民愤极大"的一类。自从就藩到湖南开始，湖南地方官民就觉得，这一家王爷很好打交道。事实上，桂王朱常瀛是出了名的"老实"王爷，生来老实内向，自小胆小怕事。万历朝轰轰烈烈的皇储之争没他什么事，东林党人和郑贵妃数十年的政治斗争反倒吓坏了他。他在宫中一贯遵章守法，就藩之后，也规规矩矩、老老实实地吃朝廷俸禄，从来没像别的不安分的藩王那样琢磨着要什么特权，搞什么第三产业，从不和地方官来往，更没有什么欺压百姓的劣迹。所以在天下亲王之中，"独以安靖闻"。崇祯十一年（1638），皇帝命官员考察各地藩王的遵章守纪情况，考察大臣"俱以王贤报命"，桂王的贤名因此也远近闻名，被树成各地藩王学习的榜样。

然而，这种"贤名"并不能保证他在玉石俱焚中的安全，农民军没有判断王爷贤或者不贤的兴趣。

崇祯十五年（1642）底，即朱由榔刚刚结婚后的第二年，张献忠部进入湖南。桂王府中的每个人都在空气中嗅到了死亡的味道。何去何从，成了桂王全府上下的思考焦点。眼看国土一块块残破，湖南全省的陷落似乎也是不久的事了。按理说，趁早远避他省是最明智的选择。然而，桂王性格中最大的特点是"拖延不决"，缺乏决断能力。亲王搬家可不是小事，这数千人要走，要事先联系好投奔地，要与地方官打招呼，要勘探行程，要准备车马饮食……总之，千头万绪，一想起来就头大。桂王平日不理家事，最厌俗务，一切日常起居都听由正妃王氏安排，所以管家把这些情况向他禀明，他却一再表示再等等、再看看。在他看来，衡阳毕竟地处偏远，也许张献忠没兴趣到这里来转一圈。

所以，崇祯十六年（1643）张献忠突袭衡阳的时候，桂王府里还一无所备。仓促之中，二十一岁的朱由榔跟着父亲和三哥朱由楥缒城而下，在农民军袭击的间隙中侥幸逃生。然而未来的王位继承人桂王世子以及二王子均在逃亡路上被张献忠军擒获，折磨数日后剜心而死。五王子、六王子也在乱军之中失踪，从此再无消息。至于桂王府的庞大家财，自然在抢劫之后又被付之一炬。

逃出城外后，朱由榔和父亲及三哥朱由楥化装成老百姓。这一段逃难生活成了朱由榔人生记忆中最不堪回首的片段。从湖南到广西的路上，他们在满是鸡屎味的运活鸡的货船舱里藏了七天七夜。从来没有走出过王府之外的朱由榔从来没想到人世间还会有这样的生活。等从船里出来的时候，王爷们的鼻孔里已经满是鸡绒，神志恍惚，分不清东南西北。

刚刚下船，他们又遇到了一股大西军的追兵。三位王爷在几名家丁的护卫下拼命奔逃，慌乱之中，朱由榔没跟上父兄，被追兵擒获。当那些黑脸膛的农民军出现在他面前的那一刻，朱由榔的后背升起一股凉气，裤子不争气地突然湿了一片。农民军把他关进囚车，准备送回衡阳张献忠处请赏。一路上他在农民军的打骂下半清醒半昏迷地等着死神的随时降临。幸好吉人天相，三天后官军赶来，把他劫了出来。

崇祯十七年（1644）三月，经过了七个月流离逃亡的生活之后，朱由榔在桂林又一次见到了父母亲和三哥。大难不死的几位亲人抱头痛哭。加上带出来的眷属，原本数千人的桂王府此时只剩下不到十口人。

晚上，几名亲人背着桂王聚到一起偷偷议论。他们反复叹息王爷的拖延不决。他们一遍又一遍地说，如果再早半年逃亡，不，早一个月，哪怕再早三天，不，再早一天，几个王子也不至于死得如此之惨，王府也不至于遭遇如此大难。几个人都打定主意，倘若"流贼"再来，不能再听王爷的，一定要在第一时间逃跑。

继位

一

王爷毕竟是王爷，虽然狼狈如丧家之犬，一到了朝廷地面，就立刻恢复了桂王的威严。广西巡抚瞿式耜以跪拜之礼迎之，在广西梧州兴建新王府，划全梧州财政收入供桂王一家之用。幸存嫔妃、僚属、宫眷、奴仆陆续从湖南逃来聚集于此，很快上下一千多口人的桂王府又开始运转起来。

但桂王的精神再也没恢复。七子丧其五，妃子也死了十之七八。桂王一到广西就病倒了。

搬到新王府一个月后，一阵急促的马蹄声打破了王府的平静。八名太监闯进大门，气喘吁吁奔到桂王病床前。他们送来了两道诏书。

原来，就是一个多月前，北京已经被李自成军攻占。崇祯皇帝斩杀了皇后、妃子、女儿之后自尽，三位皇子失踪。如今江淮以北，已经尽为"流贼"所有。因为江南无主，所以福王世子，也就是桂王的亲侄子朱由崧在南京继了位，改元"弘光"……

听到这个消息，桂王当即瘫倒在地上，"伏地大恸"，号啕大哭起来。他不光是哭侄子"罹难之惨"，更是哭祖宗的江山，哭自己一家的命运。看来，重获太平的希望已经破灭，再回湖南遥遥无期，等着自己这个家族的，不知道是什么样难测的未来……哭了一会儿，桂王昏了过去，大夫急忙抢救，"绝而复苏，遂至不起"，几天之后，就去世了。

二

丧事之后，三哥朱由榵继承了桂王的爵位，出头露面的事由哥哥主持。至于家中大政方针，仍然由王太妃决定。朱由榔依然是一个富贵闲人。他渐渐适应了广西的气候，喜欢上了广西的亚热带风光。他在新王府里过得很舒服，每天读读小说，听听小曲儿，侍弄侍弄自己养的金鱼。惬意的生活中，只有一桩摆脱不掉的痛苦：那就是那段惊险万状的经历无数次地出现在他的梦里，经常折磨着他。

以前从来不关心国家大事的他，现在也注意起外面传来的各种消息。每天晚上，他都和三哥一起听太监们像讲评书一样讲述外面的各种新闻：李自成占据北京没几天，又被满洲人赶了出来。在大江南北，现在是大清、南明、农民起义军你争我斗。小福王改号"弘光"，享受"九五之尊"仅仅一年出头，清兵南下，就成了俘虏。福建一个皇族被拥立为皇帝，又改元为"隆武"，在浙江另一个皇族不知道信儿，又自称监国，弄成一国两主的尴尬局面……简直是你方唱罢我登场，历史这场大戏演得乱糟糟。

听着如此惊心动魄的消息，朱由榔兄弟却感到一种坐山观虎斗的轻松。他们一再庆幸逃难时明智地选择了贫瘠落后的广西。这里最偏远、最交通不便，因此也最安全、最远离是非。

崇祯皇帝去世，皇子失踪后，天下血统最高贵的，当数万历的四个儿子，即老桂王及其三个同胞兄弟，也就是福、瑞、惠、桂四藩王的后代了。这其中，老福王已经被李自成杀了吃掉。瑞王原封陕西，李自成入陕后他逃往重庆，这个逃亡地选择得不是那么明智，次年张献忠攻克重庆，瑞王全家被杀。惠王则逃往南京附近，投靠新皇帝，这一选择也被证明是错误的，在弘光被俘后他也跟着降清，后来和弘光一起被清人处死。所以到这个时候，万历皇帝的几百名直系后代中，只剩下朱由榔兄弟二人了。

虽然桂王一系因为血缘关系最应该继承大统，虽然广西的地方官都愤愤不平于南明政权拥立皇帝时以"联络不便"而将桂王一系排除在选择之外，但是他们兄弟正为远离皇位斗争而庆幸。他们这一家人都对政治不感兴趣。听着太监们把高层政治斗争说得如此绘声绘色，他们兄弟只如听完全不关己事的小说一般。

三

世上没有真正的世外桃源，富贵闲人生活中也难免有各种意外。朱由榔从来没有想到，"亲王"这顶显赫的王冠居然会落到了自己头上。隆武元年（1645）八月，也就是继承桂王爵位后不到两年，三哥一场暴病，突然死去。朱由榔出乎意料地成了这个庞大王府的主人。

在别人看来，这是绝大的幸运，在朱由榔看来，却是天大的痛苦。当哥哥的丧礼需要由他来主持，府中的大小事务需要由他来决定时，他觉得自己简直掉进了地狱：每天早上一睁眼，已经有好几个管事的等在门口请示事情。白天需要迎接各位吊客，与客人们寒暄交谈，送走了他们，还要看管账的那天书一样难以看懂的账本……他恨不得马上把这顶王冠送人。

所以，在哥哥的丧事告一段落之后，他又把当家的权力让给王太妃，自己能清闲一天是一天。桂王府好不容易恢复了往日的平静，朱由榔正忙于培育一个金鱼新品种。然而，一个天大的意外又一次降临王府：

隆武皇帝的统治也没能延续多长时间，清军南下福建，隆武被诛。南明的疆域集中到了西南一角。现在，朱由榔众望所归，成为皇帝的几乎唯一人选。大臣们从四面八方赶到广西，请求朱由榔登临大宝，继皇明之血脉，图天下之中兴。

朱由榔被这突如其来的形势弄昏了。他的第一反应就是坚决拒绝。数数最近这几个皇帝的命运吧：崇祯当了皇帝，自杀了；弘光当了皇帝，被俘了；隆武当了皇帝，也被擒获了。在这个乱世，他隐姓埋名还来不及，怎么能坐到风口浪尖，去当那招风的大树？

一开始，大臣们以为他是故作谦虚，所以仍然一遍遍前来劝进，不依不饶。朱由榔没见过这阵势，一时慌了手脚，躲在书房里不肯见大臣，还是得太妃出来解围。太妃是个女强人，说话明白直接："儿非治世才，何苦以一朝虚号，涂炭生民！""诸君何患无君，吾儿仁柔，非拨乱才也，愿更择可者。"

太妃说得没错。其实用今人的眼光来看，朱由榔完全不适合当皇帝。从小生长于妇人之手的他是个十足的绣花枕头。由于从小生活在温室中，他不但严重缺乏政治常识，甚至连日常人情世故都有隔膜之处。从教育来说，他也不算成功。虽然比起那些胡作非为的王公子弟来，朱由榔算得上知书识礼，但其实读了十几年书，以他的水平也只能读诗词小说。这样的水平，怎么能当起天下重任？

然而，在大臣们看来，朱由榔是一个完美得几乎无可挑剔的皇位继承人。

第一，他血统最纯，身份最尊贵。事实上，崇祯皇帝自杀后，桂王就因为既亲又贤，被认为是最适合的皇位继承人。只是因为地处偏远，才让与朱由榔血缘距离相等而声名不佳的小福王朱由崧继了位。朱由崧被俘后，如果不是事出紧急，无论如何也轮不到隆武皇帝朱聿键登基，因为此人与皇室中心的距离太远了，他是朱元璋第二十二子朱楹的八代孙，可以说是在世藩王中血统最疏的一个。所以隆武继位后，南明朝廷上一直存在着反对之声，不少反对者呼吁应该到广西迎接小桂王取代隆武，只是由于距离过远无法实施。如今，南明的疆域集中在了西南一隅，地处广西的桂王，终于成为不二之选了。

第二，除了极为高贵的血统外，上天还给了朱由榔天生的"帝王之表"。朱家本来就出美男子，二十四岁这年，朱由榔身高一米七八，身材挺拔，外表十分英俊。他秀眉高鼻，双目炯炯，一举一动，安详舒缓，十分高贵。更让人惊奇的是，他长得与祖父万历皇帝颇有几分神似，"王体龙颜酷似神祖"，乃天生的帝王之相。

第三，在大臣们看来，朱由榔的个人品质也完美无瑕。明代天潢贵胄中大部分是骄奢淫逸之辈，胡作非为，四处滋事。只有桂王一系的贤名举国皆知，而朱由榔"厚重谨然"，"绝无声色珍禽嗜好，不饮酒，不置妃嫔，事太妃极孝"，也闻名已久。

四

朱由榔和太妃越拒绝，大臣们拥立的决心越坚决。他们认为，朱由榔对皇位如此淡泊，恰恰表明了他的品质远非其他皇族所及。

事实上，虽然只剩下半壁江山，但南明的皇帝之位对绝大多数皇族来说，仍然是极有诱惑力的。天翻地覆自是国家最大的悲剧，然而对有些人来说，也是千载难逢的机会。国难当头，自身难保，宗室中居然有不少人心中窃喜，妄图乘乱黄袍加身，过几天皇帝瘾。当初弘光被俘之际，朱由榔生活的广西，就出过一件大奇事。广西桂林生活着一位靖江王，名叫朱亨嘉。他听说弘光去位，天下无主，也做起皇帝梦来。这在别人听起来简直是个笑话。因为从血统上来说，这个靖江王根本没有竞争皇位的资格：他是朱元璋的侄儿朱文正的后代，并非朱元璋的正牌子孙。然而他想当皇帝想疯了，在听说弘光的死讯后，大言不惭地说："方今天下无主……目今东宫无人，予不俨然东宫乎！太子监国自是祖宗成宪，有何不可？"于是，在一群想抢拥立之功的地方官的"劝进"下，朱亨嘉身穿黄袍，南面而坐，改纪年为洪武二百八十七年，又改自己生活的桂林为"西京"，大模大样监起国来。

朱亨嘉的行为如同反叛，很快，他就被南明地方官平定了。除了他之外，朱元璋的正牌子孙不顾大局，争当皇帝的更多。早在弘光元年（1645）十月，益王朱慈炲就在抚州被当地士绅拥立为监国。隆武二年（1646）初，益阳王朱术雅在浙江龙游、遂昌一带私授知县，自称监国，受到隆武帝的训责。不久，楚藩宗室朱盛濒又在太湖自称通城王，行大将军事，"居然帝制，派饷、卖札、强夺民女，为两山（指太湖中的东、西洞庭山）百姓不容"，闹得昏天黑地。此后还有益王朱由榛 1647 年建都揭阳，楚王朱容藩 1649 年建都夔州……面南而坐，九五之尊，对许多皇族来说，是比一切都要令人兴奋的享受。

朱由榔对皇位避之如虎，不禁让久处名利场的大臣们十分意外。大臣们将此举理解为朱由榔克己寡欲，品质高尚，修养良好。而这是做皇帝最需要的品质。

至于太妃说朱由榔没有政治能力，他们更不同意。他们说，道德是君王之本。至于才干、能力、知识，这些都是细枝末节之事。德是本，才是末。帝王最重要的职责是为天下做道德表率，所谓一人正而天下无不正也。主张拥立朱由榔最卖力的广西巡抚瞿式耜更认为朱由榔没有政治经验，是一个非常大的优点。他心中暗暗认为，正是这样，才更方便他们这样的"正臣"掌握朝纲，决策国家大事。

所以瞿式耜率领群臣，一遍遍坚决劝进。反复劝进无果后，他又拜访桂王府，和朱由榔促膝长谈。他好不容易弄明白朱由榔不肯当皇帝，是怕树大招风，于是就从这里入手进行动员。他说：表面上看，皇帝这个职位很危险，实际上却是最安全的。因为从根本上说，所有的朱姓子孙现在都是清王朝的猎物，满洲人为了巩固江山，必须把所有近支王公斩尽杀绝。以您血统之高贵，现在已经是满洲人的第一号猎物，即使不做皇帝，人家也不会放过您。而做了皇帝呢，则半壁江山都在您掌握之下。我们这些大臣不死，您就死不了。再说，现在天下大势还混沌不清，湖南、广东、广西、云南、贵州、四川等领土上还有数十万抗清大军。如果经营得法，把清人打回江北，打回关外，有很大希望。只有光复大明，您的安全才真正有保障。所以，不管您当不当皇帝，国家的命运和您的命运是紧紧连在一起的。只有当了皇帝，光复明朝，才是王爷您切身利益之所在。"

一席话说醒梦中人。朱由榔把瞿式耜的话向太妃一转

▲ 瞿式耜画像

述，太妃很快就明白了自己是妇人之见，瞿先生的话确实是真理。因此，太妃当即发布命令，说王爷同意大家的请求了，门口跪着的大臣们起来吧！

一声令下，整个梧州欢声如雷。南明各地喜气洋洋，他们终于有了最名正言顺的主人，整个抗清大业终于有了主心骨了。

五

按当时的政治惯例，藩王要当皇帝，第一步是宣布监国。广西地处偏僻，不宜立都。大臣们用最豪华的车驾，把朱由榔一家接到风景秀丽的广东肇庆，在这里把衙署突击改建成金碧辉煌的皇宫，于十月十四日举行了监国大典。朱由榔高坐宝座之上，接受几千名大臣的三跪九叩之礼。

在监国大典上，朱由榔标准的帝王外表给全体官员留下了极为深刻的印象，许多人内心感叹，"凤准龙颜，真中兴主也"。他按照前朝老太监的指点，

一举一动都端凝有度，不怒自威。平时从来不敢当众讲话的他那一天居然当着上千名大臣的面，把瞿先生事先给他准备好的讲话讲得流利洪亮，慷慨激昂的讲话感动了所有人，史书记载当时的场面是"百官拜谢感泣，各图自奋，颇有中兴气象"。

以前虽然贵为亲王，但朱由榔从来没有掌握和运用过权力，所以他受到的尊敬都是表面上的，连家中的仆人对他都没有畏惧心理。在监国大典上，朱由榔才头一次明白了为什么那么多人要拼了性命争当皇帝。他头一次尝到了天上地下唯我独尊的滋味：所有的人都在他面前匍匐战栗，他们的生死荣辱都在他一人的掌握之下。他突然间觉得自己的躯体如同《西游记》中的孙悟空一样，瞬间高大了许多倍，身体里的能量瞬间也增长了许多倍。

大臣们说他"龙姿日表，真尧舜之质也"，说他"天纵圣明，文武全才"，说他"英明特达，才学过人"。说得多了，他的自我感觉也发生了变化。平生第一次，他有了价值感，有了自信，有了工作的热情。他召来瞿式耜，和他彻夜商讨人事安排，策划军国大事。他下定决心，要好好学习，努力工作。他听从瞿式耜的建议，汲取前代滥用特务以及广选秀女以致不得人心的教训，宣布"不设东厂，不选官人"，人们闻听，欢呼雀跃，称此"为始政之最美"。大臣觉得他们终于选对了人了，朱由榔也心情激越，决心不辜负大家的期望，做一个带领南明走出困境的伟大皇帝。

然而，他的工作热情消退得很快。监国大典举行后的第六天，朱由榔正在吃晚饭的时候，传事官突然来报：清军连下福建漳州和江西赣州，已经到达广东边境。

手里的筷子掉到了桌子上，朱由榔的大脑中马上跳出两个字：逃跑！

听说监国下令举国西逃，瞿式耜等大臣都有点摸不着头脑，他们怀疑自己听错了：现在清军尚在江西，离广东尚远，下一步是不是进攻广东还属未定。即使进攻广东，南明西南军队还是很有实力的，有把握御敌于国门之外。如果主动逃跑，岂不是把广东拱手让给清军吗？西南一共只有五省，失一省少一省啊！

由于这个决定太荒唐了，所以大臣们以为监国就是情急之下顺嘴一说，都没当真。没想到，第二天监国召集以首席大学士瞿式耜为首的所有高级大臣，让他们立刻安排逃往广西的路线。

一听监国是动真格的，大臣们着急了。他们反复给监国分析局势，说明为时尚早，不急着逃走，当务之急是安排广东防务。南明立皇帝，最重要的目的就是关键时刻凝聚人心，稳定局势。如果这个时候逃走，肯定"全国"人心动摇，后果不堪设想。

朱由榔一声不吭。他的理智让他明白这些大臣说得有道理，可是他的情感却不受大脑支配。虽然理智告诉他清军尚远，但是恐惧感却一分钟不停地在他头顶盘旋，让他头昏脑涨。老桂王当初在衡阳迟迟不走的教训，在他头脑中刻下了无法改变的条件反射：遇到危险，逃得越快越好！天下事不怕一万，就怕万一，如果清军突袭而来，他可不想再次品尝落到敌人手里的滋味。

在大臣进言的时候，朱由榔没有言语。然而，一夜之后，朱由榔还是再一次召集群臣，命太监宣读自己起草的下令西逃的诏书。大臣们百般劝喻，他丝毫不为所动。才当了七天监国，他已经明白了一个道理：他是一国之主，拥有最后的决定权。所有决定，不管是多么错误，只要他铁了心，最后也能实施。这是专制政体的最大特点。

瞿式耜等人不依不饶地劝谏，只是把西逃又推迟了一天而已。监国大典举行后不到十天，一次举国大迁移开始了。所有大臣都跟在朱由榔身后，在重兵保卫下，日夜兼程。平日娇生惯养的朱由榔此时表现出惊人的吃苦耐劳精神，日夜奔波。不数日，他就到达了广西梧州，又回到了自己熟悉的桂王府。

六

回到王府后，朱由榔的心才安定下来，有暇关心局势，思考问题。他派出探子去打听清军的动向。打听了数日，没听到清军进入广东的消息，却听到另一个更加惊人的消息：广州又出一个新皇帝！

原来，朱由榔不顾广东人死活仓皇逃走，令广东军民大为失望。正好在这个时候，隆武帝的弟弟朱聿𨮁坐船从福建逃到广州。留在广东的原南明官员苏观生突发奇想，何不趁广东士人气愤于永历放弃封疆之际，另起炉灶，援引兄终弟及之义，拥立敢于抵抗的隆武帝的弟弟为主？此计一出，许多想获拥立之功的士人纷纷响应。

十月二十日朱由榔西逃，十二天后，也就是十一月初二，广东官员宣布由朱聿𨮁监国，改明年为绍武元年。半个月内，广东出现了两个监国。虽然许多人批评此举使"二百里间两帝，自树内梗，三百年国纪，人披其叶而我刈其根矣"，然而，绍武小朝廷却自得其乐。南明时代，许多称帝者一半固然是皇族贪图大位，另一半更是由于文官武将拼命拥立。瞿式耜后来评价那些仓促称帝的闹剧说："分明戏场上捉住某为元帅，某为都督，亦一时要装成局面，无可奈何而逼迫成事者也。"这些拥立者视天下板荡生灵涂炭为自己获得绝世功名的最好机会，不管未来怎么样，眼前先过一下宰相瘾再说："其见在朝廷者，干济则平常，争官则犀锐……毕智尽能，朝营暮度，无非为一身功名之计。其意盖谓世界不过此一刻，一刻错过便不可复得矣！彼其胸中，何尝想世界尚有清宁之日，中原尚有恢复之期也哉！"苏观生原本是拥立朱由榔的。但是朱由榔监国后，他在小朝廷中没有弄到满意的位置，所以才出此奇策。虽然宣布监国比朱由榔晚了半个多月，但苏观生决心争一口气，一定要使绍武比朱由榔早称帝。所以监国仅仅三天，绍武就匆匆举行了登基大典。史籍如此描述绍武君臣这三天的匆忙："且谓先发夺人，宜急即位。遂仓卒立事，治宫殿、器御、卤簿，举国奔走，夜中如昼。不旬日而授官数千。即位之际，假冠服于优人而不给。"由于时间太急，为了修皇宫，备龙袍，修造皇帝车驾，准备百官服装，整个朝廷加班加点，不吃饭不睡觉，"举国奔走，夜中如昼"。因为时间紧急，没法做那么多套官服，他们征用了广州城内所有戏班的戏服，"除官数千，冠服皆假之优伶"。

这个消息一下子把朱由榔打昏了。他做监国刚刚做出滋味，还没来得及享受登基大典的过程，突然有人上来捷足先登，一把把皇位抢走了。到这时

▲ 元代曾巽申所绘《大驾卤簿图书》局部

他才不得不承认，逃回梧州确实是个错误的决定。十几天过去了，清军也确实没有进攻广东的迹象。自己跑进了穷乡僻壤，倒给了别人篡位的机会了。

御前会议的结果，是检讨这次西逃的错误。当然，错误是由个别赞成西迁的大臣来顶了，监国只是受人蒙蔽。当务之急是立刻返回广东肇庆，正式宣布登基。权力的味道就是这样让人一尝难忘，当初说什么也不当皇帝的朱由榔现在显示出了少有的勇气。

<h1 style="text-align:center">七</h1>

隆武二年（1646）十一月十八日，朱由榔又率大队臣民，匆匆赶回广东肇庆，来不及喘口气，就立刻宣布即皇帝位，匆匆忙忙祭告天地、社稷、祖宗，改次年为永历元年（1647）。追封老桂王为端皇帝，母亲为慈圣皇太后。这样，广东一省之内，同时有了两个皇帝，一个绍武，一个永历。

天无二日，国无二主，两个皇帝几乎同时决定：消灭对方！一场内战不可避免地开始了。

十一月二十九日，在登基十一天后，永历帝派出精兵，前去讨伐绍武政权，双方激战于广东三水，仗打了半个多月，打得昏天黑地，双方原本预备抵抗清人的精兵大多损于此役。特别是永历一方因为轻敌贪进，在三山口失利，精锐全军皆覆。

绍武皇帝十分高兴。登基之后，他一方面同永历激战，另一方面兴致勃勃地摆皇帝谱，"祭天、祭地、幸学、大阅等巨典，按日举行"，每天出镜，忙得不亦乐乎。除了这些典礼，君臣们更热衷的是封官晋爵，几乎每天都封一批官，大臣们分了几派，为官职高低相互内斗个不停。

就在双方激战正酣之时，四千名清军趁边界空虚悄悄潜入了广东。他们发现，因为精兵都被绍武调去与永历打内战了，广东各地几乎没有防备。清军大喜，利用绍武的注意力完全集中于内战和出席典礼的时机，日夜兼程，每到一地，立即扫除传递军情的塘兵，封锁消息，用缴获的南明地方官印发出太平无事的塘报，神不知鬼不觉地来到了广州城下。

十二月十五日，清军前锋以帕包头，伪装成明朝军队，出其不意地闯入广州。绍武帝和他的大臣们今天的日程是"幸武学"，也就是视察军校。这一天，"百官咸集"，朝服辉煌，绍武皇帝正装腔作势发表重要讲话，忽然探子闯进院内，报告清军来袭。大学士苏观生大怒：这么重要的场合，一个小小探子怎么可以随便闯入破坏庄严气氛？再说清军还远在江西，怎么可能来到广州？难道是飞过来的吗？简直是滑天下之大稽！这个探子一定是妖言惑众！于是绍武一声令下，把报信人推出去砍了。人头刚刚落地，那边厢清军已经登上城墙，脱去包头，露出辫子，乱箭下射，城中顿时鼎沸起来。苏观生急令关闭城门，调兵作战。可是，精兵都被派往肇庆去对付永历朝廷了，一时调不回来。广州重镇就这样糊里糊涂地被清军占领。绍武帝见大势已去，拖了一条被子混在乞丐当中试图逃跑，被清军查出，关在东察院，仅仅过了一个多月的皇帝瘾就糊里糊涂地自缢而死了。

既然对手已经消失，仗自然没有必要打了。上回传说狼来了，这回狼真的来了，不跑还等什么！永历帝连会议也没有召开，立刻下旨，"西幸梧州"，然后也不等组织大臣，自己坐上船先行西去了。

逃跑皇帝

一

永历王朝的第一个春节，这个对一个政权来说非常富于象征意义的日子，朱由榔选择在狭窄的船舱里度过。从广东匆匆逃回梧州之时，正值大年三十。地方官得知圣驾将临，已经做好了接待准备。城内黄土垫道，大街上张起灯笼，行宫也更换了全新的铺设。但是朱由榔坚决不下船，保持随时拔锚起行的准备状态。官员们只好挤在狭小的船舱里，勉强给他行了礼，算是过了年。

正月初六，清军逼近广西边境的消息传来。朱由榔立刻命令开船，直驶向桂林。到了这个边疆小城，他才算松了一口气。听说清军到了广西边境又停了下来，他抹抹汗，命人送来奏章，小朝廷又恢复了运转。

瞿式耜到现在才明白拥立这个人是一个多么大的错误。他原本以为朱由榔没有主见，容易操纵，谁知道皇帝在别的事上没有主意，唯独在逃跑上比谁都果断，一旦下了命令，九头牛都拉不回。

如果继续这样，那么建立这个朝廷，不但起不到当初设想的树立旗帜、凝聚人心的作用，反而成了动摇军心、破坏战斗力的罪魁祸首。现在已经查明，深入广东的清军其实只有四千一百人，永历政权重新组织的内战大军那时正在向东进发，准备报内战首仗失利之仇。如果换一个勇敢些的皇帝，此时正好命这股大军对清人迎头痛击，以众击寡，孤军深入的清人即便勇敢能战，在没有后勤的情况下也支撑不了多久。可是皇帝一跑，谁还有信心组织抵抗？兵败如山倒，不几日，广东全省就拱手交给清军了。南明残山剩水本已不多，广东又是南明版图内经济和文化最发达的一省，失去广东，南明的力量大为削弱。

然而，后悔已经没有用了。君臣之义已定，唯一的希望是竭尽全力辅佐这位新君，看看能不能鼓励他振奋精神改弦更张吧！好在朝廷总算在桂林安顿下来，瞿式耜可以从容布置他的强兵卫国大计了。他的初步打算是强化中央集权，建立起独立的纪律严明的军事指挥体系，以防再像上一次一样，皇帝一跑，全军混乱。

然而，没过多久，瞿式耜就发现，这个目标几乎不可能实现：这个永历，实在难当乱世之君的大任。

瞿式耜没想到永历的政务能力如此之差。虽然明代各地藩王都习惯于骄奢淫逸，王子多不学无术之辈，但瞿式耜万万没想到，向称"贤明"的桂王府家庭教育也如此差劲。瞿式耜在后来的书信中说永历皇帝"质地甚好，真是可以为尧、舜，而所苦自幼失学，全未读书"。说朱由榔全未读书有点夸张，应该说，朱由榔认下了一千多字，读小说看戏本问题不大，但读那些典雅深奥的奏折就不行了。他读得一脑门子汗，还是半通不通，不得不召几个翰林进来，先给他口译一遍，才能明白大意。对于国家的政治传统、用人行政、山川地理、财政军事，永历完全没有任何知识储备，所有的政务都要从头给他讲起。举个简单的例子吧，普通老百姓都知道知县大还是知府大，但是皇帝居然不知道！所以，辅佐这样一位皇帝治国，就好比教三岁小孩入洞房，你完全不知道从哪里下手。

皇帝的素质直接决定政权的品质。永历朝廷才运转了几个月，历朝历代的各种弊政类型几乎都全了：

首先是太后干政。皇帝的优秀品质中，为人称道的第一条就是"极孝"。在登基以前，他的大小事情都是太妃做主的。做了皇帝以后，他还是习惯性地对太后的所有想法"无不秉承"。而太后也乐于替儿子操心。问题是，虽然太后"习文墨，晓事机，剖决诸务能晰情理"，在女流当中算是个出类拔萃的，但她毕竟自幼不出家门，见闻有限。谈到政治，那更是知识不足，见识不高。她判断一个人的忠奸，只凭自己的情绪和感觉：如果谁在她面前痛哭流涕、捶胸顿足地陈述他对大明的热爱，就很容易赚得太后也陪着流下眼泪。许多钻营之人知道了这个窍门，便花重金贿赂太后身边的宫女太监，见上太后一面，痛哭一场，往往就能连升几级。时间一长，这"眼泪升官法"竟成了朝野皆知的一个笑话。

其次是太监专权。虽然朝廷名义上的首席大臣是瞿式耜，然而不久人们就发现，朝中有一个比瞿式耜更有权力的"隐形宰相"——太监王坤。

王坤是前朝的老秉笔太监，谙熟前朝典故、政务流程。在永历朝的建立过程中，许多宫中规矩都是由王坤一手建立起来的。刚在桂林安顿下来时，朱由榔曾经勉强振作过一个月，每天硬着头皮读几十道冗长难懂的奏折，口授自己的处理意见，再送到瞿式耜那里请他把关。然后还要接见一个又一个大臣，听他们用各种奇怪的方言，讲自己完全不懂的各种政务，他还要像模像样地发表点什么"重要意见"。他原本不是精力充沛之人，每天都熬得头昏眼花，精疲力竭。新鲜劲儿一过，从小到大没吃过一天苦的他实在扛不住了，倦勤之际，秉笔太监王坤就渐渐掌握了大权。秉笔太监是皇帝的秘书，按惯例，对大臣们的请示事项，都要由朱由榔口授，由王坤记录，传达给臣下。朱由榔一天比一天懒于读奏疏，越来越多地让王坤先读了之后直接草拟意见，他看一遍就发出。这种情况下，王坤的建议差不多就成了决策。或者说，王坤就成了事实上的皇帝。

按理说，朱由榔要推卸政务，他首先应该推卸给首席大学士资深大臣瞿式耜。但是他太好面子，不想让瞿式耜知道自己的懒惰和卸责。从接触的第一天起，他就有点畏惧瞿式耜。这位干瘦精悍、目光明亮的大臣，从头到脚都透露着一股严厉，让朱由榔感觉不舒服。每次和瞿式耜在一起，他都感觉像小时候和那位启蒙教师在一起一样局促。每次进宫，瞿式耜都会滔滔不绝地向他讲一大堆军事形势，千头万绪，没完没了，他得打起十二分的精神，才能勉强跟上瞿式耜的思路。所以，朱由榔千方百计减少接见瞿式耜的次数。

而王坤则完全不同。这位伺候了好几朝皇帝的老太监既娴于弄权揽事，又深知如何讨得主子欢心。他在朱由榔面前永远是恭顺、听话、善解人意的。他总是那么卑躬屈膝、战战兢兢。只有在他面前，朱由榔才活得舒展、轻松。更何况每一次朱由榔提出逃走，王坤都毫无异议，会立刻坚决执行，全力布置。所以时间一长，王坤就成了朝中第一号人物。

随着太监专权的出现，朝中势不可免出现了第三个问题：党争。所谓党争，就是窝里斗。明朝原本就是在党争中灭亡的。从明朝中期开始，大臣们就开始按师门，按出身地域，拜老师，认同乡，拉帮结派，在朝廷上掐得你死我活。他们表面上是为了原则、纲常而斗，实际上着力的不过是官位的升迁、官场的荣辱。每一个人都必须依附某一门派才能在官场中立足。在窝里斗中，他们表现出了在对外斗争中少见的坚决、勇敢、残酷，什么帝国的前途、百姓的疾苦，都被他们忘到脑后。南明历任小朝廷都完整地继承了窝里斗的传统。

朝中形成了王坤与瞿式耜的明争暗斗之后，大臣们也自然分成两派，各随其主。每次王坤要任命一个官员，瞿式耜派必然反对；瞿式耜提一个建议，王坤派也时常掣肘。两派斗得津津有味，你来一拳，我来一脚，表面上握手言欢，实际上恨不得吃掉对方。每当两派势力相争，需要朱由榔裁决时，皇帝哪个也不好意思得罪，经常漠然置之，不置可否，听任他们打去。瞿式耜收回各地军权归于中央统一指挥的设想一直无法实现，小朝廷的力量就这样白白消耗在内斗之中。

二

当然，与军阀势力的崛起相比，以上三种弊政，又都算不上重要问题了。

专制体制有效运行的条件是权力所有者有力量握住这沉重的权柄，如果握不住，这过于巨大的权力就会在自身重力作用下破裂。永历朝廷的军队本来就是由各地军队拼凑而成，在永历称帝之前，各地群龙无首，各自为战。永历朝廷终日内斗，无暇外瞩，也树立不起威信，各地将军自然就擅自坐大，渐渐出现了军阀的雏形。他们专注于发展自己的势力，对朝廷的命令阳奉阴违。在一部抵抗清军时，其他人往往不听指挥作壁上观，拒绝施予援手。某部被清军歼灭，他们还为少了一个竞争对手而拍手称快。在这种情况下，清军经常以少胜多，在南明势力范围内如入无人之境。

永历朝廷在桂林没能安定多久。二月初，探马来报，清军进入广西境内，兵锋直指梧州，离桂林只有数日路程。

永历帝又一次果断下令，准备车驾，他要再次外出"巡视"。

瞿式耜这一次铁了心要劝住皇帝。广西是无论如何不能再失去了。广西再失，南明基本上就可以提前宣告灭亡。而要保住广西，皇帝绝不能动。他再三上书，反复开导永历："在粤而粤存，去粤而粤危。吾退一步而人亦进一步，我去速一日，则人来亦速一日。"你越逃跑，实际越危险。"半年之内，三四播迁，民心兵心狐疑，局促如飞丸，翻手散而覆手合。""今者移跸再四，每移一次，则人心涣散一次。人心涣而事尚可为乎？"这样下去，覆亡指日可待。

瞿式耜指出，现在已经打探清楚，进入两广的清军主力不过是佟养甲、李成栋带领的四千一百余人组成的小部队。而这次进军广西的，不过是一支先头部队。从现在形势分析，两广民气凶悍，各地起义军蜂起，清人在广东还没能站稳脚跟，现在进军广西，孤军深入，后方不稳，如果集全南明之力，把这支军队消灭在两广是完全有可能的。所以，当务之急是朝廷镇定下来，集中精力，调动部队，进行有效指挥。

朱由榔也承认瞿式耜对形势的分析完全有道理。他也知道自己坚守前线的政治意义。然而，一想到凶如虎狼的清军离自己如此之近，他就坐立不安，神魂不定，恐惧感如潮水一般淹没了他，让他吃不好饭，睡不好觉。和上一次一样，不管瞿式耜怎么样屡上奏章，怎么样叩头出血，朱由榔都无动于衷。面对瞿式耜的一遍遍苦谏，从小到大没发过脾气的永历帝终于发火了。温文尔雅的皇帝一旦发起火来，也相当可怕。他双目圆睁，双手乱抖，声嘶力竭地大喊：卿不过欲朕死耳！

是啊，皇帝没了，你们还可以另立新君，而他朱由榔一旦落入清人之手，则必死无疑！你们根本没拿我的性命当回事！

瞿式耜闻听此言，不觉"泪下且沾襟"，事已至此，无法再多说一句，只好叩头请死，含泪而出。他现在才明白，除了一开始的心血来潮，朱由榔根本没有把自己和这个国家联系在一起。他之所以当这个皇帝，完全是因为当皇帝最安全。为了安全，他也可以把这个国家拱手献给清人。一个政权之中，皇帝居然是对国家利益最不关心的那个人，这对大臣来说是一种怎样的悲哀！

赶走了瞿式耜，永历开始紧张地考虑逃往哪里。这一次，他想出了一个自以为高明的主意：干脆逃离文臣的控制，逃到最有实力的武将控制区，让庞大的军队直接做自己的护卫。在众多武将之中，湖南定蛮伯刘承胤率先上书，要迎驾到他那里避难，言辞十分中肯。刘承胤在湖南兵多将广，实力不凡，且其控制区与广西相连。于是，他发布诏书，移驾"幸楚"。

听到这个消息，连续几日没有睡着觉的瞿式耜又一次匆匆赶赴宫中，极言不可。瞿式耜说，这个刘承胤乃南京一市棍（无赖）出身，好酒，力壮，使得一根铁棍，人送外号"刘铁棍"。从军之后，因为作战勇敢，从底层士兵积功升为总兵，部下两万人，也大都是南京市棍流氓。刘承胤在前朝因为平定湖南少数民族起义有功，被封为定蛮伯，在湖南经营了多年。此人性情粗暴，作风野蛮，经常顶撞上级，甚至对朝廷命官也不假辞色。兵科给事中龚善选出差路过刘承胤控制区，因为粮草供应的小事与刘的部下发生冲突，刘承胤居然命士兵打了龚的耳光。皇帝"幸楚"，很有可能被他控制。

瞿式耜的这番话，永历帝完全听不进去。在他看来，瞿式耜的一切所作所为，不过是为了不让他逃走而已。武人粗鲁，本是题中应有之义，有什么可大惊小怪的！

瞿式耜前脚出官，永历帝后脚就命起驾。

三

经过连日疾驶，永历元年（1647）二月十五日，龙舟终于抵达湖南全州码头。

码头上锣鼓喧天，旌旗招展，两万名武士兵甲仪仗鲜明，队伍整齐，迎接皇帝的驾临。从城里到码头，地上都铺了丈二宽的红布。这迎驾仪式，实在是太盛大太隆重了！永历和随驾大臣都很欣喜。

刘承胤亲自上船来迎驾，果然是一个粗人，面皮糙黑，体形肥硕，三层下巴。虽然如此胖大，但是他三跪九叩一丝不苟，神态极其虔诚。永历和身边的大臣都十分感动。永历急忙命人看座，赐茶。刘承胤气喘吁吁地坐定，回答着永历的询问，汇报湖南的军事形势。聊着聊着，忽然话头一转，刘承胤指着皇帝背后的王坤问："皇上，这位公公就是王坤吗？"

永历没明白怎么回事，答道："是啊！"

刘承胤像是玩川剧变脸似的，面色一下子沉了下来："皇上，您继位以来，这个王坤就仗着您的宠爱，专权乱政，为非作歹，这天下人都知道！"接着又罗列王坤利用权力擅作威福的种种事例，越说越激动："皇上，今天臣请皇上罢免此人，以免他继续乱搞！"

满船的大臣都惊呆了，谁也没弄明白是怎么回事。永历也没有任何反应。

刘承胤突然站起身："来人哪！"一群全副武装的武士"噔噔噔"踩着踏板登上龙舟，转眼间把王坤捆成小鸡子一样，拖下船去。刘承胤传令，就在岸边痛打他二十大板，然后驱逐出境。

永历君臣这才明白他们落到了什么人手里。

事实上，刘承胤对永历还算不错。他花了不少钱，把岷王府整修一新，作为行宫。每天日用供应得都很及时。隔三岔五他还进宫给永历磕个头，然后背着手巡视一遍行宫，指示哪里的花墙有缺口，哪宫的窗户换一下，相当关心。但是有一条，一切政事都是他说了算，他说什么，永历就得老老实实做什么。他借永历的名义，先是封自己为武冈侯，后又进自己为安国公，瞬间位极人臣。他用永历的大印，给各地武将发号施令，要他们听从自己的指挥，大过其"挟天子以令诸侯"的瘾。

然而，南明的历史大势，注定了这些强人只能各领风骚三五天。正当刘承胤想挟天子之威，统一附近的南明军队之时，清军将主攻方向调整为湖南。隆武二年（1646）八月，恭顺王孔有德率领大兵，由岳州进兵长沙、武冈、永州。刘承胤派出自己的精锐出城迎战，不料一战过后，折损了五员大将。刘承胤马上明白抵挡住清军是不可能的。他立刻放弃曹操梦，转而打算投降。他深信自己投降后待遇差不了，因为他手中有一条大鱼——皇帝——做见面礼。有了这份重礼，高官厚禄何愁？因此，他一面亲自出城，前去与清军商量投降事宜，一面嘱咐人看好城门，不让永历出城一步。

永历和他的亲信大臣见清军逼近，刘承胤行踪诡秘，已知情况不妙，"百官仓皇莫措"。永历"与太后涕泣宫中"，愁肠百结，手足无措，只能静等自己成为阶下囚。还是王太后有主意，把自己的所有金银细软都拿了出来，派人送给刘承胤的母亲，向她说情。刘母本不相信自己的儿子是去与清军接洽投降事宜，见到"当朝太后"如此低三下四恳求自己，甚为过意不去，就命人打开城门，放了永历君臣一条生路。

永历皇帝和王太后被扶上两匹临时找来的劣马，几十名亲信大臣紧紧跟随，在半夜时分匆匆逃出城门，什么仪仗乘舆，都丢在了武冈。君臣一路不餐不眠不休，拔足狂奔。跑了几天，两匹马都跑死了，一队人马跑到最后，除皇帝之外，连后妃们都没了鞋子。到后来皇帝走不动了，幸亏一个叫马吉翔的侍臣"流离艰苦，风雨不避"，背着皇帝走了上百里。一路上不断有人掉队，连皇后才十五岁的嫡妹，也在逃跑的路上不幸失踪了。

四

在广西边境上，瞿式耜率领一万大军，亲自来迎驾。见到衣衫褴褛、蓬头垢面，像叫花子一样的皇帝，瞿式耜一个箭步冲上去，抱住永历的腿，失声痛哭起来。虽然这个皇帝无能，虽然这个皇帝不争气，然而，他毕竟是他的君父，他的主人，也是整个天下的希望所系啊！

永历也泪流满面，他第一次觉得瞿式耜像亲人一样亲切。

情绪稳定下来后，瞿式耜向他介绍广西的形势。原来，清军进军广西后，瞿式耜拒不逃走，发誓"与此土共存亡"。他一介文臣，上了前线，带领广西军队拼死抵抗，挡住了一路无敌的清军先头部队和随后增援的大批人马。永历帝出逃时广西岌岌可危，警报遍地，看起来支撑不了几天。而湖南则兵强马壮，看起来是一个安全港。没想到，等他狼狈逃回广西的时候，形势发生了翻天覆地的变化：湖南陷落了，而广西居然以老弱士兵打退了清军的进攻，疆土纷纷收复。

经历如此劫难的永历终于幡然悔悟了。湖南的劫难让他明白逃亡保不了自己的命，只有刷新朝政，振作士气，使军队有抵抗力，才是最好的保命之方。回到桂林后，永历帝又一次开始了励精图治。他每天早晨五点多就起床，天刚亮就开始召见臣工，商量国家大事。他把瞿式耜倚为自己的左右手，凡事都恭敬地请教，可谓言听计从。

瞿式耜也很兴奋。虽然皇帝如此不争气，他却从来没有放弃对他的希望。现在，把皇帝引上尧舜之路的千载难逢的机会来了，他想尽办法，来教育这个二十五岁的皇帝。他在扇子上手书了八条箴言，进呈皇上，希望皇帝日夜诵读。他每天"五鼓，肃衣冠而起，黎明入阁，夜分始归"，皇帝不吃饭他不敢先吃，皇帝不睡觉他绝不先睡，"如孝子之事严亲也"。既为尽忠，也为监视皇帝，怕他再被身边的太监和"小人"诱惑。

朝政的振作立竿见影。经过湖南的惨败和广西的惨胜，瞿式耜的威望大为提高。再加上皇帝毫无保留的信任和支持，朝中有了真正的主心骨，各地武将也开始听从号令，齐心合力，取得了几次抵抗战争的胜利。南明上下，一个个欢欣鼓舞，都称"中兴有望"。

全国形势这时也出现了有利于南明的逆转。清军入关之后，其实一直是靠汉人打汉人。在利用汉族降将的同时，清廷难免对他们一再猜疑。在南明地盘一再被压缩之后，清廷露出了狡兔死走狗烹的苗头，对汉族降将越来越压制，越来越冷遇。再加上永历政权政治终于清明，露出"中兴"之象，在这种形势下，那些心怀不满的降清汉将不断有人"反正"，并且形成了连锁反应：永历二年（1648）正月，金声桓在江西反正，三月李成栋在广州反正，十二月初三姜瓖在山西反正。三大事变在同一年发生，举国震动，明清形势对比一下发生重大变化，清廷一时慌了手脚。

对于原本前途难测的南明来说，这真是"于无声处听惊雷"。喜讯一个接一个传入朝廷，江西、广东又都归入南明版图，南明国势可谓蒸蒸日上。

李成栋本是民族观念很强的人，降清以后，精神压力很大，日日郁郁寡欢。如今在全国反清势力高涨的情况下反正，对永历朝廷相当虔诚。他不因将广东一省归入版图居功，反而因自己曾投降清朝而心怀不安。反正之后，他将永历在广东肇庆的"皇宫"整修一新，派自己的儿子李元胤到广西，请皇帝"返都"。

永历二年（1648）七月，朱由榔圣驾返回"旧都"广东肇庆。李成栋准备了一支由三十二丈长的特大龙舟组成的船队，金漆彩绘，仪仗鲜明，于百里之外迎接皇帝。八月一日晨，李成栋率文武百官举行了一次隆重的迎驾仪式，亲自步行抬皇帝所乘的銮舆入宫，并特意在宫中准备了一万两现银备皇帝赏赐之用。宫里器具陈设极为富丽。永历当了两年多皇帝，到了此时终于真正尝到了做皇帝的滋味儿。朝廷上下都以为在三省反正的大好形势下，反攻复明，大有希望，因而一派喜气洋洋。

然而很不幸，朱由榔此时却再一次懈怠下来。他本来是一个意志力薄弱之人，在武冈半年的劫难生活积蓄起来的意志力量，在广西这一段的"励精图治"已经消耗得差不多了。圣驾东移，瞿式耜作为广西巡抚，留守广西，没有跟在皇帝身边。船队一离开桂林，逃离了瞿式耜的监督，朱由榔内心就长长地松了一口气。国势向上，一时无忧，没有激起他恢复天下的雄心，反而使他的心气散了。他一封奏章也不想看，一个大臣也不想接见。在豪华舒服的行宫中，他想好好放松一下自己。他命人送来大批珍品鱼鸟和戏本，恢复了王府生活时养成的生活习惯。

皇帝懈怠，必然有权臣出现。这一次，他把大权交给了马吉翔，也就是从湖南逃回广西的路上背着他跑了上百里的那个人。这件事奠定了永历对他的信任，回到广西之后，立刻升了他的官，位仅在瞿式耜之下。马吉翔虽不是太监，但对皇帝的关心和体贴胜似太监，聪明伶俐善解人意更非一般人可比，和上次王坤成了隐形宰相一样，马吉翔很快就有了"马皇帝"的外号。

然而，马吉翔除了善于钻营和弄权之外，实在一无所长。朝廷从广西搬到广东后没多久，朝政又一次开始一塌糊涂。马吉翔决策颠三倒四，用人唯钱是认。朝廷从上到下窃权弄私，毫无是非功过可言。李成栋一开始对永历君臣都十分尊敬，然而不久后就发现这个政权实在没什么希望。在一次闲聊的过程中，马吉翔为了显示自己实际上掌握着全权，也为了讨好李成栋这个有军权的人物，故意对李成栋说："您率领部下反正，大大有功，您觉得部下里，哪些人功劳最大？"李成栋随口说了几个人的名字。马吉翔马上大叫："来人，拿笔墨来！"仆人送来笔墨，马吉翔当场草拟了对这几个人的赏赐公文，命人送进宫去。仅仅两刻钟过去，这边一杯茶还没喝完，皇帝的批复就下来了，马吉翔所奏全部批准。李成栋对马吉翔用这种方式"示威福"深为不满，回到家里对家人感叹："人言马皇帝，岂不信哉？懋赏不典也，五等显秩也，爵人于朝，与士共之，乃于一座之顷，呼吸如意，何其神也！我弃老母幼子为此举，唯望中兴有成，庶不虚负。今见权奸如此，宁有济哉！"

在马吉翔的主导下，永历朝廷又一次陷入了乌烟瘴气。本来，全国三大省反清，清人手忙脚乱，全国人民也陷入惊疑，这时的南明，应该派出精兵与反正诸省相配合，开辟几处战场，掀起一次大反攻，这样一来，形势可能出现根本性逆转，起码将有更多省份陆续反清复明。然而马吉翔们却忙于另一件事：争权夺利，加官晋爵。每当打听到皇帝心情好，马吉翔就把一大批名单送入宫中，升官赏赐随之而出。整整一年之中，永历政权听凭清军从容地把三处反正之军一个个分割包围而毫无作为。金声桓反正不久，就被清军围在南昌，孤军奋战八个月之久，南明居然没有派一支军队前去支援，最后，南昌城被攻陷，清军屠城，一腔热血要尽忠永历的金声桓壮烈殉难。1649年，清军集全国之力，进攻山西反正的姜瓖，进攻南方的军队纷纷北撤。永历朝廷如果此时挥兵北上，夹击清军，全国形势可能出现根本性转变。然而，永历朝廷此时开始了又一轮内斗。原来，一些大臣不满于马吉翔分配赏赐的不公平，结起门派，朝中分成了吴党和楚党，相互争权夺利，争得你死我活。

皇帝也有了养鱼之外的新兴趣：研究《圣经》。原来，在宫中供养的西方传教士的劝导下，王太后带领皇后、太子以及几位太妃都皈依了天主教。这些传教士是一个早在前明就是天主教徒的太监庞天寿引入宫中的。在困居湖南，走投无路，宫中上下精神苦闷之际，这些传教士用宗教信念给太后提供了心理支持，在那之后不久，宫中五十多名嫔妃都受了洗。王太后教名列娜，马太后教名娅娜，太子朱慈烜教名康斯坦丁。皇帝虽然因为无法遵守一夫一妻制，且中国皇权制度是建立在儒家经典之上，无法受洗，却也埋下了对天主教的兴趣。此时有了空闲，他就跟着太后开始研读《圣经》。

可惜，上天给永历君臣的时间是有限的。经过一年的战斗，清军平定了山西，再次南下。这次，隐患已消，清军无所顾忌，全力猛攻两广。永历四年（1650），南雄失守，永历又一次跨上了逃难的龙舟。

这次可真是一去不复返了。通过三省反正，清廷更充分地认识到了永历政权的号召力，决定不惜一切代价消灭掉它。在数十万大军的进攻下，两广全面陷落。

危难之际，皇帝和太后不约而同地想到了上帝。他们在逃亡之中，派出使臣，向罗马送出了一封求援信。太后在信中这样说：

> 窃念列娜本中国女子，忝处皇宫……入领圣洗，三年于兹矣……每思恭诣圣父座前，亲领圣诲，兹远国难臻，仰风徒切……望圣父与圣而公一教之会，代求天主，保佑我国中兴太平，俾我大明第十八代帝即桂王太祖第十二世孙主臣等悉知敬真主耶稣……

三年之后，这封信经历多番周折到达了罗马。教廷先后举行了四次枢机会议，起草了回信，给出建议。然而，等信回到中国，已经七年过去了，中国已经"沧海桑田"。永历帝和他的太后，不但没有得到上帝的帮助，甚至未能看到这封回书。

五

永历六年（1652）二月二十六日，贵州安龙府知府范应旭打开了一本新的支销账簿。他在上面列上了该州新添的一项财政开支项目：

> 兹发来皇帝一个，月给银米若干。
> 后妃几口，月给银米若干。
> ……

账簿发下来，师爷们看了无不掩口而笑。皇帝一个，后妃几口，银米若干，这分明是豢养动物嘛！

安龙知府确实是按豢养动物的标准来供应永历君臣的。安龙本不过是明代的一个小小卫所，位于广西、贵州、云南三省交界之处的大山之中，交通极为不便。名义上叫"城"，实际上居民不过百十余家。因为所在之处皆山，建卫所居然找不到足够的平敞之处，小城不得不一半建在山腰，一半处于平地，"城跨山腰，半居平陆"。这里是少数民族聚居地，经济极为落后，"群蛮杂处，荒陋鄙俗，百物俱无"。

"皇宫"就设在安龙千户所的卫所里，院里只有一所像样的砖房，更名为"文华殿"，供皇帝、太后、皇后几个人挤着住。几十名"大臣"只好租住老百姓的房子。有史以来，应该没有比这更简陋的"朝廷"了。

永历帝是经过千辛万苦逃到这里的。清军攻陷两广，永历帝实在无路可走，只好投奔了孙可望军。孙可望原本是张献忠的部下，张献忠阵亡后，大西军由孙可望、李定国等接手。由于清军南下，大西军决定"联明抗清"，归顺到了南明旗下。由于他们是"流寇"出身，素不被永历帝信任，只是遥制而已。如今，整个西南只有贵州和云南尚在孙可望等人率领的大西军控制之下，永历只好率领五十名大臣和几百个太监，奔向贵州。

孙可望闻讯大喜。他早就谋划着将皇帝控制在自己手里。谁有了这面大旗，谁就有希望统一整个南明军队。他派出军队，远出迎驾，迎来之后，却把永历君臣安排在这个消息不通的小城里。原来孙可望已经在贵阳自称"国主"，设了六部，当起了实际上的皇帝。如果把永历迎到贵阳，他得隔三岔五去给永历磕头，麻烦实在太多。他只需要永历这个旗号而已，所以有意选择了这么一个交通最不方便、信息最不灵通的小城。这个小城的名字就很合孙可望的意："安龙"，"安笼"也，将皇帝安顿在这样一个保险的笼子里是个很不错的主意。他将这个小小千户所升格为府，任命自己的亲信为知府，任务只有一个：监视永历帝。

永历再一次尝到了寄人篱下的滋味。上一次在武冈，虽然同样是被军阀控制，起码生活待遇上，还像一个皇帝。这次到了安龙，大臣、太监加上数百名兵丁，这两千来号人，孙可望一年只批给银两千两、米六百石。这些还不够在广东时永历皇帝一天的花销！别说是供养皇帝了，平均下来，就是平民百姓也无法糊口。"帝以不足用为言，不答。"他向孙可望申请多拨点钱，孙可望根本不搭理他。

大概从来没有混得比永历还惨的皇帝了。皇帝的房子经常漏雨，二品、三品的大臣只好亲自和泥，爬到房上去修补。永历帝穿着一件旧大衫，手搭凉棚站在边上观望，一不小心，被洒了一衣泥水，弄得太后在边上直生气，大声呵斥皇帝道：这么没眼色！泥水混汤的，你上去凑什么热闹！

老太后已经七十四岁了，这些年来跟着皇帝东奔西跑，吃尽了苦头，身体居然没垮。

虽然简陋，可朝廷毕竟是朝廷。每天早上，永历还是像模像样地上朝，坐在小屋当中的太师椅上。几十名大臣鱼贯而入，三跪九叩，奏知某某人老婆病了，请皇帝赐块豆腐补补；某某人上山打来了一只野鸡，要进贡给皇帝尝尝鲜；某某人的孩子昨天饿死了，请皇帝批几钱银子买个棺材……一时间，处理事毕，各自回家，生火做饭去了。

大臣和太监们一个个愁眉苦脸，愤愤不平，成天大骂孙可望。不过，朱由榔却没有太多的郁闷，甚至在心底里，他觉得这里挺好。

一转眼，做皇帝已经六年了。这六年，朱由榔感觉自己就像一叶浮萍，在形势的狂风骤雨中片刻不得休息，早已被摇荡得天旋地转。他就像一只被紧紧追赶的动物，凭着求生的本能四处奔窜，连他自己也不知道自己这样活着有什么意义。

如今，他终于在这里安顿下来了。虽然地方狭小，生活不便，但是毕竟安静、安全。物资供应不足，他作为皇帝也不得不偶尔吃顿粗粮，桌上全是素菜，他却觉得很可口。大鱼大肉他吃了一辈子，没想到，老百姓的食物原来也这么好吃！他每天上午花一个小时"接见"一下大臣，剩下的时间，就是带着两个太监，到附近山上转转，看看白云，听听鸟叫，心里很静。他希望日子就一直这样过下去。他不去研究什么形势，他认为形势不是人能掌握的。他不爱思考，这让他活得随遇而安。

可惜树欲静而风不止。在安龙难得地清静了两年后，孙可望那边已经将条件准备成熟，开始动工建造皇宫了。大臣们给孙可望呈文，已经开始用"封进御览"这样的词儿了。天无二日，国无二主，永历的另一次灾难一日日迫近。

缅甸之笼

一

就在孙可望杀掉永历的决定发布之前，大西军另一位将领李定国气愤于孙可望的不臣之意，派兵从安龙将永历抢了出来，迎到自己麾下。

命运就是这么离奇。这位原本致力于推翻大明王朝的起义将军，在埋葬了明朝之后，却转而成了南明最忠诚的臣子。在南明后期诸将中，只有他这个出身"流贼"的人自始至终保持了对永历的忠诚，直至最终为永历献出了生命。这次，他亲身远赴贵州，将永历接到昆明，安置进红墙黄瓦整修一新的行宫。为了表明自己的忠诚，他将自己的治理大权双手奉予永历，自己唯命是从。由于云南未经战乱，李定国又治理有方，云南社会安定，经济基础不错。永历终于享受到了钟鸣鼎食的九五之尊的待遇，开始治国理政，迎来了自己皇帝生涯的最后一个黄金时代。李定国等人的热血奋斗精神，激励着心情久已冷淡的朱由榔再一次承担起皇帝的工作。

自从登基以来，永历一直有一个很大的遗憾：从来没有举行过祭天大典。皇帝没祭过天，就好比一个新娘没披过婚纱一样，总令人有点意难平。如今，他们好整以暇，在昆明南郊修建了一座巨大的天坛，朱由榔淋浴斋戒，对着上天三跪九叩，满足了多年的心愿。各个衙门也都有了正规的办公场所，配置齐了衙役。长官出行，肃静回避，仪仗齐全。礼部甚至还举行了盛大的云南乡试，这是明朝灭亡之后举行的首次科举考试。解元披红挂彩，簪花夸街，围观者人山人海。一时间，人们恍然以为又回到了大明全盛时代。

可惜好景依然不长。安定岁月不过过了一年，鼙鼓再次传入深宫：四十万精兵在吴三桂等三名大将率领下，分三路进军西南。在清王朝重拳出击下，南明军队节节败退，昆明眼看不保。永历的又一次逃亡提上议事日程。

大臣们呈上的逃亡路线有两条，一是逃向内地，具体地说就是四川西南。这里的宜宾、乐山、西昌一带尚在南明控制之下，而且有一支叫作"夔东十三家"的反清势力正在进逼重庆。如果永历率南明主力转入四川，与"夔东十三家"会师，则有可能在四川建立一个根据地。另一个选择就是向外逃，逃往中缅边境。一旦危急，他们就可以逃往缅甸。

两条路线各有利弊。大部分大臣建议进军四川，建立根据地，奋斗到底。

皇帝却很快拍板：去边境。

逃往外国，其实是皇帝心中盘旋了很久的一个想法。小时候，建文帝逃亡海外的传说就是最让他心动的一个故事。大人们富于想象力的讲述，在他幼小的头脑中建立起一片神奇、美丽、浪漫的梦幻之乡。那里有种种闻所未闻的奇珍异宝、奇风异俗，让他十分向往。同时，与当时的绝大多数普通中国人一样，永历以为中国真的是高高在上的天朝上国，被四周小国奉若神明。如果大国之君肯惠然降临，缅甸君臣一定会战战兢兢地全力接待。他可以在那片世外桃源中静观国内形势的变化。如果清人彻底一统了江山，他不妨就老死域外，不与大清往来，亦不失亡国之君的身份。万一南明恢复成功，他再回来坐天下，仍然不迟。

然而，几位对国际形势多少有些了解的大臣却极力反对。缅甸虽称是朝贡之国，但是与明王朝的关系一直相当疏远。事实上，从明初以来，缅甸"进贡"的次数就远少于和明王朝发生军事冲突的次数，由于领土争端，两国已经多次兵戎相见，所以明史称缅人为"叛服不常"。从上一次缅甸"进贡"到今天，已经过去整整五十五年了。

而且从文化上来说，缅甸与朝鲜、越南等恭顺的属邦不同，它的文化渊源近于印度而远于中国，文化气质上与中国人颇有隔膜。缅甸的法典则是仿照印度的《摩奴法典》修成，名为《摩奴婆罗瑞密固》。投奔这样一个陌生的异邦，是福是祸，实在难说。

然而，不管大臣们如何劝说，在逃亡问题上，永历一直极为刚愎固执。他的头脑只听从一种情绪的支配：远离危险，越远越好。

二

只有到了离开昆明那天，朱由榔才意识到他身上担着一个皇帝的责任。

当初进入昆明之时，得睹天子车驾让昆明百姓激动异常。这片西南边鄙之地的质朴人民不承想自己还有机会一睹天子风采，在他们头脑中，所食之毛、所践之土，都是此人所赐。特别是当此天地动荡之际，皇帝的到来让他们以为自己终于有了依靠，从此可以免除被异族统治的危险。所以，永历入城之时，几乎全城人都出来迎接，"百姓阻塞道路，左右观者如堵"。有年老者数十人在永历路过时大哭失声，说"不图今日复见大明天子"，永历也极为感动，他命人全程打开轿帘，看着一张张激动的面孔，"含泪点首而过"。

昆明人哪里知道，这个皇帝哪是什么福星，他是一个不折不扣的灾星。他走到哪儿，清军就会跟到哪儿。这不，才一年多，清军就杀入云南。昆明城内城外哭声鼎沸，大难临头，他们的第一反应是跟着皇帝走，他们觉得，皇帝要去的地方，一定是最安全的地方。大批百姓扶老携幼，追随皇帝向西逃难，"官兵男妇马步从者数十万人"，创造了自古以来帝王逃亡从者最多的纪录。

皇帝的车驾被挟裹在百姓的人流之中。朱由榔眼看着无数百姓扶老携幼，相属于道，由于逃亡的消息发布得很突然，人们都是仓促上路，舍弃了所有家财产业。还没走上几十里，就已经有人走掉了鞋子，走烂了脚板；有人缺食乏水，累倒路边；有人在拥挤中被踩伤，甚至有人挤丢了亲人，撕心裂肺地呼喊……一时间百姓"塞路不前，哭声震动天地"。

永历有生以来头一次意识到，他身上，承载的不光是自己和太后、儿子的未来，还有着全南明统治下的百姓，乃至全中国汉人的命运和希望。他头一次感觉到了羞愧。史书记载，他传谕车驾暂停，站在车上，右手扶着沐天波的左肩，向昆明城回望，流着泪说："朕行未远，已见军民如此涂炭，以朕一人而苦万姓，诚不如还官死社稷，以免生民惨毒。"

然而，这只是他一时的情绪。对他这样一个脆弱的人来说，这种愧疚可以很快随着几行热泪释放完毕。车辇继续前行，随着车辇出奔的这些百姓，后来一多半死于逃亡路上。

三

缅甸人的反应很出乎永历的意料。

永历十三年，顺治十六年（1659）闰正月廿六，永历君臣来到了中缅边境。他们原以为天朝皇帝驾临的消息定令缅甸边将立刻匍匐于地，大开国门。没想到肤色黝黑、个子矮小的缅甸守兵却面无表情地拦住了一行人的去路。他说，一定要将此事汇报给国王后，才能决定放不放行。

永历君臣就这样前不着村后不着店地在边境苦等了两天，好不容易传来回话，缅甸国王同意皇帝进入缅甸，但是有一个条件，随行官兵必须放下所有武器。"必尽释甲仗，始许入关。"缅甸人不明白中国到底发生了什么事，生怕这两千人马是侵略缅甸的先头部队。

人在屋檐下，不得不低头。永历想交涉一番，无奈此时人困马疲，给养不足，急需获得接济，只得同意了缅甸的这个条件。"一时卫士、中官尽解弓刀盔甲，器械山积关前，皆赤手随驾去。"永历唯恐清军跟踪而来，离开边境时即谕令当地土司砍倒树木，阻塞道路，不许其他人进入缅甸。土司很高兴收到这个命令。由于永历起驾匆忙，走得又快，许多大臣被甩在了半路。土司以皇帝的这道圣旨为借口，将这些赶上来的大臣一律拦住，搜光他们身上的财物。身强力壮敢于反抗的当时被杀掉扔入大河，老弱听话的散给各土寨令其舂米，做了奴隶，累死后投入江中灭迹。可怜这批忠臣，以这种结果殉了他们的君主。

· 435 ·

进入缅甸境内，永历一行日夜兼程，赶往缅甸都城阿瓦。在与缅甸高层接上头之前，他们没有心情欣赏沿途高大的棕榈和穿着五光十色纱笼、赤着脚的缅甸土人。他们的设想是，到了国都，国王一定会让出自己的王宫来给皇帝做行宫。没想到，到了都城之外，缅甸国王传来命令，南明君臣不必入城。缅甸人早在阿瓦河边用竹子编了一道篱笆，围起一座小小"竹城"。"竹城"的几个大门，由数百名缅甸兵把守，不得任意出入。在城中间盖了十间缅甸式干栏竹编草房，这就是给永历准备的"皇宫"。其他随行大臣，则住在"皇宫"周围临时建起的草棚里。

原来，在这几天之内，缅甸人马不停蹄地在打探消息，弄明白了南明势力在中国节节败退，现在不得不退到缅甸境内。天朝上国三百年余威让他们不敢过于怠慢，不过从大势判断，南明国运已经凶多吉少。所以他们决定，先把这两千多人圈养起来，静观中国国内形势变化。南明复兴，他们礼送出境；清人统一全国，这些人则奇货可居。

天朝大国，一贯厚往薄来，虽然流亡异邦，也不能倒了架子。在离开昆明之前，朱由榔举全云南之力，准备了几大车的珠宝丝绸等礼品，准备在见面之时"赐给"缅甸国王。没想到，缅甸国王根本不来朝见他。其实这些东南亚小邦，一个个都心高气傲。他们争着给中国朝贡，完全是为了赚这个冤大头的钱而已。当初中国人画的描绘郑和下西洋的《宣谕图》上，马六甲国王毕恭毕敬地跪在郑和面前，而在马来西亚的马六甲博物馆，却摆放着郑和跪拜在马六甲国王面前的雕塑。

在河边住了几十天，永历君臣多次要求，国王就是不露面。永历无法，只好先派人把"赏赐"送过河去。国王看了长长的赏单后全数照收，却根本不派人来表示感谢。缅甸官员的说法是"未得王命，不敢行礼"，意思是不愿对明朝皇帝行藩臣之礼。

时至今日，永历才开始后悔。没想到才出虎穴，又入狼窝。这片炎热、粗瘠、充满敌意的土地并非可居之地。然而，后悔已经晚了。缅甸人把他们当成囚犯，只供给粮食，不让他们与国内有任何联系。李定国派来的先后三十多个使者都被缅甸人杀于半路。永历君臣千方百计想打听西南战局如何，却得不到任何信息。

困居炎地，成日无所事事。焦灼与无奈随着时间的流逝渐渐平息，君臣们渐渐习惯了这圈养的生活。很多缅甸老百姓听说来了中国人，十分好奇，纷纷挤到竹城边看热闹。大臣和兵丁正缺乏生活日用品，就拿自己身上带的珠子、腰带、荷包等小玩意儿和缅甸人交换。天长日久，竹城门口居然成了一个热闹的集市。缅甸男女之别本不甚严，那些缅甸姑娘也在这里摆起了摊位。大部分南明官员都是孤身远来，没有家人，性苦闷已久，在这些穿着纱笼、肤色健康、明眸善睐、一笑露出两排洁白牙齿的少女面前，这些书呆子居然也活泼起来，"短衣跣足，混入缅妇，席地坐笑"，请她们唱缅甸民歌，他们自己则以中国小曲对答。竹城边上，天天召开起联欢会来，每到黄昏，还有人溜出竹城，和姑娘们钻入树林，到了深夜，才花钱贿赂守门缅兵回到竹城。翻译们怕出事，向永历抱怨说，中国大臣们这样找乐子实在有损国体："我看这几多老爷越发不像个兴王图霸的人。"

永历非常生气。天朝上国别的不富余，面子可绝对在乎。皇帝立刻召开"御前会议"，决定选十来名官员组成巡视队，轮流巡视。

按下葫芦起了瓢，"伤风败俗"停止了，但是穷极无聊的官员们又偷偷耍起钱来。绥宁伯蒲缨、太监杨国明等公然大开赌场抽头，日夜吆五喝六，一片喧哗，搞得皇帝睡不好觉。要是在国内，敢在皇帝寝宫附近公然赌博，那绝对是杀头之罪。永历帝大怒，命锦衣卫前往拆毁赌场。诸臣赌兴正浓，换个地方重新开赌，什么"皇帝圣旨"，到了这个时日，已经比一张废纸的效力强不了多少了，"诏令不行，争赌如故"。甚至皇帝在竹城里遛弯，大臣们也不再严格遵守礼仪，见皇帝驾到，他们嫌下跪麻烦，背过身去，假装看不见，接着抓自己衣服上的虱子。

随着在国内南明势力越来越式微，缅甸人对永历君臣也越来越怠慢起来。起初，虽然生活用品供应不是那么齐备，吃的方面可是一直能保证他们吃饱。现在，连食物都送得越来越少了。到九月间，许多大臣都不得不靠向缅甸人买吃的补充供给营养之不足了。

九月十二日，十来名大臣一起敲开了"行宫"的木门，跪在皇帝面前。永历觉得他们神色有点奇怪，遂问："什么事？"

带头大臣马吉翔说："陛下，臣等生活日用实在紧张，难以为继，请皇上开恩，赐臣下一些生活费用吧。"

永历一愣，大臣们直接向皇帝要生活费，这事以前可没发生过。问题是，他现在生活也很紧张，除了能勉强吃饱外，也是处处拮据，龙袍破了都没地方补。原来身边是有些宝物，可是早都送给了缅甸国王。现在，自己也是一贫如洗啊！自己这种窘境，大臣们都很清楚，怎么还来向他讨钱？皇帝很不高兴，说："你们自己看看，我这里还有什么值钱的？"

马吉翔用手一指"宝座"后面柜子上的一个黄缎子包袱："那个是金子的。"

永历回头一看,那是包着黄金国玺的包袱。虽然生活如此紧张,他可从来没有想到过这个国玺:这可不仅是一块金子,它更是南明国家权力的象征。国玺不在,还谈什么国家,还叫什么皇帝?虽然形势如此暗淡,但永历还日夜指望着恢复的一天。没想到这些浑浑噩噩的大臣,居然打起了国玺的主意。

"这国玺是能动的吗?身为大臣,怎么能出此言?"

马吉翔向前跪爬半步,脸上露出无赖式的笑容:"皇上,我们千里迢迢来到这样一个鬼地方,可全是为了您啊!您总不能让我们饿死啊!"

放在过去,这样对皇帝说话,绝对是大不敬,会被立刻按在殿上,廷杖而死。然而,现在,大臣们浑然不觉得这么说有什么刺耳。永历的脸一下子涨得通红,唰的一下站起来,双手抱起沉重的包袱,往楼板上一扔:"你们自己看着办吧!"

马吉翔带领其他人嬉皮笑脸地给皇帝磕了个头,捧着国玺出去了。下午,这块重四斤多的国玺被匠人们凿得粉碎,全体官员按官阶大小,每人分到一两到几钱不等的金子。整个竹城内的人兴高采烈,门口的市场一时也更加热闹了。只有皇帝一个人躺在"行宫"里生闷气。

日子就这样一天天流水一样过去,谁也不知道什么时候是个头。直到顺治十八年(1661)十二月初二,也就是永历君臣流亡缅甸两年多以后,皇帝正在竹楼中吃午饭,数十名缅甸士兵突然闯进竹城,闯到皇帝楼上。为首一人向皇帝施了一礼,通过通事告诉皇帝,是李定国派人前来迎接永历,他们准备把他转交给李定国。

听到这个消息,永历不禁喜形于色。可是缅兵的举动又让他十分意外:通事的话音刚刚落地,缅兵不容分说,七手八脚把朱由榔连同其所坐的杌子抬起就走。永历所有的生活用品都没来得及携带,身边人都没能跟上,甚至连通事也不知道被他们带向了哪里。

一路之上,永历无法和缅甸人交流,只好一路任由他们抬着自己走。他不断祈祷上帝、佛祖以及诸天神灵,保佑缅甸人说的是真的,保佑他平安回到李定国军中。行走半日,天已昏黑,一行人来到一条大河边上。河上停着一条大船,船上下来一名将军,一声不发,背起永历就要登船。

永历发现这位将军是全副的中国人打扮,遂问:"卿为谁?"

负者答:"臣平西王吴三桂驾前先锋高得捷也。"

永历如同五雷轰顶，瞬时失去了知觉。

四

被抬到吴三桂大营时，已经是午夜了，永历帝被安排住进一座高大的木屋。

几名清军中的汉族将领，抱着好奇心前来参观他们的猎物。永历此时早已清醒，坐在一张木椅上。皇帝的冠服早已经被脱去，换上了一件纯绢大袖的浅色袍子，腰间束了一根从皇袍下卸下的黄丝带。他静静地坐在椅子上，大难临头，他反倒不再慌乱了：自己这一生逃亡终于到了终点，他到底未能逃脱既定命运。以后，他的命运更彻底与自己无关了。从头细想自己这荒唐的一生，他越想越觉得徒劳。

清军将领进入室内，没能把他从沉思中唤醒。他们看到的是一个神情淡然、仪表不凡的中年人，他那么孤独地坐在椅子上，仿佛世间万物与他都没有关系。看着这个人，他们不觉肃然。因为心中对于"故主"的某种难以言说的感情，他们对永历"或拜或叩首而退"。

过了不久，吴三桂亲自来视察自己这一生中最大的战利品。他在门口先挑帘偷视，发现永历帝正一动不动地坐在竹椅上，眼睛空空洞洞地看着前方。

永历帝察觉了门口有人，轻声问道："何人？"

吴三桂走了进去，不知为什么，

▲ 吴三桂画像（中）

张张口，没说出话来。"三桂噤不敢对。"虽然这么些年来，在心里，吴三桂为自己背明降清找了无数冠冕堂皇的借口，自以为已经彻底说服自己了，没想到，一见到前朝故主的后代，所有的理由都飞得无影无踪，他在这一刻确认，自己确实是天底下活得最丑陋、最无耻的人。

永历帝又问了一句："来者何人？"

扑通一声，吴三桂自己也没想到，恍惚之中，他已经跪在这个中年人的面前，"遂伏地不能起"。

"你就是平西王吴三桂吧？"永历依然轻轻地问。

吴三桂什么也没听见，他只是恍惚见到这个酷似崇祯皇帝的中年人脸上的疑问表情。他分辨不出他在说些什么，只是机械地一连声地应道："是，是……"

也不知过了多久，永历轻轻向他挥挥手，让他退去，他却站不起身来，只好由卫士上来把他搀扶出去。"王令之去，三桂伏不能起，左右扶之出。"

史载吴三桂"色如死灰，汗浃背，自后不复敢见"，从此之后，再也没来见过永历。

五

有好几次，朱由榔解下腰间黄带，想悬梁自尽。然而，一想到那窒息挣扎的痛苦，他的手就不由自主地停了下来。

命中注定的屈辱和折磨还没有到头。

吴三桂虽然不再露面，却将永历的起居照顾得无微不至。在从缅甸回国的一路之上，永历又一次"锦衣玉食"：吴三桂让出军中最好的轿子，住宿时提供给他最好的房屋，吃饭时把最好的食物先送给他，"进御膳用金碗，不用银碗"。吴三桂还派一位副将专门照顾永历的生活。这位副将态度和气友善，对永历毕恭毕敬。他一路上陪永历聊天，信誓旦旦地保证说，大清皇帝是仁德之主，一定会礼遇于他。确实，依照中国经典，新朝君主对亡国之君应该待以宾礼，给他一个适当的封爵和相当优厚的待遇，以让他延续先朝的香火。这就叫作"兴灭续绝"。比如，商汤就将夏朝王室的一个后代封为诸侯，建立了杞国，以继承夏王朝的香火。周人灭商后，也曾封商王室后代微子，建立宋国，让他坐享尊荣，祭祀伟大的商代祖先。这就是史书上说的"昔周灭殷，封微子为殷后，俾修其礼物，作宾于王家，与国咸休"。

这位副将说得如此真诚，以至于到后来永历已经相信，他到了昆明后，会被马上转送北京，在新朝获得一个侯爵，在安静的府第中安度晚年。

其实，这一切不过是吴三桂的手段而已。他这样做的目的，是确保永历在路上不出意外，以方便他顺利地将这个猎物槛送北京，举行献俘礼，向天下宣告大清王朝的彻底统一。

永历十六年，也就是康熙元年（1662）三月初一，永历皇帝被押送回了昆明，被"重兵严守"于故都督府。四月二十四日，康熙的上谕抵达昆明，指示说，永历是个可怜人，不必押送举行献俘礼，就在昆明"著将永历正法"。

命令是四月二十四日夜里接到的，吴三桂连夜请来两位满族副手，商量如何处决。吴三桂主张将永历拉出去当众砍头了事，但满洲将领爱星阿不赞成，他说，永历毕竟曾经当过皇帝，应该给他一点适当的尊重，"永历尝为中国之君，今若斩首，未免太惨，仍当赐以自尽，始为得体"。

吴三桂不敢不听满族副手的意见。四月二十五日清晨，永历父子在睡梦中被清军从床上拖了起来，拉到都督府门口的一间小庙内，用弓弦活活勒死。在临死那一刻，永历没有任何挣扎。为了防止有人给永历修坟，吴三桂命令将永历父子尸体火化，"炙尸扬灰"，让他们的骨灰彻底随风飘散。这一年，永历三十九岁。

杀死永历后，吴三桂命人将年近八十的王太后槛送北京。虽然天主教禁止自杀，太后还是在路上自缢而死。

回首一生，永历更像是上天穷极无聊的一个恶作剧。从降生的那一刻起，他注定要在既定命运之河中顺流而下，虽然倾尽一生之力去搏涛击浪，却还是不能逆流半步，最终被带向不情愿的终点。

第十一章
崇祯后人：权末代的悲惨命运

————— • • • —————

在明末的大战乱中，皇族的死亡率最高。农民军诛戮皇室子孙，一个最大的特点是坚决、彻底，不论主动投降，还是被动俘获，结局都是一律诛灭。二百多年来，统治集团的为所欲为，让民众积累了太多的愤怒，这些权末代不得不用自己的鲜血为祖先的"幸福生活"付账。

末代帝王的悲惨命运

一

大明弘治五年（1492）底，山西巡抚杨澄筹向皇帝汇报了一个令人吃惊的消息：居住在山西的庆成王朱钟镒又一次刷新了朱元璋家族的生育纪录，截至这一年的八月，他已生育子女共九十四人。

朱祐樘览奏只能苦笑着摇摇头。他有点好奇，这些王爷能认识记清自己的儿女吗？

这确实也是明代中叶以来许多王府遇到的难题。庆成王的儿子们也大多继承了父亲出众的生育能力，比如，他的长子的儿女总量后来也达到了七十人。庆成王在儿女数创纪录的同时，孙子辈的人数已经达到了一百六十三人，曾孙辈更多达五百一十人。就是说他的直系后代这一年已达七百六十七人，再加上众多的妻妾女眷，整个庆成王府中，"正牌主子"就一千多人。庆成王肯定无法认全记清所有家庭成员。除非给儿孙妻妾们编号统计，否则很难想象他如何管理这个庞大的王府。

朱钟镒并非明代的"生育冠军"，这一称号不久之后就被他的一位后代，也就是另一位庆成王所夺取。这位庆成王光儿子就多达一百余个，以致出现了这样尴尬的场面：每次节庆家庭聚餐，同胞兄弟们见面，都要先由人介绍一番，否则彼此都不认识。这就是史书上所谓的"每会，紫玉盈坐，至不能相识"。到了正德初年，庆成王府终于弄不清自己家的人口数了。正德三年（1508）二月，庆成王焦虑地向皇帝上奏："本府宗支数多，各将军所生子女或冒报岁数，无凭查考，乞令各将军府查报。"就是说，如果皇帝不命令各将军府自己清查人口上报汇总，他已经无法弄清他这个大家庭有多少人了。

庆成王一府的人口增长，仅仅是明代皇族人口爆炸的一个缩影。朱元璋建国之初，分封子孙于各地，"初封亲郡王、将军才四十九位"。这些王爷好比种子，一两百年过去后，在各地繁衍出的数量都十分惊人：山西一省，洪武年间只有一位晋王，到了嘉靖年间，有封爵的皇室后代已经增长到一千八百五十一位。洪武年间河南本来也只有一位周王，到了万历年间，已经有了五千多个皇族后代……据明末徐光启的粗略推算，明宗室人数每三十年左右即增加一倍。而当代人口史学者推算的结果是，明代皇族人口增长率是全国平均人口增长率的十倍。查明代皇家档案也就是玉牒上正式收录的人数，洪武年间是五十八人，到永乐年间，增至一百二十七人，到嘉靖三十二年（1553）增至一万九千六百一十一人，而万历三十二年（1604）增至八万多人。（陈梧桐《洪武皇帝大传》）这仅仅是玉牒上列名的高级皇族数目，不包括数量更多的底层皇族。据安介生等人口史专家推算，到明朝末年，朱元璋的子孙已经繁衍到近一百万人之多。

与此相对照的，虽然爱新觉罗氏不是从努尔哈赤算起，而是从其父塔克世算起，也就是说，源头数量比明王朝多了数倍，虽然明、清两朝的存活时间大致相仿，但是清朝末年爱新觉罗氏的成员数量是两万九千人。

事实上，朱元璋子孙数量的急剧膨胀不但在中国历史上空前绝后，而且是世界人口史上最引人注目的一道风景。

<h1 style="text-align:center">二</h1>

人口之所以如此急剧地膨胀，是由于背后强大的制度驱动。

朱元璋在历史上留下的形象至为冷酷。他对百姓，对大臣，对故交，对妻妾，都冷血无情。唯有在自己的子孙面前，他却满面慈祥，温柔体贴得无以复加。为了确保子孙生活幸福，他绞尽了脑汁。

开国不久，还没来得及大封功臣，他先急不可待地把自己的所有儿子都封为亲王，虽然他最小的儿子那一年刚刚一岁。他规定皇族子孙不受普通法律约束，不归当地官府管制。诸王的府第、服饰和军骑，下天子一等，公侯大臣见了他们都要"伏而拜谒"。

他给大明王朝的官员们制定了中国历史上最低的工资标准，给自己儿孙制定的俸禄标准却唯恐不厚：皇子封为亲王后年俸万石，是最高官员的近七倍，还不包括大量的土地等其他各种赏赐。为了让后代充分享受幸福，他规定皇族不必从事任何职业。每一个皇族后代的所有消费需要都由国家承担：十岁起就开始领工资享受俸禄，结婚时国家发放房屋、冠服、婚礼费用，死时还有一笔厚厚的丧葬费。这种无微不至，在中国历史上独一无二，以至于明人不禁感慨："我朝亲亲之恩，可谓无所不用，其厚远过前代矣！"

朱元璋的皇族政策，只有一个漏洞，那就是他幻想着可以通过藩王掌握军队来捍卫朱氏家天下的安全。结果自永乐年间起，亲王引兵作乱不断。这种状况导致历代皇帝不断致力弥补这个漏洞。皇帝们一方面保证皇族们生活的穷奢极欲，另一方面则极力强化对皇族特别是藩王的控制。到了明代中后期，这种控制达到了匪夷所思的程度：为了怕王爷们联合地方势力作乱，后代皇帝规定，亲王们终生只能生活在王府里，想出城遛遛弯，得专门派人千里迢迢向皇帝本人递出申请。如果没有皇帝的亲自许可，亲王连出城扫墓都不行。为了防止亲王们串通，后代皇帝又规定，亲王们终生不得相互见面，这就是著名的"二王不得相见"。《明史·诸王传》赞语评论说："有明诸藩……防闲过峻，法制日增，出城省墓，请而后许，二王不得相见。藩禁严密，一至于此。"

在这种情况下，各地王爷们被剥夺了几乎所有的自由，成了高级囚徒。他们"徒有虚名，坐靡厚禄，贤才不克自见，知勇无所设施"。由于不能从事任何社会职业，他们增加收入的方式只有一条渠道，那就是多生孩子。因为多生一个孩子，国家就按等级多发放一份俸禄。所谓"宗室年生十岁，即受封支禄。如生一镇国将军，即得禄千石。生十将军，即得禄万石矣……利禄之厚如此，于是莫不广收妾媵，以图则百斯男"。

"利之所在，人争趋之，如水之就下，不可止也。"在"制度"决定之下，明代中后期开始，皇族们展开了激烈的生育竞赛，各地王爷在床上拼命播撒种子，为了多生孩子，他们拼命招纳妻妾，强抢民女。他们把妻妾的生理期编列成表，按期临幸，以求提高效率。在紧锣密鼓的床笫战争中，生育纪录一次次被刷新。

三

多子多福，本来是中国人的不二信条。挥霍和生育，又是朱元璋给自己子孙规定的光荣任务。所以，朱氏皇族生得理直气壮，生得光荣坦荡，生得痛快淋漓。然而，对大明王朝的其他成员来说，皇室生育纪录的一次次刷新，可不只意味着为茶余饭后的八卦闲聊增添材料，它更意味着每个老百姓身上负担的一次次加重。

王爷的增加，必然导致王府的增加和圈地的扩大。天下最好的土地越来越集中到皇族手中。明代中叶之后，全国人均土地面积不断减少，而皇族占有土地面积却迅速扩大。许多王府拥有的土地动辄万顷：景王、潞王的庄田多达四万顷，福王的庄田两万顷，桂王、惠王、瑞王的庄田各三万顷，吉王在长沙有地七八十万亩。河南全省土地，居然有一半归各王府所有。

皇族们的俸禄都直接来自各地的财政收入，皇族人口数的几何级增长，意味着财政支出几十倍、上百倍地增加。山西的晋王府，明初只需年俸一万石，到了嘉靖年间增长到八十七万石。河南的周王府，由一万石增长到六十九万石。湖广的楚王府，由一万石增长到二十五万石……皇族人口的迅速增长，实际上意味着国家财富分配中，权贵的比重迅速提高，而底层百姓的生存空间不断被压缩。

这片江山上的亿万人民存活的真正意义，历来就是给一家一姓提供膏血。这本是中国政治的题中应有之义，大明王朝的臣民对此也充分理解。然而，朱氏一家的生育率之离谱造成了中国历史上前所未有的局面：从明代中期开始，各省的长官惊慌地发现，他们全省的财政收入已经不够供养居住在本省的皇族。河南年财政收入为八十四万石，而需要供应给王爷的是一百九十二万石。"借令全输，已不足供禄米之半。"嘉靖年间的大臣们纷纷焦虑地指出，不久之后，以中国之地大物博，竟然可能出现举全国之力，也无法养活朱氏一家一姓的荒唐场景。"王府将军、中尉动以万计，假令复数十年，虽损内府之积贮，竭天下之全税，而奚足以赡乎？""将来圣子神孙相传万世，以有限之土地，增无算之禄粮，作何处以善其后？"

这仅仅是皇族招致民怨的一个原因。事实上，中国老百姓都特别通情达理。江山是人家老祖宗提着头打下来的，是用千万个人头换来的。所以，人家的后代享受一下特殊待遇，天经地义，理所当然，如果不是这样，倒不符合中国大地的天理人心了。问题是，国家规定已经如此优厚，皇子龙孙犹有不足。他们运用自己的特殊身份和影响力，把触角伸向一切有油水的领域，无利不取，无所不为。

皇族往往与巨商相勾结，进行行业垄断。这些亲贵利用自己的关系，向朝廷要到特殊政策，转手批给商人，再从商人那里分得巨额利益。地方上所有最赚钱的行业都被他们垄断。许多地方的藩王利用特权，控制了当地的食盐销售。他们不顾百姓的承受能力，任意抬高盐价，以致底层的老百姓长年买不起盐吃。

所有稀缺的自然资源，比如土地、山林和矿山，只要证明有利可图，皇族就会通过向皇帝乞请或者巧取豪夺的方式，抢占到自己手里。各地王府所圈之地，"皆取之州县中极膏腴田地"。比如，皇帝赐给福王的土地中，有两万顷本来规定在河南，但因为河南好地圈尽了仍然不够，不得不跑到湖广、山东去圈占最好的良田。所以史书说，有明一代"占夺民业而为民厉者，莫如皇庄及诸王、勋戚、中官庄田为甚"。

各地王爷经常向皇帝哭穷，向皇帝索要各种特利。许多地方的收税权都陆陆续续划归了各地王府：周王拥有开封的税课权，潞王占有河泊所二十六处，潞城县的商税被赐给了清源王，屯留县的则归辽山王所有。平遥王说自己家口太多，生活不宽裕，皇帝命令，把黎城县一年的商税划给他……

通过种种巧取豪夺，皇族山积了天下最多的财富。富甲天下的福王，"珠玉货赂山积"，金钱百万。陕西的秦王，富甲天下，"拥赀数百万"。大同的代王，居然拥有房屋一千零六十所……

权贵集团暴利滚滚的直接后果自然是民生的日益困顿。从明代中期开始，历代皇帝不断通过"加派"等手段，将宗藩费用进一步转嫁到人民身上。原本负担很重的百姓雪上加霜，有的农民甚至"废箸、鬻舍、捐妻，以供王国之禄"……

四

以上种种，毕竟还属"合法"或者符合潜规则。然而这仍然不能满足皇族的欲望和冲动。在缺乏约束的情况下，特权总会走到极端。明代皇族超出法律之外的为非作歹、穷凶极恶为他们积累了更大的民怨。

虽然国家明确规定皇族不得干涉地方政务，但许多皇族都涉足地方事务，一旦有求不遂，他们就依仗自己的龙子龙孙身份对地方官员横加欺凌。代王府的辅国将军因为不满县官处罚他的仆人，公然当众殴打知县。晋王府的河东王等人辱骂殴打地方官更是常事，所谓"挟奏有司，擅入府县，凌辱殴置，习以为常"。嘉靖三十七年（1558），宁化王府的宗仪，也就是小小管家，竟然动手殴伤了堂堂布政使这样的朝廷大员，"求索禄粮不遂，围布政司门，殴伤左布政使刘望之"。

因为享有司法特权，有罪时"罚而不刑"，许多王府已经成为地方黑恶势力的保护伞，甚至皇族自身也沦为黑社会头目。嘉靖五年（1526），庆成王府的辅国将军藏匿大盗被人告发；隆庆二年（1568），方山王府镇国中尉朱新垣"与群盗通，劫掠商货"；襄垣王府的辅国中尉、昌化王府的辅国中尉都"私出禁城为盗"，公然杀人劫财……

至于强抢民女之类的经典桥段更是无地无之。在特权庇护下，皇族已经沦为大明社会道德水准最为低下的一个群体。河南禹州的徽王朱载埨，"有美女子过府，掠入与淫，女幼不敢接，即大怒，投以与虎"。岷王朱企鉎在武冈州"前后夺民妻女无算"。武邑王在父丧期间"居丧无礼，置酒作乐，召妓者歌舞，极诸淫纵，内使谏者，辄非法拷掠，或触其怒，以石鼓压胸，囊沙覆口，死者数人"……

五

虽然民怨重重，但各地皇族却丝毫不予理会，他们理直气壮：拼命享受，就是对列祖列宗提头血战最好的回报。作为最大的既得利益集团，在大明王朝，皇族们确实是最幸福的一个群体。两百多年的飞扬跋扈、狂吸痛饮，享受到巅峰了。

可惜，天下没有不散的筵席。李自成、张献忠等明末"七十二家"起义军纵横大地之后，朱元璋的子孙突然发现，他们的宴席不是被打扰了一下，而是被宣告永远终结。更可怕的是，他们到这个时候才发现，这场两百年的宴席不是免费的，结账的时候到了。这些姓朱的亲王、郡王、将军，是农民军最有兴趣的猎物。大大小小的农民军所过之处，皇族均在劫难逃。那些各地最壮丽的王府，在连绵全国的战争之中，几乎无不灰飞烟灭。太原总兵姜瓖据其亲见亲闻，向皇帝汇报说，农民军"凡所攻陷，劫掠焚毁，备极惨毒，而宗藩罹祸尤甚"。《南疆逸史》也说："明之天潢，迨闯献之祸，屠戮几尽焉。"

让我们先来看看皇族人口增长最快的山西。明末山西有晋王、代王两大藩王和西河王等多位郡王，皇族多达数万人。崇祯十六年（1643）十二月，李自成挥军进入山西，每到一地，首先捕杀皇族。起义军陷山西平阳后，"西河王等三百余人遇害"。攻占汾阳后，也首先搜杀"宗绅"，以致"彼汾一方，几成罗刹鬼国"。

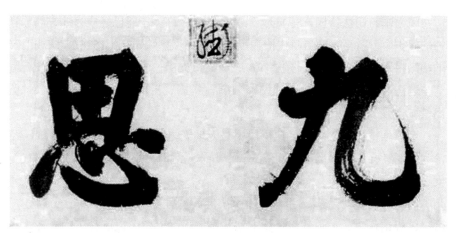

▲ 崇祯皇帝手迹

崇祯十七年（1644）初攻克太原后，李自成军"捕晋宗室四百余人，送西安，悉杀之"。这四百余人都是晋王一系的高级皇族。接着，因为"恐（中低层）宗人为变，闭门搜捕，得千余人，杀之海子堰，若歼羊豕"。经过这两次杀戮，山西晋王宗室中的主要人物被杀殆尽。崇祯十七年（1644）三月，李自成军又攻取大同。六天之内，代王朱传㸄以下的四千多名皇族皆被杀尽。其他郡王也几乎没有幸免：定陶王及其子效锋同赴井殉国，翟山王效钦、陵川王效铿等相继被拷掠至死，沈世子迪洪被执不知所终。姜瓖在启本中说："云（今山西大同）之宗姓，约计四千余，闯贼盘踞居六日，屠戮将尽。兼过天星、张天琳，百计搜查，几无噍类。而素居州县潜匿乡村与逸出者，所存无几……"总计以上数次，李自成军仅在山西一地就杀掉朱姓子孙一万多人。

山西一省仅是缩影。事实上，尽管李自成以"不嗜杀"闻名，但是他兵锋所过之处，那些朱姓王爷几乎没有活下来的：

崇祯十三年（1640）十二月，李自成攻占河南永宁，万安王朱采轻被捕捉，在西关被公开处死。崇祯十四年（1641）十一月，李自成攻占南阳，杀唐王朱聿镆于麒麟岗。十二月，克禹州，徽王被杀，"其支属在禹者，凡十七家，及城陷，十七家皆及于难"。镇国将军朱翊铚向皇帝汇报此事说："阖府宗仪，屠戮大半。此受祸之极惨者也。"崇祯十五年（1642）闰十一月，李自成破汝宁，崇王朱由樻及其世子诸王被杀于泌阳。十二月，李自成军入荆州，湘阴王朱俨𨰲全家皆被诛。崇祯十六年（1643）抵兰州，执肃王朱识鋐，

"宗人皆死"……

而张献忠军本以玉石俱焚为特长，所过之处，诸王扫灭，更是题中应有之义。与众不同的是，他在杀法上常有新创意。崇祯十四年（1641）二月，他攻取了襄阳，执襄王朱翊铭于南城楼。朱翊铭跪地乞生，张献忠赐给了他一杯酒，说："吾欲借王头，使杨嗣昌以陷藩伏法。"接着"杀之城上，焚城楼，投尸于火"。

崇祯十六年（1643）五月，张献忠克武昌，俘获楚王朱华奎。这次，他想出了一个新花样，"以便舆笼王沉西湖，遮其金数百车尽"。宫殿楼阁近千间，"壮丽近于皇宫"的楚王府也被付之一炬……

六

与和平时期皇族的生育率最高相匹配，在明末战乱之中，皇族的死亡率也创了社会各阶层之最。明末起义军诛戮明皇室成员，一个最大的特点是坚决、彻底。只要是朱元璋的后代，不论是主动投降还是被动俘获，不论是立地不跪还是苦苦求生，不论是拒不交代藏宝地点，还是痛痛快快地献出所有财富，结果都是一样：一律诛灭。史书中涉及王府在兵锋下的遭遇，所用的词都是"尽""皆""合族"。张献忠攻占常德，"荣王宗室殆尽"；攻克重庆，瑞王朱常浩及其家人"尽杀之"；据有成都，蜀王朱至澍"合宗被害"……史家总结道："凡王府宗支，不分顺逆，不分军民，是朱姓者，尽皆诛杀。"

最有代表性的，是河南福王的下场。万历皇帝以与民争利闻名史册，他派出大量矿使税监，四出搜刮，百姓遭了灾荒，舍不得拿出钱来赈济。然而小儿子福王朱常洵大婚时，万历皇帝一下子抛出三十万两巨款；给朱常洵在洛阳所修的王府，花费白银二十八万两，超过祖制规定的十倍；朱常洵就藩时，万历一下子赐了上等良田四万顷。有了这样巨大的财富和如此众多的特权，朱常洵还不满足。他在洛阳，与民争利，"官校蔑法，横于洛中"，中使四出，"驾帖捕民，格杀庄佃，所在骚然"。

在"稳定"时期，福王的权势看起来如泰山，谁都不敢触动。然而，一旦社会动荡起来，王府的高墙就如同纸糊的一样脆弱。他平日欠下百姓的一切，在战争中得到了一并清算：崇祯十四年（1641）正月，李自成攻克洛阳，福王朱常洵仓皇缒城而出，逃到城外一座破庙中潜藏，第二天被起义军抓获。这个三百多斤的大胖子，以亲王之尊跪爬在李自成面前，汗流浃背，乞求李自成饶他不死。李自成不为所动，他当众斥责福王朱常洵："汝为亲王，富甲天下。当如此饥荒，不肯发分毫帑藏赈济百姓，汝奴才也！"命左右把他拉下去，先痛打了四十大板，打得血肉横飞之后，再一刀枭首，将头颅示众。至于那三百多斤的躯体，李自成也充分利用，"福王常洵遇害。自成兵灼王血，杂鹿醢尝之，名曰福禄酒"，剃去毛发，拔掉指甲，又杀掉几只鹿，放在一起炖了几大锅，摆酒开宴，名叫"福禄酒会"。

这一事实说明，皇族两百多年的为所欲为，让民众积累了太多的愤怒。他们已经完全站到了普通民众的对立面，不得不以自己这一代的鲜血和生命为代价，为自己，也为以前数十代的"幸福生活"付账，就像以前每一个王朝末期一样。不要忘了，朱元璋正是打着"打倒元朝特权阶级"的大旗建立了明朝，明王朝这座大厦建立的地基也正是元王朝巨室、权贵、官宦之家的累累尸骨。

末代帝王的命运曲线

如果把中国历史上亡国之君的命运做成一张图表，我们看到的是一条明显的下滑曲线，虽然偶有波动，但基本上是越来越惨。

秦代以前，亡国之君虽然失去了国家，但不会失去尊严。商汤俘获史上第一个亡国之君夏桀之后，将他流放于南巢。在流放地，夏桀身边还有几个侍臣陪伴，基本上保持了贵族的生活待遇。和夏桀比起来，商纣王性格比较刚烈，于鹿台之上自焚而死。如果不死，他的下场和夏桀应该一样，止于被流放而已。周武王叹息之余，将纣王的儿子武庚封为诸侯，以续殷祀。

直到春秋战国时期，虽战乱重重，不断有诸侯被灭国，但是胜利者对亡国之君一般都是以礼相待的。就拿著名的吴越恩仇来说，勾践卧薪尝胆灭了吴国之后，并没有想杀掉夫差。他的计划是迁夫差于越国东部边陲，封他一百户以养老。倒是夫差自己羞愧难当，自杀而死。

胜利者如此优待亡国之君，是贵族政治的风度使然。在秦始皇以前，中国社会一直是贵族社会，"礼"是政治的最高原则。对贵族来说，胜利是重要的，风度更为重要。考诸世界历史，欧洲人也是这样做的。欧洲政治中有一个传统，那就是做过国王的人即使被从王位上推下来，也会受到必要的礼遇。

虽然秦始皇的后代基本都被杀光了，但秦代之后，善待亡国之君的政治传统又一度恢复。比如，汉朝末代皇帝汉献帝刘协，下场就比较有面子。曹丕称帝之时，识时务的刘协亲自"劝进"，明智地配合曹丕完成所谓"禅让"仪式，让曹丕避免了篡位的恶名，顺利当了皇帝。过后刘协被封为山阳公，邑一万户，位在诸侯王上，奏事不称臣，受诏不拜，仍然可以用汉天子礼乐，甚至行汉正朔。刘协太太平平地当了十四年山阳公后，得以善终，终年五十四岁。死后他不但被谥"孝献皇帝"，还被以汉天子礼仪葬于禅陵。在他身后，他的儿孙刘康等人相继继位，山阳国存在了八十九年，直到永嘉年间被少数民族所灭。对一位亡国之君来说，刘协可谓功德圆满，幸运得空前绝后。蜀国末主刘禅和吴国的末代君主孙皓命运也与此大致相类。

曹丕导演"禅让"大戏之时，肯定不会想到，四十五年之后，另一位权臣司马炎以几乎同样的手段，从他侄孙曹奂手中夺取了皇冠。曹丕代汉的成功演出，为后世树立了范本。在这之后，西晋、宋、齐、梁、陈、北周、北齐、隋、五代的梁朝及大宋王朝，都照葫芦画瓢，将"禅让"剧本搬演了十次。

开始几次，大家都是搬演旧本，规规矩矩，亡国之君都得到了善终。对亡国之君首开杀戒的是南朝宋主刘裕，本来东晋末帝司马德文也很懂事，十分识相地在禅位诏书上签字，又不等刘裕"三让"就搬出皇宫。刘裕也按历代规矩，封了司马德文一个爵位。然而，中国历史的内核在此时悄悄发生了一个重大变化：皇位的争夺者由平民阶层转向了流氓。刘裕是市井无赖出身，根基太浅，士族并不真心拥戴。何况称帝之时，刘裕已经年近七十，司马德文正是年富力强的三十六岁。司马德文的存在，让刘裕不能安枕。即位不久，他便派兵将司马德文杀死。接着，又对司马一族痛下杀手，几乎夷杀了司马全族，开后世之君屠杀逊帝及先朝宗室之先河。

从那之后，中国改朝换代的模式发生了变化：新皇帝逼旧王朝末帝禅让后，先封前末帝为王，然后再找机会暗杀并灭族。南朝的齐王萧道成逼刘裕重孙刘準逊位，萧道成的后代萧宝融禅位于梁王萧衍，萧衍的后代萧方智禅位于陈王陈霸先，都是这个做法，一丝不差。陈霸先封萧方智为江阴王，全食一郡。一年之后，陈霸先派亲信前去诛杀萧方智。十六岁的萧方智绕床而跑，边跑边哭喊："我不愿当皇帝，陈霸先非推我入帝座，现在又要杀我！"士兵追了好几圈，才抓住萧方智的衣裳，把他一刀砍死……

这种先封后杀的把戏足足玩了八次，到了五代时期，那些末代皇帝才算回过味儿来。五代时期的末代皇帝中有两位是自杀而死，免得受二茬罪。后梁末帝朱友贞是国破后自刎而死，后唐末帝李从珂是国亡后自焚而死，都算是比较明智。

不过，被直接杀死，还算不上末代皇帝中最惨的，最惨的是像北宋徽、钦二帝那样在无比屈辱的流放中受尽折磨后死去。被流放到北方边地后，赵氏父子倒是"经得住打击"，选择了顽强地活着。他们被关押在一座小院里，在朔风沙尘中吃着不堪下咽的食物，靠回忆往事过活。宋徽宗在恶劣的环境中患了重病，双目失明，忍受了九年俘虏生涯后凄惨去世。而赵桓在黑龙江的冰天雪地里足足受了三十五年的罪，才在绝望中死去。

长平公主的最后结局

"汝何故生我家"这句中国历史上惨痛的名言，是崇祯皇帝说给长平公主的。

1644 年，本来应该是长平公主一生中最幸福的一年。这一年公主十五岁，正值豆蔻华年。史载她"喜诗文，善针饪"，是一个对生活充满热情的女子。皇帝已经为她选定了翩翩佳公子都尉周世显为驸马，可惜天翻地覆的局势让婚礼一推再推。

农民军攻占北京城的速度远超出崇祯皇帝的预料，更让深宫中整理嫁妆的公主毫无思想准备。《明史》载："城陷，帝入寿宁宫，主牵帝衣哭。帝曰：'汝何故生我家！'以剑挥斫之，断左臂。"当时，崇祯命周皇后自缢，长平公主闻讯前来，看到皇后的尸体，痛哭失声，跪在地上，爬上前想抱住崇祯皇帝的膝。崇祯一脚把公主踢翻，说道："汝何故生我家？"举起剑来，劈头砍下。公主下意识地抬起左臂一搏，剑锋从左颊扫过，左小臂从肘部下面被齐齐斩断。公主哼了一声，昏倒在地。皇帝上前一步，想砍下公主的头，手却剧烈地颤抖起来，说什么也握不住剑，"手栗而止"，转身出了寿宁宫。

这是中国历史上著名的一幕。而在这之后的史实，则大都被史书所省略了。

断臂之后，不光崇祯，连所有的宫女从人都以为公主必因流血过多而死。尚衣监何新和宫女费氏怕公主尸体受辱，将昏迷中的长平公主抬出了宫，送到她的外祖父、周皇后的父亲周奎府中。周家将她安置在一间空屋，只等着她死去。不料公主生命力非常顽强，五天之后，居然转醒，并且度过了伤后感染等重重危机，活了下来。

▲ 崇祯皇帝与周皇后合葬思陵

活下来当然更不幸。

清朝高层的政治策略十分精巧：他们公开悬赏寻找崇祯帝的男性后代，说"有以真太子来告者，太子必加恩养，其来告之人亦给优赏"。实际上是打算骗到手后斩草除根。而崇祯的女眷们，因为不可能被人拥立，所以倒真是受到了清政府的"优待"。清朝拨给公主很高的生活费用，命周奎善待公主，作为宣传清朝"恩仁"和统战反清势力的工具。国已破，家已亡，身又残，长平公主早无活下去的意趣，时时说："父皇赐我死，何敢偷生？"无奈身为弱女子，除了听任命运摆布，又有什么办法？唯日日以泪洗面，靠读读佛经来平衡自己的内心，心中还燃烧着的唯一希望，是自己的两个兄弟能逃到南方，有朝一日光复大明。这就是吴伟业所说的"死早随诸妹，生犹望二王"。

令所有人都没想到的是，顺治二年（1645）崇祯皇帝的太子朱慈烺没能南下到南明地界，而是从乱军之中逃回，一路乞讨回到北京，衣衫褴褛地出现在周奎府门口。周奎和公主闻讯出见，"相见掩面泣，奎跪献酒食"。离难中的兄妹没想到这样见了面，悲喜交加。

然而，太子的出现，给周奎出了一道很大的难题：他早已投降了清朝，收留前朝太子岂不是大罪？所以过了两天，他把这件事报告了朝廷。

　　清廷没想到这么快太子就自投罗网。由于太子的号召力太强，清廷决定迅速将他杀掉，以绝后患。然而刚刚颁布优待前明的诏令，怎好马上自食其言？多尔衮脑筋一转，导演了一出认真为伪的闹剧。他私下派人，要求周奎和长平公主声明太子是假冒的。

　　长平公主当然不干，但被周奎痛打一耳光之后，便不敢再开口了。于是先是周奎一口咬定太子是假的，清廷又先后命数十名太监和大臣去辨认。十几名坚持认为太子为真的太监和大臣都被处死，太子身份就这样被确定，"假"太子被迅速处斩。

　　这一事件给了十六岁的长平公主以极大刺激。她万念俱灰，实在承受不了人生之悲苦，绝望之余，上书朝廷，请求出家："九死臣妾，局蹐高天，愿髡缁空王，稍申罔极。"

　　朝廷毫不犹豫地回绝了她的请求：他们还要用公主这块金字招牌将统战工作进行到底。他们要千方百计地"施恩"于公主，并且大张旗鼓地宣传，让天下人都知道。朝廷四处访查驸马周世显，找到之后，拨出巨款，给他们举行了华丽的婚礼，其规格等同于清室公主。"土田邸第，金钱牛车，赐予有加，称备物焉。"那些投降了清朝的大臣立刻上表，颂扬朝廷的"深仁厚德"。

　　命运就是这样弄人。两年前，公主日夜梦想着这场婚礼的幸福，却被世事变故阻隔。两年后，婚礼虽然仍然盛大，然而除了屈辱和痛苦，她还能感受到什么？大清王朝这样深厚的"恩仁"，她实在无力承受了。结婚几个月后，清军攻陷了南京，弘光小朝廷灭亡了，被俘到北京的南明皇帝和王公都在顺治三年（1646）五月被同时处死，公主受到最后一次精神打击。顺治三年八月十八日，还不满十八岁的她带着沉重的伤痛猝然病逝，这时她结婚才刚刚一年，死时尚有五个月的身孕。

　　直到此时，清廷还不放过统战机会，为她举行了一场盛大的葬礼，厚葬于广宁门外。

多尔衮费尽心机处理崇祯太子

　　清军入关之初，多尔衮就一直密切关注着一个人的下落：崇祯太子朱慈烺。因为崇祯皇帝既死，太子是残明势力最名正言顺的旗帜，有着巨大的号召力。

明朝灭亡这一年，十六岁的太子逃出宫中，为农民军俘获。李自成封他为宋王。后来李自成败走，带他出城南下，遂不知所终。

多尔衮深知，崇祯的皇子或者其他男性至亲，都有可能为反清势力所拥立。所以，尽早把他们掌握到自己手中，方为上策。为了招抚这些人，他制定了高明的统战策略。进入北京之次日，多尔衮即发布命令："至朱姓各王归顺者，亦不夺其王爵，仍加恩养。"

多尔衮的统战策略十分成功。不久之后，大鱼果然上钩了：崇祯太子出现在了京城。

原来，李自成败亡之后，崇祯太子从乱军中逃出。他没有去投奔南明，反而一路乞讨返回北京，投奔了外祖父周奎家。

自幼生养深宫，不识世事的太子，一遇困境，本能地想到投奔熟悉的亲人。另外，清朝的"招抚政策"对他也很有吸引力，天真的太子认为，在李自成驾下，他被封为宋王，相信清人对他不会比李自成更差。

太子的出现，在周奎府引起了巨大震动。"（长平）公主与太子抱头而哭，哭罢，奎饭之，举家行君臣礼。"周奎的第一反应是惊喜，然而，镇定下来之后，他马上发现自己面临着一个极大的麻烦：周奎在明末政治高层生存多年，深知清朝绝不会容许拥有巨大政治号召力的故明太子活下去。他面临着两种选择：一种是暗暗把太子收留下来；另一种是向清朝汇报太子的出现，将太子交给清人。

暗暗收留，风险太大，世上没有不透风的墙，被清廷得知，他定是死罪。明朝既亡，他只能出卖自己的灵魂，思来想去，周奎最后下了决心：他写了一封奏折，向清廷汇报了太子的出现，请示如何处理。

得到这个消息，多尔衮又喜又忧。喜的是，头号政治隐患终于落入手心了。忧的是，他刚刚宣布要优遇前朝皇族，怎么来处理这个对清朝统治具有重大威胁的太子？真的封他为王，养在身边，那岂不是鼓励那些反清势力前来进攻北京吗？

脑筋一转，计上心来。他密授周奎：指认此太子为假冒者，这样，就可以名正言顺地杀掉他。对早已经出卖了灵魂的周奎来说，这当然不难做到。然而，对于广大官民来说，太子出现，公主与太子抱头痛哭的消息早已经不胫而走，让他们相信周奎的说法很难。

于是多尔衮又不得不导演了一场"辨认真假"的大戏。多尔衮亲自主持，命太子坐于室中，令前明官员及一些内侍前来辨认。结果，那些"聪明"之人，比如晋王朱求桂及大学士谢升、冯铨、洪承畴等，都供称太子为假。然而也有太监以及曾侍卫太子的锦衣卫校尉十人等，称太子为真。而长平公主的反应最引人注目，"复令宫主认之。宫主见太子泪下，周奎掌其颊，宫主惊走，亦言不是"。

消息传出后，轰动京城，北京市民很激动，"正阳门各具疏请释太子"，还有人要求让太子与长平公主"赴部面质，滴血对认"。更有许多大臣上书，要求慎重确认，不可误杀。这其中，有两道最有杀伤力：一道是钱凤览的，他透露了周奎私下所说的隐秘内容："昨周奎言，即以真为伪，亦为国家除患，此语真情已露。"周奎以真为伪的真相于是大白。另一道是朱徽的奏折，朱徽强调："周奎既以太子为假，何留宿两日乃始奏闻，见时公主抱持痛哭，岂陌路能动至情如此，奎初与之衣食，后忽加以棰楚，情事诪张，何其变幻。"这份奏折确实逻辑有力，难以辩驳。

这种局面确实大出多尔衮意料，由此他认识到，前明官民仍然以太子朱慈烺代表明朝正统，他们恋明之心依然不死，这让他坚定了杀掉太子的决心。局面看起来似乎难以处理，但是对于暴力机器在手的人，一点也不难：他决定快刀斩乱麻，以免越拖越乱。

多尔衮召集大臣会议，毅然宣布，经过认真辨认，此太子确为假冒。随后派人在狱中将十七岁的太子活活勒死。然后，为了压下汹汹议论，他又采取强硬手段，将那些上书要求慎重确认的大臣及百姓都抓起来。坚持太子为真的"钱凤览绞死"，另外指认太子为真的十余人一律斩决。这一招非常奏效，整个北京城马上就风平浪静下来。

当然，对那些"配合工作"的"聪明人"，多尔衮也不会忘了"表示表示"。顺治元年（1644）十二月，他赏给"大学士冯铨、谢升、洪承畴等各黄金二十两，白金一千两，嵌宝金钟盘二副，螺钿盒二架，玉壶一执"（《清世祖实录》）。

形形色色的朱三太子

清朝初年的一个吊诡现象是：一方面，由于清王朝的全力追杀，真正的明皇室成员无不隐姓埋名；另一方面，假冒的朱氏后代层出不穷，有假冒王妃的，假冒亲王的，当然最多的是假冒太子，特别是"朱三太子"的。这些人不甘寂寞，刀头舐血，铤而走险，希望以此浑水摸鱼捞些好处。

最典型的案子是顺治十六年（1659）的"朱三太子"案。一伙江湖无赖组成一个骗子集团，其中一个号称是朱三太子朱慈英。他们说朱三太子因为地位特殊，可以和顺治皇帝直接搭上线，只要交钱，他们就有办法让一个目不识丁的人立刻成为现职清朝官员，而且还都是盐道、粮道、工部、吏部等肥缺。凭着这样荒诞不经的谎言，他们半年间居然骗到了七万余两银子，案发之后，一时朝野轰动。

另一个与此类似的案子发生在稍早的顺治十三年（1656），真定的一个商人破产之后，突发奇想，自称"朱三太子"朱慈烷，搞了一个庙会，招揽香火钱。他承诺，香客可以按照未来"光复明朝"后的官职高低来捐献香火钱，一年后原价退回。按现在的说法，是一起典型的招摇撞骗兼非法集资案。事发的原因也很可笑：有两个人花了几两银子，预购了"未来"的七品"县令"。拿到收据之后，他们马上自认为已经是有身份的人，在大街上争抢道路，互不相让，直至大打出手，闹成治安案件。到县衙一审，自然一批人死于非命。

这类骗子当中，最"成功"的一个，当是"南太子"王之明。此人乃万历朝驸马王藻的侄孙，小时候他经常听老人们聊起宫中的奇闻逸事，对帝王生活艳羡不已。正巧天地大变，他和太子年龄相仿，又颇知"宫中故事"，遂自称东宫太子朱慈烺，南下南京来找自己的"伯伯"弘光帝。

弘光皇帝虽然以昏庸闻名，但是在这一突发事件上，处理却相当理智。他被权臣拥立，是一个弱势皇帝，所以必须妥善处理此案，以示"公心"。他宣布，关键是要鉴定太子真假，自己壮年无子，太子如果为真，将来正好继位，"若果系真东官……迎入宫中，仍为太子"。为了让鉴定结果有说服力，弘光拍板，第一，审问过程中不得刑讯逼供；第二，鉴定过程全程公开，"集百官廷讯，在京士民俱得入（内旁听）"。

在公开鉴定这一天，大殿里人山人海。骗子王之明被迎入殿内，他人小鬼大，故意大摇大摆，径直"踞上座，南面"。那些大学士、尚书只好位居其下。

王铎曾经当过三年太子的老师，一见面马上断定此"太子"为假。为了让大家信服，他问"太子"："汝识我不？""太子"说："不也。"王铎又问："讲书在何殿？"王之明只知道宫中有文华、武英等殿，随口答"文华"，其实是在端敬殿。刘宗政、李景廉两个翰林曾见过太子，也都认定这个少年比太子朱慈烺要矮，太子"眉长于目"，而此人眉毛很短。朝臣们考问其他宫中内情，他回答也大多不着四六。不过小骗子王之明心理素质不错，遇到这类质问，他态度傲慢，动辄答以"尔等宵小懂得什么"。

虽然审讯结果最终证明太子是假冒的，但是中国民众的判断，从来都是更多地基于情绪而非理智。南明政府的公信力早已破产，何况中国人几千年前就有"阴谋论者"。百姓认为王铎等人都是受弘光指使的，因此纷传太子为真。连外地的领兵大臣，也相信这种传言，纷纷上书要求弘光善待"太子"。弘光为了不担上"故杀"的罪名，就决定把王之明先关起来再说。王之明就这样在监狱里待了好几个月。

直到五月初十，清军南下，朱由崧弃城而逃，王之明终于翻了身。十一日天将亮时，南京百姓在二三士绅的率领下，跑到监狱，放出了他们心目中的"真太子"，拥着他在武英殿"即位登基"。有些没有逃跑的南明官员也跟着上殿行礼如仪。

王之明终于苦尽甘来，一偿夙愿。南京百姓拥立他，是希望他率领南京军民抵挡住清军。不过王之明志不在此，他登基后第一件事居然是选秀女。秀女还没选好，南京城就被攻破了。王之明被清军抓获。一开始，清人想利用他来安抚江南百姓，所以对他很礼貌。多铎"离席迎之"，与之并坐，还"衣以金紫"，问王之明最想要什么。王之明表示最想要"秀女"，多铎"旋以弘光所选淑女配之"。王之明于是怀抱着弘光没能享受到的"秀女"，一心做起清王朝的封王梦来。

不过小骗子好运不长。江南地方很快"内外俱定"，王之明已经没有利用价值，清人遂将他和弘光帝等人一起送到北京。不久之后，找了个借口，把他和弘光帝等一起处死了。

躲藏一生未逃一死的崇祯之子

各地明皇室上层人物被诛杀净尽，只有崇祯之子朱慈焕侥幸活了下来，并且活到了七十多岁。

朱慈焕幼时被封为永王，在长大成人的皇子中排行第三。明朝灭亡那年，他刚刚十二岁，和两个哥哥一起被李自成军俘获，又一起被李自成挟裹出北京城南下。

李自成兵败后,朱慈焕开始了乱世飘零。他乞讨到了一户王姓乡绅家。乡绅见他气质特别,"细询根由"。没有城府的朱慈焕透露了自己的身份。王乡绅是故明官员,见皇子沦落到如此地步,不禁"执手悲泣",冒着风险收留了他,给他改名王士元,与自己的儿子一起读书。

五年之后,王乡绅病故,王家不愿意继续收留他,他只好流浪到江南当了和尚。后来浙江余姚一位胡乡绅到庙里游玩,见二十出头的朱慈焕容貌清秀,气质不俗,又满腹诗书,十分健谈(几十年后,蓬莱人李力远遇到朱慈焕,称其"丰标秀整,议论风生……学渊博,且工手谈,精音律",可见朱是一个非常有才华的人)。胡乡绅极为欣赏,劝他还俗,还把自己的女儿嫁给了他。于是朱慈焕落户浙江,也算是成家立业了。

结婚后,朱慈焕以教书为业。岳父去世后,随着生儿育女,家累日重,他不得不四处寻找教席,还经常向一些地方绅士打秋风,勉强维持生活。他一生小心翼翼,安分守己,哪里风声紧,他就赶紧带着一大家逃亡,几十年间流动于大江南北,历尽艰辛。虽然一辈子受尽委屈劳累,不过毕竟活过了古稀之年,生了子女,又有了孙子,也总算儿孙满堂。特别是到了晚年,赶上康熙盛世,政治局面日益安定。康熙为了争取民心,六次拜谒明皇陵,行三跪九叩之礼。特别是康熙三十八年(1699),皇帝拜了明孝陵后,还向大臣表示要查访一个明皇室后裔,来管理明孝陵:

> 朕意欲访查明代后裔,授以职衔,俾其世守祀事。古者夏殷之后,周封之于杞宋……尔等与九卿会议俱奏。

虽然朱慈焕不敢出头去接受康熙皇帝的这个好意,但是皇帝对故明的态度如此"亲善",他认为自己这辈子可以善终了。

不料,在康熙四十七年(1708),大祸发生。这一年四月,他正和东家在书房下棋,突然闯入一队官兵,将他锁拿。

回忆起来,事发的根由是自己几年前的一次口风不严。按理说,环境如此险恶,朱慈焕应该守口如瓶才对。但是,人总是有倾诉的欲望,特别是一个前朝皇子,如今却沦落为到处打秋风讨饭吃的可怜教书先生,处境与身份如此巨大的落差,让他心里难免产生巨大的不平衡感。到了晚年,朱慈焕觉得自己可以松一口气了,所以有一次酒后向一位交往很久的老友透露了一点自己的"秘密"。世上没有不透风的墙，这个有爆炸力的消息很快传了出去。浙江东部有一位志在反清复明的念一和尚，听说这个消息，就在康熙四十五年（1706）打起了朱慈焕的旗号，在大岚山起事。朱慈焕闻讯大惊，立刻带着一个儿子由浙江逃到山东，没想到两年之后还是被抓了。在抓他之前，官员曾到余姚他的家中搜查。他家中还"有一妻二子三女一媳"，闻听官兵来捕，气势汹汹，知道大事不好，除了一个儿子外，其他六个人"皆投缳，六命俱尽"。

审讯结果证明他是清白的。虽然念一和尚打着他的旗号，但其实从来没有直接联系上他。官员们当庭让念一和尚来与朱慈焕对质，"及提先生对质，又云不相识"，证明两个人根本不认识。

朱慈焕为自己的辩护也是极为有力的。他说："吾数十年来改易姓名，冀避祸耳……吾今年七十五岁，血气已衰，须发皆白，乃不反于三晋变乱之时，而反于清宁无事之日乎？且所谓谋反者，必占据城池，积草屯粮，招军买马，打造盔甲，吾曾有一于此乎？"

审问官员也觉得朱慈焕所供有理，将审问结果上报给康熙。几年前皇帝还说过要访查一位明朝王室后代来当官，这个朱慈焕看起来是最佳人选，所以官员对他很礼貌，给他好吃好喝，就等着皇帝下处理决定。

不料，事实证明，康熙皇帝所说的"查访明朝后裔"，其实是叶公好龙。如今，真的"朱三太子"落网，他大喜过望。虽然康熙一生都以"宽大仁慈"闻名，对手又是一个七十五岁手无寸铁的可怜老人，他却绝不放过。皇帝发下谕旨："朱三即王士元，着凌迟处死。伊子……俱着立斩。"

逃亡一生须发皆白的朱慈焕，被押上了刑场，眼看着两个儿子被斩首后，自己又被一刀刀凌迟。至此，崇祯的子孙被彻底消灭，真正是白茫茫一片真干净。

最后一个延恩侯

很少有人知道，朱元璋的一个后代在清代被封为"延恩侯"，并且一直世袭到清朝灭亡。

清朝入关之初，在如何对待明朝皇室这一敏感问题上表现得十分聪明。李自成军曾将崇祯帝后暴尸三日，引起北京士民的极大反感。而清军一入北京，多尔衮立刻隆重地为崇祯帝后发丧，谕令"官民人等为崇祯帝服丧三日，以展舆情"。这一举动令百姓大为感动，纷纷称颂多尔衮"仁慈"，对争取北方人心起到了很大作用。

为亡国之主举行盛大葬礼，已属旷世之盛典，康熙皇帝又前后六次趋谒明太祖陵，并且行三跪九叩大礼，把在场的南京数万父老感动得流泪不止。江南的民心也因此得到安抚。

面子工程做得如此漂亮，但是内里，清王朝对朱元璋的子孙却毫不放过。为了防止人们拥戴朱氏后人造反，从清朝入关到康熙晚年，清政权把各地明朝宗室藩王的后代几乎诛戮殆尽，宁可错杀千人，绝不放过一个。

到了雍正年间，天下已经彻底太平，朱元璋子孙的存在已经不构成什么威胁。雍正皇帝又想起"受命之君"应该"礼遇"前朝子孙，这样才能显示"兴灭继绝"之盛意。所以他命人在天下访一个"合格"的朱氏后代，封以高官，来显示清王朝的宽宏大量。经过几年寻找，礼部发现了一个合格人选，直隶正定知府朱之琏。朱之琏的祖父被清军俘虏，编入汉军，至他已经做了三代旗人，因为一直对大清恭顺忠诚，没有二心，所以前些年没有被杀掉。雍正大喜，遂封朱之琏为"一等延恩侯"，世袭罔替，负责祭祀明朝皇陵。天下臣民皆认为此举超越前朝，有"上古遗风"，纷纷称赞圣朝之殊仁盛德。

从朱之琏开始，直到最后一个延恩侯，总共传了十二代。这个侯爵与其他贵族不同，专靠朝廷赐给的几十顷祭田过活。他们没有根

▲ 朱之琏画像

基，没有势力，为了防止人们借他的名头对清朝统治构成任何威胁，政府对他们的生活严格控制，除了春、秋两季去祭扫十三陵外，不许进行其他任何社会活动。所以他们实际上是大清王朝的一个摆设，纯粹是社会生活圈子之外的人物，过了几代之后，整个大清社会几乎都忘了他们的存在。虽然是朱元璋的后代，他们对保护祖陵并没有什么热情。因为所有的生活来源都是花剩下的祭祀经费，所以历代延恩侯们总是本着少花钱的原则，祭扫活动进行得非常潦草不堪。1907年，著名教育家张相文游十三陵，发现陵园十分残破，无人管理。樵夫告诉他，说有一个延恩侯负责祭扫，但这个人很不负责任，"草草将事，若儿戏然，疑非朱氏血胤也"。

清朝灭亡之后，最后一个延恩侯朱煜勋仍然靠从溥仪小朝廷领取微薄的津贴过活。张相文有一次在查阅北京市户口资料时意外地发现了延恩侯的住址，于1919年时曾和两位好友一起专门慕名去拜访他。他在《南园丛稿》的《记朱侯》中曾回忆这次拜访的经过。

他们来到东直门北小街羊管胡同延恩侯的"宅邸"，发现这其实就是普通民居，没有任何侯府气派，"邸无门额，类寻常百姓"。可见清政府对这个"侯爷"的重视程度。进了他家门，发现一家上下是旗人装束。书房桌子上摆着的几本书，"皆市井所传《玉匣记》《七侠五义》等也"，显示着这位侯爷的文化水平和精神追求。

这位侯爷"年可三十余，状貌粗肥，面带酒肉气"，长得和朱元璋一点也不像。见礼寒暄之后，侯爷以为他们是民国政府派来的官员，立刻和他们探讨能不能把十三陵的土地出租，让政府开辟成公园，他好用这个钱养家致富。三人一听，觉得这个人粗俗不堪，没什么共同语言，遂告辞而出。从这则记载来看，延恩侯的生活远谈不上养尊处优，仅能保持在小康市民的水平。

延恩侯最后一次出现在历史上，是在1924年。原来溥仪的英国老师庄士敦偶然在故纸堆中发现清代还有过一个这样的侯爵，遂起了好奇心，建议溥仪召见一次，看看这个朱元璋的子孙长得什么样。1924年9月7日，大明王朝的最后子孙与大清王朝的最后继承人在紫禁城见面了。这一年延恩侯已经四十多岁了，庄士敦记载，他圆脸膛，身材魁梧，看上去憨厚老实，但显然文化程度不高。侯爷告诉庄士敦，他有两个儿子，一个九岁，一个四岁。因为溥仪小朝廷津贴发放不及时，延恩侯已经彻底失掉"侯爷"的架子了，现在生活已经十分困窘，甚至连官服也早就卖了。他说："我外面穿戴的这套冠服，是为这次谒见特地借来的。"他掀起长袍让庄士敦看他里面的破烂衣服，说"我这套衣服今晚就得还给人家"。几日后庄士敦派仆人给延恩侯送了些礼物，仆人回来汇报，说延恩侯家确实非常穷困，几间房子已经东倒西歪了。

在这次召见之后不久，溥仪就被赶出了故宫，惶惶逃往天津，"陷入隐姓埋名和贫困潦倒的境地"，无力再顾及这个大清王朝的旧摆设，最后一个延恩侯从此也就在历史上消失，不知所终了。

后记

一

权力是自然演化的必然结果。

凯特林·奥康奈尔在《大象的政治》中向我们揭示，公象群体当中有着森严的等级关系和烦琐的礼仪规范。动物学家在狼群甚至鸡群中也发现了类似的现象。资源稀缺必然带来激烈的竞争，如果不建立一个基本秩序，这些动物会无休无止地争斗下去，导致种群无法延续。

人类社会当然也是如此。荀子说："人生而有欲，欲而不得，则不能无求，求而无度量分界，则不能不争。争则乱，乱则穷。"欲望会导致人类无休无止的争斗和混乱，为了把竞争的烈度控制在一定范围内，人类群体演化出了等级制度和权力秩序，从部落联盟到酋邦再到国家，统治者的权力越来越巨大。

权力的成长给人类带来了众多好处。平克在《人性中的善良天使》一书中说，原始社会并不是人们想象的无忧无虑的黄金年代，在那个时代，虽然人类团体的规模很小，但持续不断的小规模暴力仍然导致惊人的伤亡：有15%的人死于其他人类之手。而到了原始国家阶段，比如哥伦布发现美洲前的墨西哥帝国，暴力死亡率下降到了 5%。而人类进入近代国家阶段之后，历史学家昆西·赖特估计，全球 17 世纪的战争死亡率是 2%，20 世纪的战争死亡率低于 1%。国家的本质是暴力从分散走向垄断，在权力有效运行的时期，被高度垄断的暴力会给人们带来安全。这当然是一个巨大的进步。

中国的权力集中化过程起点非常早、历史非常长。早在公元前 3 世纪，中国就实现了中央政权对基层社会的直接统治和严密控制。孟祥才认为，秦汉帝国中央集权的行政体制，其规模之宏大，组织之严密，是同代其他国家望尘莫及的。而欧洲国家直到中世纪后期，才开始构建统一集权国家的过程。而直到 17 世纪达于顶峰的法国中央集权，仍然做不到像秦始皇这样对社会的全面而有力的控制。

古代中国的中央集权超级早熟。早熟的集权国家起到了制止战乱、创造和平、保证安全和秩序的作用，甚至表现出诸多"现代性"特征。中国比西方早了 1800 多年进入了一种国家机器高度发达、社会阶级阶层高度开放、思想文化高度世俗化的时代。在世界其他地方还在实行严格的等级制度的时候，秦朝就已经废除了贵族制度，实现了"万民平等"，出现了空前的社会流动性，实现了语言文字和度量衡统一，可以进行广大地域内的物资和信息交流。

因此，在所谓的欧洲中世纪的黑暗时代，中国历史发展却进入了高峰期。在长期的和平下，一个王朝的经济通常会稳定发展，因此中国出现了很多盛世，比如唐代的贞观、开元和清代的康乾盛世。中国还创造了灿烂的文化成就，比如唐诗宋词；也留下许多雄伟的建筑和工程，比如万里长城、故宫和大运河。

但是，早熟的集权国家也存在诸多问题。最主要的是，国家拥有极强的资源控制和财政汲取能力，但缺乏必要的约束。

欧洲国家的中央集权和中国的中央集权的形成过程相当不同。欧洲是在议会、自治城市、行会等多种社会力量发育起来之后才出现中央集权国家的。因此，在欧洲的民族国家中，君主的权力受到诸多力量的有力约束。

而中国完全不同。中国的"国家巩固发生在社会其他力量建制化地组织起来以前"，在其他国家发挥约束力量的世袭贵族、教会、商人组织等力量，都无法约束古代中国强大的中央集权。因此，古代中国强大的中央集权一方面对社会表现出惊人的支配力，另一方面也表现出惊人的破坏力。传统王朝在建立不久之后，总会出现对社会的过度汲取，最终总会压垮脆弱的小农经济，导致大规模农民起义的发生，导致权力自身的毁灭。中国从秦到清的历史，最主要的特点就是频繁地改朝换代，最高权力一次次地易手。权力的成长、运用和毁灭，在中国历史中表现得最为明显。

二

这本书探讨的不是宏观角度下权力的演变，这方面的内容在我的《简读中国史》中有比较充分的讨论。本书关注的是权力给人性带来的影响。

权力给权力者带来巨大的利益。不仅人类社会如此，动物世界也是如此。

达里奥·马埃斯特里皮埃里说，人类就像猕猴一样（而并不是猕猴就像人一样），痴迷于攫取权力和地位，因为权力和地位意味着资源和机会。地位高的动物，生活得更舒服，活得更长，享有的交配权更多，因此繁殖的后代更多。地位低者恰恰相反。人类社会的权力者，所获得的好处，自然更多。

但是，这只是权力的一面。权力还有另一面，那就是对人性的戕害。越是巨大的权力，对人性的戕害越深。本书的观察重点，就在于权力给人带来的困境。因此这不是一本平衡分析的书，而是致力于深入探讨一端的书，请读者对这本书的"偏颇"予以理解。

我最初是以"文学青年"的身份开始历史写作的，因此对人性的关注一直是我的写作重点之一。迄今为止，我的历史写作可以分为两类，一类是以《简读中国史》为代表的探讨历史背后的规律性现象的史学作品，另一类是以这本《权力的面孔》和《大明王朝的七张面孔》以及处女作《千年悖论》为代表的介于史学与文学之间的杂交品。这类作品很多最初发表于《当代》《钟山》这样的文学期刊，有些甚至被《北京文学·中篇小说选刊》选载。也就是说，文学杂志的编辑认为这是小说。从作品关注的人性焦点来看，这种判断是成立的。

这本书的缘起，是我2007年在山西人民出版社出版的《中国皇帝的五种命运》，后来又扩展成为人民文学出版社出版的《坐天下》。这次在航一文化出版公司的建议下，我增补上中国历史上最重要的两位帝王，即秦皇汉武，增加了近十万字。并且由于世易时移，原来的书名已经不合时宜，所以改成现名《权力的面孔》。在此感谢出版社和航一文化出版公司为本书的顺利出版所付出的努力，书中可能存在较多缺点和错误，期待读者批评指正。